牛军，法学博士，上海外国语大学上海全球治理与区域国别研究院特聘教授、北京大学国际关系学院教授（荣退）。多次到美欧日等国著名大学和科研机构担任客座教授或客座研究员。多年从事中国对外关系、中美关系、美国对外政策等研究。

From Yan'an to the World

The Origin of Chinese Communist
Foreign Relation

从延安走向世界
中国共产党对外关系的起源

牛 军 — 著

九 州 出 版 社 全国百佳图书出版单位
JIUZHOUPRESS

图书在版编目（CIP）数据

从延安走向世界：中国共产党对外关系的起源 / 牛
军著. -- 北京：九州出版社，2023.12
ISBN 978-7-5225-2608-9

Ⅰ．①从… Ⅱ．①牛… Ⅲ．①中国共产党－外交关系
－研究 Ⅳ．①D27

中国国家版本馆CIP数据核字（2024）第041500号

从延安走向世界：中国共产党对外关系的起源

作　　者	牛　军　著
责任编辑	黄瑞丽
出版发行	九州出版社
地　　址	北京市西城区阜外大街甲 35 号（100037）
发行电话	(010)68992190/3/5/6
网　　址	www.jiuzhoupress.com
印　　刷	鑫艺佳利（天津）印刷有限公司
开　　本	710 毫米 ×1000 毫米　16 开
印　　张	23.75
字　　数	349 千字
版　　次	2024 年 6 月第 1 版
印　　次	2024 年 6 月第 1 次印刷
书　　号	ISBN 978-7-5225-2608-9
定　　价	98.00 元

第三版序言

　　《从延安走向世界：中国共产党对外关系的起源》（以下简称《从延安走向世界》）最初是福建人民出版社于 1992 年出版，出版后很快受到国内和国际学术界的关注和评价。国外一些著名杂志，如《中国季刊》(*The China Quarterly*)、《美国与东亚关系杂志》(*The Journal of American-East Asian Relations*)、《中国历史学家》(*Chinese Historians*) 等，先后刊载了一些专家学者的书评。国内一些著名杂志，如《美国研究》《党史教学与研究》等，也刊载了书评，还有一些报刊做了报道。美国北卡罗来纳大学著名教授梁思文先生 (Steven I. Levine) 将这本书翻译为英文，美国 East Bridge 出版公司于 2004 年出版了英文版。英文版出版后，被一些国际著名大学的有关课程列为必读书。2008 年，中共党史出版社出版了这本书的第二版。非常感谢九州出版社的帮助，现在这本书的第三版得以问世。

　　正如我在第二版序言中所说的，《从延安走向世界》从第一版到现在，已经过去很长时间了。第三版对于我而言，首先是可以根据这个领域的学术新发展，检验本书的叙述结构和基本判断等是否仍然可以站住脚。我的判断是，这本书提出的框架和主要观点至今仍然成立，尚未被同类论著超越。其次是可得到修订和补充原书内容的机会，使观点的表达更为准确和恰当；根据新发现的历史档案，对过去的一些分析和判断做进一步完善或修订；将一些新的历史发现补充进去，使叙述更连贯、更具体等。

　　在这一版的修订中，大多数章节都增加了新内容，特别是利用新发现的历史文献对一些案例做了更深入的分析和阐述。由于利用了更丰富的历史文献和做了更具体、更详细的分析和叙述，这一版更充分地揭示了 1935 — 1949 年这 15 年间，中共对外政策、对外关系的缘起和演变，有利于读者更系统地了解这个过程所蕴含的极为复杂的内容及其意义。

关于《从延安走向世界》第三版对于这个领域的研究发展的价值，还是要放到这些年学术发展的潮流中去判断。这里引用本书再版中的一些说明，现在看来它们并不过时。首先是近 20 年来，中国学术界有关从抗日战争时期到中华人民共和国成立前这个阶段中国共产党对外关系的研究取得很多新的进展，出版了一批高水平的论著。这些论著涵盖范围广阔，内容丰富，包括了延安时期中共对外政策和对外关系的诸多方面、"二战"后中国革命运动的发展与国际冷战之间的互动，等等。特别是在中国革命运动与国际冷战的关系方面，一些成果达到了较高的学术水平，也引起了国际学术界的重视，其中一些成果被翻译成多种文字在国外出版发行。

上述新的进展部分地得益于客观条件的大幅改进。此前中国学术界的研究依靠的主要历史文献，是中国政府公布的数量有限的文件集以及改革开放后，中美学术交流使中国学术界得以较快接触到的美国外交档案。20 世纪 90 年代中期以后，苏联档案被持续公开，为中国学者提供了大批极有价值的历史文献。这种情况是前所未有的，它是有关研究的数量和质量都大幅提升的重要原因。多国档案的开放固然给有关研究提供了积极的条件，同时也对学术界提出了更高的要求，包括根本性地调整既有的知识结构，具备较强的运用不同语言的能力。

苏联档案的大量涌现，极大地改变了中共对外关系研究的状况。此前的研究由于很大部分是依靠美国外交档案，对中共与美国关系的研究比较深入细致，发表的研究成果的质量也比较高。20 世纪 90 年代中期以后，有关中共与苏联关系的研究取得了长足的进展，其深入和细致的程度的确令人赞叹。这些研究成果逐步影响甚至部分地改变了以往对中共对外政策和对外关系的认知。正是在这些发展的基础上，学术界已经开始思考和研究一些更为宏观的问题，如中国革命运动与国际冷战之间的关系、中共对外政策和对外关系的演变对东亚冷战的发生与发展的影响，等等。

从中国对外关系研究的全局来看，1935 年至中华人民共和国成立时期的中共对外关系与两个重大的领域直接相关。首先，它是抗日战争到中华人民共和国成立前的中国对外关系的重要组成部分。如果没有对中共对外关系的研究，对这个时期中国对外关系的阐述肯定是不完整的，很多重要的问题（如中美关系和中苏关系的演变等），都是不可能解释清楚的。

其次，中共对外关系与中华人民共和国对外关系有着"天然联系"。要理解中华人民共和国对外关系的历史，首先必须理解中共领导的中国革命运动及其对外关系与中华人民共和国对外关系之间的历史性连接。从历史连接的层面来说，中华人民共和国对外关系是从中国革命运动的对外关系演变而来的。在中华人民共和国成立之前，中共领导的革命运动已经同外部世界建立了某种关系（如与苏联的关系）；与一些国家从事民族和革命运动的组织之间的关系；抗日战争时期与美英等西方国家驻华机构之间的复杂关系等。这些关系还谈不上是丰富全面的，但对中共以及中华人民共和国初期的外交思想和对外行为的影响，却是不可低估的。一个非常简单的事实就是，中华人民共和国成立初期的对外政策是在中国革命的最后阶段制定的，而不是在中华人民共和国成立之后制定的。

进一步说，所谓的"天然联系"，并不仅仅是指"历史连接"。它的核心是指中华人民共和国对外关系形成和发展的最初动力，直接来自中国革命运动，它在形成阶段的主要目标产生于中国革命运动，它的主要特点也是由中国革命运动所塑造的，它也是直接从中共的对外关系中延续下来的。只有系统了解中国革命运动在发生、发展和最后胜利的这个大过程中，中国共产党与外部世界的关系是如何形成的、中共领导人是如何思考和制定对外政策并处理对外关系的，特别是他们逐步形成的认知结构和理论体系等，才能深入理解和揭示中华人民共和国对外关系的缘起及其主要特征的来龙去脉。希望《从延安走向世界》的这次出版，有利于推动这项研究的进一步发展，以及有助于深化对中华人民共和国外交史的研究和理解。

作 者

2020 年 2 月 25 日

序 论

　　1840 年 6 月，第一次鸦片战争爆发了。这场战争的结果是英国依靠坚船利炮打开了中国的大门，清王朝被迫与英国签订《南京条约》，中国近代外交就这样在失败与屈辱中拉开了帷幕；中国从此开始被动地逐步卷入全球性国际社会形成的历史进程之中。当时诚如李鸿章所言，中国人终于不得不面对的是"几千年未有之大变局"。中国人在几千年的历史中从来没有遇到这样的情况，即他们面临的外来威胁不仅是入侵者们的坚船利炮，而且还有那些武器背后的典章制度，以及高于中国传统文明的另一种文明，或者说比中国传统文化更先进的另一种文化。这一大变局是当时一切政治和社会问题的源头活水，是当时中国所有先进分子提出要改革并最终走上大规模的、激进的革命道路的一个最深刻的原因。

　　晚清王朝统治者面对如此天翻地覆的大变局，却仍在做着"天朝抚有四海""天朝统驭万国"的旧梦。他们死抱着"中国中心"的陈腐观念，相信只要维持住中国的传统秩序，以及作为立国基础的皇权至高无上的权威，"天朝德威"仍会继续"远被"，包括列强在内的"万国"也终会"来王"。但是，东西方的入侵者们用大炮一次又一次地打破了晚清王朝统治者的幻梦。为了对付东西方列强接连不断的入侵，晚清王朝统治者翻遍了中国的旧武库，用尽了一切曾经被奉为"传统法宝"的手段。从使用弓箭、长矛和马队的武装抵抗，到"怀柔羁縻""以夷制夷"的外交手腕儿，乃至"用夏变夷"的自我安慰，等等。结果证明，所有"传统法宝"都无法改变由先进终将战胜落后这个基本法则所决定的历史进程，中国在清王朝的屡战屡败中逐步沦为半殖民地半封建社会。在这个历史进程中，不仅幻想中的"万国"没有"来王"，倒是晚清王朝变成了"洋人的朝廷"，变成了列强谋求和维护自身在华利益的工具。列强则靠着自身的军事力量，迫使清王朝签订了一个又一个不平等条约，最终在中国建立起一个完整的不平等条约体系。中国的对外关系也被禁锢在这个庞大牢笼之中，日渐失去自主发展的余地。

晚清王朝统治者面临的不仅是列强武力征服的冲击，还有这种冲击引起或持续加剧的中国社会的动荡。这一时期中国社会在内外矛盾的共同作用下，酝酿着巨大的危机，下层社会的起义和统治阶层内部的改革运动此起彼伏。列强的武力入侵与中国社会危机的加剧，使晚清王朝统治者一直面临"攘外"与"安内"的两难选择。这种两难的选择差不多是从太平天国起义和第二次鸦片战争时期开始的，到八国联军打进北京和《辛丑条约》签订时，终于由当时清王朝的最高统治者慈禧太后作出了结论，即"宁赠友邦，不与家奴"。清王朝的对外政策从此走上一条不归路，中国的外交彻底地服从维护清王朝的生存与统治的需要。清王朝在行将灭亡之时，给近代中国被动开始的外交打上了独特的烙印，即统治者们总是将处理对外关系与阻碍中国社会的变革联系在一起，外交成了统治者在旧秩序与新世界之间设置藩篱的手段。清王朝末期外交的这一特点，几乎被后来的历届反动统治者所继承；中国对外关系的演变以这种特殊的方式与中国内部的政治斗争交织在一起。

由于中国的大门被迫向世界打开，列强的坚船利炮赖以支撑的先进技术以及使这些先进技术得以日新月异的科学文化和典章制度，伴随着廉价商品、传教士等一起进入中国，使中国的社会矛盾进一步激化。经历过一次次失败的战争，面对着扑面而来的欧风美雨，中国的先进分子睁开眼看世界时，终于不再相信中国是世界"中心"的神话了，也不再认为祖先创造的灿烂文明可以供后来者无止境地自我陶醉，老祖宗传下来的典章制度也不可能再使中国永保太平和安全。他们认识到，应该也只有向西方学习，到外部世界去寻找救国的真理，进行深刻的政治和社会改革，中华民族才能自立于世界民族之林，重新获得受尊敬的地位。从中国近代的历史进程来看，向西方学习同抵抗列强侵略一样，成为中国越来越激进的社会改革和革命运动的主要动力之一，也构成了中国对外关系发展的一个重要方面，甚至可以说是更为深刻地影响中国近代外交的一个方面。

中国步入 20 世纪时，在对外关系方面陷入无以复加的困境。一方面，列强强加给中国的不平等条约体制不断被强化和扩大，华夏大地在入侵者的践踏下变得满目疮痍。另一方面，中华民族被抛到列强塑造的世界秩序的底层，任人欺凌和宰割。最突出的莫过于第一次大战后的遭遇。中国在这场战争中属于战胜国的一方，战后在巴黎和会上仍然被要求向日本出让权益。这一切对于数千年来一直站在世界文明前列的中华民族来说，是无法忍受的奇耻大辱，中国人的自尊心受到前所未有的伤害。使中国人备感屈辱的外部世界与中国人充满矛盾的内心世界交织在一起，并经常产生恶性循环，从深层次上决定了这一时期中国的对外政策必定是病态的和混乱的，中国处理对外关系的方式也必定是混乱和病态的。

中国在外交上蒙受的耻辱和面对的困境犹如一针催化剂，加速了中国近代民族解放运动的兴起，并汇聚成汹涌澎湃的反对帝国主义和殖民主义的洪流。1911 年 10 月 10 日爆发的辛亥革命，是 20 世纪中国民族解放运动掀起的第一个巨浪，它一举摧毁了清王朝的统治，在中国结束了延续几千年的帝制。辛亥革命发动者们举义的理由之一，就是清王朝已经变成了"洋人的朝廷"；他们相信随着共和革命的成功与新国家的建立，中华民族终将实现伟大的复兴；中国人在清王朝统治时期蒙受的耻辱必定会被一扫而尽。然而希望很快便破灭了。南京政府在内外反动势力的压迫下夭折，一场轰轰烈烈的革命并没有给中华民族带来复兴，帝制崩溃后出现的是军阀割据、国家四分五裂的局面。

北洋政府统治时期，清王朝给中国外交留下的遗产被各色军阀继承。列强则乘机利用中国分裂的局面，分别与中国不断变更的中央统治集团、各派政治力量以及各地方军阀统治者等，建立了密切而又复杂的关系。它们可以直接或间接地利用这种关系，影响中国的政局，扩大自己的势力范围。在这种局面中，列强之间的利益冲突往往同中国各派系、军阀的争斗与内战交织在一起。各派各地方的军阀也总是积极寻求某个列强的支持，依靠外国援助来打击国内的对手。在国内军阀争权夺利与对外关系相互影响的过程中，一方面是国家权益不断被出卖；另一方面是内战连绵不断，政治和社会矛盾丝毫没有缓解。

与清王朝统治时期相比，北洋政府时期的中国对外关系的危机和灾难有过之而无不及。除了国家权益的继续丧失外，列强干预中国内部事务的能力和实际达到的深度、广度也是前所未有的；中国的国内政治与对外关系交叉发展、相互影响的复杂程度也是前所未有的。只要中国继续处于分裂状态，只要列强不放弃通过干预中国内政以谋取利益的企图，中国任何一派政治力量在制定自己的战略和追求自己的政治目标时；都不能不充分地关注和稳妥地处理对外关系。这已经成为当时中国的政治现实。

20 世纪 20 年代初期，辛亥革命后一度消沉的民族解放运动，再次汇聚成声势浩大的反帝革命浪潮，最终爆发了国共两党共同领导的大革命运动。这场运动以前所未有的深度冲击了中国社会的各个方面。尤其是当时以工农为主体的轰轰烈烈的群众运动，将那些现代的反帝爱国思想广泛地传播到中国社会的各个阶层，包括最底层的乡村社会。"打倒列强"的口号被送到千百万农民的耳中。站在这场运动前沿的革命者们，从辛亥革命的失败中吸取了教训，认识到仅仅推翻一个清王朝这样的统治集团，并不足以解决中国对外关系面临的灾难。要使中华民族摆脱如此深重的危机，就需要对中国进行一场彻底的政治改造和社会改造，在重新构建的政治和社会结构上，重构中国的对外关系。这一时期中国对外关系出现的新变化是，中国由下而上的民族革命运动得到了苏联的同情与支持。当时越来越多的政治精英们相信，与向西方学习相比较，"走俄国人的路"很可能是更为可取的另一种选择。

20 世纪 20 年代中期兴起的大革命运动虽然推翻了北洋政府的统治，却仍然未能摧毁旧中国对外关系所联系的整个社会基础和政治结构。1927 年 4 月 12 日，蒋介石和国民党发动政变，国共分裂导致大革命运动最终失败了。

1928 年间，国民党靠着攫取革命运动的果实，在南京建立了国民政府，中国虽然出现了形式上统一的局面，但旧中国对外关系的基本格局没有发生根本的变化。国民党统治集团不仅没有获得人民的广泛支持，并且内部矛盾重重，这使国民政府一直难以获得建立新型外交的基本条件。他们不得不又一次走上那条老路，将在外交上寻求列强的普遍支持作为巩固自身政治地位的手段；同时设法使各国在华势力之间维持某种平衡，以便他们在进行国内斗争时，有一个相对有利的国际环境。

列强在承认南京政府的同时，仍然保持着与挂上了国民党招牌的各派系军阀的联系，并企图靠操纵地方势力谋利。从南京政府建立到 20 世纪 30 年代中期，国际环境相对稳定，中国却仍然是内战不断。这一时期，国民政府曾经提出过以废除不平等条约为目标的所谓"革命外交"，试图逐步改善中国在国际体系中的地位，但成效甚微。

1931 年秋，日本关东军制造了九一八事变，随后迅速占领了中国的东北三省。中国陷入了空前严重的民族危机。面对日本帝国主义灭亡全中国的企图，蒋介石和国民政府延续了历届统治者的老路，在"攘外"与"安内"之间，选择了"攘外必先安内"的方针。国民政府一方面争取西方大国和国联的支持，试图依靠"以夷制夷"的老办法，重新恢复列强在中国的力量均衡，来遏制日本帝国主义的侵略；另一方面是通过对日妥协，以便争取时间，集中力量消灭中共和削弱国内的其他政治势力。这种"外交抗战"和对日妥协的政策，不可避免地导致国民政府的外交失败。日本对中国的侵略步步深入，西方列强和国联则是口惠而实不至。西方大国不愿采取行动制止日本侵略中国，固然是由其对外政策的本质所决定的，但不可否认的是，国民政府的外交失败在一定程度上是由它对日本侵华的消极抵抗政策造成的。当时的国联秘书长曾经向一位中国代表团的成员指出："当一国受外国侵略时，首要的是自己起来抗战，才有希望得到别人的援助。如果自己不抵抗，像中国政府一样希望别人替你们火中取栗，这是史无前例的。"这段话是为国联的无所作为开脱？是对中国代表团的挪揄和嘲笑？抑或是对中国深表同情时的怨其不争？ 无论如何，它都触到了国民政府外交失败的根源。

　　近百年来被不断强化和扩大的不平等条约体制依然存在；列强仍然能够利用中国实际上不统一的状态干预中国内政，操纵中国的政治局势；中国旧的外交格局以及与之相联系的社会基础和政治结构尚未被摧毁；中国由于日本侵略而处于前所未有的民族危机之中；居统治地位的国民党及其政府在内外交困时，照旧不肯抛弃近代历届统治者的外交思路和对外政策……这便是中国共产党人在 20 世纪 30 年代中期开始制定对外政策和发展对外关系时，面对的历史与现实。

　　中国共产党自诞生之日起，便高举民族解放的旗帜。中国共产党的创始人几乎都走过一段由爱国而革命而信奉共产主义的思想历程。在他们心目中，共产主义是具有社会革命与民族革命的双重含义的。它既是消灭人剥削人的制度的奋斗目标，也是争取中华民族解放的主要途径。

　　从 20 世纪 20 年代到 30 年代中期，中国共产党人先是经历了第一次国共合作和大革命运动，接着又领导了十年土地革命战争。在十余年的国内战争期间，中国共产党人始终认为，中国革命的矛头应该指向整个资本主义世界。他们与国际社会的全部联系也十分简单，就是作为共产国际的一个支部，站在国际共产主义运动的行列里。这种状况固然与中国共产党产生和发展的历史有密切的关系，但当时中共面临的国际环境的确也是造成这种状况的客观原因。华盛顿体系的建立大致协调了列强在华的利益和政策，列强之间的矛盾得以缓和，使它们可以一致行动，与中国的反革命政治势力组成联合战线，共同对付中共领导的革命运动。世界政治的基本格局和有关国家的对华政策，使中国共产党人很难做其他的选择。

　　从 1931 年九一八事变开始的日本侵华战争一方面加剧了中国的民族危机，另一方面也打破了华盛顿会议确立的列强在东亚的均势。如果说 1931 年以前东亚相对稳定的列强均势是使中国革命运动难以发展的主要外部因素，那么，此后东亚国际关系的剧烈变动确实为中国共产党人提供了新的发展机会。列强之间不断发生和激化的矛盾，使中国共产党人有可能通过制定和执行合理的对外政策，为自身的生存和发展创造更有利的国际环境。

　　从更为广阔的背景来看，"二战"是一场将中国与世界联结起来的战争。

中国的抗日战争是世界反法西斯战争的组成部分，中国战场成为世界反法西斯战场的组成部分，中国从此与世界密不可分。中国任何一派政治力量的前途，都在相当程度上同自身与世界政治的关系联系在一起。东亚国际形势的变化以及中国与世界之关系的变化，在客观上向中国共产党人提出了制定对外政策和发展独立自主的对外关系的要求。

综观当时中国的政治舞台，可以肯定地说，没有哪一派政治力量像中国共产党那样，具备了迎接挑战的特殊条件。

自鸦片战争以来，中外关系发展史上一个十分突出的特点是，列强可以对中国内政进行强有力的干预。就中国本身而言，除了国家落后之外，政治上的软弱无力是由两方面的因素造成的。首先，不论是清王朝、北洋政府还是国民政府，无一不是内部矛盾重重。清王朝有帝党后党之争，北洋政府有府院之争，国民党内部更是派系林立，互相倾轧。在所有纷争的背后，都可以若明若暗地看到列强的操弄。列强甚至能够直接利用中国居统治地位的政治集团内部的矛盾，达到它们的目的，这既是近代中国政治的一大特点，也是一大悲剧。中国共产党与其他政治集团的重要区别之一，就是它有十分坚强的组织和十分严格的纪律。它的领导核心是一批具有共同理想的政治精英，他们有着相当统一的思想与意志。不仅如此，中国共产党人还组织起一支纪律严明、行动整齐划一的革命队伍。历史证明，任何大国都无法利用中共的内部矛盾，来达到影响中共内外政策的目的。

近代中国正处于从旧秩序向新体制过渡的过程中。当时的情况是，旧的政治结构和社会结构尽管依然存在，但正在分崩离析，而新的体制却始终没有产生和形成，这使得本来就不够坚固的中国社会结构变得更加混乱和涣散。中国历届统治者向来惧怕民众组织起来；以往的革命家们虽然哀叹中国民众是"一盘散沙"，但他们既没有能力也不知道如何去组织和动员民众。进一步说，中国是一个地域广阔和人口众多的超大型国家，中国的任何政治力量如果不能根植中国社会并得到大多数民众的拥护和支持，它的对外政策必定是缺乏合法性的，而且必然会失去处理对外关系的力量和后盾。

历史证明，是中国共产党人肩负起了教育和组织民众的历史使命。中国共产党人承担了社会革命与民族革命的双重任务，在进行民族解放战争的同时，进行组织和动员民众的工作。大革命运动失败以后，中国共产党人将工作重心转移到农村，坚韧不拔和始终如一地从事乡村政权的建设和改造工作，按照自己的目标并用自己的方式，教育和组织起几千年来一直处于愚昧和落后状态的千百万农民。很难说毛泽东在为"收拾金瓯一片"而欣喜时，已经自觉地意识到建立巩固的农村根据地，将对中共乃至中国的对外关系产生极为深远的影响。然而，中国共产党人正是从史无前例地改造中国乡村社会和组织农民的工作中，获得了取之不尽、用之不竭的力量源泉。中国共产党人就是站在这个坚固的基础上，从延安迈出了走上世界政治舞台的步伐。

如同所有重大事件的缘起和发展一样，1935 年至 1949 年 10 月间，中共对外政策和对外关系的缘起和发展，也是在特定时空中的固有历史结构中展开的。这里所谓的"固有历史结构"包括三个主要方面。

其一，中国共产党内部的矛盾和斗争。最突出的是，抗战时期中共中央与王明的错误路线的矛盾与斗争。这场斗争表明，中共要生存和发展，就必须在抗日民族统一战线中坚持独立自主；中共要在抗日民族统一战线中坚持独立自主，首先要做到的是必须在同苏联和共产国际的关系中保持独立自主，在处理与苏联的关系上保持独立自主。可以说，经过延安整风以后，中国共产党内部已经基本不存在会影响中共中央制定对外政策的严重矛盾，尽管在具体政策上会有不同意见。

其二，支配中国政治基本走向的国共斗争。中共的对外政策和对外关系的缘起和发展，始终贯穿着如何处理国共关系这个中国政治的核心矛盾。从历史的进程来看，中共领导人处理国共关系的重大政策调整和重大战略转变，都同他们对国际政治环境的认识变化和调整对外政策等，紧密地联系在一起。同样，中共中央历次调整对外政策，或是为了有利于各个时期处理与国民党的关系，或是为了推翻国民党的统治。在中共的革命战略中，处理国共关系和制定对外政策之间实际上形成了一种互动的结构。

其三，中国革命运动与东亚国际格局之间的互动。一方面，大国在东亚地区关系的变动，构成了中共对外政策缘起和发展的主要国际背景，而且它的影响后来变得越来越直接。从这个角度来观察，中共中央一些国内政策的重大调整反映了中共领导人对外部世界的认识，也是他们对中国革命运动所处的国际环境变化做出的反应。另一方面，中国革命的发展本身就意味着东亚国际秩序必将经历一次革命性的转变。最典型的是中国革命的胜利是建立在摧毁以雅尔塔秘密协议和中苏条约为蓝本的国际秩序的基础上的，有关国家必将面对一个在激烈的社会革命中崛起的新国家。

　　总而言之，上述三方面的内容构成了理解这 15 年中共对外关系的主要线索。本书试图沿着这些基本线索，分析中共对外政策和对外关系缘起和发展的基本原因和主要特点，以及它们对中国对外关系发展所造成的历史性影响。

目 录

第一章　打开大门 ……………………………………… 1

第二章　两个统一战线 ………………………………… 21

第三章　"帝国主义战争"与革命 …………………… 43

第四章　"利用矛盾" …………………………………… 65

第五章　重建国际反日统一战线 …………………… 93

第六章　退一步进两步 ……………………………… 115

第七章　第一次尝试 ………………………………… 140

第八章　"我们也讲现实主义" …………………… 171

第九章　"无法无天" ………………………………… 196

第十章　走向"和平民主新阶段" ………………… 222

第十一章　向大国体系宣战 ························· 255

第十二章　彻底革命与统一战争 ················· 289

第十三章　抉择 ·· 317

结束语 ··· 350

主要参考资料 ·· 354

英文人名索引 ·· 361

第一章　打开大门

　　1936年7月的一天，一位蓝眼睛、高鼻子的洋人，骑着一匹被称为"瘦狗"的老马，来到中共中央所在地——陕西的保安。这位洋人就是著名的美国记者埃德加·斯诺（Edgar Snow）。他作为第一位访问中国共产党根据地的西方记者而闻名于世；他为记录此行的见闻而写的著作《红星照耀中国》（《西行漫记》）在中国广为流传。有关他的富有传奇色彩的采访经历和他本人撰写的精彩报道，曾经在中国产生过长久的影响，使这些内容在中国一度成为一些专家学者们的研究课题。斯诺对世人给予他的荣誉是当之无愧的，因为与他同时代的同行相比，他最先准确地按到了中国近代史中那个独特阶段的脉搏，并从此站到了观察中国近代以来的一次影响极为深远的历史性变革的前沿。

　　如果能拓宽视野，变换认识角度，更深入一步地思考斯诺1936年的西北之行，那么，从观察一位美国记者的采访生涯的角度来表示钦佩和赞扬斯诺这一堪称历史性壮举的同时，必定会提出如下问题：为什么中共领导人会在1936年夏天，在中共中央所在地接受一位美国记者的来访，而不是在此之前？除了气候、交通和通讯等客观条件外，有没有更为复杂的主观原因和值得思考的政策背景？为什么斯诺的访问会受到中共领导人的如此重视，以至于除了周到细致的接待外，毛泽东本人也"时常搁下大堆报告和电报，取消一些会议"，以便与斯诺长谈？① 要回答这些看上去十分简单的问题并非易事，答案涉及 20 世纪 30 年代中期中共中央的对外政策和对外关系正经历的一次深刻转变，而且这一转变是在非常复杂严峻的背景之下发生的。当时全世界都面临着德意日法西斯的侵略扩张与大规模的战争威胁，中国的民族危机正日甚一日，而中共及其领导的红军经过两万五千里长征之后，刚在陕北立足不久，并且仍然处在国民党军队的重围之中。

中国共产党自诞生之日起便明确地宣布，它所领导的中国革命运动是世界无产阶级革命运动的一部分；中共将站在国际共产主义运动的行列里，同全世界工人阶级和劳动人民一起，向整个资本主义世界宣战。中共第二次全国代表大会《宣言》中对世界政治的基本图景和中国革命运动同世界政治之间的关系的阐述是："最近世界政治发生两个正相反的趋势：（一）是世界资本帝国主义的列强企图协同宰割全世界的无产阶级和被压迫民族；（二）是推翻国际资本帝国主义的革命运动，即是全世界无产阶级的先锋——国际共产党和苏维埃俄罗斯——领导的世界革命运动和各被压迫民族的民族革命运动。"因此，"中国的反帝国主义的运动也一定要并入全世界被压迫民族的革命潮流中，再与世界无产阶级革命运动联合起来，才能迅速的打倒共同的压迫者——国际资本帝国主义"，而"中国劳苦群众要从帝国主义的压迫中把自己解放出来，只有走这条唯一的道路"。②

那些创建了中国共产党的领袖们认为和笃信，在这场必定会席卷全球并将改变中国命运和世界政治前途的斗争中，只有苏联和各国的工人阶级、劳动人民等，才是中国革命运动在世界上的真正的支持者。至于世界上的其他政治势力，基本上是中国革命运动将予以摧毁的敌人，或者是它们的同盟者。这种认知是后来中共对外关系缘起和发展的一个重要出发点，它一方面来自列宁关于帝国主义和殖民地问题的理论，其关键内容已经有大量的论述，在此不赘述；另一方面，中共早期领导人的上述认知同中国近代的改革和革命

① ［美］埃德加·斯诺：《复始之旅》，载埃德加·斯诺：《斯诺文集》第一卷，宋久、柯楠、克雄译，新华出版社，1984，第 192 页。
② 《中国共产党第二次全国大会宣言》，1922 年 5（7）月，载中央档案馆编：《中共中央文件选集》第 1 册，中共中央党校出版社，1989，第 107—108 页。

运动的历程，以及他们登上中国政治舞台时面对的国际政治环境等，也有直接的关系。从这个意义上说，上述被用经典理论表达出来的认识和判断，也包含着当时部分中国人朴素的观察、直接的感受、经验，等等。

中国沦为半殖民地半封建国家以后，一直遭受着几个帝国主义国家的共同侵略。这些国家在中国既存在着共同利益，也有复杂的矛盾，它们之间经常发生直接冲突，甚至是大规模的战争。但是，在反对中国的民族革命和社会变革方面，它们的政策经常是一致的。1900 年八国联军打进北京后，列强第一次确定了协调对华政策的原则，即通过支持清王朝的统治来维护它们的在华利益，《辛丑条约》的签订便是列强协调对华政策的直接结果。之后爆发的辛亥革命和"一战"又一次冲击了列强在中国建立的均势，前者推翻了清王朝，后者则引发了列强在中国争夺权势和瓜分利益的新斗争。此后经过华盛顿会议，列强试图重新协调它们在中国的利益格局和基本政策，结果是它们在支持北洋政府、保持中国的旧秩序以维护自身在华利益的基础上，结成了新的联合战线。

1921 年 11 月至 1922 年 2 月间，包括中国在内的九个国家在华盛顿召开会议，解决"一战"后的亚太地区国际问题，包括列强如何处理它们的在华关系。华盛顿会议的重要结果之一，是导致列强在亚太地区形成了新的均势，特别是它们大致协调了"一战"后的对华政策，各方签署的《九国公约》重申了所谓的"门户开放、机会均等"原则。这个结果在当时的中国共产党人看来，就是列强与北洋政府共同在亚太地区构建了一个阻挡和破坏中国革命和民族解放运动的国际体系，它是列强携手从外部遏制中国革命的重要支柱。中共二大《宣言》声明："华盛顿会议给中国造成一种新局面，就是历来各帝国主义者的互竞侵略，变为协同的侵略。这种协同的侵略将要完全剥夺中国人民的经济独立，使四万万被压迫的中国人都变成新式主人国际托辣斯的奴隶。因此最近的时期，是中国人民的生死关头，是不得不起来奋斗的时期。"①

---

① 《中国共产党第二次全国大会宣言》，1922 年 5（7）月，载中央档案馆编：《中共中央文件选集》第 1 册，中共中央党校出版社，1989，第 106 页。

几乎与此同时发生和发展的另一个重大趋势是，列宁（Vladimir Ilyich Ulyanov Lenin）领导的布尔什维克党在取得国家政权后不久，就开始采取积极支持亚洲的革命运动和民族解放运动的政策，其对中国政治的影响变得日益突出和重要。当时中国的民族解放运动正处于低潮，中国人正为在巴黎和会上遭受的耻辱而义愤填膺，中国的先进分子正在殚精竭虑地总结经验教训和寻找新的救国道路。正是在这样的历史背景下，俄国布尔什维克党取得革命成功的理论迅速传播到中国，为那些正在艰苦奋战的中国先进分子提供了一个前所未有的范例，展示了一条全新的道路和前景。不仅如此，列宁领导的苏维埃政府还连续发表宣言，表示自愿放弃沙皇俄国政府从中国攫取的领土，自愿放弃依据不平等条约在中国享有的特权，自愿放弃《辛丑条约》规定偿付的赔款。① 布尔什维克党的革命成就和列宁领导的苏维埃政府的对华政策，使中国不少爱国政治家们相信，只有列宁领导的国家，才是中国人民争取民族独立和解放的挚友。毛泽东后来回顾说，当时先进的中国人认识到："走俄国人的路——这就是结论。"② 这一选择对于早期的中国共产党人来说，具有双重含义。一是俄国的布尔什维克党为中国革命者们树立了通过建立强有力的革命政党来领导工农武装夺取政权的成功典范，并提供了足以取代西方民主主义的组织奋斗的强有力的思想武器；二是"走俄国人的路"不仅意味着在中国建立一种全新的政治和社会制度，中华民族将因此而获得彻底的独立和解放，而且意味着世界各国将在新的国际关系的基础上，建立起一个真正公平合理的国际政治秩序。

20 世纪 20 年代中期，中国共产党人积极投身到轰轰烈烈的大革命运动中，并成为这场革命运动的最积极、最坚决和最勇敢的推动者、组织者和领导者。大革命运动失败后，中国共产党人继续高举"推翻帝国主义，求得彻

---

① 《苏俄政府第一次对华宣言》，1919 年 7 月 25 日；《苏俄政府第二次对华宣言》，1920年 9 月 27 日；《苏俄政府第三次对华宣言》，1923 年 9 月 4 日，载复旦大学历史系中国近代史教研组编：《中国近代对外关系史资料选辑（1840—1949）》下卷第一分册，上海人民出版社，1977，第 14—21 页。

② 毛泽东：《论人民民主专政》，1949 年 6 月 30 日，参见中共中央文献研究室编：《毛泽东选集》第四卷，人民出版社，1991，第 1471 页。

底的民族解放"的大旗，最终走上"工农武装割据"、用武力推翻帝国主义和国民党统治的道路。在十余年的土地革命战争时期，中国共产党人受到反革命势力的重重包围，国民党军队的军事"围剿"从未间断，而且规模越来越大。在国民政府统治地区，白色恐怖和文化"围剿"同军事"围剿"一样残酷和激烈。中国共产党人当时的处境正如斯诺所描述的那样，他们"一直遭到铜墙铁壁一样严密的新闻封锁而与世隔绝。千千万万敌军所组成的一道活动长城时刻包围着他们。他们的地区比西藏还要难以进入"。①

在这十余年间，由于身处反革命势力的严密包围中，中国共产党人对世界政治形势的变化及其对中国政局会产生何种影响等问题的了解，必然是非常有限的。他们对世界政治及其发展趋势的看法等，主要是受到苏联和共产国际的理论和政策的影响。这一时期中国共产党内在世界形势及其与中国革命运动的关系等方面，居主导地位的认识主要包括如下内容。

第一，全盘接受了斯大林（Joseph Vissarionovic Stalin）有关世界政治的本质是由"三大矛盾"构成的理论。斯大林所谓的"三大矛盾"分别是帝国主义国家与社会主义国家苏联的矛盾、资本主义国家中资产阶级与工人阶级的矛盾、帝国主义国家之间的矛盾。当时包括中共在内的各国共产党都笃信，世界政治的发展趋势是由这三大矛盾的状况所决定的。这一时期的世界政治存在着三种发展前途：一是爆发"公开的决定胜负的"世界革命和所有殖民地人民的武装暴动；二是帝国主义国家发动"对苏联的武装战争"；三是帝国主义国家之间爆发大规模的战争。

第二，他们基于所能了解到的苏联和共产国际对世界政治的基本理论和重要论述便断定，当前时代的主要特点是资本主义正处于发生总危机的所谓"第三时期"。一方面，帝国主义国家与苏联之间、帝国主义国家内部资产阶级与工人阶级之间、帝国主义国家之间等的各种矛盾都在激化。另一方面，世界工人阶级运动正在"向左化和革命化"；"东方殖民地几千百万的群众起来参加进攻帝国主义的斗争"；社会主义苏联正日益巩固和强大，成为打击

---

① [美]埃德加·斯诺：《西行漫记》，董乐山译，生活·读书·新知三联书店，1979，第1页。

资本主义体系的"强大的动力"。总之，全世界范围的资本主义危机在加剧的同时，世界革命的形势在成熟并随时可能出现"总爆发"。在战争与革命的辩证关系中，革命起着决定性的作用。

第三，在世界政治的各种矛盾中，当时主要的和起决定性作用的矛盾是苏联与帝国主义国家之间的矛盾。中共领导人认为，由于"建设社会主义国家的日益兴盛和资本主义制度的日益动摇"，苏联已经成为"世界反帝国主义斗争的大本营"和世界的"革命中心"，而帝国主义国家必定要通过进攻苏联，以挽救它们面临的严重危机。因此，就战争问题而言，帝国主义国家"进攻苏联的战争成为目前主要的危险"，至少理论上如此。[1]

对世界政治的上述认识使中共领导人在理论上赋予了中国革命运动三重历史使命。第一，推翻帝国主义和国民党反动派在中国的统治，使中华民族获得彻底的独立和解放。第二，从全球的角度来看，推动中国革命运动的发展是推动世界革命的重要步骤。中共领导人认为，中国革命运动是世界革命运动的一个重要组成部分，中国革命运动的发展将起到加速帝国主义总崩溃的作用，并增加了"掀动全世界大革命的客观条件"，中国革命的胜利将成为"世界无产阶级独裁制之胜利的序幕"。第三，从全球社会主义与资本主义搏斗的角度来看，中国实际上是帝国主义进攻苏联的"重要的根据地"，他们由此认为，中国的革命运动还担负着保卫世界革命的中心——苏联的历

---

[1] 《政治决议案》，1928年7月9日，载中央档案馆编：《中共中央文件选集》第4册，中共中央党校出版社，1989，第295—301页；《政治决议案——现在革命的形势与中国共产党的任务》，1929年6月，载中央档案馆编：《中共中央文件选集》第5册，中共中央党校出版社，1989，第295—301页；《新的革命高潮与一省或几省首先胜利（一九三〇年六月十一日政治局会议通过目前政治任务的决议）》，1930年6月11日，载中央档案馆编：《中共中央文件选集》第6册，中共中央党校出版社，1989，第115—128页；《关于政治状况和党的总任务决议案》，1930年9月，载中央档案馆编：《中共中央文件选集》第6册，中共中央党校出版社，1989，第275—282页；《关于目前政治形势及中国共产党的紧急任务决议案》，1931年5月9日，载中央档案馆编：《中共中央文件选集》第7册，中共中央党校出版社，1991，第258—267页。

史重任。①

就后来的历史所展示的情况看，中国革命运动性质的多重性及其在实践中必然出现的千变万化的复杂性，特别是在遇到重大危机的时刻，上述理论内在的局限性和过于简单化的特性等就会显现出来，在实践中甚至存在着导致严重后果的可能性。同样，基于这套理论思想提出的三重任务，也只是在理论上看似逻辑一致且并行不悖，在实践中则窒碍难行。

20 世纪 30 年代前半期，中共中央一再出现严重的"左"倾错误，同上述世界观有直接的关系。李立三和王明两次"左"倾错误的根源之一，就是片面夸大资本主义国家的危机和在世界范围出现革命运动高潮的可能性，片面夸大中国革命运动在世界政治中的地位和作用，以至他们每次做出重大决定时，总是极度夸大外部环境中并不存在的"革命高潮"，以及声称他们的冒险行动会引发外部那种被证明是纯属幻觉的革命高潮。例如，李立三在主持中央工作时提出，"中国革命的胜负也必然要决定世界革命的胜负；中国革命的胜利必然紧接着世界革命的胜利"，"世界革命有首先在中国爆发的可能，而且这一爆发以后，必要引起整个世界革命的兴起"。②1930 年 6 月 11日，中共中央政治局会议通过的决议称："在现在全世界革命危机都已严重化的时候，中国革命有首先爆发，掀起全世界的大革命，全世界最后的阶级决战到来的可能。"③

1934 年 12 月，王明在共产国际发表演讲时也提出了类似的观点。他声称，"中国事变底更向前发展，有使世界完全进入到革命与战争底第二周期底可能"，"全世界和全中国事变的发展，把中国革命底意义提高到为世界共

① 《政治决议案——现在革命的形势与中国共产党的任务》，1929 年 6 月，载中央档案馆编：《中共中央文件选集》第 5 册，中共中央党校出版社，1989，第 295—301 页；《关于目前政治形势及中国共产党的紧急任务决议案》，1931 年 5 月 9 日，载中央档案馆编：《中共中央文件选集》第 7 册，中共中央党校出版社，1991，第 258—263 页；《中央关于争取革命在一省与数省首先胜利的决议》，1932 年 1 月 9 日，载中央档案馆编：《中共中央文件选集》第 8 册，中共中央党校出版社，1991，第 34—47 页。

② 李立三：《新的革命高潮前面的诸问题》，1930 年 5 月 15 日，《布尔什维克》第三卷，第四、五期。

③ 《中央关于争取革命在一省与数省首先胜利的决议》，1932 年 1 月 9 日，载中央档案馆编：《中共中央文件选集》第 8 册，中共中央党校出版社，1991，第 117 页。

产主义胜利而斗争底第一等重要的地位，除苏联以外，中国革命已经是世界革命中一个最主要的最有决定意义的成分了"。[①]

中国共产党内那些"左"倾领导人的共同点之一，就是不承认中国革命运动当时实际上处于低潮阶段，保存和积蓄力量才是中国革命运动的首要任务。他们极为不切实际地企图用中共实际上十分弱小且处于严重劣势的军事力量，去推动并不存在的所谓"世界革命高潮"。他们对世界政治的复杂性、中国与世界的关系及其互动中的特点，特别是中国革命与世界政治的真实关系等至关重要的问题，不仅缺乏基本的了解，而且罔顾中国内部政治力量对比的基本事实和苏联这个"世界革命中心"根本不可能为了中国革命运动而牺牲自己的利益，在推动革命高潮的幻想中几乎断送了中国革命运动的前途。

20 世纪 30 年代前半期的历史充分证明，如何合理认识中国革命运动与国际共产主义运动，尤其是与世界政治的关系，并在此基础上建立起中共对外政策的合理架构，同样是决定中国革命运动前途的关键问题之一。正是由于不能合理地认识和界定中国革命运动的民族性，夸大它在国际共产主义运动中的从属性，中共"左"倾领导人在处理中国革命运动本身肩负的民族解放使命与苏联对外政策的关系方面，在理论上更加荒谬，在实践上走得更远。他们甚至将当时由于日本入侵中国造成的民族危机，解释为帝国主义国家进攻苏联的序幕。

九一八事变发生后，列强在远东的均势开始解体，日本与其他列强之间的矛盾与冲突逐渐加剧，并最终演化成亚太地区起主导作用的矛盾，列强在中国的关系也是如此。苏联和共产国际却提出，日本占领中国东北地区并非日本将发动全面侵华战争的序曲，而是帝国主义国家将联合起来发动反苏战争的前奏。中共"左"倾领导人完全接受了苏联和共产国际的这种解释，将中共当时的任务规定为"反对进攻苏联和苏区，拥护苏维埃，武装保卫苏联"，等等。[②]他们对内继续推行打倒一切"中间力量"的政策，对外继续坚

---

① 王明：《中国现状与中共任务》，1934 年 12 月，载中国人民大学中共党史系编印：《中共党史教学参考资料（第二次国内革命战争时期）》中，1980，第 459 页。

② 《中央关于日本帝国主义强占满洲事变的决议》，1931 年 9 月 22 日，载中央档案馆编：《中共中央文件选集》第 7 册，中共中央党校出版社，1991，第 421 页。

持反对"一切帝国主义国家"的主张。甚至在日军将侵略战争扩大到华北地区以后仍然声称，日军进攻华北"证明干涉苏联的犯罪战争已经逼在眼前"，日本的目的是"企图在完成占领华北以后，即开始干涉外蒙古人民共和国，以便从那里侵入苏联的领土"。根据这套论述，他们提出中国共产党在当前反对日本军事入侵的任务就是"号召群众武装保卫苏联，反对干涉外蒙古人民共和国"。①

中共"左"倾领导人在日本大规模入侵、中华民族危机日益严重以及列强之间的矛盾不断加剧的重要时刻，将"武装保卫苏联"作为反对日本侵华战争的首要目标，无法根据中国国内日益高涨的抗日民族解放斗争和正在发生巨大变化的亚太地区国际政治形势，适时地调整自身的战略和政策。上述口号一方面模糊了反对日本侵略首先是争取中华民族解放的基本性质；另一方面也排除了在反对日本侵略的斗争中利用东亚地区国际关系的变动，来建立和发展国际反日统一战线的可能性。在中共"左"倾领导人看来，设想中国在抵抗日本侵略的斗争中利用西方列强与日本的矛盾等，是荒谬的，是"引狼入室"，是"前门拒虎，后门进狼"。他们甚至声称，西方列强对日本的政策越强硬，也就意味着它们"愈益成为中国之再分割与瓜分之积极的参与者"了。②

东亚地区和中国国内形势的演变很快就证明，中共"左"倾领导人有关世界形势、中国革命运动与世界政治之关系等方面的错误认识以及由此导致的不合理的政策，是导致中国革命运动一再遭受挫折的一个非常重要的原因；也是导致中国共产党在中国的民族危机加深并由此引起社会矛盾激化时，未能扩大自己政治影响的一个思想理论根源。

---

① 《中央紧急通知——关于在目前华北紧急形势下各级党的任务》，1934 年 4 月 12 日，载中央档案馆编：《中共中央文件选集》第 10 册，中共中央党校出版社，1991，第 221—222 页。
② 《中国共产党为日本帝国主义强占东三省第二次宣言》，1931 年 9 月 30 日，载中央档案馆编：《中共中央文件选集》第 7 册，中共中央党校出版社，1991，第 425—430 页；《中央关于李顿调查团的报告加强反帝群众斗争的决议》，1932 年 10 月 7 日，载中央档案馆编：《中共中央文件选集》第 8 册，中共中央党校出版社，1991，第 502—507 页；《中共中央、共青团中央为日本帝国主义进攻热河与华北告全国工农劳苦群众书》，1933 年 3 月 3 日，载中央档案馆编：《中共中央文件选集》第 9 册，中共中央党校出版社，1991，第 96—101 页。

1935 年间，在两方面因素的影响下，中共中央的对外政策开始发生关键性的转变。首先是在长征途中，1935 年 1 月，中共中央政治局召开了遵义会议。这次会议为扭转"左"倾错误领导长期在中国共产党内占统治地位的局面创造了有利的条件，开始形成以毛泽东为核心的领导集体。红军完成长征后，在陕北再次建立了新的根据地并最终巩固下来，中共中央从此有了新的落脚点。从后来的历史进程来看，中共领导核心的改变具有非常重要的意义，它是中共中央改变对外政策的决定性的内部条件。这一变化使中国共产党人开始逐步摆脱教条主义的束缚，采用实事求是的思想方法，观察极为复杂和千变万化的世界事务，以及世界政治中的中国与中国革命运动。

20 世纪 20 年代中期兴起的轰轰烈烈的大革命运动失败以后，毛泽东带领一支军队在湘赣交界地区的井冈山创建了一个根据地，由此开始走上了一条"工农武装割据"的新型革命道路，他本人则始终处于领导这场新型的农民革命战争的第一线。长期的和极为残酷的政治军事环境，决定了毛泽东更为关注的是如何保存和发展中国革命的力量。客观地看，在资本主义总危机已经出现、世界革命高潮即将到来等问题上，毛泽东同样受到苏联和共产国际的严重影响，他那时并没有也不大可能提出不同的理论。但与中共"左"倾领导人明显不同的是，毛泽东在一般性地谈论世界革命理论时，着眼点始终在于如何使中共革命根据地得以建立和巩固下去，如何使红军得以生存和发展。毛泽东谈论有关世界革命的理论，更多是为了证明，红军和根据地必将长期存在和最终取得胜利等，是有足够的国际条件的。毛泽东在更多的时候是根据中国变动的政治形势，分析"几个帝国主义同时统治中国"这个关键事实给中国政治形势造成的重要影响。他关注的重点是列强争夺中国的相互矛盾以及由此造成的中国社会矛盾和危机的复杂性和波动性。

在走上"工农武装割据"道路的初期，中共领导人需要回答并解决的基本问题是，"井冈山道路"能否走得通，红军和根据地能否在强敌包围中长期生存并获得发展。对于毛泽东来说，这才是当时他所有思考和重要论述所针对的真问题，也是他与"左"倾领导人关于世界政治理论的最大不同。在毛泽东看来，当时中国政治不统一和各派军阀长期混战，是中国革命必须走工农武装割据道路的特殊条件。他认为，红色政权的存在必然只能发生在"帝国主义间接统治的经济落后的半殖民地的中国。因为这种奇怪现象必定伴着另外一件奇怪现象，那就是白色政权之间的战争"。在他的逻辑中，这种现象与围绕中国展开的国际政治有直接的关系，即"帝国主义划分势力范围的分裂剥削政策"，而"中国内部各派军阀的矛盾和斗争，反映着帝国主义各国的矛盾和斗争"。正是因为这种状况的长期存在，中共根据地和红军才能在白色政权的包围中生存并坚持下来。[①]

1930 年初，正当中共"左"倾领导人高谈阔论着世界革命高潮到来时，毛泽东提出了中国革命形势的形成和中共根据地与红军的发展等，并不取决于苏联社会主义建设的影响和世界革命高潮的推动。他同样将苏联的存在和那里社会主义建设的发展视为重要的国际条件，不过在他描述的国际政治与中国政治相互影响的结构中，更突出的是中国是"一个许多帝国主义国家互相争夺的半殖民地"，"帝国主义争夺中国一迫切，帝国主义和整个中国的矛盾，帝国主义者相互间的矛盾，就同时在中国境内发展起来"，由此导致中国各派反动统治者之间持续扩大并愈演愈烈的内战。民族矛盾和反动统治阶级内部的斗争与混战加深了中国社会的危机，从而造成了革命形势的发展和中共根据地生存和发展的条件。[②]

毛泽东的这些分析有三层含义。首先，造成中国社会危机深化和革命形势发展的主要因素，是帝国主义与中华民族的矛盾和帝国主义国家之间的矛盾。其次，帝国主义争夺中国的斗争不断加剧，必然会导致帝国主义与中华民族之间矛盾的激化以及帝国主义国家之间的矛盾的尖锐化。最后，中国统治阶级内部的矛盾和斗争同国际政治有密切的关联，它们实际上反映了列强在华利益的冲突。这些观点已经包含了这样的逻辑，即不仅中共根据地的生存和发展有赖于列强在中国的矛盾和斗争，中共实际上有可能采取适当的对外政策，利用帝国主义国家之间的矛盾，以加深统治阶级内部的危机。当然，

---

① 毛泽东：《中国的红色政权为什么能够存在？》，1928 年 10 月 5 日，参见中共中央文献研究室编：《毛泽东选集》第一卷，人民出版社，1991，第 49 页。

② 毛泽东：《星星之火，可以燎原》，1930 年 1 月 5 日，参见中共中央文献研究室编：《毛泽东选集》第一卷，人民出版社，1991，第 101 页。

在当时的主客观条件下，中国共产党人还不可能提出此类政策和策略。客观上，帝国主义列强的矛盾当时还没有尖锐到直接冲突的程度，中国共产党人也没有条件去发展与外部世界的关系。主观上，毛泽东强调的这些观点的出发点并不是为中国共产党制定对外政策，他本人当时并没有这样的意图和条件。那些舶自苏联和共产国际的有关世界政治的思想理论等，在当时也是不可能被取代的。

随着日本侵华战争步步扩大，围绕中国的国际关系中的各种矛盾日益深刻地展开。遵义会议以后，毛泽东在党内的领导地位逐步提升并确立。这些主客观条件的变化，促使中国共产党人有可能逐步重新思考并提出新的处理对外关系和制定对外政策的指导思想。

中国共产党人对国际问题的认识一直深受着苏联和共产国际的影响，他们对资本主义总危机和世界革命形势成熟的判断，主要来自苏联和共产国际关于"第三时期"的理论。因此，苏联外交战略的调整和共产国际策略路线的转变，成为促成中国共产党人对外政策转变的至关重要的外部因素。

20 世纪 20 年代末到 30 年代初，伴随着一些资本主义国家周期性经济危机的发生，法西斯主义在欧洲迅速蔓延，并逐步发展成为一股巨大的政治势力。1933 年 1 月，希特勒当上了德国总理，纳粹法西斯夺取了德国政权。德国政局的转折导致了国际形势的急剧变化。希特勒上台之初，苏联并没有给予重视。它的外交战略仍旧着重于冲破英美等国的传统包围和封锁。随着德国迅速发展成为第一流的军事大国，纳粹政权毫不掩饰其并吞世界的野心，而且公然打起反对共产主义的旗号，进行武力扩张。斯大林开始意识到，以德国为首的法西斯国家正在对苏联的国家安全造成更紧迫的威胁。在重新估计国际形势之后，苏联领导人终于确定，对苏联国家安全的威胁主要已不是来自英美法等国家，而是来自德意日法西斯国家。苏联的对外政策必须进行全面调整，从与英美法等对抗，转向推行以维护和平为目标的集体安全政策，并争取与英美法等国结成反法西斯主义和反对法西斯国家侵略扩张的联盟。

1933 年 11 月，苏联与美国建立外交关系。12 月间，苏共中央政治局提出并批准了旨在反对法西斯国家侵略扩张和建立集体安全体系的新的对外方针。苏联对外政策从此迅速转上集体安全和与西方民主国家结盟的轨道。12月25日，斯大林在会见美国记者杜兰特时，对德国和日本退出后的国际联盟的作用，明确给予了肯定的评价。[①] 苏共中央同时发表声明，表示苏联愿意加入国际联盟。1934年9月18日，苏联正式加入国际联盟，从而摆脱了外交上长期孤立的局面。此后苏联加快了与有关国家缔结区域性互助条约的步伐，相继与法国、捷克斯洛伐克等国家签订了具有集体安全性质的互助条约。[②] 到1935年间，苏联对外政策的转变已经给苏联的国际环境和国际政治形势等，带来了明显的积极影响。

苏联调整对外政策的同时，共产国际也开始改变以往的策略路线。希特勒上台以后，法西斯势力在德国的迅速发展和对外扩张，助长了各国法西斯势力的气焰，在一些国家中出现了法西斯力量进攻的新浪潮，那里的共产党和进步的民主力量受到严重的打击。共产国际的领导人也感到有必要合理地估计各国共产党的影响力，他们逐步认识到建立反法西斯统一战线的必要性和重要性。1934年下半年，在苏共中央的推动和苏联对外政策转变的直接影响下，共产国际的各项政策开始发生迅速的转变，其主要内容就是为了在欧洲国家反击法西斯势力对共产党的进攻，也是为了配合苏联对外政策的转变，提出各国共产党人可以与代表本国的小资产阶级和资产阶级的民主派发展合作，建立起反法西斯的统一战线，并可以在一定程度上支持本国资产阶级政府那些对苏联有利的外交政策。在共产国际的指导下，一些国家的共产党人开始积极展开建立反法西斯统一战线的工作，并很快取得了可观的进展。

1935年7月25日至8月21日，共产国际召开了第七次代表大会。这次大会的重要工作是重新认识国际政治形势变化带来的新特点，总结各国共产党开展统一战线工作的经验。在这次会议上，共产国际提出了一条新的"策略路线"。大会的报告和决议具体论述了法西斯主义与资产阶级民主

---

① ［苏］斯大林：《和〈纽约时报〉记者杜兰特先生的谈话》，1933年12月25日，载中共中央马克思恩格斯列宁斯大林著作编译局编译：《斯大林全集》第13卷，人民出版社，1956，第249—250页。

② 参阅王绳祖主编：《国际关系史：1929—1939》第4卷，世界知识出版社，1995，第122—131页。

的区别，法西斯制度与资产阶级民主制度的区别，以及法西斯主义的性质和危害性。会议的有关文件指出，一场重新瓜分世界的战争正在酝酿准备之中，在这场战争中，并不是"一切资本主义国家对于帝国主义战争的爆发都负有一样的同等的责任"，德意日法西斯国家"格外露骨地力图重新瓜分世界和改变欧洲边界的现状，而其他一些国家则倾向于维持现状"。① 共产国际领导人季米特洛夫在发言中强调，根据对法西斯主义的性质、未来可能发生的战争的性质以及国际政治力量的分化组合等问题的分析，共产国际提出，当前各国共产党人的中心任务是"为和平而斗争"；为了取得反法西斯斗争的胜利，各国共产党人的首要任务是在世界范围内"建立工人统一战线"，并"在无产阶级统一战线的基础上建立广泛的反法西斯人民阵线"。②

共产国际七大结束后不久，共产国际执委会主席团又于 1936 年 3 月间召开会议。这次会议着重分析了有可能爆发新的世界战争的各种问题，明确提出已经形成了德国和日本两个新的战争策源地，新的世界战争就是由德意日法西斯国家发动的。会议指出，由于目前保卫和平的斗争具有反对法西斯侵略和扩张的性质与特点，各国共产党在这场斗争中必须区分法西斯主义的侵略国家和非法西斯的被侵略国家，"当前要集中力量打击法西斯侵略者"，将斗争的"锋芒指向国际舞台上直接的战争罪魁祸首或间接帮助他们的那些力量"；各国共产党的主要工作应是争取在国际上和国内建立反法西斯主义的和平阵线，各国共产党不仅要独立开展维护和平的斗争，而且应该拥护国际联盟和一些资本主义国家维护和平的措施，并反对一切鼓励和纵容法西斯侵略的行为。③

---

① 《法西斯的进攻和共产国际在争取工人阶级统一、反对法西斯的斗争中的任务》，1935 年 8 月 20 日，载中国社会科学院近代史研究所翻译室编：《共产国际有关中国革命的文献资料（1926—1936）》第 2 辑，中国社会科学出版社，1982，第 451 页。

② [保] 季米特洛夫：《关于法西斯的进攻以及共产国际在争取工人阶级团结起来反对法西斯的斗争中的任务》，1935 年 8 月 2 日，载中共中央党史研究室第一研究部编：《共产国际、联共 (布) 与中国革命文献资料选辑（1927—1931）》，中共党史出版社，2007，第 95—105 页。

③ 《共产国际执行委员会关于战争危险问题的决议》，1936 年 4 月 1 日，载中国社会科学院近代史研究所翻译室编：《共产国际有关中国革命的文献资料（1929—1936）》第 2 辑，中国社会科学出版社，1982，第 469、471 页。

苏联对外政策的调整和共产国际"策略路线"的转变，很快对中共中央的内外政策产生了直接的影响。特别是在中国的民族危机日益严重，中共中央尚无法全面和深入地了解世界政治形势的急剧变化，以及中国共产党的"左"倾领导人继续坚持教条主义的立场之时，这种影响更显示出特殊的意义。当时在莫斯科的王明参加了共产国际七大，他在发言中除了像以往那样继续高谈阔论世界革命形势外，也根据共产国际的新策略方针的精神，具体分析了由帝国主义战争迫近所引起的各种矛盾。他特别指出，帝国主义的侵略加剧了殖民地、半殖民地国家的民族矛盾，而且这些国家中的资产阶级与帝国主义的矛盾、统治阶级内部的矛盾、"互相竞争的帝国主义强国间的矛盾"等，"都相当剧烈起来"，这就使中国共产党人"有了可能，去利用这些矛盾"。[1] 共产国际七大期间，中共代表团以中共中央和中国苏维埃中央政府的名义，起草并发表了《为抗日救国告全体同胞书》，在呼吁团结抗日和建立统一战线的同时，亦提出"联合一切同情中国民族解放运动的民族和国家，同一切对中国民众反日解放战争守善意中立的民族和国家建立友谊关系"的外交主张。[2]

1935 年 11 月间，化名张浩的中共驻共产国际的代表林育英几经辗转跋涉，来到中共中央所在地瓦窑堡。他本人参加了共产国际七大，向中共领导人转达了这次重要会议的决议和共产国际对中共中央的指示。林育英转达的有关情况引起中共中央的重视，中共领导人很快表示赞成和接受了共产国际"策略路线"的这次重大转变。

12 月 17 日，中共中央在瓦窑堡召开政治局扩大会议。这次会议开启了中共中央有关政策转变的进程。在这次会议上，中共中央做出重大决定，将党的工作重心转移到建立抗日民族统一战线上；会议同时也提出了党在新形势下的外交主张和对外政策。会议通过的决议一方面突出地阐述了苏联与日本的矛盾在迅速尖锐化，苏联将会因此而大力援助中国的抗战；另一方面，

---

① 王明：《论殖民地半殖民地国家的革命运动与共产党的策略》，1935 年 10 月，载中央档案馆编：《中共中央文件选集》第 10 册，中共中央党校出版社，1991，第 731 页。
② 《中国苏维埃政府、中国共产党中央为抗日救国告全体同胞书》，1935 年 8 月 1 日，载中央档案馆编：《中共中央文件选集》第 10 册，中共中央党校出版社，1991，第 524 页。

与会者也具体分析了日本发动侵华战争所引起的美日关系和英日关系的变化以及它们之间的矛盾在进一步激化。中共领导人认为，"日本帝国主义单独吞并中国的行动，使帝国主义内部的矛盾，达到了空前紧张的程度"。中共中央的策略是"应使用许多的手段"，使英美等国"暂时处于不积极反对反日战线的地位"。为此，中共的对外政策主张应是"建设于不放弃一切可能争取反对日本帝国主义和中国卖国贼的胜利的基础之上，同一切和日本帝国主义及其走狗相反对的国家、党派、甚至个人，进行必要的谅解，妥协，建立国交，订立同盟条约的关系"。[①]

瓦窑堡会议的决议在分析国际问题时仍然使用了很多以往的概念和术语，反映了苏联对外政策调整和共产国际新策略路线的指导原则。不过仔细分析其论述，的确包含了一些中共领导人对国际和国内形势的具体分析，特别是明确提出了需要全面改变党的策略路线。如前所述，包括毛泽东在内的中共领导人虽然早已经提出，列强在"半殖民地"的中国存在着极为复杂的矛盾关系，不过直到瓦窑堡会议才第一次提出，中共有必要而且也有可能在实践中直接利用列强在对华关系中的矛盾，在共同反对日本侵略扩张的基础上，与英美等西方国家发展某种联盟关系。从这个意义上说，瓦窑堡会议有关国际和外交问题的决议，是中国共产党人对世界问题的认识以及他们对外政策的一次具有历史意义的转折。

进一步说，中共中央在瓦窑堡会议期间提出的以"利用矛盾"为核心内容的对外政策具有更深层次的含义，它表明了中共领导人在思考国际事务和党的对外政策时，思维方式出现了至关重要的变化。尤其是这一变化同毛泽东逐步在中国共产党内取得领导地位联系在一起，其影响更为深远，这被后来的历史演变所证明。

任何推动历史性变革的事件都不可能摆脱当时环境的影响，它们往往因为同历史人物的认识逻辑和惯性以及这些人物所处的环境和实践的特点等有直接的联系，从而会带有深刻的、有时是在短时期内无法摆脱的历史烙印。

---

① 《中央关于目前政治形势与党的任务决议》，1935 年 12 月 25 日，载中央档案馆编：《中共中央文件选集》第 10 册，中共中央党校出版社，1991，第 605—606、616—617 页。

中共领导人在瓦窑堡会议提出的对外政策同样不可避免地带有具体的历史环境所赋予的特征。

第一个特征是中共领导人并没有也不可能改变他们以往对国际政治力量分野的基本看法，他们仍然是在"中国革命与世界革命的关系"的基本框架中，认识和理解当时的国际事务和党的对外政策。他们提出的与一切反对日本侵略的国家结盟，主要是针对除苏联之外的非法西斯国家的，简单地说，就是那只是一种临时性的策略而已。毛泽东在瓦窑堡会议的发言中说："我们的抗日战争需要国际人民的援助，首先是苏联人民的援助，他们也一定会援助我们，因为我们和他们是休戚相关的。过去一个时期内，中国革命力量和国际革命力量被蒋介石隔断了，就这点上说，我们是孤立的。现在这种形势已经改变了，变得对我们有利了。今后这种形势还会继续向有利的方面改变。"① 毛泽东的判断同苏联当时的对外政策有直接的关系。

林育英到保安后，向中共中央转达了斯大林关于红军主力可以向西北外蒙和西北新疆方向发展，以及不反对红军向苏联靠近的意见。正是这种判断与预测促使瓦窑堡会议做出决定，实施"打通国际路线"的战略。具体地说，就是通过三个步骤：1936 年 2 月以前，巩固陕北根据地；7 月以前，争取将根据地扩展到山西，然后由山西转进到绥远，最终实现"打通苏联和巩固开展现有苏区"的目标。② 1936 年间，中共中央为实施"打通国际路线"战略做出了巨大的努力。后由于西进作战失利、统一战线工作的展开和西安事变的和平解决，以及苏联和共产国际改变了政策和放弃援助红军的计划，中共中央才最终放弃了这一军事行动。

第二个特征是瓦窑堡会议制定的对外政策与中共工作重心转移到建立抗日民族统一战线有密切的联系。当时中共中央考虑的不是一般地为中国抗战争取一个有利的外部环境。中国共产党作为一个有自己的政权和军队的局部执政的政党，它的对外政策必然会反映它在国内斗争的需要。毛泽东在瓦窑

---

① 毛泽东：《论反对日本帝国主义的策略》，1935 年 12 月 27 日，参见中共中央文献研究室编：《毛泽东选集》第一卷，人民出版社，1991，第 161—162 页。

② 《中共中央关于军事战略问题的决议》，1935 年 12 月 23 日，载中央档案馆编：《中共中央文件选集》第 10 册，中共中央党校出版社，1991，第 595—597 页。

堡会议上明确重申了这样的看法，即"当斗争是向着日本帝国主义的时候，美国以至英国的走狗们是有可能遵照其主人的叱声的轻重，同日本帝国主义者及其走狗暗斗以至明争"。① 毛泽东所言反映了中国共产党人长期形成并一直坚持的一种认知，即国民政府并不是真正独立的政府，英美等西方国家可以决定性地影响它的内外政策，因此中共有必要将国际统一战线与中国的抗日民族统一战线结合起来，以达到影响中国的政治局势，尤其是影响国民政府政策的目的。以毛泽东的看法为例，他认为日本实行征服中国的政策，使日本和其他帝国主义国家的矛盾尖锐起来，这些国家为了自身的利益，"暂时地赞助中国的统一与和平"，中共必须将"中国的抗日民族统一战线和世界的和平阵线相结合"。② 中国事实上不统一的状况从一个重要的方面决定着中共领导人在观察和判断各种国际力量的性质时，除了要看它们对日本的政策，还要了解它们对中国内部事务，主要是国共斗争的态度。因为从逻辑上说，反对日本的侵略和扩张，并不必然赞成中国的统一与和平；赞成中国的统一与和平，并不必然赞成按有利于中共的条件实现统一与和平。恰恰是在这些重要的问题上，国际上各种政治力量基于不同的利害关系和不同的出发点，往往试图用这样或那样的方式，影响中国的内部局势。因此，利用国际反日统一战线推动或影响中国的抗日民族统一战线和国共关系，成为当时中共中央制定对外政策时的重要考虑。

中共中央未能实现"打通国际路线"以建立与苏联直接联系的战略目标，以及中共中央试图利用国际统一战线推动抗日民族统一战线和影响国共关系这两个重要的历史背景，使斯诺的西北之行在中共对外政策和对外关系的发展进程中，占有了特殊的地位。斯诺恰恰是在中国共产党人的内外政策经历重大转折的历史时刻，实现了这一具有历史意义的步骤。可以说，没有1935年中共中央对外政策的提出，就不可能有1936年斯诺的西北之行；而实际情况是，斯诺在表明希望访问陕北根据地后，他的行动受到中共的欢迎，并得

---

① 毛泽东：《论反对日本帝国主义的策略》，1935年12月27日，参见中共中央文献研究室编：《毛泽东选集》第一卷，人民出版社，1991，第148页。

② 毛泽东：《中国共产党在抗日时期的任务》，1937年5月3日，参见中共中央文献研究室编：《毛泽东选集》第一卷，人民出版社，1991，第253—254页。

到中共北方局的介绍与安排。当时斯诺从北平地下党得到的见毛泽东的介绍信，由柯庆施起草，并得到刘少奇的直接批准。

在十年内战期间，由于受到国民党军队的严密包围和封锁，中共与国际社会的直接接触被完全切断了。国民党利用其控制的宣传工具，将中国共产党人说成是基本上被消灭的、剩下的只是由"文匪"领导的一群"流寇"。国际社会无从知晓中国共产党人的真实情况，只能从国民党控制的报刊上，间或看到一些诸如"所谓共产党匪帮""土匪与共产党骚动"一类的报道。于是，中国共产党人被想象成"留着长胡子""喝汤的时候发出咕嘟咕嘟的响声""皮包里夹带土制炸弹"等的江洋大盗。面对这种现实，中国共产党人要与国际社会建立联系，首先是必须使国际社会了解中共的实际情况，了解中共中央的政治主张和各项政策；其次是建立起中共是由一群有政治理想、政治纲领和各种具体政策的政治精英组成的现代政党的国际形象。

斯诺经过直接采访和观察后所作的栩栩如生的报道，第一次打破了国民党长达十年的新闻封锁，使国际社会第一次可以比较清晰地看到那些被视为洪水猛兽的中国共产党人及其领导核心的真实面貌；使国际社会了解到，在广袤的中国大地上，除了蒋介石和国民政府中诸多腐败的达官显宦外，还存在着一支生机勃勃、蒸蒸日上的政治力量，而且它很可能代表了中国的未来。不仅如此，斯诺的报道和著作还在国民党统治区广为流传，使许多中国人特别是青年人，从斯诺的著作中了解到中共的情况及其纲领和政策。

斯诺的西北之行得到国际舆论的广泛赞誉，被称为"西方对中国了解的一个新纪元"的标志，是与哥伦布发现美洲一样"震撼世界的成就"，"起了具有重要世界历史意义的作用，因为他推动美国以至世界舆论接受（中国）共产党作为盟友参加反对国际侵略的斗争"。[①] 这些评论在一定程度上表明：斯诺的西北之行在扩大中共在国际社会中的影响方面，所起的作用是巨大的。其影响之大之深远，或许是当时中共领导人所难以想象，也未曾预料的。

可以设想，如果没有斯诺的西北之行，中国共产党的对外关系的发展进程至少将被推迟。继斯诺之后，又有十几位西方国家的记者陆续访问了各抗

---

① ［美］杰克·贝尔登：《中国震撼世界》序言，邱应党译，北京出版社，1980，第9页。

日根据地，他们掀起了一股介绍中共领导人及其领导的政权和军队的热潮。他们的介绍为国际社会塑造了中国共产党人的美好形象——"那个时代最富有吸引力的革命者"。① 在直接影响和改变各有关国家的对华政策方面，包括斯诺在内的西方记者很难说起了多少直接的作用，但是坚冰毕竟已经打破，大门终于打开，中国共产党人终于由此迈出了走向世界的第一步。

① ［美］肯尼斯·休梅克：《美国人与中国共产党人》，郑志宁、黄际英、高二音、简明等译，吉林文史出版社，1989，第66页。

第二章　两个统一战线

　　1936 年 7 月，毛泽东在接受斯诺采访时，曾经提出一个重要的观点，即中国的抗战是世界反法西斯斗争的一部分，"无论中国还是日本都不是独立的国家；东方的和平与战争问题是一个世界性问题"。他的这段话反映了中国正在发生的一个关键性的变化，中国由于抗战而与世界联为一体。在此基础上，毛泽东提出了"国际抗日统一战线的完成"是中国抗战胜利的三个必要条件之一。至关重要的是，在他的论述逻辑中，中国国内的抗日民族统一战线的实现是第一位的。他说："为了在尽可能短的时期内以最小的代价赢得对日本帝国主义的胜利，中国必须首先实现国内的统一战线，其次，还必须努力把这条统一战线推广到包括所有与太平洋地区和平有利害关系的国家。"[①] 毛泽东在这里实际上提出了国内和国际两个统一战线都是不可或缺的，不过国内的抗日统一战线居于首位。由于当时还尚未实现国共合作和建立抗日民族统一战线，国际反日统一战线也就无从谈起了，因为从逻辑上说就无法定义在中国到底是谁在同有关国家结成反日同盟或建立反日统一战线，而中共这时还有独立的苏维埃共和国政府。不久后，全面抗战爆发和第二次国共合作的实现为解决这个问题提供了关键的条件，当然国共关系的复杂发展也使如何认识和解决两个统一战线的关系成为贯穿整个抗战时期的历

---

①　吴黎平编译：《毛泽东一九三六年同斯诺的谈话》，人民出版社，1979，第 109—110 页。

史性命题。

1937 年 7 月 7 日，驻华北日军挑起卢沟桥事变。8 月 13 日，日军进攻上海。日本发动全面侵华战争使中国的民族危机骤然加深，华北和华中的中国军队奋起抵抗，中国全民族抗日战争从此爆发。面对日本扩大侵华战争，中共领导人与以往不同，不仅没有再提日本进攻华北和华中的侵略战争是为进攻苏联做准备，而且进一步说明，日本在进攻平津之前制造反苏空气和向苏联挑衅，不过是"企图以声东击西进攻苏联的空气来买得各帝国主义"对它的"好感"，其目的是"企图实现吞并中国"。因此，中共在当前的首要任务，就是尽一切努力，阻止日本迅速灭亡全中国。①

中共中央在七七事变爆发的当天发表通电，提出迅速建立抗日民族统一战线的主张。通电呼吁："全中国同胞，政府与军队，团结起来，筑成民族统一战线的坚固长城，抵抗日寇的侵略！"②中共领导人当时认为，日军在华北向平津地区发动进攻后，全国开始掀起抗日救亡运动的新高潮，国民政府亦"表示了前所未有的强硬态度"，但中国政治的发展仍可能有两种前途：或是推动全国爆发抗战，或是国民政府在国内外某些因素的影响下，对日本妥协。因为在国内，第二次国共合作尚未实现以及全国抗日民族统一战线仍未形成；在国际上，美英法等国对日本扩大侵华战争的态度并不明朗等，③所以中共中央公开重申，为了推动全国全民族抗战形势的形成，必须立即着手争取实现两个统一战线：一是实现国共密切合作，以建立巩固的全民抗日民族统一战线；二是立刻"实现抗日的积极外交"，④以争取与美英法苏结成反日同盟，建立起国际反日统一战线。

7 月中旬，中共中央做出进一步努力以推动实现第二次国共合作。7 月

---

① 朱德：《实行对日抗战》，1937 年 7 月 15 日，《解放周刊》第 12 期，1937 年 7 月 26 日。

② 《中国共产党为日军进攻芦沟桥通电》，1937 年 7 月 8 日，载中央档案馆编：《中共中央文件选集》第 11 册，中共中央党校出版社，1991，第 275 页。

③ 《实行对日抗战》，1937 年 7 月 21 日，载中央档案馆编：《中共中央文件选集》第 11 册，中共中央党校出版社，1991，第 291 页；《中央关于目前形势的指示》，1937 年 7 月 21 日，载中央档案馆编：《中共中央文件选集》第 11 册，中共中央党校出版社，1991，第 292 页。

④ 《中国共产党为日本帝国主义进攻华北第二次宣言》，1937 年 7 月 23 日，载中央档案馆编：《中共中央文件选集》第 11 册，中共中央党校出版社，1991，第 297 页。

15 日，周恩来率中共谈判代表团赶赴庐山，再次直接同蒋介石谈判，并向国民党方面转交了《中国共产党为公布国共合作宣言》。与此同时，中共中央接连发出通电，呼吁"国共两党亲密合作"，共同抵抗日本的侵略。[①]

国民党最初对国共合作仍然持犹疑、观望的态度。直至日军开始大举进攻上海，蒋介石和国民政府终于下定决心进行全面抵抗，国民党方面对国共合作才真正积极起来。国民政府于 8 月间宣布，将中共军队编入国民革命军序列，正式任命朱德为八路军总指挥。9 月 22 日，蒋介石发表公开演说，声明"在存亡危急之秋，更不应计较过去之一切，而当使全国国民彻底更始，力谋团结，以共保国家之生命与生存"。[②] 蒋介石的演讲表明，他已经认识到面对日军的全面侵华战争，只有团结抗战、救亡图存，才是中国唯一的出路。国共两党在面临日本要迅速灭亡中国的危机之时对团结御侮的共识，终于造成了国共合作的局面。中国的抗日民族统一战线终于形成了。

第二次国共合作的实现和抗日民族统一战线的形成，给当时的中国政治形势带来了巨大的变化。中共领导人高度评价这一堪称伟大的进程，他们认为，"历史的车轮将经过这个统一战线，把中国革命带到一个崭新的阶段上去。中国是否能由如此深重的民族危机和社会危机中解放出来，将决定于这个统一战线的发展状况"；"统一战线的发展，将使中国走向一个光明的伟大的前途，就是日本帝国主义的打倒和中国统一的民主共和国的建立"。[③] 正是基于对抗日民族统一战线形成将带来的历史性影响意义的深刻理解和高度评价，自国共合作形成之日起，中共中央的政治战略和政策主要都是围绕抗日民族统一战线问题来制定的。与此相联系，中共中央的对外政策，中国共产党人与国际上各种政治力量的关系等，也难免都要围绕抗日民族统一战线这

---

① 《中国共产党为日军进攻芦沟桥通电》，1937 年 7 月 8 日，载中央档案馆编：《中共中央文件选集》第 11 册，中共中央党校出版社，1991，第 275 页；《中国共产党为日本帝国主义进攻华北第二次宣言》，载中央档案馆编：《中共中央文件选集》第 11 册，中共中央党校出版社，1991，第 297 页。

② 蒋介石：《对中国共产党宣言的谈话》，1937 年 9 月 23 日，载中国人民大学中共党史系编印：《中共党史教学参考资料（抗日战争时期）》上，1980，第 590—591 页。

③ 毛泽东：《国共合作成立后的迫切任务》，1937 年 9 月 29 日，参见中共中央文献研究室编：《毛泽东选集》第二卷，人民出版社，1991，第 364—365 页。

个主题展开和发展。

中共中央自抗战爆发后即提出实行"积极的抗日外交"，与英美法苏结成反日同盟，实际上一直有双重的目标。就其直接的目标而言，争取与英美法苏等大国结盟，影响和推动各大国对中国抗战采取明确和积极的政策，从而为中国抗战创造更为有利的国际条件，包括得到更多的国际支持和援助。从更深层次上说，中共中央的对外政策和据此提出的外交主张，与中共的抗日民族统一战线的政策有着极其密切的联系。或者说，就是中共的抗日民族统一战线政策在对外政策领域的延伸。这是当时的历史环境以及中共领导人对中国政治特点的认知的结果。

在中国近代以来沦为半封建和半殖民地的过程中，特别是辛亥革命推翻了清王朝之后，中国一度出现了分裂的局面，形成了诸多复杂的政治派别，一些政治派别还掌握有军事力量。在这种错综复杂的局面中，东西方各大国、强国等与中国各派政治力量之间，钩织起了既密切又复杂的关系网。它们可以通过各种复杂的关系网，直接或间接地影响中国不同的政治势力，从而操弄中国的政治形势。只要中国没有建立起统一的、强有力的中央政权，列强利用与中国各派政治力量的复杂关系，通过在它们之间的纵横捭阖来摆布中国政局，这种现象就会持续下去。这是中国任何政治力量在处理国内问题时都必须面对的现实。

中国抗日民族统一战线的形成，并不等于中国就形成了统一的政治局面；国共实现第二次合作，并不等于国共两党间的基本矛盾已经解决。日本骤然扩大侵华战争使中华民族面临被迅速灭亡的危局，这促使国共两党宣布将携起手来共御外侮。但是，两党在长期谈判中悬而未决的基本分歧并没有消除，结果是两个各有自己的政权和军队的政党宣布将进行合作时，并没有共同的纲领和统一的组织形式。这一事实本身就足以说明，双方分歧的程度是如此之深，实际上也是难以弥合的。中共领导人认为，在当时中国的条件下，只有巩固和发展抗日民族统一战线，才能维持住长期抗战的局面，并保存和发展中共的力量，最终取得抗日战争的胜利，并将这个胜利同中国革命的胜利联系起来。不过他们也清楚，中共面临的实际情况是，即使在国共实现合作后，国民党也从来没有放弃打击、取消甚至消灭中共的图谋。

东西方各大国、强国对中国内部的政治局势仍然可以造成重要的影响，同时国共两党在抗日民族统一战线内部的关系又极其复杂、起伏不定等。这种特殊的环境决定了中共中央判断国际上各种政治力量的重要标准必定会同国共关系联系起来，中共领导人在判断各有关国家对华政策的利弊时，不仅要分析它们对日本侵华政策的态度和作为，也必然会考虑它们对中国抗日民族统一战线中的矛盾，尤其是国共关系问题等，采取何种态度。在第二次国共合作开始后，利用国际力量推动蒋介石和国民政府奉行积极抗战的政策和抑制其反共分裂的政策，必定要成为中共中央对外政策的一个主要目标。

全面抗战爆发后，中共领导人曾经对围绕中日战争展开的东亚国际关系做过基本分析。他们当时的看法是："英法对中国虽表示某些同情的论调，但他们不赞成中国今天实行全国性的抗战，希望中日妥协。他们这种态度，客观上将有利于日本。美国还保持着静观态度。苏联正在严密注意事变的发展，加强远东的防卫与警戒。"[①] 从这种论述中可以看出，中共领导人认为美英法等西方大国虽然都公开表达了反对日军进攻平津地区，但他们对中国抗战的态度都不是积极的，美英法的政策是有差别的。例如，英法希望中国做出妥协，而美国则在"静观"。与美英法等相对立的社会主义国家——苏联也在观望，还没有采取明确的行动。客观地说，中共中央这时的分析和判断基本上是符合实际的，也与中国其他政治力量的看法区别不大。

七七事变爆发后，日本企图以武力霸占全中国的野心已经昭然若揭，东亚国际政治形势再次走到了十字路口。在此历史转折之际，美英苏等有关大国的确都在根据各自的利益，做出各自的选择。

英美等国是华盛顿体系的营造者和受益者，它们固然都反对日本扩大侵华战争，打破了华盛顿会议之后形成的均势。不过它们的选择一如既往，就是要通过外交行动来维持以九国公约为蓝本的东亚政治格局。在这个格局中，维持对日关系是英美等国借以维系东亚均势的一个主要环节。只要它们还不

---

① 《中央关于目前形势的指示》，1937 年 7 月 21 日，载中央档案馆编：《中共中央文件选集》第 11 册，中共中央党校出版社，1991，第 291—293 页。

准备对东亚国际关系做基本的调整，就不会放弃以维持对日关系作为东亚战略的重心。所以，它们一方面要约束日本，使其行动不会彻底破坏东亚既有的秩序；另一方面，不论日本如何在中国肆虐，只要战火不烧到它们在亚太视为"生命线"的地区，只要它们的区域战略利益没有受到严重的损害，它们仍然不希望，也不会去激化与日本的矛盾。牺牲中国的某些利益以填平日本扩张之欲壑，从而维持住东亚的均势和保住它们的既得利益，一直是"一战"后英美东亚外交的一个主要特征，这一次也不例外。

中日战争爆发后不久，美国国务卿赫尔即发表公开声明，表示罗斯福政府反对干涉别国的内政和使用武力的政策。他呼吁日本政府"信守国际协议……拥护条约神圣不可侵犯的原则"，"通过和平谈判与协商的途径，调整国际关系中的有关问题"。赫尔在声明中并没有谴责日本在中国的侵略行径，只是表示美国希望遵循九国公约的原则，对日中关系进行所谓和平的"调整"。① 显然，至少在这个阶段，罗斯福政府在面临日本决心以武力打破原有的势力范围之时，仍不准备改变它的东亚政策。由于这个声明比较典型地代表了西方列强的态度，因而得到了它们普遍的赞成。

10月初，中日军队在上海展开的攻防战达到白热化。日军将侵略矛头指向英美在华的势力范围和利益相对集中的地区，加之中国军队的顽强抵抗，这从两个方面促使英美两国政府表现出试图采取积极一些的政策。10月5日，美国总统罗斯福发表了史上著名的"隔离"演说。他在演说中把日本发动侵华战争比作一种"世界没有法纪的疫病"，日本"不论宣布或是不宣布的战争，都是一种传染病"，美国人民不可幻想自己能够幸免于难，所以，他呼吁国际社会应团结起来，"防止疾病蔓延"。② 第二天，美国国务院发表声明，谴责日本在中国的侵略行动违背了国际关系中应遵守的准则，即"九国公约中关于对华事件应遵守的政策及原则的规定"，以及《白里安—凯洛格非战公约》（Kellogg-Briand Pact）的规定。③ 与此同时，国际联盟召开

---

① 《美国国务卿赫尔的声明》，1937年7月6日，载李巨廉、王斯德主编：《"二战"起源历史文件资料集》，华东师范大学出版社，1985，第3页。
② 世界知识出版社编：《中美关系资料汇编》第一辑，世界知识出版社，1957，第93页。
③ 世界知识出版社编：《中美关系资料汇编》第一辑，世界知识出版社，1957，第93页。

会议并通过了一项决议，对中国"表示道义上的支持"，并建议各成员国"考虑通过何种途径分别给中国以援助"。[①]

美英等国这种积极姿态并未持续多久。罗斯福政府由于受到国内孤立主义势力的牵制，不得不限制反对日本侵略中国的呼吁。英国张伯伦政府则认为，对日本实行制裁将会使英国冒与日本发生战争的风险，所以只要美国不承担明确的义务，英国决不能单独在国联支持对日本采取制裁行动。[②]11月初，根据国联大会的建议，九国公约签字国代表在布鲁塞尔召开会议。这次会议在日本拒绝出席的情况下，讨论了中国代表提出的要求，即对日本实行经济制裁和向中国提供援助。结果由于英美的反对，会议未能就此做出任何决定。

这个时期，与英美等国相比，苏联对日本发动侵华战争的态度表现出明显的区别。首先是从东亚区域国际体系的层面来看，华盛顿体系本来就包含了这样的目的，即在东亚区域限制苏联影响的扩大，并阻止苏联支持这一地区的革命运动和民族解放运动。从国家安全的层面来看，在九国公约签字国中，日本反苏尤为积极，它一直扮演着在东方反苏反共最凶狠斗士的角色。反对日本在这一地区的武力扩张政策，直接关系到苏联的国家安全。总之，不论是从国家安全来说，还是从政治影响来说，日本都已经成为苏联在东亚区域最主要的威胁和最危险的敌人。在东西方两条战线上，苏联从来都将它的战略中心放在欧洲。自从1931年日本关东军发动九一八事变侵占中国东北以后，苏联东亚政策的目标就一直是一方面反对日本的侵略扩张，加强维护本国东部地区的安全；另一方面则是避免被卷入与日本在东亚的战争。苏联一方面支持和援助中国的抗战，包括向中国提供经济和军事援助，通过共产国际推动中国内部的国共合作，以及利用外交手段推动国际反日力量联合遏制日本的扩张；另一方面，它也从未放弃任何通过外交妥协以稳定苏日关系的机会。

---

① 《国联公报》专刊，1937年第169期，第148—149页。
② 《英国首相张伯伦在内阁会议上的发言（节录）》，1937年10月13日，载李巨廉、王斯德主编：《"二战"起源历史文件资料集》，华东师范大学出版社，1985，第37页。

中国全面抗战爆发前，苏联已经提出并争取建立所谓"太平洋反日统一战线"。抗战爆发后，大敌当前使国民政府在改善中苏关系方面放弃了犹豫徘徊的态度。这使苏联方面感到鼓舞，认为可以在改善中苏关系的基础上，通过向中国提供各种援助，加强中国的抗战力量。七七事变爆发后，苏联政府主动向国民政府表示，愿向中国提供财政和军事援助，以加强中国抗战。8月21日，中苏两国代表在南京签订了《中苏互不侵犯条约》。此后根据双方达成的协议，苏联开始向中国提供大量的财政援助和军事装备，并派遣军事顾问和军事志愿人员，到中国与日军作战。如当年11月，苏联即派遣空军志愿队来中国参战。苏联是当时第一个直接和公开向中国提供大量援助的国家，这对中国抗战事业弥足珍贵，成为国共合作的积极推动力，有利于提升中共在中国政治中的影响力。

尽管如此，苏联改善中苏关系并支持和援助中国抗战的行动自有其限度，不可能超出苏联对外政策的战略构想，即通过建立集体安全体系来反对法西斯国家的侵略战争。苏联与中国缔结军事条约既是为了加强中国抗战力量以拖住日本，也是试图以积极援华的实际行动来推动国际反日的联合行动。但如果其他国家不能比较迅速地跟上苏联的步伐，采取相应的实际行动，苏联的援华抗日政策就必定受到制约，而且苏联本来就是以不被卷入同日本的战争作为援华限度的。

11月3日，苏联应邀出席九国公约签字国会议。会议期间，苏联代表坚持要求运用国联盟约中的有关规定，对日本进行制裁。苏联的建议遭到英美代表的反对。在这种情况下，苏联代表明确表示，苏联政府将拒绝单独采取那种会把它卷入战争的行动。苏联领导人同时亦向国民政府方面说明，苏联不能在其他国家不接受集体安全原则的条件下，单独出兵对日作战。[①] 与此同时，苏联还试图通过中共中央向中国各方面解释，苏联援华抗日的政策为何受到限制，以避免中国各界在对苏联直接出兵参战寄予厚望后，会大失

① 《史达林委员长、伏罗希洛夫元帅自莫斯科致蒋委员长申述苏联不能即刻对日出兵之理由及提供委员长与德大使陶德曼谈判时应采取之态度电》，1937年12月，参阅秦孝仪主编：《中华民国重要史料初编（对日战争时期）》第三编"战时外交"（2），（台北）中国国民党中央委员会党史委员会，1987，第339页。

所望，以致造成对苏联不利的政治影响。

日本发动全面侵华战争并没有立即引起东亚区域的国际关系发生根本性的变动。英美等西方国家虽然感受到严重的威胁，却仍然准备以对日本让步作为它们政策的主调，试图以牺牲中国的某些利益，把中日战争限制在一定的范围内。这样既可以使日本扩张的"瘟疫"不至于无节制地蔓延开来，还可以避免刺激中国的民族解放运动，发展到无法控制的程度。苏联从中国抗战一开始就远比美英等国家更明确和积极地援助中国抗战，不过，受到国家安全战略的制约，苏联的援华政策也明显是有限度的和有条件的。特别是11月初，意大利加入了反共产国际同盟后，苏联在欧洲面临的紧张局势更加严峻，这使它更加注意对援华限度的把握。这种国际环境的变动在中国的抗战逐步陷入困难之时，难免给中国内部的政治关系带来消极的影响。

与各有关大国对中日战争的态度基本明朗的同时，中国政局也出现了新变化。1937年11月，上海和太原相继被日军攻陷。中国军队在华北的大规模正面抵抗基本结束；在华中的抵抗也开始低落。中国军民经过3个月的浴血奋战，东亚的国际关系却没有出现令人鼓舞的发展。国民政府在抗战初期集中主力部队抵抗日军的进攻，其目的就包括了借助中国军队的坚决抵抗，推动国际形势向有利于中国抗战的方向演变，促使列强进行积极干预来阻止日本的进一步侵略，并给予中国更多的援助。美英苏的行动使蒋介石和国民政府看清楚了，列强直接和积极干预日本侵略的局面至少在短期内还不会出现。这种估计造成的严重后果之一，便是国民政府内部对日妥协的倾向抬头。此际出现的德国驻华大使陶德曼的调停活动，虽因日本方面持强硬立场而未获任何结果，但是蒋介石和国民政府在调停中表现出来的动摇和暧昧，却是明确无疑的。不仅如此，国民党内部受到国际形势的影响，在逐步改变初期积极抗战政策的同时，在政治上继续拒绝进行任何民主改革，并且不放弃任何能够打击和削弱中共的机会。国民党内部一旦出现对日妥协的动向，往往随之出现加紧在国内的反共分裂行动，这已经成为国民政府内外政策互动的一个重要特点。

全民族抗战爆发三个多月以来，各有关大国对中国抗战政策的迅速起伏回转，以及由此产生的对国共关系和抗日民族统一战线的复杂影响等，促使中共领导人更加重视国际形势及其与国内政治之间的复杂互动，进一步深入思考相关的对外政策问题。面对错综复杂和相互影响的国际国内矛盾，他们在抗战爆发时提出的外交主张的基础上，相继提出了一系列处理对外关系的原则和具体的政策。这些原则和政策在其形成过程中表现出的重要特点是，它们几乎都与如何处理国共问题紧密地联系在一起。因为中共领导人根据他们的观察相信，国民党在得不到国际上各大国的支持和援助时，很有可能丧失抵抗的信心和决心，甚至企图转而向日本寻求妥协；在国民党企图对日妥协的倾向加强时，往往会在国内加紧反共分裂行动。

国共合作形成以后，毛泽东等中共领导人并没有放弃对蒋介石和国民党的反共政策的警惕。11 月 12 日，中共中央在延安召开了中国共产党的活动分子会议，毛泽东做了关于形势和任务的报告。他认为上海和华北重镇太原相继失守后，中国政局进入一个新的动荡时期，存在三种可能的发展前景。第一种是"结束片面抗战，代以全面抗战"；第二种是"结束抗战，代以投降"；第三种是"抗战和投降并存于中国"。中共应争取实现第一种前景，为此则必须同时在两条战线展开斗争：一是在全国范围推动反对民族投降主义的斗争；一是在中国共产党内展开反对阶级投降主义的斗争。① 毛泽东的上述判断中包含了中共领导人对国际因素与国内政治之间互动的分析逻辑。

中共领导人认为，蒋介石和国民政府在抗战初期采取积极抵抗政策以及在上海、太原失守后妥协倾向的明显抬头，均同东亚国际政治的特点有关，特别是同英美的对日妥协政策有密切的关系。中国内部"民族投降主义"的产生，以及蒋介石和国民党内部对日妥协倾向的抬头，一个重要的根源就是他们在外交上对英美等西方国家的迷信和依赖。因此，中共中央从这一时期

---

① 毛泽东：《上海太原失陷以后抗日战争的形势和任务》，1937 年 11 月 12 日，参见中共中央文献研究室编：《毛泽东选集》第二卷，人民出版社，1991，第 391、395 页。

开始，特别强调应大力宣传自力更生的原则，并宣传苏联援助的重要性。[①]

从政策演变的顺序来看，中共中央更多地强调自力更生和苏联援助的重要性等，的确是发生在上海、太原等地失守以后，在当时主要是为了配合反对"民族投降主义"倾向和国民党内部对日妥协倾向抬头的斗争。不过在深层次上看，中共中央此时强调这两项原则的确有其历史根源和社会根源，而且也的确对中共中央后来的对外政策产生了持久的影响。

中国是一个有数千年文明历史的东方大国，它尽管不可避免地要与世界发生越来越深且广的关系，外部世界的变化也必然要对中国的历史进程形成越来越重要的影响，但是，不论中国的内部事务还是它与外部世界的关系，最终还是要由中国人根据中国社会独特的运行规律，用中国人的方式来解决，任何外部势力干预中国内部事务的能力都是有限度的，尽管其在不同时期的影响有所不同。同样，中国内部任何企图依靠外部力量的支持而生存的政治力量，都不可能解决当时中国面临的严重的民族矛盾和深刻的社会矛盾。后来的历史表明，中国共产党人之所以能够取得中国革命的胜利，是因为他们深深植根于中国民众之中，能够提出并始终坚持自力更生的原则。而国民政府的失败，也可从如何对待这个基本问题方面找到一些深刻的原因。

在当时中共中央的国际反日统一战线的总构想中，包括了一切反对日本侵略以及同日本有种种矛盾的国家，但是苏联在其中一直占有最重要的地位。这首先当然是因为苏联是一个社会主义国家，而且当时是唯一向中国提供各种援助的国家。不过还有另外一个重要的原因，即中共领导人对国际政治力量分野的一贯看法和理论认识。中共领导人认为，苏联在抗战中采取积极援华政策，甚至派遣空军志愿队参战，必然会提升苏联对中国政治形势的影响力，造成对中共有利的政治影响。反之，对苏联援华的政治意义估计不足，或寄予过高的希望而未获相应的结果，以致对苏联对华政策失望或误解

[①]　毛泽东：《上海太原失陷以后抗日战争的形势和任务》，1937 年 11 月 12 日，参见中共中央文献研究室编：《毛泽东选集》第二卷，人民出版社，1991，第 389—390 页；周恩来：《目前抗战危机与坚持华北抗战的任务》，1937 年 11 月 16 日，《群众周刊》第一卷，第二期；彭德怀：《争取持久抗战胜利的先决问题》，1937 年 11 月，载中国人民大学中共党史系编印：《中共党史教学参考资料（抗日战争时期）》上，1980，第 95—96 页。

等，又会直接或间接地对中共在中国国内的政治地位造成消极的影响。

正是基于苏联比其他列强更积极援华的客观事实和国内政治斗争的需要，中共中央在进行反对"民族投降主义"的斗争时，更加强调了苏联援华抗战的重要性。中共领导人一再强调，苏联援助不仅是国际条件有利于中国坚持抗战的主要根据，而且是克服"民族投降主义"，使中国由片面抗战过渡到全面抗战的主要外部因素。毛泽东在著名的《论持久战》一文中，进一步将"苏联的存在"解释为决定了中国抗战走向的基本规律的一个主要而且特殊的因素。他说："中国战争之非孤立性，不但一般地建立在整个国际的援助上，而且特殊地建立在苏联的援助上。"毛泽东还强调了苏联援助的重要性、可靠性和特殊性。一是"空前强大的社会主义国家苏联，它和中国历来休戚相关"；二是"苏联和一切资本主义国家的上层成分之唯利是图者根本相反，它是以援助一切弱小民族和革命战争为其职志的"；三是"中苏两国是地理接近的，这一点加重了日本的危机，便利了中国抗战"。[①] 显然，中共领导人此时对苏联对华政策的评价是由意识形态理论、对中国抗战时期的民族利益和对中国共产党的实际利益的认识等复杂因素共同形塑的。

这一时期中共领导人固然高度评价了苏联的对华政策，但他们与苏联之间并不是完全没有矛盾的，实际上也不可能没有矛盾。中共中央与苏联的关系比较突出地反映了这一时期中共对外关系的一般特征。中国共产党人同外部世界的关系带有两重性质。一方面，中共同国际上各种反法西斯力量建立起某种形式和程度深浅不一的联系，以及中共中央通过表明自己的政治主张和对外宣传工作，影响国民政府的对外政策；另一方面，中共领导着实际上独立于国民政府的政权和军队，并控制着很大的地域和一定数量的人口，这使得中共的对外关系又具有普遍的对外关系的某些特点，这一特点随着抗战形势的发展而日益凸显。

在上述结构中观察，中共同苏联的关系作为其对外关系的组成部分，明显地存在两重性。其结果是中共中央一方面积极推动国民政府改善中苏关系，

---

① 毛泽东：《论持久战》，1938 年 5 月，参见中共中央文献研究室编：《毛泽东选集》第二卷，人民出版社，1991，第 45 页。

以有利于苏联奉行更积极的援华抗战政策；又可以不通过国民政府，直接从苏联得到援助，尽管数量是比较有限的。另一方面，中国共产党同苏共还保持着国际共产主义运动内部的党际关系。苏联除了通过党的系统直接影响中共中央的内外政策，还可以通过共产国际来发号施令。从这个意义上说，共产国际在苏联和中共中央之间起着某种类似中介的作用。

在中共与苏联的不同层次的关系中，国际共产主义运动内部的党际关系一直起着关键性的作用。在抗战初期，中共与苏联的关系中的各个层次不能协调一致时，双方的矛盾自然首先表现为国际共产主义运动内部的策略分歧。

在 11 月 12 日的中共会议上，毛泽东在提出反对"民族投降主义"的同时，也提出了在党内反对"阶级投降主义"的任务。他当时很明确地提出，七七事变后，党内的主要错误倾向已经不是"左"倾关门主义，而是右倾投降主义。他认为导致党内主要错误倾向转变的原因有两个方面，一方面是中国资产阶级的妥协性，国民党实力上的优势，以及它企图统治中共和削弱中共军队等；另一方面则是中国共产党内理论水平不平衡和大量小资产阶级成分的存在，以及许多党员缺乏北伐战争和第一次国共合作的经验。党内错误倾向的转变决定了中共中央在积极反对"民族投降主义"的同时，也必须积极反对"阶级对阶级的投降主义"，所以中共中央"在一切统一战线工作中必须密切地联系到独立自主的原则"。毛泽东因此而提出，"'统一战线中的独立自主'这个原则的说明、实践和坚持，是把抗日民族战争引向胜利之途的中心一环"。①

此次会议之前，中共领导人已经根据中共何鸣部队被国民党军队缴械、国民党在西安和上海压迫救亡运动以及在民众运动中排斥中共等情况，不断向全党发出警告。10 月 13 日，毛泽东在一项党内指示中强调了在国共合作中必须保持警惕和斗争性。他说只有在批评蒋介石和国民党的错误政策的基础上，"才能使统一战线充实巩固起来，使之继续前进。只有使国民党感觉到群众对自己的不满与压迫，才能推动它在各方面的彻底转变"。因此，中

---

① 毛泽东：《上海太原失陷以后抗日战争的形势和任务》，1937 年 11 月 12 日，参见中共中央文献研究室编：《毛泽东选集》第二卷，人民出版社，1991，第 394 页。

共应"不失时机地对国民党的错误政策采取攻势的批评与斗争，主要方向首先是改组国民党，然后及于改组政府与改造军队。这不是使国共合作分裂，而是使之更进一步的展开"。① 此后不久，毛泽东发表公开谈话，要求国民政府进行政治、军事和经济等各方面的改革，并提出应召集"临时国民大会"，"由它决定救国方针，通过宪法大纲，并选举政府"。②

中共中央的这些行动很快引起苏联和共产国际的关注。如上所述，苏联对华政策作为苏联国家对外政策的组成部分，其核心目标是维护苏联的国家安全利益。具体到中国抗战问题上，苏联的目标一是要维持中国抗战的局面，以牵制和削弱日本；二是要推动英美等西方国家，接受苏联倡导的集体安全政策。这两个方面的需要都决定了苏联对华外交的重点，必定会放在维持与国民政府的关系上。如果苏联支持中共对国民政府采取激进的政策，不仅有可能刺激国民政府放弃联苏抗日的政策，而且将影响苏联与英美等国的关系。何况中共军队当时只占中国全部抗日军队的六十分之一，在苏联领导人看来，它一时起不了多大的作用。所以他们认为，有必要要求中共中央坚决执行拥蒋抗日的政策，避免采取任何有可能刺激蒋介石和国民党走上分裂道路的行动。11 月初，斯大林告诉即将返回中国工作的中共中央驻共产国际的代表王明，中共中央的统一战线工作像在大海里游泳，又要不要被水淹死，不要担心中共会淹没在民族解放斗争的汪洋大海。总之，中共中央当前统战工作的重点应放在尽最大努力来坚定蒋介石和国民党长期抗战的决心，以及推动国民政府不能不坚持抗战。③

共产国际的策略路线也反映了苏联对外政策的需要。在当年 8 月，共产国际召开执委会议。共产国际领导人在会议期间的言论表明，他们已经注意到国共关系的复杂性，而且尤为重视的是中共中央在统战工作中，是否能坚

---

① 《关于克服对国民党的投降主义倾向的指示》，1937 年 10 月 13 日，载中央档案馆编：《中共中央文件选集》第 11 册，中共中央党校出版社，1991，第 365—366 页。

② 毛泽东：《和英国记者贝特兰的谈话》，1937 年 10 月 25 日，参见中共中央文献研究室编：《毛泽东选集》第二卷，人民出版社，1991，第 385 页。

③ 参阅徐则浩：《王稼祥对六届六中全会的贡献》，载中共中央文献研究室编：《文献和研究（1986 年汇编本）》，人民出版社，1988，第 434—435 页。

持贯彻和执行与共产国际的策略路线相一致的政策。共产国际主要负责人季米特洛夫甚至认为，为了保证使中共中央执行共产国际的路线，"必须派一些熟悉国际形势的新生力量去帮助中国共产党中央委员会"。① 当苏联领导人再次表示出对中共中央的政策的担心时，共产国际又相应地作出与苏联对华政策一致的决定。它要求中共中央要坚定地"贯彻执行抗日民族统一战线的政策"，在统一战线中不要提"谁领导谁""谁占优势"的问题，而应提出"一切服从抗日民族统一战线"和"一切经过抗日民族统一战线"的口号；中共中央要做到与国民党共同负责、共同领导、共同发展，不要过分强调独立自主的原则。② 为了确保中共中央贯彻苏联和共产国际的意图，王明等于11月29日乘苏联飞机到达延安。苏联和共产国际与中共中央的分歧从此以中国共产党内部斗争的形式展开了。

苏联和共产国际与中共中央在如何处理当时国共关系面临的问题上出现分歧，从主观上看，是由于双方认识问题的出发点不同，而其最深刻的根源在于双方存在着不同的利害关系。苏联改善与国民政府的关系固然是为了帮助和推动中国的抗战，同时也是配合影响与英美等国的关系，从而实现集体安全的战略目标的需要。因此，苏联自然要利用它与中共的特殊关系，促使中共中央将其统战政策与苏联的对外政策协调起来；共产国际则起着指导包括中共在内的各国共产党的工作、配合苏联对外政策的作用。

苏联领导人显然是基于他们对苏联的战略利益和对外政策的考虑来采取行动的，不过他们在协调追求国家利益的对外政策和一贯宣传的无产阶级战略策略理论方面，是有相当困难的。特别是在中国，他们基于苏联对外战略的考虑而提出"一切服从抗日民族统一战线"和"一切经过抗日民族统一战线"的口号，经常会使中共中央和中共军队要在国共合作的实践中保持独立性，成为难以实现的目标。苏联对此的解释是，苏联的利益高于一切，苏联代表了各国共产党的利益，当然也就代表了中国共产党的利益。在共产国际

---

① 《季米特洛夫在共产国际执委会秘书处会议上就中国问题的发言》，1937年8月1日，载中国人民大学中共党史系编印：《共产国际与中国革命教学参考资料》下册，1986，第678—681页。

② 参阅杨云若、杨奎松：《共产国际与中国革命》，上海人民出版社，1988，第435—436页。

领导人看来也一样，在评价包括中国在内的各国中各种政治力量和政策的问题上，"除了对苏联的态度如何这一个标准外，再没有而且也不可能再有其他标准了"。①

中共领导人考虑问题的出发点与苏联和共产国际领导人的根本不同之处是，他们在维护国共统一战线的同时，必须重视如何在国共统一战线中维护中国共产党的利益，在当时主要就是如何保持中国共产党的独立性问题。中共中央认为，保存和发展中共的力量才是决定中国抗战前途的首要问题；中共中央在执行抗日民族统一战线政策时，必须十分谨慎地应付蒋介石和国民党消灭异己的图谋。客观上，国共合作是建立在中共领导的政权和军队承认并接受国民政府及其军委会"指导"的基础上的。这一形式本身就决定了，中共有必要强调独立自主的原则，并提出统一战线中实际上是"谁领导谁""谁吸引谁"的问题。苏联和共产国际对国共关系的态度显然增加了中共中央在统一战线中坚持独立自主的复杂性，使之具有了双重含义。中共中央要在抗日民族统一战线中坚持独立自主，就必须在国际共产主义运动中坚持独立自主，必须在处理与苏联的关系中坚持独立自主。毫无疑问，这个问题的产生和解决，对中苏关系乃至整个中国外交的影响等，都是巨大和长远的。当然，这是就这个问题的实质而言，中共领导人从理论上认识、总结"独立自主"之于中国对外关系的重大意义，还要经历一个长期发展的过程，抗战初期中共中央与苏联和共产国际的分歧及其解决，只是这个认识过程的起点。

苏联和共产国际与中共中央尽管在国共关系问题上存在分歧，不过当时它们有远远超过这些分歧的共同利益，即反对和抵抗日本的侵略扩张和克服国民政府对日妥协的倾向。在影响中国政治局势方面，它们还需要而且客观上也是在互相协助的。这是它们克服政治策略分歧的基础。换句话说，双方的分歧是否可以通过更好的方式获得解决，或不至于留下被后来的历史证明是很消极的影响，是存在不同的答案的，之前也是有经验可循的。不过王明回到延安后，并没有在解决苏联、共产国际等与中共中央的分歧方面，起到

① 《救国时报》，1937 年 11 月 10 日。

积极的作用。

苏联和共产国际在处理国际共产主义运动中各国党的关系方面，本来就存在发号施令、苏联利益至上和过分强调集中统一的严重缺陷。王明本人长期在共产国际领导机构工作，受其影响，养成了脱离实际、指手画脚的工作作风。在毛泽东等中共领导人的眼中，他就像一位拿着圣旨的"钦差大臣"，对迅速变化的国共关系及其复杂性缺乏足够的了解，却偏偏喜欢发号施令。他的作风和某些言行难免会引起长期在中国革命运动第一线艰苦奋斗的毛泽东等中共领导人的不满甚至反感。任何历史事件都是在多种因素的相互影响中展开的，共产国际领导机构的环境养成并助长了王明那种主观和教条的工作作风；王明的特殊地位和他个性方面的缺陷，又反过来给苏联和共产国际与中共中央的关系带来了消极的影响。

由于共产国际与各国共产党的特殊的组织关系，也是由于苏联和共产国际当时在中共领导人心中享有很高的威信，中共中央内部尽管存在不同的看法，最初还是接受了来自莫斯科的意见。1937 年 12 月，中共中央政治局召开了会议，听取并通过了王明所做的政治报告。王明的报告基本反映了苏联和共产国际对国共关系的意见和政策。① 会议结束后，中共中央开始实施一系列措施，主动地改善和密切国共关系。在推行苏联和共产国际的策略路线方面，王明表现得特别积极。他在他的某些过分的行动受到其他中共领导人的抵制时，甚至违反组织原则，擅自以中共中央的名义公开发表声明。② 在他看来，只要中共中央做出足够的让步，就可以消除蒋介石和国民党的戒心，并从国民政府那里得到相应的回报。

然而，王明一厢情愿的努力没有感动蒋介石和国民党，反而加剧了国民党内取消中共领导的政权和军队的鼓噪。事实证明，在国共统一战线中，不仅存在"谁领导谁""谁吸引谁"的问题，斗争的性质甚至比这更为严重。鉴于国共关系的实际情况和党的工作中暴露出来的问题，毛泽东等中共领

---

① 陈绍禹：《挽救时局的关键》，1937 年 12 月 27 日，载中央档案馆编：《中共中央文件选集》第 11 册，中共中央党校出版社，1991，第 826—834 页。

② 《中国共产党对时局宣言》，1937 年 12 月 25 日，载中央档案馆编：《中共中央文件选集》第 11 册，中共中央党校出版社，1991，第 410—413 页。

导人已经感觉到，有必要批评并纠正王明的错误，消除党的某些工作造成的消极影响。1938 年 3 月，中共中央政治局召开了专门会议。这次会议期间，中共中央决定派任弼时前往莫斯科，专门向共产国际报告国共关系的状况和解释中共中央的有关政策，特别是澄清中国共产党内被搞得有些混乱的领导关系。这次政治局会议结束后不久，毛泽东相继发表了《抗日游击战争的战略问题》和《论持久战》等重要著作，试图从理论上阐述中国抗日战争的基本规律，进一步提高全党对中共中央的政治路线和军事路线的认识。中共中央亦开始采取具体措施，抵制王明的错误。

由于中共中央与王明的分歧已经公开化，而且王明显然是在挟共产国际以自重，目无中共中央的领导，无视中国共产党的组织原则。这时共产国际对中国共产党内分歧采取何种态度，已经成为解决中国共产党内矛盾、维持党的团结的关键因素。

1938 年 4 月 14 日和 5 月 17 日，任弼时先后两次向共产国际领导人报告了中国抗战形势、国共关系和中共中央的政策等（一次书面报告，一次口头说明与补充）。苏联和共产国际的本意是希望中共中央能在中国政局中发挥更重要的政治作用，从而促使国民政府采取更坚定和更积极的抗战政策。任弼时的报告使共产国际领导人得以直接和比较系统地了解到中共中央在国共统一战线中面临的困难和实际问题。任弼时介绍的中共中央面临的实际困难和问题，使共产国际领导人担心中共会被国民党逐步削弱，直至在中国政局中难以有所作为，甚至更糟。

面对所了解到的真实局面，6 月 11 日，共产国际执委会主席团召开会议，通过了一项决议，对中共中央的政治路线表示肯定和支持。共产国际随后还就会议的有关决议发表了公开的声明。[1] 季米特洛夫本人还会见了即将回国的中共代表王稼祥，表示希望中国共产党内加强团结，并明确表示共产国际将支持在实际斗争中锻炼出来的中共领导人毛泽东。[2] 与此同时，共产

①　徐则浩编：《王稼祥年谱：一九〇六——一九七四》，中央文献出版社，2001，第189—190 页；《共产国际的决定与声明》，1938 年 9 月，载中央档案馆编：《中共中央文件选集》第 11 册，中共中央党校出版社，1991，第 885—890 页。

②　徐则浩编：《王稼祥年谱：一九〇六——一九七四》，中央文献出版社，2001，第 190 页。

国际的机关刊物连续发表文章和报道，突出宣传中共和八路军在抗战中的积极行动和重要作用，以此来帮助中共中央扩大政治影响，巩固和加强中共在中国国内的政治地位。

共产国际的明确表态相当有利于中国共产党和军队的领导人进一步团结到毛泽东的周围，这使中共中央认为解决党内政治路线分歧的时机成熟了。从 9 月 29 日开始，中共中央在延安召开六届六中全会。毛泽东在会议上代表中共中央政治局，做了题为《论新阶段》的重要报告，该报告获会议通过。以此次会议为标志，中国共产党内围绕如何处理国共关系所展开的政治路线的分歧基本得到解决。

从抗战爆发到中共六届六中全会召开这一时期，围绕日本扩大侵华战争展开的东亚国际关系已经逐步明朗，并逐渐达到一个相对稳定的阶段。在抗日民族统一战线中，国共两党的矛盾也已经逐步展开，问题的性质和程度逐步清晰。在中国共产党内，一场实际上涉及苏联对外政策大背景的政治路线分歧，以毛泽东为首的中共中央取得决定性胜利而结束。这一系列重大事件的发生、变化、结果和带来的影响，使中共中央有可能，也有必要总结一年多来对国际事务的认识和处理对外关系的经验。正是在这种背景下，毛泽东在中共六届六中全会上做了以《论新阶段》为题的长篇政治报告。

毛泽东在《论新阶段》中阐述了一系列关系抗战前途和中共中央的战略策略的判断，其中包括对中国抗战在世界反法西斯战争中的地位及其面临的复杂国际环境的分析和判断。基于这些论述，报告明确和系统地提出和论述了中共中央在抗战"新阶段"中处理对外关系的基本原则和基本政策。

第一，中国已经与世界紧密地联成一体，中日战争是世界战争的一部分，中国不可能离开与世界的联系而孤立地取得抗战的胜利。这是中国抗日战争时期的一个基本国情，应当成为中共中央考虑各种问题和制定政策的一个"立脚点"。只有基于上述判断来合理地认识、理解中日战争与国际政治的复杂互动，才能认识和理解中国抗战的基本规律。如认识中国抗战的长期性、残酷性和必然取得胜利的前途。

在全世界范围的反法西斯战争中，中国的抗日战争处于一种特殊的地位。

在法西斯侵略扩张的瘟疫四处蔓延的灾害中，中国不过是首当其冲；中国抗战是使世界免遭法西斯侵略战争蹂躏的伟大斗争的一个组成部分，它的前途与整个进步人类的命运休戚相关。正是全世界反法西斯侵略的共同利益，使世界一切进步力量和各有关国家必将给予中国抗战事业越来越多的同情和支持。但是，这毕竟只是问题的一个方面，国际形势中还有另外两个特点。一是德意日法西斯的扩张策略是"首先侵略中间国家和采取不同的战争形式"，通过逐步增强自己的实力和削弱英美法，最后再战而胜之。这一特点的重要影响之一，是使英美法等大国产生了绥靖政策，它们经常幻想依靠牺牲弱小国家的利益来维护它们自己的安全。二是"世界的主要重心在欧洲，东方是围绕着它的重要组成部分"。因此，苏联和英美法都将解决欧洲问题放在它们对外政策的第一位，东方问题"暂时放在第二位"。受到全球基本战略格局的限制，即使是苏联，对中国也不可能提供"超过现时程度的援助"。

第二，中国抗战面临的国际环境，是决定抗日战争必将是一场持久战的重要原因。在这种环境中，中国的抗战外交应将自力更生原则置于重要的地位，而企图放弃自力更生，主要寄希望于外援，是完全错误的政策。要坚持长期抗战，就必须"拿主要依靠自力胜敌的观点看问题"，抗日的外交应执行"以自力更生为主，同时不放松争取外援的方针，应该放在这个基点之上"。

第三，在争取外援的问题上，应"从长期战争与集中反对日本帝国主义的原则出发，组织一切可能的外援"。但是，对国际上不同的政治势力还是需要有所区别。由于东亚的旧格局还没有彻底瓦解，国际上各种政治力量在中国政局中有不同的利益和不同程度的影响，所以有几个基本区别不可忘记。一是不可忘记资本主义国家与社会主义国家的区别；二是不可忘记资本主义国家政府与人民的区别；三是不可忘记资本主义国家目前的政策与将来的政策的区别。中共中央必须在鉴别和了解这些区别的基础上，制定自身的对外政策。其基本点就是所谓中国的抗战与国际援助的配合，主要是同苏联和未来的全世界反法西斯运动的配合。①

第四，自九一八事变后，中国共产党内在如何理解无产阶级国际主义原则方面，一直存在着思想上的混乱。由于党内"左"倾领导人在一段时间里，片面根据"苏联至上"的原则看待日本发动的侵华战争，过于强调中国抗战是为了保卫苏联，在政治上产生了极其不利的影响。抗战初期，中共中央与王明的分歧从某种意义上可以说，是在更高的层次上和更复杂的背景下，直接反映出这种思想混乱的深刻影响。为了在党内统一认识，《论新阶段》专门论述了中共应如何认识和处理国际主义与爱国主义的关系。该报告指出，国际主义的共产党人应该同时是一个爱国主义者，中国共产党人"必须将爱国主义与国际主义结合起来"，中共的口号是"为保卫祖国反对侵略而战"，打败侵略中国的日本帝国主义"同时就是帮助了外国的人民"；中国共产党人在抗战中的一切爱国主义行动"正是国际主义在中国的运用"。②《论新阶段》就是通过这样的论述方式，间接地否定了国际共产主义运动中长期存在的苏联利益高于一切的原则，确立了中共中央必须将维护中华民族的利益和坚持长期抗战、坚持中国共产党的利益等，作为考虑一切问题和制定对外政策的出发点和归宿。

毛泽东在《论新阶段》中对中国抗战在世界反法西斯战争中的地位、自力更生与外援的关系、国际主义与爱国主义的关系等的论述，比较集中地反映了这一时期中共领导人对中国抗战的世界地位、中共与外部世界的关系等的基本看法，以及他们处理与外部世界关系的基本特点。一方面，中国抗战改变了中共与外部世界的关系，他们要生存和发展，就必须与国际社会建立广泛的联系，扩大中共对国际社会的影响力，以争取更多的同情与支持；另一方面，国际间不同的政治力量以及它们之间关系的变化，对中国内部问题造成的影响异常复杂，中共中央必须提高认识和处理对外关系的能力。

为了尽可能合理地处理正在形成中的新的外部关系，应付和利用急速变

---

① 毛泽东：《论新阶段》，1938年10月12—14日，载中央档案馆编：《中共中央文件选集》第11册，中共中央党校出版社，1991，第635—642页。
② 毛泽东：《论新阶段》，1938年10月12—14日，载中央档案馆编：《中共中央文件选集》第11册，中共中央党校出版社，1991，第639、641页。

化的国际形势，中共中央根据抗战 15 个月来的经验，提出了三个基本原则：第一，"以自力更生为主，同时不放松争取外援"；第二，在争取外援中要区别对待；第三，坚持国际主义与爱国主义的统一。抗战初期是中共与外部世界的关系发生重大变动的转折时刻，中共中央在这一时期形成的一套观念，不论是已经显示出来的积极意义，还是其中包含的局限性，都必然要影响到他们后来制定对外政策的过程。在相当长一段时间里，中共领导人在观察和处理国际事务、制定对外政策等方面，一直没有超出中共中央在这个时期里构筑的基本认识框架和确定的主要原则。

第三章 "帝国主义战争"与革命

中共六届六中全会结束以后，中共领导人在积极推动统战工作的同时，也强调并更加重视中共在抗日民族统一战线中的独立性和自主权。他们强调在第二次国共合作的整个过程中，都应该保持阶级斗争的观念和维护本党的利益。中共中央处理国共关系政策的变化，本来就同中共领导人对当时东亚国际形势的变化有密切关系，后来的发展证明这一变化也对中共对外政策的演变有着潜在的重大影响。简单地说，由于中共领导人认为国共关系的起伏同复杂多变的东亚国际关系有密切的关联，所以，为了达到既维护国共合作的局面，同时也在抗日民族统一战线中有效维护中共的利益的目的，如何合理认识和把握各种国际因素，便成为中共中央当时面临的一个特殊的问题。

中共中央召开六届六中全会正值武汉保卫战达到高潮。10月21日，广州被日军攻占。随后不久，武汉三镇于25日陷落。至此，中国军队在华中的大规模抵抗作战基本结束。国民政府为保卫武汉付出了巨大努力，并根据保卫武汉作战的军事计划，要求并得到了苏联的大量援助。不过，蒋介石很难说有坚决抵抗日军进攻和保卫武汉的决心和信心。在日军占领广州后不久，国民政府做出了最终放弃武汉的决定，将主要力量撤往西南地区。以此为标志，中国抗战的第一阶段基本结束了。

日军攻占武汉后不久，日本政府发表公开声明，开始改变以往所谓"不以国民政府为对手"，即不将国民政府视为谈判对手的立场，提出所谓"恢

复日满华三国的新的外交关系"。①30 日，日本御前会议通过了《调整日华
新关系的方针》②，其实质就是在攻占武汉，取得华中战役的暂时胜利后，诱
使国民政府放弃抵抗。对日作战中的被动与失利，加之日本诱降政策的变化，
导致国民政府内部对日妥协、"和平解决"中日冲突的倾向明显地迅速上升。
蒋介石本来在军事上已经没有进取的信心，国民党军队的作战行动愈趋保守，
而武汉失陷后日本调整对华政策，反而使他对能够暂时保守住剩下的西南地
区颇为乐观。蒋介石当时对中日力量的战略估计是，日本"兵力使用，到现
在为止，已经到了最大限度"，它既不可能向中国增兵，在中国作战的日军
也"已疲敝不堪"。③ 基于对中国战场将出现的长期僵持局面的估计，国民政
府开始向日本试探，寻求所谓"光荣和平"的条件。

国民政府在武汉失守后企图寻求对日妥协的途径，除了战场陷入僵局、
军事上处于被动和受日本诱降政策的影响等原因外，同当时英国张伯伦政府
加快在东亚绥靖日本的步伐也有密切的关系。日军占领广州和武汉后，中国
战场局面呈现暂时的稳定，张伯伦政府立即积极展开调停活动。

这期间，英国驻华大使卡尔曾多次从上海前往重庆与蒋介石会谈，双方
讨论了与日本谈判的问题。1939 年 4 月，卡尔再一次到重庆游说，推动国
民政府与日本谈判来解决日本侵华问题。④7 月间，为了解决英国在天津的
租界问题，时任英国驻日大使罗伯特·克莱琪（Robert Craigie）与日本外相
有田八郎在东京举行谈判，最后签署了"有田—克莱琪协定"。这是一个英
国在中国问题上单方面向日本妥协的协定。英国在协定中表示："完全承认"
日本侵略中国所造成的"现状"，承认"在华日军为保障其自身之安全与维

---

① 《日本近卫内阁第二次对华声明》，1938 年 11 月 3 日，载李巨廉、王斯德主编：《"二
战"起源历史文件资料集》，华东师范大学出版社，1985，第 387 页。
② 参阅王绳祖主编：《国际关系史：1939—1945》第 5 卷，世界知识出版社，1995，第
62 页。
③ 蒋介石：《第一次南岳军事会议开会致词》，1938 年 11 月 25 日，载张其昀主编：《"先
总统"蒋公全集》第一册，（台北）中国文化大学，1984，第 1172—1173 页。
④ 参阅王绳祖主编：《国际关系史：1939—1945》第 5 卷，世界知识出版社，1995，第
205—206 页；陶文钊、杨奎松、王建朗：《抗日战争时期中国对外关系史》，中共党史出版社，
1995，第 118—129 页。

持其侵占区内公安之目的计，应有特殊之要求。同时知悉凡有阻止日军或有利于日军之敌人之行为与因素，日军均不得不予制止或消灭之"。① 至此英国绥靖日本达到了一个高潮。其间，英美舆论也开始大量散布消息，声称有关国家将要召开太平洋会议，以解决中日之间的冲突。1939 年春，英美中日各方都曾考虑过重新召开九国公约会议，以结束日中战争。

受到英美等对日绥靖的影响，中国舆论中的消极抗战气氛也在抬头。国民党内对日妥协倾向加强的后果之一，是导致了国民党领导层出现严重的分裂。1938 年 12 月，汪精卫集团叛国投敌，汪精卫本人潜逃河内。这一事件在国民党内造成了一次严重的政治危机。然而蒋介石在严厉谴责汪精卫的叛国行径时，国民政府内部仍然有人在寻找对日妥协的途径。

与国民政府对日妥协倾向加强同时出现的，是蒋介石和国民党加强了在国内的反共分裂行动。中共六届六中全会以后，中共中央按照既定方针，继续尝试密切与国民党的关系，但是，中共中央的努力并没有能使蒋介石和国民党方面放弃以往针对中共的政策。

在武汉陷落前不久，蒋介石已经透露了他对中共的政治工作和群众工作的加强，以及由此导致的中共政治影响的扩大和军事力量的迅速加强等，深怀戒惧。② 蒋介石之所以最初同意中共军队深入日军后方作战，是因为他断定，当时仅有 4 万之众且装备落后的中共军队必定会在与日军的作战中被大大削弱。然而结果恰恰相反，在仅仅一年多时间里，中共军队的数量大幅增加，八路军达到 15.6 万人，新四军达到 2.5 万人，并且在日军后方建立了大片日益巩固的根据地。③ 中共力量的发展使蒋介石和国民党倍感威胁，因此正面战场的局势刚刚稳定，蒋介石和国民党便着手部署对付中共了。

---

① "有田—克莱琪协定"又称"英日初步协定"，1939 年 7 月 24 日，载复旦大学历史系中国近代史教研组编：《中国近代对外关系史资料选辑（1840—1949）》下卷第二分册，上海人民出版社，1977，第 143 页。

② 《陈绍禹等关于一个大党问题与蒋介石谈判情况向中央的报告》，1938 年 12 月 13 日，载中央档案馆编：《中共中央文件选集》第 12 册，中共中央党校出版社，1991，第 5—6 页。

③ 中共中央党史研究室：《中国共产党历史（1921—1949）》第一卷下册，中共党史出版社，2011，第 508 页。

武汉失守后，国民党先后召开了南岳会议、洛阳会议和武功会议。这些会议决定调动在西北地区的胡宗南部队，建立包围陕甘宁边区的封锁线，以防止中共力量继续扩展。此外，国民党还决定派遣三分之一的兵力到日军占领区，与中共军队争夺地盘。1938 年 12 月，蒋介石会见周恩来等中共代表，提出将国共两党合并成一个大党的设想。蒋介石的目的是通过两大党合并，以达到限制、取消中共的目的。他在会见周恩来时说，他的责任"是将共产党合并国民党成一个组织"，"此事乃我的生死问题，此目的如达不到，我死了心也不安，抗战胜利了也没有什么意义"。他还表示，中共不仅不能在国民党中发展组织，也不能在民众中发展力量，"因为民众也是国民党的，如果共产党在民众中发展，冲突也是不可免的"。[①]

1939 年 1 月 21 日至 30 日，国民党中央召开了五届五中全会。蒋介石在这次会议上阐述了他对广州、武汉失守后，东亚国际局势和中国抗战前途的新判断。他认为今后中国抗战的主要外部因素既不是英国，也不是苏联，而是美国的东亚政策。针对这一变局，国民党中央今后的战略方针就是"苦撑待变""外交抗战"。[②] 在基本确定了这种消极抗战的方针后，蒋介石和国民党明显地开始将主要力量转向国内斗争，特别是针对中共的斗争。这次会议确定了"防共""限共"和"溶共"的方针，决心采取各种手段对付中共。会后，国民党中央连续发布了《限制异党活动办法》《共党问题处置办法》《沦陷区防范共产党活动办法草案》等秘密文件。[③] 国民党的消极抗战和限共政策导致了国共关系不断恶化；陆续进入河北和山东的国民党军队亦开始与中共军队持续发生军事摩擦。

东亚国际形势中对日绥靖逆流的发生，以及由于国民党实行限共政策而

---

① 《陈绍禹等关于一个大党问题与蒋介石谈判情况向中央的报告》，1938 年 12 月 13 日，载中央档案馆编：《中共中央文件选集》第 12 册，中共中央党校出版社，1991，第 5—6 页。

② 参阅《第五届中央执行委员会第五次全体会议宣言》，1939 年 1 月 29 日，载中国人民大学中共党史系编印：《中国国民党历史教学参考资料（1937.1—1945.9）》第三册，1987，第167—175 页。

③ 参阅中共中央党史研究室：《中国共产党历史（1921—1949）》第一卷下册，中共党史出版社，2011，第 530 页；《国民党密订的"防制异党活动办法"》，1939 年 4 月，载中国人民大学中共党史系编印：《中共党史教学参考资料（抗日战争时期）》上，1980，第 604—607 页。

引起的国共关系恶化等，很快引起中共中央的警惕。中共中央在准备应付国民党反共政策的同时，亦开始观察和分析英美在中国政治局势中究竟起到什么作用。

抗战爆发以后，中共领导人在考虑中国与英美等西方国家关系时，一直存在着两个疑问。第一个疑问是，英美等国究竟准备在多大的程度上支持中国抵抗日本侵略的斗争，它们同日本妥协的可能性是否存在及其严重性可能达到何种程度？在中共领导人看来，英美同日本的矛盾是帝国主义国家之间的矛盾，英美国家的资本主义性质决定了它们的对外政策的本质就是唯利是图；它们同日本的矛盾在加深，但这并不必然导致它们会加强援华。此外，以毛泽东为代表的中共领导人还认为，英美等国完全有可能在某种条件下，以牺牲中国的利益为代价，换取它们与日本之间暂时的妥协。[①]

中共领导人的另一个影响更为深刻持久的疑问是，英美等国是否真诚地赞同中国内部的和平统一和国共合作？是否会纵容甚至支持蒋介石和国民党的反共分裂政策？对中共领导人来说，即使英美等愿意支持中国继续抵抗日本，也不等于它们必然赞成国共合作，更不等于它们会赞成按照中共的主张维持国共合作。

上述两个疑问极大地影响着当时中共领导人了解和分析英美等国政策的心理基础和判断标准，一旦东亚国际形势出现波动和曲折，中共领导人必然要从这两个角度来重新审视英美的政策和言行。在六届六中全会期间，中共领导人的论述证明他们仍然认为，日本加紧侵华加深了它与英美法等国家在东亚的矛盾，尤其是在华利益最多的英国基于其利害关系的考虑，对日本妥协是有困难的。[②]广州和武汉失守后，国际国内形势的变化使中共领导人很快就改变了对英美等国的基本看法，并将英国在欧洲绥靖德国、在东亚对日妥协等事件，同中国内部的国共关系恶化直接联系起来。

---

① 吴黎平编译：《毛泽东一九三六年同斯诺的谈话》，人民出版社，1979，第131页。

② 毛泽东：《论新阶段》，1938年10月12—14日，载中央档案馆编：《中共中央文件选集》第11册，中共中央党校出版社，1991，第640页；《中共扩大的六中全会政治决议案》，1938年11月6日，载中央档案馆编：《中共中央文件选集》第11册，中共中央党校出版社，1991，第750页。

1939 年 2 月 25 日，中共中央针对国民党五届五中全会显示的政策变化，专门在党内颁布了一项指示。该指示深入分析了国民党政策变化的国际背景，认为国民党正在推行对日妥协和反共分裂的错误政策，其根源主观上在于国民党"对抗战的不彻底性"、对革命力量壮大的恐惧以及"对外的依赖性"；客观上则是由战争形势和国际形势促成的。① 这项指示中所说的"对外的依赖性"，是指蒋介石和国民党将"抗战胜利的结局，寄放在国际会议上"；"总是依靠外援，不是自力更生"；② 他们指望"美国用政治力量来召集会议，逼使日本恢复七七事变以前的状态"。这项指示中所说的"国际形势"，是指英美等国的对日绥靖政策。

1939 年 6 月，鉴于国共关系日益紧张的情况，中共中央向全党发出了《关于反对投降危险的指示》。该指示明确指出，中国抗战目前面临的最大危险之一，就是"新的慕尼黑的可能"。③ 中共领导人认为，中国当前出现的对日投降倾向的一个主要根源，就是英美法等国向国民政府施加的对日妥协的压力；自中国抗战爆发以来，英美法一直保持的所谓"中立"，不过是它们"坐山观虎斗"的阴谋计划，是"鹬蚌相持，渔人得利"的政策，其目的是"消耗战争双方"，然后"使双方都听它们的话"；英美当前绥靖日本的政策表明，"国际帝国主义帮助日本……更加积极了"，英美已经成为日本"包围中国外部"的"战略同盟军"；中共目前的任务就是要动员国内外一切进步的力量，反对英美帝国主义的绥靖政策。④ 从这时起，反对英美的绥靖政策在中共中央的对外政策中，成为越来越重要的内容，中共领导人要求全党应

---

① 《中央关于国民党五中全会问题的指示》，1939 年 2 月 25 日，载中央档案馆编：《中共中央文件选集》第 12 册，中共中央党校出版社，1991，第 29—30 页。

② 参阅《周恩来关于目前危机的报告》，1939 年 2 月 10 日，载中共中央文献研究室、中央档案馆编：《建党以来重要文献选编（一九二一——一九四九）》第十六册，中央文献出版社，2011，第 99—100 页。

③ 《中央关于反对投降危险的指示》，1939 年 6 月 7 日，载中央统战部、中央档案馆编：《中共中央抗日民族统一战线文件选编》中，档案出版社，1985，第 232—233 页。

④ 毛泽东：《反投降提纲》，1939 年 6 月 10 日，载中国人民大学中共党史系编印：《中共党史教学参考资料（抗日战争时期）》上，1980，第 365—366 页。

采取行动，推动各方面共同"反对任何形式的东方慕尼黑"。① 英国与日本签署"有田—克莱琪协定"后，中共中央在国内发动的反对"东方慕尼黑"的舆论宣传达到了一个高潮。

与此同时，中共与苏联和共产国际的关系获得了新的发展。中共六届六中全会以后，苏共和共产国际明确表示，支持以毛泽东为首的中共中央的领导，支持中共中央的政治路线和军事战略，特别是高度评价了中共六届六中全会关于坚持持久抗战、坚持巩固和扩大抗日民族统一战线的决定。《共产国际》杂志全文转载了毛泽东的《论新阶段》。该杂志 1939 年第 6 期还发表了专论，称赞毛泽东是"为中国人民的解放而战斗的勇敢战士、中国共产党的领导者和组织者之一、真正的布尔什维克、学者、杰出的演说家、军事战略家和天才的组织者""中国人民忠实的儿子"，等等。②

苏共和共产国际对毛泽东在中国共产党内的领导地位的评价、对六届六中全会后中共中央的政治路线的肯定等，对于刚刚结束党内斗争，并在危机的环境中迫切需要加强全党团结的毛泽东和中共中央来说，肯定是必要的和巨大的帮助与支持。可以肯定地说，苏共和共产国际在中国共产党内的崇高威望，对于中共中央统一全党的思想和贯彻一致的政策，都起了巨大的积极作用。

除了苏共和共产国际支持中共六届六中全会的路线和决定外，苏联当时对中国抗战的积极援助和对中国内部国共斗争的态度，同样是促使中共中央加强与苏联和共产国际的关系的重要因素。苏联为了鼓励中国坚持抵抗，在武汉保卫战开始前不久，与中国签署了总计 5000 万美元的贷款协议及两个合同书。这些协定规定，从 7 月 5 日至 9 月 1 日起，苏联将向中国提供 186 架各种类型的飞机及附属设备、200 门野战炮及其他各类轻重武器和弹药。此后不久，苏联又应国民政府的要求，紧急运送了 100 架飞机、100 门火炮

---

① 《关于反对东方慕尼黑阴谋的指示》，1939 年 7 月 29 日，载中国人民大学中共党史系编印：《中共党史教学参考资料（抗日战争时期）》上，1980，第 484—485 页。

② 转引自杨云若、杨奎松：《共产国际与中国革命》，上海人民出版社，1988，第 478 页。

和各类武器弹药，用以支持中国军队保卫武汉的战斗。① 在武汉保卫战期间，在中国的苏军顾问和志愿军事人员直接参加了对日空战，一些苏联飞行员在战斗中献出了生命。

武汉保卫战刚刚打响，便爆发了张鼓峰事件。1938 年 7 月末，苏军与日军在张鼓峰、沙草峰等地发生大规模军事冲突。苏联在军事上坚决反击日军进攻的同时，强硬拒绝了日本方面提出的在边境地区停止军事冲突的建议。苏日军事冲突一直持续到 8 月 11 日才告结束，苏军的军事反击和胜利极大地鼓舞了中国军民。

苏联在武汉保卫战前后的各种行动，对中国抗战是巨大的支持和鼓舞，也是巨大的贡献。苏联积极援华抗战一方面有利于中国坚持长期抵抗；另一方面的确有利于加强中共在中国政治中的地位，有利于扩大中共的政治影响。苏联这个时期的行动证明，中共中央一贯主张和坚持的联苏政策、长期宣传的社会主义国家才是真正靠得住的反侵略盟友的理论等，是千真万确的。总之，苏联对中国抗战的援助越积极，它在中国的影响就越大；苏联在中国的政治影响越大，对中国共产党人就越有利。

苏联和共产国际在积极支持中国军民抗战的同时，也在积极干预国共关系，反对国民党实行反共分裂政策。国民党五届五中全会以后，随着国民党反共分裂政策的逐步贯彻，国共关系迅速恶化，国共军队在华北地区的军事摩擦日益严重。针对国民党掀起的反共浪潮，中共中央一面部署华北有关部队采取自卫行动，另一方面向苏联和共产国际发出紧急通报，请求它们向国民党方面施加压力，帮助中共中央克服日渐严重的国共危机。

国共关系恶化的确引起苏联和共产国际的关注。4 月 11 日，国民政府特使孙科应邀访苏，谈判苏联向中国提供第三笔贷款相关的问题。苏联领导人对此次谈判采取了积极的态度，但在获知国民党秘密发布了反共的文件，并在华北挑起国共军事摩擦后就改变了态度，致使苏联第三次贷款的谈判一度搁浅。

---

① 参阅陶文钊、杨奎松、王建朗：《抗日战争时期中国对外关系史》，中共党史出版社，1995，第 82 页。

5月中旬，日苏在诺门坎地区爆发了大规模军事冲突，战争持续到9月初才结束。苏联基于牵制日本的战略考虑，于6月13日与国民政府签订了总额达1.5亿美元的贷款协定。不过苏联领导人还是利用这次贷款谈判的机会，向国民政府施加了压力。他们警告国民政府，苏联提供的武器装备只能被用于对日作战。① 苏联的这些外交行动在抑制国民党的反共分裂政策方面所起的作用虽然很难估量，但无论如何都表明了苏联不会出于利用国民政府抗战来遏制日本的战略需要，便不去遏制国民党的反共分裂政策。

在这个时期，苏联的对华政策和对日政策与英国的对华政策和对日政策，对中国政治和国共关系产生的影响是完全不同的。面对东亚国际形势演变的这种基本格局，对于中共领导人来说不论是基于抗战的需要，还是从处理国共关系的角度出发，除了加强同苏联的关系，的确是没有其他选择的。至于对英美的政策，在中共领导人看来，这时的主要问题已经不是争取同它们建立国际反日统一战线，而是坚决揭露和反对它们绥靖日本和帮助国民党反共的阴谋了。这里需要进一步说明的是，就在武汉保卫战爆发之时，欧洲的形势也在发生骤变，特别是《慕尼黑协定》的签订，直接和严重地影响了中共领导人对相关国际事务的观察和认识。

1938年3月11日，德军兵不血刃地占领了奥地利。随后它立即着手实施侵占捷克斯洛伐克的"绿色方案"，夺取向巴尔干地区扩张和进攻东欧国家与苏联的前进基地。为了防止德国的入侵，5月20日，捷克斯洛伐克政府宣布国家实行局部的动员。苏联政府在5月初曾经声明，坚决支持捷克斯洛伐克反抗德国侵略的斗争。捷克斯洛伐克政府发布局部动员令后，苏联政府宣布只要接到捷克斯洛伐克政府的请求，苏联将履行相关的条约义务。斯大林还通过捷克斯洛伐克共产党领导人转告捷总统贝奈斯（Edvard Benes），苏联准备向捷提供军事援助。与此同时，苏联向其西部边境地区增派了30个步兵师，苏空军和坦克部队也奉命进入戒备状态。②

---

① 参阅杨云若、杨奎松：《共产国际与中国革命》，上海人民出版社，1988，第489页。
② 参阅王绳祖主编：《国际关系史：1929—1939》第4卷，世界知识出版社，1995，第370页。

英法的反应与苏联截然相反，它们一方面谴责德国入侵捷克斯洛伐克，并声称将介入德捷战争；另一方面不断向贝奈斯政府施加令其对德妥协的压力。9月19日，英法经协商后照会贝奈斯政府，声称为了"欧洲和平的利益"，捷克斯洛伐克应该满足德国提出的领土要求，让出捷克斯洛伐克的苏台德地区。[①] 贝奈斯政府在外交上几乎完全依赖于英国和法国，故公开表示，捷苏关系与捷英法关系相比，始终是而且"今后仍将是次要的"。[②] 9月19日当天，贝奈斯政府就同意割让苏台德地区，只是希望英法能因此而克尽"保障"捷克斯洛伐克的"切身利益"的义务。[③]

9月29日，英国首相张伯伦（Arthur Neville Chamberlain）、法国总理达拉第（Edouard Daladier）等，与希特勒（Adolf Hitler）、墨索里尼（Benito Amilcare Andrea Mussolini）举行四国首脑会议，即历史上臭名昭著的慕尼黑会议。第二天凌晨，四国首脑签订了《慕尼黑协定》。该协定规定，将捷克斯洛伐克的苏台德地区割让给德国，捷克斯洛伐克政府必须于10月1日起自该地区撤退其军队，然后由德国到10日止分阶段予以占领。[④] 同一天，捷克斯洛伐克政府宣布接受该协定。在此次会议期间，张伯伦还与希特勒签署了《英德宣言》。此后不久，法国与德国也签订了类似的宣言。

《慕尼黑协定》对于纵容德国法西斯的侵略扩张、加速"二战"的爆发，起了极其恶劣的作用。英法等国家围绕这一协定展开的外交活动，至少在当时向被侵略国家的人民表明了三种前景。首先，英法等国家面对法西斯国家侵略的威胁时，往往会采取绥靖政策，通过牺牲其他弱小国家的利益来维护旧的国际格局，从而保住自己的既得利益。其次，英法等国在绥靖德意法西斯国家时，仍然企图将德国侵略扩张的祸水引向苏联，其结果必然导致它们

---

① 《英国和法国政府致捷克斯洛伐克政府的照会》，1938年9月19日，载李巨廉、王斯德主编：《"二战"起源历史文件资料集》，华东师范大学出版社，1985，第311—312页。

② 参阅王绳祖主编：《国际关系史：1929—1939》第4卷，世界知识出版社，1995，第364页。

③ 《捷克斯洛伐克政府致英国和法国政府的照会》，1938年9月19日，载李巨廉、王斯德主编：《"二战"起源历史文件资料集》，华东师范大学出版社，1985，第324页。

④ 《慕尼黑协定》，1938年9月29日，载李巨廉、王斯德主编：《"二战"起源历史文件资料集》，华东师范大学出版社，1985，第348页。

实行更加严厉的反共政策。最后，直接受到法西斯国家侵略的国家，如果幻想依靠英法等西方国家的承诺，甚至与这些国家结盟，不仅很难得到有效的援助，而且有可能最终被出卖。

英法对捷克斯洛伐克的政策和《慕尼黑协定》的签订，是影响中共对外政策的一个相当重要的国际事件。国民政府基于复杂的理由，在这一时期仍在加强与英美的关系，而中共中央则对国民政府试图与英美建立紧密关系甚至结盟的企图保持高度警惕，并予以反对。中共中央迅速对英美法的对外政策和《慕尼黑协定》的签订进行了强烈的谴责，并开始对中国是否应该与英美法结盟等提出深刻的质疑。这是中共中央对英美法的对外政策极度警惕和愤慨的合理反应。

德国在占领奥地利和捷克斯洛伐克的苏台德地区以后，并没有停止侵略行动，反而加紧向巴尔干半岛、匈牙利和土耳其扩张与渗透。5月22日，德意签约，结成所谓"钢铁同盟"。由于德国与意大利结成军事同盟，新的世界大战已经迫在眉睫。英法为了应付日益严峻的欧洲安全形势，一方面不断加强本国的军事力量，另一方面试图通过外交努力来建立一个遏制德意向西侵略扩张的国际联合战线。

英法与德意两个阵线的对抗，使欧洲东端的苏联的战略决定变得特别引人注目。当时苏联在战略上处于相当困难的局面，它面临着来自德意日从欧洲和东亚两个方向施加的军事压力，而且外交上也面临孤立。在欧洲，德国正在准备大规模进攻与苏联毗邻的波兰，英法为遏制德意的侵略扩张而建立反德意法西斯联合战线时，不仅继续将苏联排斥在外，而且不肯放弃绥靖的幻想，不过它们企图牺牲的不再是弱小国家，而是要将德意法西斯侵略扩张的祸水向东引向苏联，这表明苏联建立集体安全体系的外交政策遭受了严重的挫折。在东亚，日本在扩大侵华战争时，也在加强针对苏联的军事行动。继1938年7月的张鼓峰事件之后，1939年5月，日军和苏军又在诺门坎地区宽约60公里的地段上爆发了更大规模的战争。日本调动大批关东军向该地区集结，在中国东北地区的关东军部队也在加强作战准备，有可能突袭海参崴、伯力和乌苏里斯克等地区。面对危局，苏联决定根本性地改变之前的建立集体安全体系的政策。

1939 年 3 月 10 日，斯大林在联共第 18 次代表大会上做了总结报告，其中对英法美的外交政策的尖锐批评是引人注目的。他在报告中说，德意日发动的侵略战争首先损害的是英法美等国的利益，"而英国、法国、美国却一再后退，接连向侵略者让步。……甚至还在某种程度上加以纵容"。英法美这样做的主要原因，就是它们"放弃了集体安全政策，放弃了集体抵抗侵略者的政策，而转上了不干涉的立场，'中立'的立场"；英法美的目的是想孤立自保，并促使德国侵略者转而进攻苏联。斯大林特别强调，面对欧洲新的安全形势，联共在对外政策方面的任务是一方面继续维护和平，加强军事准备，并"加强同所有国家的事务联系"；另一方面要"保持谨慎态度，不让那些惯于从中渔利的战争挑拨者把我国卷入冲突中去"。[①] 斯大林对英法美等西方国家的批评言辞之严厉，超过了对德意日的指责，而且他专门提出苏联的对外政策是维护和平，与一切国家保持良好的关系，以及谨慎地避免被卷入战争。斯大林的讲话是一个重要的信号，它表明联共已经准备将对外政策的重点转为避免苏联被卷入战争而实行中立政策。

6 月初，苏联最后一次尝试与英法建立共同遏制德国侵略扩张的集体安全阵线。由于英法方面的敷衍，谈判进行得很不顺利。此时在东亚地区，苏日在诺门坎地区的军事冲突日益白热化，英国于是提议召开一个太平洋国际会议，以谈判解决中日冲突。特别是在 7 月 2 日，与日本签署了"有田—克莱琪协定"。英国的这些外交政策，必然加深苏联对其意图的怀疑。

6 月 27 日，苏联最高苏维埃外交委员会主席日丹诺夫（Andrei Zhdanov）在《真理报》上发表文章，公开谴责英国和法国对谈判的态度冷淡。同一天，莫洛托夫（Vyacheslav Molotov）与德国驻苏联大使舒伦堡（Friedrich-Werner Graf von Schulenburg）举行会谈，他表示苏德关系正常化

---

① ［苏］斯大林：《在党的第十八次代表大会上关于联共（布）中央工作的总结报告》，1939 年 3 月 10 日，参见中共中央马克思恩格斯列宁斯大林著作编译局编译：《斯大林文选（1934—1952）》上册，人民出版社，1962，第 216—220 页。

是"值得向往和可能做到的"。① 此后苏德两国关系迅速改善，8 月 10 日，双方达成一项贸易协定，其中规定德国将向苏联提供贷款，苏联将向德国提供石油等物资。19 日，德国外交部长里宾特洛甫（Joachim Von Ribbentrop）急电莫洛托夫，建议苏德两国签署一项互不侵犯协议。两天后，斯大林本人亲自复电，对里宾特洛甫的建议表示了赞成。② 23 日，里宾特洛甫到达莫斯科，当天便同苏联领导人签署了《苏德互不侵犯条约》。该条约规定，双方互不使用武力，不支持第三国对缔约国中另一方交战，以及不参加反对缔约国中另一方的国家集团。条约中还附有一项秘密附属议定书，划分了双方在中东欧的势力范围。③

苏联与德国签署互不侵犯条约表明，它终于放弃了长期坚持并大力倡导的集体安全政策，试图孤立地保卫自身的安全。苏联的行动使它自己得以暂时免于战祸，却使欧洲的力量对比立刻发生了有利于德国的变化，促使希特勒下定决心按计划入侵波兰。9 月 1 日，德国向波兰发动突然袭击，攻占了波兰西部广大地区；英法等则根据军事互助协议向德国宣战，"二战"终于爆发了。与此同时，苏联利用德军突然袭击波兰的时机，攻占了波兰东部地区。9 月 27 日至 28 日，苏联又经过谈判，与德国签订了《德苏边界友好条约》及三个秘密议定书，规定双方在分别占领波兰后如何划分势力范围。④

正当英法同德国处于交战状态时，苏联不仅火中取栗，入侵波兰，11 月 26 日，苏联又向北欧的芬兰宣战，随后发动大规模军事进攻。苏联虽然攻占了芬兰的一些战略要地，却损失惨重。1940 年 3 月 3 日，苏联与芬兰签订《莫斯科和平协定》，最终结束了这场战争。⑤

① 《德国驻苏大使舒伦堡致德国外交部的电报》，1939 年 6 月 29 日，载李巨廉、王斯德主编：《"二战"起源历史文件资料集》，华东师范大学出版社，1985，第 698 页。
② 参阅王绳祖主编：《国际关系史：1939—1945》第 5 卷，世界知识出版社，1995，第 408—409 页。
③ 《苏德互不侵犯条约》，1939 年 8 月 23 日，载李巨廉、王斯德主编：《"二战"起源历史文件资料集》，华东师范大学出版社，1985，第 839 页。
④ 参阅王绳祖主编：《国际关系史：1939—1945》第 5 卷，世界知识出版社，1995，第 409 页。
⑤ 参阅王绳祖主编：《国际关系史：1939—1945》第 5 卷，世界知识出版社，1995，第 49—50 页。

苏联对德外交和在中欧、北欧的军事扩张等，一方面使它获得了不少地缘政治利益；另一方面则使它的国际声望大幅跌落，在政治上陷入严重的孤立。1939 年 12 月 4 日，国际联盟以苏联在波兰、芬兰的军事行动是攻击性的为理由，将其除名。苏联为了论证其外交政策的合理性，不仅尖锐批评英法是"拥护继续战争的战争贩子"，苏联外长莫洛托夫甚至宣称，德国是"处在趋向于立刻结束战争并达到和平的国家地位中"。[①]

苏联对外政策的转变也带动着共产国际的政策发生大幅转变。《苏德互不侵犯条约》签订后，共产国际领导人立即根据苏联对外政策的需要，向各国共产党重新阐述了关于"二战"的性质和共产国际的新策略。他们指出，"二战"与"一战"一样，都是"资本主义的列强为了重新瓜分世界和为了争取世界的统治而斗争的直接继续"，是"帝国主义的非正义的战争"。在这场战争中，德国的外交政策已经转变为"同苏联建立和平的相互关系的道路"，英法则"转向进攻"，是"继续要求战争，继续要求扩大战争的有利拥护者"。基于对战争的性质和已经参战双方的政策的上述判断和论述，共产国际领导人重新提出，应执行列宁在"一战"中为各国共产党夺取政权而制定的"策略路线"。他们要求各国共产党人，目前必须在"反对帝国主义战争和反对反动势力的基础上"，重新调整政策；应坚决反对本国资产阶级及上层小资产阶级的"民族统一"的口号，"从下层来实现工人阶级的统一"，并向工人阶级提出"消灭资本主义奴隶制度"的任务，变帝国主义战争为国内的革命战争。[②]

共产国际的新策略方针当然体现的是苏联的利益，是共产国际以苏联利益为中心制定政策的一次最典型的表现。共产国际的新策略路线既不符合当时国际政治的现实，也不符合很多国家，特别是欧洲国家共产党面临的实际情况，其结果是立即在国际共产主义运动中引起一场严重的混乱。欧洲许多国家的共产党人由于执行了共产国际的新策略，造成党的组织被严重削弱。

---

① 外交学院编印：《现代国际关系史参考资料（1939—1945）》，1957，第 13 页。
② ［保］季米特洛夫：《战争与各资本主义国度里的工人阶级》，1939 年 10 月，载解放社编：《季米特洛夫文集》，上海解放社，1950，第 369—389 页。

他们失去了人民群众的拥护，失去了与人民群众的联系，失去了广大的同盟者，政治地位迅速降低。一些国家的共产党甚至因为执行共产国际的新策略，导致党的组织陷于瘫痪。

苏联的对外政策和共产国际的新策略同样给中共中央带来了严重的影响。9 月 10 日，共产国际执委会致电中共中央，阐述了它对"二战"爆发以来国际形势的看法和新的策略路线。共产国际执委会的电报指出：已经爆发的"二战""是帝国主义的非正义的战争"，各国的工人阶级，尤其是共产党人，不仅不应支持战争中的任何一方，而且要坚决反对社会民主党的贩卖政策，凡是在国会中做议员的共产党员，都要投票反对本国政府增加军事预算。在美国这类国家中，应揭露其政府一面保持中立，一面赞助其他国家进行战争的政策。凡是违背共产国际新策略路线的共产党，"应很快纠正自己的政治路线"。中共中央接到共产国际的电报后，立即表示"全部的完全的拥护"共产国际的新策略路线，认为共产国际的新策略路线与中共中央"过去所采取的方针是一致的"。[①]

由于广州和武汉失守以后国共关系恶化，以及英美对日本实行绥靖政策，中共中央已经在高度警惕并严厉批评英美等国家的对日政策和对华政策。7 月间，中共中央发动的反对英美搞"东方慕尼黑"的宣传运动达到了高潮。中共领导人这时还是认为，英美等国的政策还是有区别的，所以中共在宣传中对英美等国的批评和谴责也还是有限度的。中共领导人认为，对英国张伯伦的妥协政策，应当加以抗议并施加压力，对英国政府中的进步人士则应表示欢迎与联合；对于美国，则应该赞成和拥护罗斯福（Franklin Delano Roosevelt）政府的援华政策，同时反对美国国内的孤立主义势力。[②]

《苏德互不侵犯条约》签订后，中共中央对国际形势的认识由于受到苏联和共产国际的影响，开始出现某种程度的绝对化倾向。9 月 1 日，毛泽东针对《苏德互不侵犯条约》签订后的国际形势问题，向新华社记者发表了谈

---

① 《中央同意共产国际关于第二次帝国主义战争与共产党的政治路线致王明、博古、凯丰电》，1939 年 9 月 11 日。

② 《周恩来在中央政治局会议上的报告提纲》，1939 年 8 月 4 日。

话。毛泽东将"二战"定义为"第二次帝国主义战争"，将德意同英法视为本质一样的帝国主义国家，而且这两个国家集团的政策在本质上也是没有区别的。目前国际形势的特点是第二次帝国主义战争的片面性状态将结束，德意帝国主义集团和英法帝国主义集团之间的全面战争迫在眉睫；在这种新的帝国主义战争迫在眉睫的形势下，苏联与德国签订互不侵犯条约是苏联和平政策的胜利，它使苏联可以继续进行社会主义经济建设，并"增加了苏联帮助世界和平运动的可能，增加了它援助中国抗日的可能"。①

显然，中共中央在接到共产国际9月10日的电报以前，就如何认识国际形势的问题，已经在主动与共产国际的新策略路线接轨。共产国际的指示则起到了强化中共中央有关认知的作用，并将他们对国际形势的认知引向了极端。此后，中共领导人发表一系列讲话来阐述共产国际的观点和路线的合理性。他们认为，目前德国与英法之间的战争不论在哪一方面，"都是非正义的掠夺的帝国主义战争，全世界共产党都应该坚决反对这种战争，反对社会民主党拥护这种战争贩卖无产阶级的罪恶行为"。他们还严厉地谴责英美法奉行的是"好战"的政策，并表示支持这些国家中的共产党人反对本国政府参加战争、反对本国军备"迎头赶上"德意日的政策。② 对战争性质的认识直接导致中共领导人对国际形势的发展趋势作出了脱离实际的判断。他们认为，"第二次世界大战已经进入了一个新的时期"，"革命正在全世界发展与酝酿，这是帝国主义战争带来的唯一积极结果"；全世界革命形势的出现和英美法变成了主要敌人，更有利于"中国人民自力更生，走向彻底的民族解放"；在这种新形势下，中共的政策是必须坚决反对国民政府加入英美法

---

① 毛泽东：《关于国际新形势对新华日报记者的谈话》，1939年9月1日，参见中共中央文献研究室编：《毛泽东选集》第二卷，人民出版社，1991，第583—584页。

② 毛泽东：《目前形势和党的任务》，1939年10月10日，参见中共中央文献研究室编：《毛泽东选集》第二卷，人民出版社，1991，第615页；彭德怀：《克服目前政局主要危险与坚持华北抗战》，1939年10月25日，载中国人民大学中共党史系编印：《中共党史教学参考资料（抗日战争时期）》中，1980，第549—550、556页；[美]斯诺：《1939年同毛泽东的谈话》，裴克安编：《斯诺在中国》，生活·读书·新知三联书店，1982，第129—139页。

阵线和与英美法结盟。[①]

　　苏联军队进攻波兰后,不仅在国际上引起强烈的反应,在中国也引起了各方面对苏联对日政策和对华政策的种种猜测和疑虑。为了消除中国国内对苏联不利的舆论,中共领导人为苏联进攻波兰的行动进行了辩护。他们在公开谈话中表示,波兰政府是个"法西斯政府",波兰是个"半法西斯国家",它一贯奉行反苏政策,所以苏联进攻波兰"是正义的、非掠夺的、谋解放的战争,是援助弱小民族解放、援助人民解放的战争"。[②]中共领导人对苏联进攻波兰事件的评价,比较突出地反映出他们这时在评价国际问题方面深受苏联对外政策和共产国际新策略路线的影响,实际上是使用了双重标准。他们一方面以是否反对德意日法西斯发动的侵略战争来判断是非;另一方面,又以苏联的战略利益为中心,判断世界大战和随之而来的国际重大事件的性质和趋势。其导致的后果就是,反对德国法西斯侵略战争的波兰政府被描述为"法西斯"政府,而苏联进攻波兰则被描述为"谋解放的战争"。

　　苏联对外战略的转变和共产国际新的策略路线对中共的影响不仅局限在理论、思想方面,它们直接渗透到中共中央处理对外关系的具体工作中。中共中央反对国民政府与英美法结盟的主张,也直接影响到中共与英美记者的关系,切断了他们与英美方面本来就十分薄弱的联系。

　　1939 年 10 月 21 日,英国《每日先驱报》发表了美国记者斯诺与毛泽东谈话的内容,其中涉及毛泽东对中国内部问题,尤其是国共关系的一些论述。共产国际领导人立即打电报给中共中央,要求中共领导人不要再向外国记者发表类似的谈话。而给出的理由是,这一类谈话被英美媒体"用作挑衅目的"。[③]

　　受到共产国际领导人的影响,中共领导人一度认为,"英美记者及各种

　　① 毛泽东:《目前形势和我们的政策》,1940 年 6 月 25 日;周恩来:《中国抗战的严重时机和目前任务》,1940 年 5 月 25 日,《八路军军政杂志》第 2 卷第 5 期。
　　② 毛泽东:《苏联利益和人类利益的一致》,1939 年 9 月 28 日,参见中共中央文献研究室编:《毛泽东选集》第二卷,人民出版社,1991,第 597 — 599 页;[美]斯诺:《1939 年同毛泽东的谈话》,裘克安编:《斯诺在中国》,生活·读书·新知三联书店,1982,第 136 — 137 页。
　　③ "季米特洛夫就毛泽东与斯诺谈话致中共中央的电报",1939 年 10 月。

人员系政治情报员"，"彼等政治态度依英、美政府对华政策为转移"；《慕尼黑协定》签订后，英美记者为了适应英美政府策划"东方慕尼黑"的需要，"在报章杂志中发表挑拨国共关系和不利于我之言论"。[①] 中共中央这时将英美记者定性为"为英美政府对华政策服务"的人物，显然是对英美社会文化和媒体生态的缺乏了解，并将复杂问题简单化和片面化了。这种认知必然对中共的外事工作带来消极的影响。从这时起一直到太平洋战争爆发，几乎没有什么英美记者能够进入中共控制的地区进行深入的调查和采访。这种情况固然同国共关系紧张后，国民党方面对中共控制的地区实行封锁有密切关系，但是中共中央对英美记者的看法和相关政策的变化，同样是造成中共与国际媒体之间联系脱节的不可低估的重要原因。当时，同英美等国记者的关系在中共外事工作中占有相当大的比重，而且以斯诺为代表的一批英美记者在使国际社会了解中共中央的政策和中共军队的抗战行动等方面，做出了难以替代的卓越贡献。这种联系之被切断，对于中共中央的外事工作来说，的确是非常重大的损失。

苏联对外战略的转变和共产国际的新策略路线的确给中共中央的对外政策带来了消极的影响，不过其程度远不如对欧洲各国共产党的消极影响那么严重。究其原因在于，中共中央当时接受苏联对外政策和共产国际的新策略路线，是多方面作用的结果。除了英美对日绥靖和国共关系恶化的影响外，从苏联和共产国际方面来看，它们对欧洲国家共产党的要求和对中共中央的要求并不是完全一样的。

苏军占领波兰东部地区后，苏联继续在欧洲频繁用兵，从而导致苏联西部战线的压力持续上升，这种局面使得它在东亚谋求缓和与日本关系的需求随之增长。诺门坎冲突结束后，苏联东亚政策的变化尚不明显，其侧重点仍是以援华制日为主。从共产国际领导人的言行来看，因为他们对所谓"新策略路线"的认知依然沿用"一战"中列宁关于帝国主义问题的理论，所以他们对欧洲和亚洲殖民地和半殖民地国家的共产党的政策也就有所不同了。共产国际领导人当时就指出："在中国，以及正在从事本民族解放的殖民地和

①　《中央关于对待英美籍新闻记者态度的指示》，1940 年 12 月 25 日。

附属国家中的人民统一战线的策略,现在还是完全可以采用的"。① 根据共产国际的理论,中国是受帝国主义侵略的半殖民地国家,中共的首要任务仍然是反对帝国主义的侵略和争取中华民族的解放,仍然必须与中国的资产阶级建立抗日民族统一战线。

共产国际对中共中央的上述要求,固然与苏联的东亚政策合拍,但也是符合中共的利益的。所以,苏联的对外政策和共产国际的新策略路线尽管给中共领导人对"二战"性质和趋势的认识带来了负面的影响,也误导了他们对一些重大的国际问题的判断,但其负面影响毕竟是有限的,它们并没有从根本上妨碍中共中央在实践中继续坚持持久抗战的立场和抗日民族统一战线的政策。事实上,苏联和共产国际这时也在更加积极地鼓励和帮助中国的抗战,特别是继续协助中共维护国共合作的局面。

1939年底,国民党挑起了第一次国共危机。11月11日,国民党武装袭击了河南确山的新四军第八团留守处。12月间,国民党军队向陕甘宁边区发动进攻,占领了淳化、正宁、宁县等五个县城和其他一些地区。同月,阎锡山在山西发动了晋西事变,使抗日武装"新军"蒙受严重损失。

国共危机爆发后不久,中共中央即认为蒋介石和国民党的反共行动证明,他们正"动摇于亲英反共降日与亲苏联共抗日之间",中共必须采取行动来制止以国民党为代表的中国大资产阶级的投降路线。② 中共中央决定立即采取军事行动,坚决反击国民党军队的进攻。与此同时,中共中央紧急派周恩来前往莫斯科,向苏联和共产国际说明中国抗日民族统一战线中出现的问题和国共关系面临的严重危机,希望苏联和共产国际能采取具体措施,帮助中共中央克服当前的这场危机。鉴于苏联这时正在欧洲采取积极的行动,中共领导人对苏联寄予厚望。12月20日,延安举行了为斯大林祝寿的大会。毛泽东在会上发表演讲时说,当今世界上只有社会主义的苏联,只有斯大林,才是"中国人民的真正的好朋友",中国人民的解放事业"没有他们的援助是不能取得最后胜利的"。①

中国的国共危机引起苏联和共产国际的严重关切。1940 年 1 月至 3 月，共产国际执委会书记处连续召开会议。会议的有关决议表明，共产国际领导人同意中共中央的看法，他们也认为中国的抗战正经历危急的变动时期，"从国民党内的反动分子方面来的投降危险，现在比整个战争中的任何时候都要来得尖锐"。因此，"动员千百万中国人民起来克服投降的危险是共产党的中心任务"。②共产国际执委会随后组织了一个专门委员会，研究导致国共危机的原因，并力图为消除国共紧张局势做出努力。共产国际还公开发表文章，谴责了蒋介石和国民党的反共行动是企图削弱中国的抗日民族统一战线。③

苏联政府也公开表明，坚决反对国民党方面制造与中共军队的军事摩擦。国民党制造这次国共危机同国际形势出现的大动荡在时间上几乎是同步的。当时正值苏军向芬兰发动进攻，英法立刻做出强烈反应，国际上掀起了一股巨大的反苏浪潮，其结果是 12 月召开的国联会议决定将苏联除名。国民政府对国联开除苏联一案没有投反对票，而是采取了中立。由于苏联此时正在向中国提供大量的援助，国民政府对国联开除苏联的决定采取所谓的"中立"，无疑表明其是倾向英法美的，以致苏联对国民政府极为不满。在此背景下，蒋介石和国民党制造国共危机后，苏联决心直接干预，停止了对国民政府的第三期贷款中的军事项目。苏联国防部通知中国驻苏使馆武官，国民政府必须"消除政策方针中摇摆不定和模糊不清"的那些东西，"坚决地和最终地做出决定：跟谁走"。④4 月间，苏联驻华大使两次面见蒋介石，要求后者认真考虑和处理好国共关系。他明确地告诉蒋介石，如果国民党不能正

① 毛泽东：《斯大林是中国人民的朋友》，1939 年 12 月 20 日，参见中共中央文献研究室编：《毛泽东选集》第二卷，人民出版社，1991，第 658 页。
② 《共产国际执委会主席团关于中共代表团报告的决议》，1940 年 2 月，载中央档案馆编：《中共中央文件选集》第 12 册，中共中央党校出版社，1991，第 637、640 页。
③ 参阅向青、石志夫、刘德喜主编：《苏联与中国革命》，中央编译出版社，1994，第 459—461 页。
④ 参阅杨云若、杨奎松：《共产国际与中国革命》，上海人民出版社，1988，第 513 页。

确地处理国共关系，必将对中苏关系产生消极的影响。① 苏联和共产国际的这些行动对于中共中央来说，当然是有力的支持和鼓舞。

苏联和共产国际这时向蒋介石和国民政府施加压力，主要原因还是苏联与英法美等国正分道扬镳，而国民政府则明显地推行追随英法美的政策。随着苏联与英美法等国的矛盾日益尖锐，国民政府越来越难以左右逢源，以致与苏联关系不断被削弱甚至倒退。苏联和共产国际反对蒋介石和国民党制造反共危机，主要是为了防止国民政府投入英美集团及可能的对日妥协，这是苏联亚洲政策的首要目标。正因为如此，一旦国际风云变幻，苏联和共产国际完全有可能对国共斗争采取不同的政策。不过中共领导人当时受到主客观条件的种种限制，还无法从东西方国际关系的全局和更深层次上把握苏联对外政策的复杂性。他们只能从获得的实际好处判断，苏联和共产国际的新策略路线是正确的。

客观地看，中共中央这一时期拥护和接受苏联对外政策的转变和共产国际的新策略路线确实有其特殊的原因，不过在新策略路线的逻辑中形成的对英法美等国在世界反法西斯战争中的地位和作用的认识，并不是合理的。特别是在"反对第二次帝国主义战争"这个总的判断下，把英法美等国视为主要的敌人并加以抨击，这显然是不正确的。这时期东亚国际关系中正在出现两个重要的变化，一是美国在亚太保持所谓"中立"的同时，其政策中援华制日的新因素正在明显加强。二是国民政府对外政策的重心已经越来越明确地向美国倾斜。这两个变化共同导致美国在中国政治中的影响力逐步上升。与之相应的是国民政府尽管对日作战消极，但向日本投降的可能性变得越来越低。

中共领导人并非完全没有注意到东亚国际关系中这些新的趋势，并在一些宣传中有所反映。不过这些片断的言论太微弱了，最终被淹没在一片"反对第二次帝国主义战争"的谴责声中。由于这一时期时局扑朔迷离，国际上各种政治力量迅速分化，各种趋势、组合等变幻不定。在无法获得充分信息的情况下，任何人都会根据陆续得到的不同信息，对时局做出不一样的判断。

---

① 刘绍唐主编：《民国大事日志》第一卷，（台北）传记文学出版社，1973，第 599 页。

中共中央在长期斗争中形成的高度警觉性和反应能力，使他们的行动并没有完全脱离实际。但是，在苏联对外政策转变和共产国际新策略路线的影响下，错误地认识"二战"的性质，毕竟是一次严重的失误。这一失误对中共中央的对外工作造成的消极影响也是显而易见的；在国共关系发生危机时，多少助长了党内的"左"倾情绪。后来的发展也证明，当国际形势剧烈变动时，中共领导人在这个阶段形成的某些认知也会导致中共中央的对外政策发生重大的摆动。

第四章 "利用矛盾"

1940 年春，德国继占领波兰后，迅速掉头西进，相继攻占了欧洲低地国家，并于 5 月向法国发动进攻。6 月 22 日，法国贝当政府宣布投降。正当英法在西线与德国艰苦鏖战之际，意大利也乘机入侵北非的英法殖民地。苏联利用此时机，从 6 月开始，相继向波罗的海地区的立陶宛、拉脱维亚和爱沙尼亚发出最后通牒，并终于迫使它们先后成为苏联的加盟共和国。苏军同时还占领了比萨拉比亚和北布科维纳。苏联通过一系列军事和外交行动，在其西部国境和德国之间开辟了近三百公里的缓冲地区，有效地扩大了防御空间。在苏联建立了"东方战线"后，德苏在欧洲对峙的局面基本形成，双方关系随后即因在巴尔干地区的利益冲突明显地紧张起来。

综观"二战"初期的欧洲局势，它更像欧洲历史上多次发生的争霸战争，持续不断的战争伴随着变动的联盟，导致各大国的政局和对外关系都在快速变化，这难免会带动它们的东亚政策随之波动。《苏德互不侵犯条约》签订后，苏联仍然将它的战略重心放在欧洲地区，并没有因为与日本的盟友德国的关系获得改善，便在东亚对日本采取比以往更严厉的遏制措施。相反，1939 年 12 月 31 日，苏日双方同意将两国的渔业协定延长一年。1940 年 6 月 9 日，苏日就外蒙古和伪满洲国的边界问题缔结了一项协议。苏联的这些外交活动使苏日关系逐步改善，苏联的东亚边疆局势趋于稳定。

与苏联调整对日关系的同时，英国为了集中力量应付德国和意大利在欧洲和北非的进攻，于 7 月 17 日与日本达成了《英日关于封闭滇缅公路的协定》。① 根据这项协议，从 7 月 18 日起的 3 个月内，英国封锁了滇缅公路，禁止有关国家通过该公路向中国运送军用物资。作为德国傀儡的法国维希政府，也宣布封锁滇越公路。这一阶段大国之间的外交折冲表明，由于欧洲战局愈演愈烈，苏联和英国都受到德国军事行动的牵制，它们都不希望陷入在欧洲和亚洲两线作战的困局，所以对日妥协的倾向都在明显地增长。

这个时期东亚地区国际关系中出现的最重要的变化，是美国对日政策终于出现了转折。与苏联和英国缓和对日关系的行动正相反，美国在太平洋地区对日本采取了引人注目的威慑行动，而且显然越来越严厉。

1940 年春开始，美国太平洋舰队在夏威夷集结，摆出要坚决对抗日本南进的姿态。该舰队按原计划，本应于 5 月 9 日返回美国西海岸训练，罗斯福总统却命令它留驻原地待命。罗斯福总统这时还把素以主张对日强硬而闻名的共和党人史汀生（Henry Lewis Stimson）和诺克斯（Frank Knox）等人延揽到政府中，分别担任了陆军部长和海军部长。这个决定极大地加强了罗斯福政府中对日"强硬派"的力量，使罗斯福政府中反对日本在东亚地区侵略扩张的倾向明显增强。

1940 年 3 月，汪精卫集团在日本的扶持下，在南京建立了一个傀儡政府。罗斯福政府为了稳定中国的人心军心，又一次向中国提供了 2000 万美元的贷款。② 客观地看，苏联和英国同时缓和与日本的矛盾，本来已经使美国与日本在东亚地区的矛盾相对突出，罗斯福政府的对日政策明显地趋于强硬，更进一步提高了它在东亚地区对抗日本的战略地位。

1940 年上半年的国际局势堪称云谲波诡，其发展趋势表明，中共中央对自 1939 年夏季"二战"爆发以来的国际形势的看法等，与东亚国际形势发展的客观趋势显然并不吻合。到 1940 年夏季，中共中央着手克服党内的"左"倾错误倾向的同时，也开始重新思考和评估"二战"开始后的国际政

---

① 参阅王绳祖主编：《国际关系史：1939—1945》第 5 卷，世界知识出版社，1995，第 79 页。
② 参阅陶文钊、杨奎松、王建朗：《抗日战争时期中国对外关系史》，中共党史出版社，1995，第 262 页。

治形势，特别是东亚地区的形势。

6 月 25 日，毛泽东在中共中央政治局会议上，做了有关国内外形势和中共中央的任务的报告。他的报告反映出，由于受到苏联和共产国际的理论的影响，中共领导人在认识国际问题时，仍然存在着一定程度的自相矛盾。例如毛泽东在报告中分析说，法国战败后，国际形势的发展有三种可能性：或是继续战争，或是暂时停战，或是欧洲爆发革命。只有出现第三种情况，即欧洲爆发无产阶级革命，苏德关系才会破裂，否则国际形势就不会出现大的变化。毛泽东还认为，无产阶级的世界性革命有可能在法国、英国或印度爆发。这种判断离现实的距离就更加遥远了。不过需要说明的是，毛泽东显然注意到，在亚太地区国际局势的变化中，存在着完全不同于欧洲的特征。他指出，由于英法在欧洲战争中的失败，以及它们与日本的矛盾扩大，美英法搞"东方慕尼黑"的危险已经不存在了。他虽然预言，中日苏在东方联合"反对英美法的前途，不是完全没有"的，但是更倾向认为"美日冲突不可避免"，而苏联在亚太"将与美国接近"。他基于这个判断提出，中共中央的对外政策应有所调整，不要再去强调英美法搞"东方慕尼黑"的危险性。[1]毛泽东的这些分析已经在逻辑上提出了中共中央需要调整对外政策，尤其是调整对美政策的必要性，而这种调整必将导致中共中央重新建立与英法美，尤其是与美国的关系。

同年 7 月 7 日，中共中央发表了《为抗战三周年纪念对时局宣言》（以下简称《宣言》）。《宣言》在论述国际形势的部分，一方面继续抨击"二战"是"第二次帝国主义战争"，以及继续发表将在欧洲"爆发革命"的预言；另一方面，《宣言》也指出，世界现在已经划分成由一个"和平阵线"和两个"帝国主义阵线"组成的三大阵线，即以苏联为首的"和平阵线"、以英美法为代表"帝国主义阵线"和由德意日组成的"帝国主义阵线"。中共当前的对外政策主要应是利用两大帝国主义阵线之间的矛盾。中共中央认为，在两大帝国主义阵线中，对中国来说，目前主要的敌人是德意日法西斯国家。在东亚，英美法的"东方慕尼黑政策"有可能被德意的"劝和政策"所代替。

---

[1] 毛泽东：《关于目前形势的估计》，1940 年 6 月 26 日。

由于存在两个帝国主义的阵线，中国抗战面临的国际环境出现了新的变化，使中国能够坚持长期抗战的国际有利因素增加了，除了苏联的援助外，还包括了"有帝国主义互相间的矛盾可以利用"。[①] 同一天，中共中央还发布一项党内指示，更明确地阐述了对当前国际形势的判断和中共中央的对外方针。指示说明："英美法已不复是引诱中国投降的重要因素，英美虽想牺牲中国保存南洋，但日本已不能听命"，所以中共"可以利用英美法与德日意两个帝国主义阵线之间的冲突，特别是日美在太平洋上增长着的矛盾"。[②]

7月13日，中共中央在延安召开了高级干部会议，以讨论时局的变化。毛泽东在这次会议的发言中说，"在欧洲，单纯的十月革命是不可能的了"，"目前是苏联的八小时工作制与世界革命形势的成熟，而不是世界革命。目前还应该利用帝国主义战争，目前是世界革命前夜"；"帝国主义国家之间尚有可供革命利用之矛盾，因此必须利用之。苏联必须利用之，印度必须利用之，中国必须利用之"；尤其是中国，要想加强抗战力量，就必须利用帝国主义国家之间的矛盾。[③]

8月2日，中共中央针对南方局工作中出现的问题，打电报给南方局和《新华日报》社，批评他们在宣传工作中未能正确认识国际形势中出现的新特点。中共中央在电报指示（以下简称"8·2指示"）中详细分析了7月以来东亚国际关系的变化，认为英国封锁滇缅公路，美国提出亚洲问题由亚洲人自己解决等，都同日本国内政局有密切关系。英美的目的是试图影响日本的内政，是为了支持日本米内内阁的"维持现状派"，以便争取将日本拉入英美阵营。因此，不能简单地认为，英国封锁滇缅公路就是无条件向日本投降，美国主张由亚洲人来解决亚洲问题就是放弃了"门户开放"。"8·2指示"还指出，日本近卫的登台是德意的胜利和英美的失败，其结果将是美国不会再提"亚洲门罗主义"，而"'门户开放''援助中国'等旧调又会重弹"；英

① 《新中华报》，1940年7月5日，第143号。

② 《中央关于目前形势与党的政策的决定》，1940年7月7日，载中央档案馆编：《中共中央文件选集》第12册，中共中央党校出版社，1991，第419页。

③ 毛泽东：《目前时局与党的政策》，1940年7月13日，参见中共中央文献研究室编：《毛泽东文集》第二卷，人民出版社，1993，第288—289页。

国对日对华政策"也必会变化……滇缅路又有重新开放的可能"。如果说在7月16日以前，英美搞"东方慕尼黑"已经不是主要危险，近卫内阁上台后，英美搞"东方慕尼黑"的危险根本"就没有了"。"8·2指示"进一步指出：美国目前的政策是"积极反德意日阵线的""美苏关系必将好转。虽然美国还没有参战，但对抗德意日阵线的主要领导者，已经不是丘吉尔，而是罗斯福了"。面对复杂多变的国际关系，中共必须"把一般地反对帝国主义战争的政策与外交政策区别开来"，既"不要去鼓励帝国主义的军备'迎头赶上'德意日，也不要在英美改变对日对华政策后（在放弃'东方慕尼黑'政策后）去反对利用英美的外交"，国民党内"孙科派的亲苏联美政策是对的"。①

与前一个时期相比较，"8·2指示"对东亚国际形势的分析以及对美英等国的对华政策的分析，无疑深入和全面得多，更符合当时的实际情况。从"二战"爆发以来中共领导人认识国际问题和制定对外政策的发展脉络来看，"8·2指示"可以说是一个重要的标志。它表明，中共领导人对国际问题的认识和思考正在发生飞跃性的变化，这突出地表现为他们对英美在不同时期的外交行为的动机和背景等，能够做出更为具体的和更有针对性的分析。另外，基于这时中共中央调整对外政策的具体内容，"8·2指示"也包含中共中央对外政策的演变趋势，即他们在重新开始发展与英美等国的关系时，与美国的关系将成为最突出、最重要的内容。

综上所述，在1940年夏季，中共中央提出世界划分为三大阵线和在抗战中必须"利用帝国主义之间的矛盾"的原则，以及在这个原则的指导下开始调整对外政策等，固然有苏联对外政策和共产国际的影响，但对中共中央的外交实践还是有重要的意义的，这在打退第二次反共高潮中很快就显示出来。

1940年9月22日，日军进占法属印度支那，迈出了实施"南进"战略的第一步；9月27日，德意日三国签订了军事同盟条约。日军攻占法属印

① 《中央关于目前国际形势与我们的宣传方针给南方局、新华日报社的指示》，1940年8月2日。

度支那和日本与德意结成军事同盟这两个事件，导致日本与英美的关系不可逆转地走向对抗。9 月 28 日，就在德意日三国订立军事同盟条约的第二天，罗斯福政府决定禁止向日本出售废钢铁等战略物资。10 月 8 日，英国在征得美国的同意后宣布，重新开放滇缅公路，并着手准备在滇缅公路受到日军攻击时，竭尽全力进行"有效的抵抗和报复"。[①] 在东亚地区的战略格局正出现历史性转折的背景下，国民政府立即利用美英与日本关系恶化的时机，向英美提出合作反日的建议。11 月 30 日，罗斯福发表援华政策声明，宣布了美国向中国提供 5000 万美援的商业贷款。[②]

法国战败投降后，德国和意大利控制了西欧、北欧和巴尔干大部分地区；苏联则控制了波兰东部和波罗的海沿岸的几个国家。结果是在欧洲大陆形成了德国与苏联两个大国争夺和对峙的战略态势，而苏联对德国未来的扩展方向深感忧虑。作为预防措施，苏联在欧洲的军事行动本来就包含了建立针对德国的战略防御地带的意图，德意日三国军事同盟条约的签订进一步加深了苏联的警惕。为了集中力量对付德国可能发动的侵苏战争，苏联在东亚一方面继续采取外交行动，稳定与日本的关系；另一方面也开始着手修复与国民政府的外交关系。

9 月 29 日，在德意日军事同盟条约签订两天后，蒋介石便致电斯大林，表示国民政府很希望与苏联联合起来，共同对付日本的侵略扩张。[③] 苏联政府很快对蒋介石的呼吁做出回应，斯大林复电蒋介石说，希望国民政府能排除与日本议和的可能性，并巩固和加强中国国内那些与日本作战的军事力量。[④] 苏联政府当时非常关注日本的动向，苏联领导人已经获得了日本正在增加驻华军队的情报。他们根据这些情报判断，日本很可能会在 1941 年集

---

① Ernest L. Woodward, *British Foreign Policy in the Second World War* (London: H.M.S.O Press, 1971), Vol.2, p. 101.

② 参阅陶文钊：《中美关系史：1911—1949》第一卷，上海人民出版社，2016，第 174 页。

③ 《蒋委员长自重庆致史达林委员长共商德、义、日三国同盟协定成立后中、苏应取如何方针电》，1940 年 9 月 29 日，参阅孝仪主编：《中华民国重要史料初编（对日战争时期）》第三编"战时外交"第 2 册，（台北）中国国民党中央委员会党史委员会，1987，第 379—380 页。

④ 邵力子：《出使苏联的回忆》，载政协文史资料编辑委员会编：《文史资料选辑》第 60 辑，中华书局，1979，第 186 页。

中全力争取彻底打败国民政府，如不行的话，就利用与蒋介石和国民政府进行和谈来稳定中国战场，这样就可以在德国进攻苏联时，能够趁火打劫进攻苏联。在苏联领导人看来，1941年的中国战场将是充满危机和不确定性的，要么国民政府坚持其抵抗政策，要么就会出现国民政府对日本妥协的局面。[①]

为了达到将日军拖在中国战场的目的，苏联领导人认为有必要通过提供军事援助和其他方式，尽可能地促使国民政府坚定抗战立场，促使中国军队积极地对日作战。基于这一战略性的需求，这个时期苏联对中国内部的国共斗争采取了可以称为是"双限制"的政策。一方面，苏联要"遏制蒋介石反对共产党军队和对共产党人控制的游击区抱有的黩武图谋"；另一方面，苏联领导人也认为，中共中央的政策"也热衷于把枪口对准蒋介石"，而不考虑这种政策可能带来的危险后果。苏联的基本方针则是协调国共军队共同抗日，不介入国共矛盾中。

1940年12月末，参加过苏芬战争的崔可夫将军奉命前往中国，担任国民政府的苏联总军事顾问。斯大林在他离开莫斯科之前接见他，比较具体地阐述了苏联对华政策及其涉及的各种问题。这次谈话的内容来自崔可夫的笔记，具有比较高的可信度。第一，苏联对华政策的宗旨就是"紧紧束缚住日本侵略者的手脚"，这样"才能在德国侵略者一旦进攻我国的时候避免两线作战"。第二，为了达到牵制住日本的目的，苏联目前必须也只能向国民政府提供援助，从而使蒋介石"树立战胜日本侵略者的信心"。只要"蒋介石一旦感到有丧失政权的危险或者我国和西方大国拒绝援助他时，那他立刻就会效法汪精卫，寻找同日本军国主义妥协的途径"。第三，关于与中共的关系，斯大林认为他们当然要比国民党对苏联"更亲近些。照理，主要援助应该给予他们"，然而有几方面的原因决定了苏联不能那样做。首先，苏联不能让国际社会看起来在输出革命。其次，中共要成为"反侵略的领导者，还显得太羸弱"，他们要将群众争取过来"很难说"需要用多长的时间。再次，英美"帝国主义未必容忍中国共产党取代蒋介石"，中共"永远得不到"英

---

① ［苏］瓦·伊·崔可夫：《在华使命：一个军事顾问的笔记》，万成才译，新华出版社，1980，第31页。

美的支持，而苏联却同国民政府签订有条约。有苏联和英美的援助，"蒋介石即使不能打退日本的侵略，也能长期拖住它"。最后，也是最重要的一点，斯大林认为中共主要的社会基础和政治基础是"最贫穷、受压迫最深和没有文化的农民"，中共中央"对成长中的工人阶级估计不足，而这远不能不给中国共产党的意识形态、口号及其对革命政治任务的理解方面打下烙印"，其结果是造成中国共产党内的"民族主义倾向相当严重"，"国际主义团结感发扬得不够"。除了阐述不能援助中共的理由之外，斯大林还叮嘱崔可夫不能支持中共中央采取"激进的"政策。如果中共中央采取"激进的"政策，或者苏联和英美不援助国民政府，蒋介石和国民党就会投入日本的怀抱，而且蒋介石与日本和汪精卫会联合起来对付中共，而"中国红军将处于走投无路的境地"。[1]

崔可夫的上述笔记的有关内容是迄今为止能看到的斯大林有关苏联对华政策的最详细的论述，其中对中共政策的论述尤为丰富，反映了斯大林对中共问题是有相当深入和系统的思考的。这表明意识形态因素在斯大林的思考中占相当重要的地位，而他为了理论和政策能够自洽，的确提出了诸多理由。结果是不论从意识形态和实际的政治影响来看，还是从苏联的对外战略来看，斯大林都认为不能对中共寄予不切实际的希望，当然也就不能给予过多的支持和援助。斯大林的这些论述对于理解崔可夫来华后处理国共问题的言行至关重要。

在 1940 年夏秋德意日同盟形成之后，英美苏等大国为了各自的利益，几乎不约而同地加强了同国民政府的关系，这使国民政府的国际地位有明显的提高。正值此刻，八路军在华北发动了"百团大战"。此战役沉重地打击了在华北的日军，但中共军队在战役中也遭受了严重损失。更严峻的形势随之而来，从 10 月上旬开始，日军针对中共军队在其战线后的迅速发展，在华北发动了规模空前的"大扫荡"作战。日军的大规模进攻使华北抗日根据地一度处于极端困难的境地，蒋介石和国民党则立即利用英美苏为牵制日本

① ［苏］瓦·伊·崔可夫：《在华使命：一个军事顾问的笔记》，万成才译，新华出版社，1980，第33—37页。

而加强援华和中共军队在华北面临严重的困难的时机，制造了新一轮的国共危机。

10 月 16 日，蒋介石接到了斯大林的一份电报，后者对蒋之前的询问给予积极的回复。斯大林认为，德意日三国条约的签订对中国抗战利害参半，中国目前最重要的是加强国家军队的建设，这是取得最后胜利的根本之道。[①] 这封信对蒋介石显然是一个鼓舞，因为在此之前，中国驻苏联大使邵力子曾电告蒋介石，关于国民政府提出苏联增加对华援助之事，斯大林表示等他回复蒋介石之后再谈。[②] 得到斯大林的复函后，不论是邵力子还是蒋介石，都没有误读斯大林表达的善意，并因此对苏联将增加援助持肯定的判断。10 月 19 日，何应钦和白崇禧即发出通电，命令八路军和新四军必须按照国民党中央于 7 月 16 日制订的"中央提示案"的要求，限期一个月内开赴黄河以北的指定地区。[③] 国民党有关部队亦奉命部署，加紧准备向中共军队发动进攻。要说这两个事件之间没有关联是很困难的，中苏关系的改善也是蒋介石和国民党选择这个时间挑起第二次国共危机的一个原因。11 月 25 日，蒋介石还指示邵力子向苏联方面询问苏联援华物资运到的时间，并在不久后获得斯大林的肯定性答复。[④]

英美和苏联等大国几乎同时增加对国民政府的支持和援助等，是蒋介石

---

① 《史达林委员长自莫斯科致蒋委员长说明三国同盟之缔约对日本及中国之影响函（译文）》，1940 年 10 月 16 日，参阅秦孝仪主编：《中华民国重要史料初编（对日战争时期）》第三编"战时外交"第 2 册，（台北）中国国民党中央委员会党史委员会，1981，第 382—383 页。

② 《驻苏大使邵力子自莫斯科呈蒋委员长报告苏联政府对德、义、日三国同盟之态度电》，1940 年 10 月 1 日，参阅秦孝仪主编：《中华民国重要史料初编（对日战争时期）》第三编"战时外交"第 2 册，（台北）中国国民党中央委员会党史委员会，1981，第 380 页。

③ 参阅中共中央文献研究室编：《毛泽东年谱：一八九三—一九四九》中卷，人民出版社、中央文献出版社，1993，第 214 页。

④ 《蒋委员长自重庆致驻苏联大使邵力子告以苏大使来见称其政府已预备飞机、军械及汽油继续接济嘱即见苏当局代致谢意并询其所有武器数量与运到时间电》，1940 年 11 月 25 日，参阅秦孝仪主编：《中华民国重要史料初编（对日战争时期）》第三编"战时外交"（2），（台北）中国国民党中央委员会党史委员会，1981，第 523 页；《驻苏大使邵力子自莫斯科呈蒋委员长报告米高阳部长约谈承告史达林同意将此次供给物品均在上半年贷款内拨付并希望中国能将明年度应交货品在上半年内赶交电》，1940 年 12 月 18 日，参阅秦孝仪主编：《中华民国重要史料初编（对日战争时期）》第三编"战时外交"（2），（台北）中国国民党中央委员会党史委员会，1981，第 524 页。

和国民党制造新的国共危机的主要外部因素，不过当国共关系骤然恶化之际，中共中央还没有完全把握住东亚国际形势中的变化及其对国民政府的复杂影响。

首先是没有充分估计德意日军事同盟的形成对欧美各大国之间关系的影响，没有注意到在东亚地区，英美苏正在一致加强援助国民政府。尽管这一行动是不约而同的，但毕竟反映出苏联同英美在这个地区正在形成新的、日益增加的共同利益和共识，它们不仅都不希望国民政府垮掉，甚至不希望它被削弱，导致它们同时加强援助国民政府。

其次是中共领导人几乎未曾预料，苏联改善与国民政府的关系也会对蒋介石和国民党决心制造国共危机起了推动的作用，以及由此反映出来的苏联对华政策的变化。随着国共紧张加剧，中共领导人更加密切注意各国对华政策并持续关注和分析其与蒋介石和国民党反共行动之间的关联。10月20日，在何应钦、白崇禧通电发出当天，中共中央宣传部在一项党内指示中说，是英美的联华政策使蒋介石和国民党的政策出现"极速"的转变，"国民党英美派近来兴高采烈，积极活动加入英美集团"，他们"同时利用日苏谈判，实行反苏宣言"。该指示断定，目前蒋介石和国民党反苏反共是它"放弃独立战争，加入英美同盟的具体准备步骤"，因此中共的任务应"是阻止国民党"加入英美同盟。该指示提出"我们既反对德意日同盟的所谓新秩序，也不赞成英美的旧秩序，而主张独立解放的民族革命秩序"；中共固然不反对国民政府"利用英美的借款"，但反对它"加入英美同盟的错误政策"。[1]

毛泽东当时也认为，国民党方面主张依赖英美而"反对苏联是定了"，目前反共是做"试探和准备工作"。他甚至由此进一步预言，中国政治"最困难、最危险、最黑暗的可能性"，莫过于美国参战后迅速打败日本，然后"美国把中国英美派从财政上军事上武装起来，中国由日本殖民地变为美国殖民地，国共合作变为大规模内战"。[2] 毛泽东还进一步论述了蒋介石和国民

---

[1] 《中宣部政治情报第六号》，1940年10月20日，载中央档案馆编：《中共中央文件选集》第12册，中共中央党校出版社，1991，第524—527页。

[2] 毛泽东：《关于国际国内形势的估计和对策的指示》，1940年10月25日，载中央档案馆编：《皖南事变》，中共中央党校出版社，1981，第34页。

党"现在发动反苏反共高潮"同国民政府加强对英美外交的关系,是"放弃独立战争参加英美同盟的准备步骤"。[①]

毛泽东的判断部分地反映了或者说也影响了中共其他领导人的认识,他们也认为,"如果国际形势更有利于英美派",蒋介石和国民党的"局部'剿共'会进入全面反共"。[②]11月1日,毛泽东起草了一份党内指示,进一步论述了加紧反对国民政府奉行亲英美政策的重要性。他指出蒋介石和国民党"目前反苏反共,是放弃独立战争参加英美同盟的准备步骤",所以中共应该将"英美拉蒋与德意日拉蒋一样看待,两者都会造成反共"。[③]

中共领导人面临迫在眉睫的国共危机时,几乎立即根据以往的经验和之前的理论模式来认识和分析导致国共关系恶化的国际因素,将蒋介石和国民党加紧反共行动归因于国民政府的亲英美政策,这样的结论被证明并不完全符合实际情况。如果进一步比较他们在"8·2指示"中阐述的观点,可以说上述判断也明显地不符合他们认识发展的逻辑,所以随后不久出现变化也就是顺理成章的了。

11月1日,处于中共外事工作前沿的中共南方局领导人周恩来向中共中央汇报了他们对时局的分析,其内容更能体现"8·2指示"中有关国际问题需要具体问题具体分析的精神。周恩来在电报中写道,德意日同盟条约后,日、英、美和苏联都在拉拢蒋介石,"英积极拉蒋,蒋喜。现在日本拉蒋,蒋更喜。斯大林电蒋,蒋亦喜","蒋现在处在三个阵线的争夺之中"。[④]这项报告与之前不同的特别之处就是明确指出了,苏联同样在支持和拉拢国民政府,而蒋介石对此"亦喜"。这一点至关重要,其逻辑就是不能简单地以各国家的政治属性作为判断各国政策的标准,蒋介石和国民党的反共政策未必

---

① 中共中央文献研究室编:《毛泽东年谱:一八九三——一九四九》中卷,人民出版社、中央文献出版社,1993,第215页。

② 中共中央文献研究室编:《毛泽东年谱:一八九三——一九四九》中卷,人民出版社、中央文献出版社,1993,第215页。

③ 《毛泽东关于目前时局的指示》,1940年11月1日,载中央档案馆编:《中共中央文件选集》第12册,中共中央党校出版社,1991,第540—542页。

④ 中共中央文献研究室编:《毛泽东年谱:一八九三——一九四九》中卷,人民出版社、中央文献出版社,1993,第219页。

只与英美有关。这个电报很可能是导致在延安的中共领导人迅速改变此前认识的关键因素。

毛泽东这时开始认识到，英美抵制日本对中国抗战"是有一定益处的"，他因此特别强调要"利用帝国主义的矛盾"的问题。11 月 3 日，毛泽东在给有关领导人和南方局的一份电报中明确提出，"再不要强调反对加入英美集团了，要立即强调反对投降"。①11 月 6 日，毛泽东在给周恩来的电报中系统阐述了他对国际问题的新认识。他说现在国民政府"加入英美集团有利无害，加入德意日集团有害无利。我们不要强调反对加入英美集团了"，"目前不但共产党、中国人民、苏联三大势力应该团结，而且应与英美作外交联络"，"如能有上述四种势力的联合与配合，好转可能性还是有的"。② 第二天，中共中央在一项党内指示中要求大幅改变对外宣传的内容，"不要骂英美与英美派（我们当然不能同意加入英美集团，因为它是帝国主义战争集团，但这不是目前斗争的中心）"。③

12 月 25 日，毛泽东起草并发出了题为《论政策》的党内指示。这是毛泽东第一次比较系统地总结和阐述《苏德互不侵犯条约》签订后中共中央处理党的对外关系的基本原则。毛泽东在《论政策》中说，必须在具体分析和有所区别的基础上，制定党的对外政策，总的原则是"利用矛盾，争取多数，反对少数，各个击破"。针对当时迅速变动的复杂形势，他提出了两个重要的区别。首先是在如何认识英美对华政策和对日政策上需要有所区别，"共产党是反对任何帝国主义的，但是既须将侵略中国的日本帝国主义和现时没有举行侵略的其他帝国主义，加以区别；又须将同日本结成同盟承认'满洲国'的德意帝国主义，和同日本处于对立地位的英美帝国主义，加以区别；又须将过去采取远东慕尼黑政策危害中国抗日时的英美，和目前放弃这个政

---

① 中共中央文献研究室编：《毛泽东年谱：一八九三 — 一九四九》中卷，人民出版社、中央文献出版社，1993，第 220 页。

② 毛泽东：《关于加强国内外联络以制止妥协投降分裂致周恩来电》，1940 年 11 月 6 日，载中央档案馆编：《皖南事变》，中共中央党校出版社，1981，第 81 页。

③ 《中央关于反对投降挽救时局的指示》，1940 年 11 月 7 日，载中央档案馆编：《中共中央文件选集》第 12 册，中共中央党校出版社，1991，第 554 页。

策改为赞助中国抗日时的英美，加以区别"。在此区别的基础上，中共中央有必要调整对英美的认识和政策。其次是中共中央的对外政策与国民政府的对外政策要有四个区别：一是区别苏联与资本主义国家；二是区别英美与德意日；三是区别英美政府与英美人民；四是区别英美的远东慕尼黑政策和它们目前的政策。中共中央制定对外政策的根本方针，就是在"坚持独立战争和自力更生的原则下尽可能地利用外援"。①

从毛泽东的上述论述中，可以看到苏联对外政策和共产国际新策略路线的深刻影响，从认识的普遍规律看这也是难以避免的。不过更重要的是，毛泽东的《论政策》中包含了重要的合理性，即在处理对外关系中必须贯彻"区别对待"和"利用矛盾"的原则，这在经常受到列强共同侵入的半殖民地中国，的确具有普遍的适用性。另一个重要的内容是，毛泽东在《论政策》中非常明确地将国内抗日民族统一战线的策略原则直接运用于处理国际事务，这不仅为当时中共中央调整对外政策提供了最直接和简便易行的经验，而且在后来非常长的时期内，一直指导着中共中央分析国际事务、处理对外政策和对外关系等方面的问题。

与毛泽东发表《论政策》同一天，中共中央还专门就如何对待英美新闻记者等问题发布一项党内指示，提出应改变此前一个时期执行的政策。中共中央在指示中要求有关机构和人员，对接洽来访的英美记者"不仅不应采取不合理或冷淡之态度，而且应采取欢迎与招待之态度"。一方面要把他们当作"情报人员看待"；另一方面应将他们"当作外交人员看待"，"待之以外宾之礼"，"以便经过他们形成我们与英美之间一定程度的外交关系"。②与此前中共中央在苏联和共产国际的影响下断绝与英美记者的联系相比较，这项指示表明中共中央已经开始考虑并尝试与英美等国建立新的和更深入广泛的关系。可以说中共中央此时改变对英美新闻记者的政策，是中共中央自《苏德互不侵犯条约》签订后，重新向英美等国打开根据地大门的一个重要步骤。

---

① 毛泽东：《论政策》，1940年12月25日，参见中共中央文献研究室编：《毛泽东选集》第二卷，人民出版社，1991，第764—765页。

② 《中央关于对待英美籍新闻记者态度的指示》，1940年12月25日。

中共中央调整对外政策直接推动了中共南方局的外事工作，并对挫败国民党发动的第二次反共高潮起了重要的作用。南方局领导人通过同英美记者的联络工作，冲破了国民党的新闻封锁，使皖南事变及其造成的严重后果公诸国际社会，引起了国际舆论的强烈关注和对国民政府的抨击。特别是有关的国际舆论引起了美国朝野的关注和议论，最终导致罗斯福政府做出直接干预。

这期间，美国驻华大使詹森奉命告诉蒋介石：罗斯福政府"一向认为共产党问题不应导致大规模的互相残杀的斗争，美国人民及其政府对中国及其维持独立生存的能力非常关切"；因此"听了中国内部困难与摩擦后，自然非常关切，希望这困难能予克服"。[①] 罗斯福还请访华的白宫助理居里在会见蒋介石时，转达了他对国共危机的关切。居里告诉蒋介石，罗斯福认为中共"与国民政府相类者多，相异者少，深盼能排除异见，为抗日战争之共同目标加紧团结"。而中共"对于农民、妇女及日本之态度，足值吾人之赞许"。[②]

中美特殊的战时同盟关系这时正在形成之中，一方面是蒋介石急于说服罗斯福政府向国民政府提供更多的军事和财政援助；另一方面，罗斯福本人请居里代为转告蒋介石，"我人深信，中国必获得最后之胜利，并深信中国与英、美为一共同目标而作战，他日战胜侵略国家，我等将同沾其利益"。[③] 在提出必将与中国结盟的同时，罗斯福政府也明确表示，反对国民党推行反共甚至引发内战的政策。罗斯福政府的这一态度对于蒋介石和国民党制造第二次反共高潮造成了重大的压力，成为迫使国民政府限制其反共军事行动的一个重要原因。

---

① 参阅何迪、曹建林、翟卫华：《周恩来同志在皖南事变中争取国际舆论的斗争》，《教学与研究》1981 年第 1 期，第 15 页。

② 《蒋委员长在重庆见居里先生听其报告来华之原因及传达罗斯福总统之口信后告以对共党问题应了解之基本要点及嘱其研究解决中国币制问题之办法谈话记录》，参阅秦孝仪主编：《中华民国重要史料初编（对日战争时期）》第三编（1），（台北）中国国民党中央委员会党史委员会，1981，第 542—543 页。

③ 《蒋委员长在重庆见居里先生听其报告来华之原因及传达罗斯福总统之口信后告以对共党问题应了解之基本要点及嘱其研究解决中国币制问题之办法谈话记录》，参阅秦孝仪主编：《中华民国重要史料初编（对日战争时期）》第三编（1），（台北）中国国民党中央委员会党史委员会，1981，第 543 页。

中共中央重新开展对英美的外交工作从一开始就收获了意想不到的成果，但几乎是与此同时，在与苏联和共产国际的关系方面，中共中央却遇到意想不到的困难。当国民党方面挑起国共紧张之初，中共领导人便将国民党的反共军事行动，同中国国内舆论批评 8 月开始的苏日谈判联系起来，将这些事件视为蒋介石和国民党为反苏反共做准备和动员的组成部分。他们几乎无从想象，蒋介石和国民党下决心挑起新的国共危机的重要原因之一，是苏联政府再度决定改善中苏关系和向国民政府提供新的援助。对复杂形势的误读使中共领导人根据克服 1939 年底国共危机的经验，相信苏联会再一次采取有力的措施来反对和制止蒋介石和国民党的分裂行动。

11 月 4 日，毛泽东在给共产国际领导人的一封信中说，蒋介石和国民党正加紧准备反共，中共中央"现在全国加紧反对投降、反对分裂的斗争"，并决定准备在国民党军队"坚决进攻之时，我们拟举行自卫的反攻，打破其进剿军及封锁线，以期彻底粉碎这一进攻，争取时局好转"。国民党方面"仍顾虑苏联的态度与国内人民的反对"，相信"如苏联再加以压力，配合我们的活动，可能延缓其投降和大规模军事'剿共'的时间"。[①] 为了促使苏联向国民政府施加压力，毛泽东和中共中央多次指示南方局领导人，向苏联驻华军事顾问说明时局的严重性。

在皖南事变发生以前，共产国际领导人认为国共关系出现危机，是蒋介石被以何应钦为代表的亲日派集团牵入由反共而走向投降的圈套，因此告诫中共中央不应上国民党内亲日派的当，不能采取过火的行动，而应表示爱护蒋介石、爱护国民党、爱护友军；应当看到蒋介石与何应钦的区别，把斗争的矛头对准亲日派和内战的挑拨者。共产国际领导人还认为，中共中央的报告夸大了蒋介石和国民党投降分裂的危险，采取的政策是"左"倾的。[②]

共产国际领导人的上述回应所产生的影响是双重的。一方面，苏联由于越来越感受到德国的威胁，它正在重新考虑与英美的关系，不愿在包括中国

---

① 《毛泽东给季米特洛夫、曼努伊尔斯基的信》，1940 年 11 月 4 日。

② 参阅向青、石志夫、刘德喜主编：《苏联与中国革命》，中央编译出版社，1994，第464—465 页。

的国共问题在内的任何问题上，引发它与英美间本来就已经冷淡的关系继续
恶化。作为苏联对外政策代言人的共产国际领导人当然会从苏联缓和与英美
关系的角度，强调中共中央不要将斗争的矛头对准国民党中以蒋介石为代表
的亲英美派。苏联和共产国际的态度对于中共中央对英美政策带来了重要的
积极影响，尽管这种影响是通过曲折的途径才起作用的，但已经在中共中央
为克服第二次反共高潮所做的努力中初现端倪。

另一方面，共产国际领导人对中国内部问题的看法也干扰了中共中央对
国共关系恶化的判断。苏联和共产国际对新的国共危机的看法以及他们对中
共中央提出的对国民党反共行动不要反击"过火"的要求，确实使中共中央
低估了国民党军队"围剿"新四军的危险性。

1941年1月7日，皖南事变爆发，国民党军队包围并袭击转移中的新
四军部队。经数日激战，有7000余名新四军人员被杀或被俘。中共中央曾
经提出，希望苏联停止向国民政府提供援助，以迫使蒋介石放弃反共分裂的
政策。苏联驻华军政代表最初的态度也是积极的。崔可夫一面向中共方面建
议，应让新四军遵命北上；一面表示，"剩下只有一个办法：让蒋介石知道，
他进犯共产党，调转枪口对准人民，而不是侵略者，这可能影响苏联方面提
供军事援助"。他建议中共代表经常向他通报国内的情况，特别是有关国共
关系的情报。[1] 崔可夫还多次与蒋介石和国民党要员直接接触，试图施加影
响。苏联驻华军政人员由于切身的感受，确实表示了同情中共中央的处境，[2]
然而，他们的这些言行只是反映了苏联对华政策的一个方面。

1941年1月14日，周恩来向延安报告了与崔可夫会谈的情况，以及请
示如何回复崔可夫关于经常向他通报国共关系情况的建议。[3] 第二天，毛泽
东指示周恩来去问崔可夫："叶、项被俘，全军覆没，蒋介石无法无天至此，

[1] ［苏］瓦·伊·崔可夫：《在华使命：一个军事顾问的笔记》，万成才译，新华出版社，1980，第56—69页；中共中央文献研究室编：《周恩来年谱：一八九八——一九四九》，人民出版社、中央文献出版社，1989，第485页。
[2] 中共中央文献研究室编：《周恩来年谱：一八九八——一九四九》，人民出版社、中央文献出版社，1989，第485页。
[3] 中共中央文献研究室编：《周恩来年谱：一八九八——一九四九》，人民出版社、中央文献出版社，1989，第485页。

请问崔可夫如何办？"① 就在同一天,崔可夫会见了蒋介石。他在介绍日军情报和苏联援华空军等问题后,专门询问蒋介石："在皖南发生内部战争,此事真相如何？"据他了解,卷入冲突"多至七万人,双方皆有损失,甚至有军长、参谋长被俘虏者",故请蒋介石据实以告。他告诉蒋介石："中国现正处于寇侵国危之时,全国军队应一致服从委员长之领导,精诚团结,不可有丝毫内部冲突。"蒋介石则左右搪塞,统统称之为"谣言"敷衍过去。② 这次会见对蒋介石打击很大,他在日记中说："此事对俄关系最大,然为国家民族之独立计……即使俄已运到我边境之武器与飞机停止不来,亦所不惜。"③

1 月 16 日,中共领导人打电报给共产国际领导人季米特洛夫,报告国民党军队包围并袭击了新四军,蒋介石还动用了 20 多个师准备进攻其他四个中共根据地,以及准备在全国范围搞大逮捕和屠杀中国共产党员,中共中央将在政治上和军事上坚决反击蒋介石的反共行动。④ 第二天,季米特洛夫写信给斯大林,报告了从中共中央获得的报告,并告诉斯大林如果蒋介石不停止进攻,"则不可避免地将燃起内战"。他建议应"采取可能的措施来影响蒋介石",同时应在英美等国"掀起相应的运动",以向蒋介石施加压力。⑤ 1 月 20 日,季米特洛夫同莫洛托夫讨论了皖南事变问题。后者称来自重庆的情报是,皖南事变"应被看作地方性的军事事变,不应赋予其政治意义,不应对其作出广泛反响"。⑥

---

① 《毛泽东关于新四军事件应告崔可夫致周、叶电》,1941 年 11 月 15 日,转引自杨奎松:《"中间地带"的革命》,山西出版集团、山西人民出版社,2010。

② 《蒋委员长在重庆接见苏联驻华大使馆武官崔可夫听其报告南京敌情及苏联此次运华军需品之数目并答复其所询皖南军队冲突事件谈话记录》,1941 年 1 月 16 日,参阅秦孝仪主编:《中华民国重要史料初编:对日战争时期》第三编"战时外交"(2),(台北)中国国民党中央委员会党史委员会,1981,第 525—529 页。

③ [日]古屋奎二:《"蒋总统"密录》第 12 册,(台北)"中央日报社",1980,第 115—117 页。

④ [保]季米特洛夫:《季米特洛夫日记选编》,马细谱等译,广西师范大学出版社,2002,第 122 页。

⑤ [保]季米特洛夫:《季米特洛夫日记选编》,马细谱等译,广西师范大学出版社,2002,第 122 页。

⑥ [保]季米特洛夫:《季米特洛夫日记选编》,马细谱等译,广西师范大学出版社,2002,第 123 页。

　　1月21日，斯大林与季米特洛夫讨论了皖南事变。斯大林认为皖南事变的情况比较复杂，需要过几天再谈。[①] 季米特洛夫记录的这些情况大致表明，苏联领导人不愿急急忙忙地介入皖南事变中。1月25日，苏联驻华大使潘友新专门就皖南事变问题会见了蒋介石。他在会谈中告诉蒋介石，苏联政府对国共危机"非常关怀，深恐由此引起内战，因而损及贵国抗战之力量也"；他还追问蒋介石"今后将如何把握大局"，即如何处理皖南事变后的国共关系。蒋介石在辩解之后表示，国共军事冲突就到此为止，不再扩大。[②]

　　根据俄罗斯披露的档案记录，1月15日，苏联驻华大使潘友新、崔可夫等会见了周恩来和叶剑英。潘友新询问了有关皖南事变的经过和中共方面掌握的情况，在回答周恩来关于中共中央准备军事反击时说，中共"当前的主要敌人没有变化，仍是日本"，如果中共发动军事反击，"只会扩大中国的内战，不利于中国的抗战。应当不惜一切代价确保团结"。但是，"这并不意味着你们应该受人欺负"，中共"已经发动了对国民党的政治攻势"，"必须继续这一攻势，最终达到恢复自身名誉的目的"。不过他又强调，"不应提及这起阴谋的组织者蒋介石的名字"。可能是因为尚未得到莫斯科的指示，潘友新要求周恩来等先不要将谈话内容报告延安。[③]

　　2月初，斯大林本人做出了明确指示，中共中央不应将注意力放在国共斗争，而应更积极地同日军作战，而苏联既不会停止给国民政府的军事援助，也不可能直接援助中共军队。他通过崔可夫转告中共代表，苏联不赞成蒋介石发动反共内战，中共军队应对日军采取积极作战的行动。他说："革命军队愈积极行动愈能发展；要继续抗战，起模范作用，并加以宣传。"至于苏

　　① [保]季米特洛夫：《季米特洛夫日记选编》，马细谱等译，广西师范大学出版社，2002，第123—124页。

　　② 《蒋委员长在重庆接见苏联驻华大使潘友新对其说明解散新四军之理由谈话记录》，1941年1月25日，参阅秦孝仪主编：《中华民国重要史料初编：对日战争时期》第三编"战时外交"(2)，(台北)中国国民党中央委员会党史委员会，1981，第385—388页。

　　③ АВПРФ. Ф.0100. Оп.25. П.200. Д.8. Л.28—29. Тихвинский С.Л. (отв. ред.)，Русско—китайские отношения в XX веке, Документы и материалы, Том IV, Советско—китайские отношения, 1937-1945 гг. Кн.1:1937-1944гг. Москва: Памятники исторической мысли, 2000г, cc.627-628.

联提供给中国的军事援助，中共中央可向国民党要求补给。① 崔可夫也认为，国民党不会再激化与中共的关系。②

总之，不仅苏联方面希望中共中央留有余地，共产国际领导人对皖南事变也采取息事宁人的态度，他们尤其反对中共中央提出的与国民党尖锐对立的方针。2 月 5 日，季米特洛夫打电报给毛泽东，提醒中共中央要注意把握政策的分寸，"不应采取分裂的方针。正相反，在依靠主张保存抗日统一战线的群众的同时，共产党应采取一切取决于它自己的行动，来避免决裂"。③他们建议中共中央不要把斗争矛头对准蒋介石，而应当"对准亲日派"。④

事实表明，苏联当时可以（准确地说是愿意）给予中共的支持还是非常有限的。双方的共同利益使苏联不能不对蒋介石和国民党的反共政策表示关注和反对，而苏联对华政策的主旨则决定了它对国共危机反应的限度。于是中苏贸易协定照常签署，苏联的军用物资照常沿着兰新公路运到重庆。蒋介石在决心挑起第二次国共危机时，对苏联是否会重演一年前停止军事援助的行动，并非完全不在乎，而苏联政府息事宁人的态度也为蒋介石所料不及。

苏联和共产国际要求中共中央维护国共合作，本是无可厚非的，而中共中央一度对国共危机的形势估计得过于严重，以致产生"左"倾情绪也是事实。即便如此，中共中央也从未打算用主动进攻造成统一战线彻底破裂，并且也没有完全否定苏联和共产国际的意见。问题的实质是，当蒋介石和国民党已经挑起反共军事冲突时，苏联和共产国际领导人为维护苏联的对外政策，不仅没有采取有影响力的外交行动，反而只要求中共中央妥协和克制。事实已经一再证明，面对国民党的反共军事行动，中共中央采取"尖锐对立"的方针是有必要的，而且总的来说是合理的。"以斗争求团结则团结存，以退

① 中共中央文献研究室编：《周恩来年谱：一八九八 —— 一九四九》，人民出版社、中央文献出版社，1989，第 491—492 页。
② ［苏］瓦·伊·崔可夫：《在华使命：一个军事顾问的笔记》，万成才译，新华出版社，1980，第 61—62 页。
③ ［保］季米特洛夫：《季米特洛夫日记选编》，马细谱等译，广西师范大学出版社，2002，第 124 页。
④ 参阅向青、石志夫、刘德喜编：《苏联与中国革命》，中央编译出版社，1994，第 465 页。

让求团结则团结亡"，这是中共中央维护统一战线、在统一战线中保存中共的力量和独立性的重要原则，经过实践证明也是必要的。苏联和共产国际在第二次反共高潮中的态度，不仅有碍中共中央及时制定正确的斗争策略，而且表明苏联为了维护它自己认定的现实利益，有时是不会顾及中共的利益和具体需要的。如果说在皖南事变以前，苏联和共产国际给中共中央造成的消极影响被认为主要还是思想理论方面的，那么经过皖南事变，中共中央与它们之间在实际利益方面存在矛盾这一点，终于清楚地浮现出来。

经过 1940 年夏季到 1941 年春季的一系列事件，中共领导人逐步认识到，有必要从根本上调整中共与苏联和共产国际的关系。毛泽东在第二次国共危机刚刚结束时，便为在党内发行的小册子《农村调查》写了"序言"和"跋"，恳切地向全党指出，中国共产党"吃所谓'钦差大臣'的亏"太多了，要了解中国革命运动的规律，必须是"眼睛向下，不要只是昂首望天"。[1]5月，中共中央在延安召开了高级干部会议。毛泽东在这次会议上说，中共对国内和国际各方面的复杂情况"收集的材料还是零碎的"，"研究工作还是没有系统的"，党内许多同志"学习国际的革命经验"只是"为了单纯的学习"。[2]他因此号召中共高级干部要对中国国情进行详细的调查研究，唯有如此，才能真正做到将"马克思主义的普遍真理"与中国革命的具体实践结合起来。

毛泽东开始从世界观和方法论的层次总结以往的经验，为中共中央改变与苏联和共产国际的关系提供了思想基础。此后不久，中国共产党内展开了大规模的整风运动，毛泽东的思想路线在整风中得到全党的认同。中共与苏联和共产国际的关系也从此开始了实质性转变的过程。

在第二次国共危机结束后，中共中央开始注意的另一个基本事实是，在制约蒋介石和国民党推行反共政策的各种国际力量中，苏联的影响力在下降，真正能够而且有时也愿意约束蒋介石和国民党推行反共内战政策的，主要是

---

① 毛泽东：《"农村调查"序言和跋》，1941 年 3 月、4 月，参见中共中央文献研究室编：《毛泽东选集》第三卷，人民出版社，1991，第 789 页。

② 毛泽东：《改造我们的学习》，1941 年 5 月 19 日，参见中共中央文献研究室编：《毛泽东选集》第三卷，人民出版社，1991，第 795 — 803 页。

罗斯福政府。中共南方局领导人根据与美国方面的直接接触得出结论：罗斯福政府的政策是控制中国以牵制日本，要求蒋介石和国民党维持与中共的关系，"不要破裂到内战"；美国将继续支持蒋介石维护其统治地位，但也会促使国民政府改革内政。①

3月间，毛泽东在一项党内指示中又一次明确提出，不必强调反对国民政府加入英美集团，英美援华可以使国民政府"难于投降和难于反共"，目前"必须尽量利用两派帝国主义间的矛盾"。②中共领导人在总结克服第二次国共危机的经验时，不同以往地肯定了英美舆论和英美政府的积极作用。他们认为，国共统一战线没有完全破裂的一个重要原因是"英美帝国主义不愿意蒋发动内战，放松抗日"。③至于苏联的影响，中共中央只作一般评价，同过去相比显然是非常低调的。这种情况表明，中共中央已经开始有意识地利用英美等国来影响蒋介石和国民党的政策。

仔细观察中共中央于1940年夏季开始调整对外政策的过程，可以看出中共领导人在认识国际事务和制定对外政策时，经常出现不自洽的论述。例如在如何认识国际政治的全貌和"二战"的性质等问题上，中共领导人按照苏联和共产国际的理论，坚持将"二战"定义为帝国主义战争，坚持认为对于参与战争的任何一方都予以谴责。另外，在有关国家的政策与中国内部的国共问题的关系等问题上，他们基本上就是以有关国家如何对待国共问题作为标准，来判定它们政策的性质并据以制定自己的对策。中共领导人已经认识到，搬用苏联和共产国际关于"二战"的论述，很难解读复杂多变的国际政治和大国关系的现实。为了解决理论与实践之间的矛盾和摆脱在外交方面自我孤立的状态，中共领导人在苏联和共产国际有关世界存在"三大阵线"的理论架构下，将"利用帝国主义国家之间的矛盾"作为制定对外政策的指

---

① 参阅中共中央文献研究室编：《周恩来年谱：一八九八——一九四九》，人民出版社、中央文献出版社，1989，第492、496页。

② 中共中央文献研究室编：《毛泽东年谱：一八九三——一九四九》第2册，人民出版社、中央文献出版社，1993，第279—280页。

③ 《中央一九四一年三月政治情报——六个月来国民党反共高潮的总结》，1941年3月22日，载中央档案馆编：《中共中央文件选集》第13册，中共中央党校出版社，1991，第70页。

针。中共领导人当时不太可能完全摆脱苏联和共产国际的影响，毕竟这种影响有着过于深远和复杂的历史背景。从主观上说，中共领导人在对外政策领域正处于摸索阶段，他们制定的对外政策缺乏连续性和稳定性也是不可避免的。从客观上说，这一时期东亚国际局势扑朔迷离，充满了爆炸性，并没有给中共领导人留下多少潜心思考的时间。这些主客观因素都使中共中央的对外政策不可避免地出现反复和摆动。

1941 年夏初，德国几乎控制了除苏联之外的其他欧洲大陆国家，在西亚和北非也取得了压倒性优势。德国的疯狂扩张使当时尚未卷入战争的美国和苏联两个大国都对欧洲的前景日益担忧。它们基于并不完全相同的利害关系，采取了共同的措施。即为了集中力量在欧洲对付德国，它们几乎同时在东方推行对日本妥协的方针。结果是苏联与日本签订了《苏日中立条约》，美国则在《日美谅解方案》的基础上开始与日本谈判。

苏联与日本签订中立条约的直接原因是德苏关系恶化，苏联领导人意识到德国进攻苏联的危险性正迅速升高。《苏德互不侵犯条约》签订后，德国暂时把进攻的矛头指向西方，苏联则全力以赴地经营它的"东方战线"。苏联一直严格遵守与德国的条约，还努力进一步加强与德国的经济关系。不过，苏联与德国的矛盾是根本无法调和的，苏联建立"东方战线"固然引起希特勒的不满；德国采取针对苏联的种种措施也使斯大林疑窦丛生。德意日三国军事同盟条约的签订和 11 月德苏领导人会谈失败，使两国的关系更加紧张，德国随后加强了在未来对苏作战的南北两翼战线的行动，一面进攻东西欧，一面改善与芬兰的关系。这使苏联领导人进一步警觉，1941 年 2 月，苏联开始秘密制订防御计划，加紧西部边境的国防建设，并批准了军队大规模动员，征召 80 万预备役人员入伍，并陆续组建了新的机械化师。

为了配合西线的防御准备，苏联加紧在东亚缓和与日本的关系。4 月 13 日，苏联与日本订立了《苏日中立条约》。该条约规定：苏日将维护两国"和平友好关系"，互不侵犯；如果缔约一方成为一个或几个国家的战争对象时，缔约的另一方将严守中立；条约还声称"苏联保证尊重'满洲国'的领土完整和不可侵犯，日本保证尊重蒙古人民共和国的领土完整和不可侵犯"。① 通过与日本签订的中立条约，苏联获得了有利于对付德国进攻的战略地位。

美国在这期间对日本的妥协，同罗斯福政府对全球战略的设想有密切的关系。一方面，罗斯福在 1940 年的大选中获胜后，为了打破国内孤立主义势力的阻挠和某些法律的限制，向美国国会提出了《进一步促进美国国防及其他目标的法案》（著名的"租借法"）。1941 年 3 月，美国国会批准了"租借法"，授权总统以租借或贷款的形式，向反德意日法西斯侵略的国家提供援助，这是美国参加"二战"的一个具有决定性的步骤。

另一方面，美国是面对大西洋和太平洋的国家，它必须在欧洲和太平洋之间选择战略重点，而罗斯福政府中居主导地位的战略判断是，欧洲是战略重点，欧洲战场不仅对美国，而且对全世界均为存亡所系。加之其他一些因素的影响，在 1941 年初，罗斯福政府确定了"先欧后亚"的战略方针。根据这一方针，罗斯福政府一面对德国采取一系列强硬措施，特别是通过扩大海军巡逻范围而在大西洋对德国不宣而战；一面在东亚地区处理对日关系时采取相反的行动。罗斯福政府在增加对华援助的同时，也在争取苟延美日之间不战不和的局面。4 月出现的《日美谅解方案》以及随后的美日谈判就是在这种背景下发生的。《日美谅解方案》的内容包括美国说服中国政府与日本媾和，与汪精卫政权合并，承认伪满洲国；日本在日中达成协议的基础上，保证不在中国驻军，保持"中国独立"，日本在"西南太平洋方面的发展保证不诉诸武力"；美国恢复履行美日通商条约中规定的义务，向日本提供战略物资；日本应声明德意日三国条约是一项有限的防御性条约。② 美日两国代表以这个方案为基础开始了长时间的谈判。日本政府由于已经决心武力南进，提出了美国无法接受的条件，美日谈判最终流产。

比较《苏日中立条约》和《日美谅解方案》的内容，可以看出它们之间有重要的区别。苏联在《苏日中立条约》中并没有保证迫使中国接受日苏之

---

① 世界知识出版社编：《国际条约集（1934—1944）》，世界知识出版社，1961，第303—304页。

② 参阅陶文钊：《中美关系史：1911—1949》第一卷，上海人民出版社，2016，第180—181页。

间的妥协，也没有要求日本放弃侵略中国的政策。但该条约中最严重的条款莫过于，苏联用承认伪满洲国换取日本承认外蒙古。《日美谅解方案》却提出，美国承诺"说服"中国政府接受美日的谅解；作为交换，日本应从中国撤军和恢复"门户开放"。这种区别反映出美苏两国在中国问题上的利益不同，即苏联在处理对华对日关系时，主要考虑的是苏联的安全问题，而美国除了安全问题之外，还有在华利益（包括不平等条约规定的特权）需要加以保护。加之双方与国民政府的关系不同，对世界格局有不同的战略考虑，所以苏联在获得日本的"中立"保证后，对中日间的冲突便采取置身事外的态度了。美国在寻求与日本妥协时，还要求国民政府同它保持步调一致。

《苏日中立条约》与《日美谅解方案》最大的共同点是，美国和苏联在谋求对日本妥协时，都以中国的东北作为维护它们各自的战略利益而与日本做交易的筹码。当日本占领中国大部分地区后的动向尚不明朗时，美苏都试图以牺牲对方的利益来维护自己的利益。苏联看到日本加快南进步伐时，通过签订《苏日中立条约》又把日本向南推了一把。在苏联的外交行动增大了日本南进的危险后，美国为了避免陷入同时在两洋作战，也试图通过牺牲中国的某些利益来寻求缓和同日本的矛盾。从起因、使用的手段和所要达到的战略目的等来看，此时出现的美国和苏联分别谋求同日本妥协的事件，性质没有什么不同。

对于几乎同时出现的《苏日中立条约》和美日谈判两个事件，中共领导人的评价是完全不同的。自苏德签署互不侵犯条约后，中共领导人一直没有排除苏联会与日本签署类似条约的可能性，只是由于形势不断变化，在不同时期对这种可能性的估计有所不同。对于苏日妥协前景的评价，中共领导人的认识是复杂的。他们基于一般性的理论认为，苏联如能避免被卷入与日本的战争，就可以更可靠地援助中国革命和世界革命，而且苏联作为一个社会主义国家，即使与日本签约也是为了维护和平，不会因此就放弃支援中国抗战与革命运动。另外，就 1941 年春季的具体情况看，苏日妥协将会对国共关系产生何种影响，才是中共领导人评价苏日妥协前景的主要标准。3 月 17日，毛泽东在给周恩来的一份电报中指出，日本正积极同德国和苏联签订条约，"两约如订，大战即发，英美要阻止日、苏订立条约，命蒋向中共转圜，蒋亦甚惧日苏亲善，似有求助于我之意，日本则利用国共恶化，有求苏助日制蒋意"。他的基本判断是"如日、苏只订经济条约不订政治条约，蒋有答应我临时办法各条可能，如日、苏订立政治条约，则国共、中苏关系均可能一时恶化"。①这份电报最有价值的部分，是毛泽东对苏日可能签订条约所带动的大国对华政策的变化，尤其是这些变化对国共关系走向的影响的分析。这才是中共领导人最关注的问题。

4月13日，即《苏日中立条约》签署当天，毛泽东等电告八路军指挥员彭德怀等，"蒋介石是否决心打延安主要决定于蒋对苏联态度，日苏条约订立后蒋之态度如何尚须数日才能看清"。②当天，莫洛托夫在莫斯科召见邵力子，表示"苏联将毫无变更地继续援助中国"。毛泽东在第二天给周恩来的电报中改变了以往的判断，认为苏联与日本签约提升了它"对中国发言权"，"对制止中国投降与反共危险有积极作用"。③

4月16日，中共中央政治局召开会议，讨论通过了毛泽东起草的《中国共产党对苏日中立条约发表意见》。会后中共中央发表公开评论说，《苏日中立条约》是苏联外交政策的"又一次伟大胜利"，符合"全世界人民和被压迫民族的利益"，苏联的国际地位因此而"极大地提高了"，而且苏联会"继续援助中国"，"不会使中国失望"。④18日，中共中央在一项党内文件中进一步说明，《苏日中立条约》"提高了苏联在国际上的发言权"，使苏联获得了"保卫其边疆并援助全世界人民与被压迫民族解放斗争的充分自由"；英美等国缩小该条约的意义是暴露了它们的"恐慌"；全党应反复揭露国民党"对苏日条约进行欺骗宣传之危险"，"对各界说明该条约之真确意义，务

① 中共中央文献研究室编：《毛泽东年谱：一八九三——一九四九》中卷，人民出版社、中央文献出版社，1993，第384页。
② 中共中央文献研究室编：《毛泽东年谱：一八九三——一九四九》中卷，人民出版社、中央文献出版社，1993，第387页。
③ 中共中央文献研究室编：《毛泽东年谱：一八九三——一九四九》中卷，人民出版社、中央文献出版社，1993，第388页。
④ 《中国共产党对苏日中立条约发表意见》，1941年4月16日，载中央档案馆编：《中共中央文件选集》第13册，中共中央党校出版社，1991，第75—77页。

使亲日派顽固派之反动宣传不易逞强"。^① 中共驻重庆代表亦根据中共中央指示的精神，向各界人士做解释工作。

中共中央对苏联与日本缔结中立条约的肯定与赞扬，固然是受意识形态的影响，以及仍然没有完全放弃将保卫苏联作为对外政策的标准，但是不应该忽视中共领导人对苏日签约对中国内部形势的影响的分析。毛泽东当时认为，"蒋介石历来认为苏联依赖他的抗日，他乃敢放手反共，日苏条约给了蒋一个严重的打击"，"在日苏条约订立苏联获得自由之后，蒋投降和反共将更加困难，故日苏条约有制止中国投降和反共危险之作用"。^② 他还认为：中国的英美派、顽固派、中间派和进步派中的动摇分子等，都在"对苏献媚"，因此中共应利用这一机会"争得蒋及国民党主体转变到亲苏和共改良的方向"。^③

从 1940 年夏秋开始，中共领导人就认为中国政局的发展有四种可能性：一是国民党内的投降派"组织贝当政府，投降日寇，而与汪精卫合流"；二是国民党内的顽固派"放弃独立战争加入英美同盟"；三是"美日相持不下，中日相持不下，国共相持不下，欧洲英德也相持不下"；四是国民党被迫在国内实现缓和政策，在外交上以亲苏路线为主。^④ 第四种前途对中共最有利，因此，中共中央一直努力争取使之演变成为中国的现实。《苏日中立条约》的签订显然使中共领导人相信，实现这种可能性的时机终于出现了。

从对东亚国际形势造成影响的角度来看，中共中央对《苏日中立条约》后果的估计并不符合实际。这个条约包含损害中国民族利益的内容，对中国

① 《中央 1941 年 4 月政治情报——国际形势》，1941 年 4 月 18 日，载中央档案馆编：《中共中央文件选集》第 13 册，中共中央党校出版社，1991，第 78—81 页。

② 中共中央文献研究室编：《毛泽东年谱：一八九三——一九四九》中卷，人民出版社、中央文献出版社，1993，第 279—280 页。

③ 《关于对形势估计等问题的指示》，1941 年 4 月 20 日，载中央档案馆编：《中共中央文件选集》第 13 册，中共中央党校出版社，1991，第 82—83 页。

④ 《中央关于时局趋势的指示》，1940 年 9 月 10 日，载中央档案馆编：《皖南事变》，中共中央党校出版社，1981，第 17—18 页；《中共中央宣传部政治情报第六号》，1940 年 10 月 20 日，载中央档案馆编：《皖南事变》，中共中央党校出版社，1981，第 32 页；《毛泽东关于国际国内形势和对策的指示》，1940 年 10 月 25 日，载中央档案馆编：《皖南事变》，中共中央党校出版社，1981，第 34 页。

抗战产生了消极的影响，没有使苏联的国际地位有所提高，对英美的影响也有限。随后发生的事件表明，苏日妥协对美国造成的压力除了推动美国加紧备战外，还间接地促使它加快了争取与日本妥协的步伐。

在中国内部，苏日条约也没有使国民政府的政策发生重大波动。4月24日，蒋介石在国民党内发布通告。他除了对苏日条约中有关外蒙古和东北的条款感到意外，还认为日本的战略地位并没有改善，苏日矛盾也不可能靠这个中立条约解决，而且英美等国与中国已经形成对日本的包围，尤其是罗斯福政府已"决不会对日妥协"，日本"已陷入最大困境而犹不自觉"。① 蒋介石在会见周恩来时指出，最后胜利必定属于美国，世界仍然只有两个阵线，即侵略与反侵略阵线，苏联不可能置身事外。② 蒋介石和国民党将外交重心放在处理对美关系方面以后，苏日关系的变动已经很难对其政策产生重要影响了。

5月间，国民党再次利用晋南战役的机会制造反共舆论。5月10日，苏联军事顾问崔可夫在一次军事会议上提出，应命令包括中共军队在内的所有前线中国军队向日军发动进攻。他还声称："谁不听命令，就应该处罚之。"③ 在此之前，国民党代表刘为章曾奉蒋介石之命向周恩来提出，中共军队必须在华北阻击日军的调动，如果中共不同意国民党的调度就是对日妥协。④ 蒋介石和国民党的目的显然包括利用晋南战役的机会损害中共的抗战形象和政治影响，在国人中造成中共不积极对日作战的印象，而崔可夫的言行在客观上帮助了国民党向中共施加压力。毛泽东在给周恩来的电报中要他转告崔可夫"不要随便乱说"。⑤ 这表明《苏日中立条约》签订后，毛泽东关于利用日

① [日]古屋奎二：《"蒋总统"密录》第12册，（台北）"中央日报社"，1980，第133—136页。

② 《周恩来关于与蒋介石谈判情况向中央的报告》，1941年5月21日，载中央档案馆编：《中共中央文件选集》第13册，中共中央党校出版社，1991，第108页。

③ 《周恩来关于与蒋介石谈判情况向中央的报告》，1941年5月21日，载中央档案馆编：《中共中央文件选集》第13册，中共中央党校出版社，1991，第108页。

④ 《周恩来关于蒋介石要求华北我军配合作战等问题向中央的请示》，1941年5月10日，载中央档案馆编：《中共中央文件选集》第13册，中共中央党校出版社，1991，第105—106页。

⑤ 《关于华北我军配合国民党对日作战等问题的指示》，1941年5月14日，载中央档案馆编：《中共中央文件选集》第13册，中共中央党校出版社，1991，第104页。

苏妥协争取使国民党改变反共政策的设想是很难实现的，而且中共中央与苏联协调政策也面临不少的困难。

中共中央在肯定苏联与日本签署中立条约的同时，严厉谴责了美国与日本的谈判。此时国民党正利用晋南战役散布中共不积极对日作战的舆论，而中共南方局认为这反映了国民政府"靠美和降日"的倾向更加严重。① 中共中央立即将国民党的行动与美日谈判联系起来，认为日美蒋正酝酿"牺牲中国，造成反苏反共局面"。从 5 月中旬开始，中共中央发布党内指示，并公开发表一系列文章，猛烈抨击美日谈判，谴责美国正在制造新的"远东慕尼黑"，号召要动员起来反对罗斯福政府的此类"阴谋"。②

罗斯福政府为贯彻其"先欧后亚"的战略方针而在亚太对日妥协，当然应该受到中国的谴责，中共中央揭露和反对美日妥协的阴谋是有其必要性的，问题在于中共中央仍然是基于英美与德意的斗争是"第二次帝国主义战争"这个框架来理解东亚国际关系中的变化。他们甚至坚持认为日本不会南进，不会"爆发美日战争"；英美反对德意日的斗争是投机的，它们的总方针是"不让希特勒向西，不让苏联置身事外，又来一个欧洲慕尼黑"；罗斯福政府的东亚政策则是推动德国进攻苏联的阴谋的一部分，英美与德国的区别就是前者"反苏反共反德"，后者"反英美"。③ 由于受到苏联和共产国际错误理论和策略的束缚，过高估计苏联东亚政策对中国内部局势的积极影响，致使中共中央一时无法从扑朔迷离的东亚国际形势中把握住时局演变的主流，从而难以及时提出更合理的因应之策。

① 中共中央文献研究室编：《周恩来年谱：一八九八 —— 一九四九》，人民出版社、中央文献出版社，1989，第 503 页。
② 毛泽东：《揭破远东慕尼黑阴谋》，1941 年 5 月 25 日，参见中共中央文献研究室编：《毛泽东选集》第三卷，人民出版社，1991，第 804 页。
③ 《请看今日之域中 竟是谁家之天下》，《解放日报》，1941 年 5 月 18 日。

第五章　重建国际反日统一战线

　　1941 年 6 月 22 日拂晓，德国动用 550 万军队，在从波罗的海到黑海的 1800 公里长的战线上同时向苏联发动进攻。18 天后，德军就深入苏联腹地达 500 公里；战争爆发后一个月，苏联苦心经营的"东方战线"就土崩瓦解，德军占领的苏联领土已经相当于法国领土的两倍。德国发动突然袭击取得的成功和苏联在战争初期的失败，宣告了苏联依靠孤立自保和绥靖德国来维护自身安全的政策最终未能达到目的。

　　苏联突然面临生死关头终于迫使斯大林迅速改变对外政策。22 日晨，他紧急召见了季米特洛夫（Georgi Dimitrov Mikhailov），并提出立即改变共产国际的策略路线，动员和组织各国共产党牵制德国和采取措施支援、保卫苏联。他告诉季米特洛夫，"各国党应就地开展保卫苏联的运动。不应提出社会主义革命问题。苏联人民在进行反法西斯德国的卫国战争。这是粉碎法西斯主义的问题，它奴役了一系列国家的人民并企图继续奴役其他国家的人民"。[①] 共产国际领导人当天召开会议，讨论德国进攻苏联后的国际形势和各国共产党的任务。他们在会议结束后陆续向包括中共在内的各国共产党发出指示，明确提出目前应该集中全部力量进行反对德国法西斯的侵略和奴役的斗争。他们强调不要再将德国进攻苏联"说成是两个体系——资本主义体系

---

　　① ［保］季米特洛夫：《季米特洛夫日记选编》，马细谱等译，广西师范大学出版社，2002，第 143 页。

和社会主义体系之间的战争"，"关于世界革命的说法对希特勒有利，这种说法会妨碍所有反法西斯力量的团结"。①

苏联和共产国际决定放弃 1939 年 8 月以来的不合理的对外政策，这立即得到各国共产党的积极响应。当然，苏联卫国战争的成败不仅关系到世界反法西斯战争的前途，也关系到国际共产主义运动的命运，因此各国共产党由衷地表示拥护苏联和共产国际重提建立国际反法西斯统一战线的方针，中共也不例外。中共领导人接到共产国际的指示电报以后，立即于 6 月 23 日开会，他们一致表示全力支持苏联反对德国法西斯侵略的战争。会议通过了中共中央《关于反法西斯的国际统一战线》的决议，声明包括中共在内的共产党人在全世界的任务就是"动员各国人民组织国际统一战线，为着反对法西斯而斗争，为着保卫苏联、保卫中国、保卫一切民族的自由和独立而斗争"。②

中共中央的决定虽然是在苏联和共产国际改变政策的影响下产生的，但《关于反法西斯的国际统一战线》仍可被视为一个重要的界碑，标志着中共中央在苏德战争爆发之际，开始从根本上改变《苏德互不侵犯条约》签订后所实行的对外政策。中共中央的这项决定有两个重要的特点。首先，该决定明确指出，"在目前时期，一切力量须集中于反对法西斯奴役"。中共中央彻底放弃了"二战"爆发后提出并一直未加根本检讨的主张——"反对一切帝国主义国家"。尽管这个转变是在外部力量的影响下实现的，中共中央在此前已经在重新思考有关问题并开始调整对外政策，也是有迹可循的。中共中央提出当前应将斗争的矛头集中于德意日法西斯侵略国家，不仅符合当时国际政治的现实，也符合中华民族和中共的利益。

其次，中共中央此时的认识仍然是有局限性的。苏德战争爆发后，中共中央明确了国际政治中的主要矛盾和确定了斗争的主要目标，就是集中一切力量打败发动侵略战争的德意日法西斯国家，并在此基础上制定党的内外政

① [保]季米特洛夫：《季米特洛夫日记选编》，马细谱等译，广西师范大学出版社，2002，第144页。
② 毛泽东：《关于反法西斯的国际统一战线》，1941年6月23日，参见中共中央文献研究室编：《毛泽东选集》第三卷，人民出版社，1991，第806页。

策。与此同时，在与世界上哪些政治力量结成统一战线的问题上，中共中央仍然在沿用此前的一些政治概念，只提出了"动员各国人民组织国际统一战线"。这个口号所反映的片面性是显而易见的，如果仅根据这样的方针采取行动，也是不可能实现建立全世界反法西斯统一战线的目标的。

中共中央关于建立反法西斯国际统一战线的决定，固然是受苏联和共产国际影响的产物，但必须看到的是，中共中央的决定与苏联和共产国际有重要的区别。苏联和共产国际又一次改变策略路线，仍然是以维护苏联的利益为出发点的。由于苏德战争爆发给苏联造成了极为严重的生存危机，以致苏联和共产国际领导人在制定政策时，以苏联利益为中心的倾向更加严重。它们很少考虑各国共产党面临的特殊情况，仍然在强调各国共产党在目前的中心任务就是采取一切可能的行动，支援苏联，保卫苏联。[①] 在他们看来，只有维护苏联的国家安全，帮助苏联取得卫国战争的胜利，各国人民才能获得自由和解放。

对于苏联和共产国际领导人以苏联利益为中心来规定各国共产党的政策，中共中央在中国抗战的实践中是很难接受的。中共中央在关于建立反法西斯国际统一战线的决定中已经清楚地表明，中共将根据中国抗战的具体条件和中共的利益，采取各种政治和军事的行动。中共中央在决定中说明，中共主张建立反法西斯国际统一战线并不仅仅是为了"保卫苏联"，也是为了"保卫中国"。关于苏德战争爆发后中共的任务，中共中央在决定中也作了详细周到的说明。它们包括一、坚持抗日民族统一战线，坚持国际合作，驱逐日本帝国主义出中国，"即用此以援助苏联"；二、坚决反对大资产阶级中的反动分子的任何反苏反共的活动；三、"同英美及其他国家一切反对德意日法西斯统治者的人们联合起来，反对共同的敌人"。[②] 基于这些规定的逻辑可以肯定，中共中央并不准备因为苏联受到德国的侵略，便不顾中国的国情和中共的利益，放弃在四年抗战中已经确定并被证明是行之有效的政治路线

---

① 参阅杨云若、杨奎松：《共产国际与中国革命》，上海人民出版社，1988，第533页。

② 毛泽东：《关于反法西斯的国际统一战线》，1941年6月23日，参见中共中央文献研究室编：《毛泽东选集》第三卷，人民出版社，1991，第806页。

和军事战略。中共中央坚持以维护中共的利益为中心制定政策的原则，使它与苏联和共产国际很快就出现了新的分歧。

早在 6 月初，日本已经获知德国即将向苏联发动进攻，并在日本政府和军部之间引发关于"即刻北进"与"即刻南进"的争论。这场争论的结果是有投机性的，即日军同时做好在南北两个方向作战的准备。苏德战争爆发后，日本一时难以确定下一步扩张的方向。面对德国大举入侵和日本举棋未定的局面，苏联领导人极度担心和警惕日本会借德国进攻苏联的机会趁火打劫，先在东线进攻苏联。7 月 7 日，日本陆军部下达"关特演"动员令，在中国东北地区举行大规模的军事演习。参加这次演习的日军多达 70 万人，飞机600 余架。如此大规模的军事演习立即引起国际上有关国家的关注，有关日本将进攻苏联的说法弥漫一时。这种气氛更加强了苏联领导人的警惕，他们担忧日本很快就从东方进攻苏联。根据季米特洛夫的记录，为了防止日军可能发动的进攻，苏联领导人指示苏联驻延安的代表，要求中共中央命令八路军立即采取大规模的军事行动，以便牵制住大批驻扎华北的日军。①

中共中央同样十分关注日军的动向，并确实一度考虑要准备配合苏军，以便阻止或牵制日军发动对苏联的进攻。6 月底，中共中央军委指示华北八路军部队，立即制订破路计划，以便迟滞日军可能发动的攻苏战争。7 月 2日，毛泽东在给彭德怀的电报中指出，"日苏战争有极大可能爆发"，"我军必须准备配合苏军作战，目前做此准备，以待时机成熟，即可行动"。不过他也指出，八路军对苏军的配合只能"是战略的配合，是长期的配合，不是战役的配合与一时的配合"，他特别要求中共华北部队必须"在此基点上考虑一切问题"。②7 月 14 日，中共中央书记处发出一项对党内的情况通报。该通报指出："我们的任务是尽力拖住日本，如果日苏战争爆发，则是配合

① 参阅 [保] 季米特洛夫：《季米特洛夫日记选编》，马细谱等译，广西师范大学出版社，2002，第 148 页；杨云若、杨奎松：《共产国际与中国革命》，上海人民出版社，1988，第 535 页。
② 毛泽东：《准备在战略上配合苏军》，1941 年 7 月 2 日，参见军事科学院、中共中央文献研究室编：《毛泽东军事文集》第二卷，军事科学出版社、中央文献出版社，1993，第 650 页。

苏联作战，共同打倒日本帝国主义。"①

　　毛泽东给彭德怀的电报和中共中央的通报都表明，中共中央领导人是在认真准备配合苏军同日军作战，但是基于中共军队的实际力量和面临的实际困难，他们认为对苏联的军事配合必须是战略性的和有条件的。所谓条件首先就是日本确实已经向苏联发动进攻；其次则是与苏军的配合着眼于"长期的"和"战略的"配合。简而言之，中共中央并不准备、实际上也无法按照苏联的要求，不顾面临的实际困难而采取军事行动。如前所述，经过1940年的百团大战和随后展开并仍在持续的反"扫荡"作战，华北地区的中共部队正经历抗战以来最困难的时期，根本没有条件满足苏军统帅部的要求。

　　这里需要说明的是，毛泽东的这些指示不仅是针对莫斯科的，当时中共中央内部也存在利用苏日爆发战争的机会向日军发动大规模进攻的看法。7月12日，新四军领导人陈毅和在新四军工作的刘少奇致电毛泽东，提出"如果日本向苏联进攻，我们当号召全国向日寇反攻，即使国民党不积极发动反攻，我八路、新四亦必须独立反攻，以牵制日本，敌后某些据点可以放弃"。②7月18日，毛泽东复电刘少奇称："八路、新四大规模动作仍不适宜，还是熬时间的长期斗争的方针，原因是我军各条件均弱，大动必伤元气，于我于苏均不利。"③需要指出的是，陈毅、刘少奇电报的特殊意义在于，其内容反映了在中共中央的战略设想中，利用与苏联的军事配合占据着多么重要的地位，它也是抗战胜利后中共中央提出"向北发展、向南防御"的先声。

　　中共中央保持慎重和军事自主性的决定，很快被证明是合理的和很有必要的。7月2日，日本内阁召开一次御前会议。这次会议正式确认了日军制定的《情势推移后帝国国策要纲》，其主旨就是不论世界形势如何发展，也要"坚持建立大东亚共荣圈"；为达此目的，日本将"采取措施，谋求南

　　①　《中央1941年7月政治情报》，1941年7月14日，载中国人民大学中共党史系编印：《中共党史教学参考资料（抗日战争时期）》中，1980，第365—367页。
　　②　转引自中共中央文献研究室编：《毛泽东年谱：一八九三——一九四九》中卷，人民出版社、中央文献出版社，1993，第312页。
　　③　毛泽东：《八路军新四军应取长期斗争方针》，1941年7月18日，参见中共中央文献研究室编：《毛泽东文集》第二卷，人民出版社，1993，第358—359页。

进"。这次会议也决定秘密"准备"对苏联使用武力。① 这次御前会议是日本南进发动太平洋战争的决定性会议，7 月上旬，日本关东军举行特别大演习，显然是日本为了掩护南进战略意图而施放的烟幕。

中共中央一直在观察和分析日本的战略意图。在日本关东军大演习开始前，中共中央的基本判断是"日本似不是攻苏而是牵制英美"。②7 月 15 日，毛泽东打电报给周恩来，指示他向苏联方面说明中共的态度和面临的困难。毛泽东说，中共中央决心"在现在条件下以最大可能帮助苏联红军的胜利，但由于日寇在华北已占据了四年，对大城市铁路矿山等已建筑坚固工事，且敌我军事技术装备悬殊太远，我人力、物力、地区、弹药日益困难，假若日本进攻苏联时，我们在军事上的配合作用恐不很大，假若不顾一切牺牲来动作，有使我们被打坍，不能长期坚持根据地的可能"，"我们采取巩固敌后根据地，实行广泛的游击战争，与日寇熬时间的长期斗争的方针，而不采孤注一掷的方针"。③7 月 30 日，毛泽东在给黄克诚和刘少奇的电报中表达了最后的决定："假如日冒险攻苏，蒋迫我北上，我之方针亦无变更，政治上仍是反法西斯国际统一战线与抗日民族统一战线，军事上武器未改变前仍是与敌人无时间的不冒险亦不消极的长期游击战争。"④

随后发生的一系列事件证明，中共中央对东亚战争形势的估计基本上是准确的，据此做出的决定也是完全合理的。7 月 24 日，日军根据与法国殖民当局的协议进驻法属印度支那南部，第二天进驻了越南南部和柬埔寨，从而控制了向东南亚和太平洋扩张的桥头堡。8 月初，日军侵入泰国。16 日，日本军方制定了"帝国国策施行要点"，并于 9 月 6 日，获日本御前会议批

① 参阅张蓬舟主编：《中日关系五十年大事记：1932—1982》第二卷，文化艺术出版社，2006，第 416 页。

② 中共中央文献研究室编：《毛泽东年谱：一八九三 —— 一九四九》中卷，人民出版社、中央文献出版社，1993，第 311 页。

③ 毛泽东：《帮助苏联红军我们决取广泛游击战的长期斗争方针》，1941 年 7 月 15 日，参见军事科学院、中共中央文献研究室编：《毛泽东军事文集》第二卷，军事科学出版社、中央文献出版社，1993，第 651—652 页。

④ 毛泽东：《自卫方针应准备长期坚持下去》，1941 年 7 月 30 日，参见军事科学院、中共中央文献研究室编：《毛泽东军事文集》第二卷，军事科学出版社、中央文献出版社，1993，第 656 页。

准。这个"要点"是一份在太平洋扩张的战略计划，其核心就是"在不辞对美（英、荷）作战的决心下……完成战争准备"。①

即使形势已经如此明朗，中共中央的上述方针仍然受到共产国际领导人的批评和指责。9 月初，苏联统帅部打电报给中共中央，要求中共军队准备在日军进攻苏联时，采取军事行动予以配合。此前，苏联领导人还告诉季米特洛夫，对中共中央要求提供弹药援助之事"暂勿做出许诺"。② 这可以理解为苏联暂时不打算、也无法向中共军队提供采取军事行动所需要的援助。到 10 月初，日本不会进攻苏联的形势已经基本明朗。但是，10 月 7 日，季米特洛夫仍然打电报质询中共中央，在德国继续大规模进攻苏联的情况下，中共中央究竟准备采取哪些措施在中国战场上打击日军，从而阻止日本开辟进攻苏联的第二战场。③ 共产国际领导人的这种怀疑和不信任不仅对中共中央坚持了四年的行之有效的战略战术带来了消极的影响，而且在中国共产党内引发了毛泽东与王明的尖锐争论，从而对中共中央的政治路线构成了威胁。

王明在获悉季米特洛夫电报的内容之后，立即借机发难，指责中共中央在对待苏联的问题上违背了无产阶级国际主义原则；在统一战线问题上犯了"左"倾的错误。9 月 10 日至 10 月 22 日，中共召开中央政治局扩大会议。在这次会议上，王明再次提出已经多次受到党内批评的右倾错误方针，并声称中共中央需要根据季米特洛夫电报中提出的质问，严肃检讨以往的政治路线。④

王明的言行不仅引起了有关政策问题的争论，而且引起了毛泽东和其他中共领导人的极度反感。在经过四年艰苦奋斗和在统一战线中处理与国民党

---

① 日本外务省编：《日本外交年表和主要文书：1840—1945》下卷，（东京）原书房，1969，第 544—545 页。

② [保] 季米特洛夫：《季米特洛夫日记选编》，马细谱等译，广西师范大学出版社，2002，第 149 页。

③ 参阅向青、石志夫、刘德喜主编：《苏联与中国革命》，中央编译出版社，1994，第 469 页；杨奎松：《"中间地带"的革命》，山西人民出版社、山西出版集团，2010，第 425 页。

④ 参阅中共中央党史研究室：《中国共产党历史（1921—1949）》第一卷下册，中共党史出版社，2011，第 616 页；杨奎松：《"中间地带"的革命》，山西出版集团、山西人民出版社，2010，第 426 页。

的关系之后，特别是经历了皖南事变，中共从切身体会和实践中认识到，以毛泽东为首的中共中央制定和坚持执行的政治路线是正确的，执行这条政治路线使中共在国内的政治地位迅速提升，军事力量日渐强大。所以，当王明再次在党内挑起争论时，立即受到毛泽东和其他与会者的一致批评。王明挑起这场争论，其目的无非是挟苏共和共产国际以自重，并据此争取党内多数的支持，结果却是适得其反的。他最后不得不以有病为理由，宣布不再参加政治局会议。

以这次政治局扩大会议为标志，经过长期演变的中共与苏共和共产国际的关系发生了实质性的变化。从此以后，中共中央在如何对待苏联和共产国际的理论和策略、如何处理与苏联和共产国际的关系等方面，基本可以步调一致地做出决定。此后苏联和共产国际的指示与中共中央的决定出现分歧时，再没有在中国共产党内引发严重的斗争。

苏德战争爆发后，中共中央对英美等国的政策也开始发生新的重大变化。如前所述，中共中央之所以重提建立反法西斯国际统一战线，其直接原因是受苏联和共产国际政策转变的影响，并由此造成中共中央的对外政策转变最初仍然是不彻底的。这主要表现在中共中央在理论上还没彻底摆脱长期形成的"苏联中心"的影响，仍然认为苏联与德国签订互不侵犯条约及与此有关的言行等都是"正确的和必要的"；"二战"是由于苏德战争爆发才发生了性质的改变。在这种认识的框架中，中共中央对英美的政策一度是含混不清的，它提出的口号仅仅是"联合起英美两国的人民"。中共领导人当时认为，英美政府目前不会赞成与苏联结成反法西斯的同盟。[1] 按照以往理论的逻辑，既然英美的目的就是要将德国法西斯的祸水向东引向苏联，那么，德国与苏联拼个两败俱伤，当然是英美求之不得的。不过国际形势的迅速发展很快就推动中共中央不得不改变对英美的认识。

英美对苏联政策在苏德战争爆发前就在变化。6 月 15 日，苏德战争爆发一周前，英国首相丘吉尔就曾打电报向罗斯福表明，一旦德国进攻苏联，

---

[1] 《世界政治新时期》，《解放日报》，1941 年 6 月 26 日；周恩来：《论苏德战争及反法西斯斗争》，《解放日报》，1941 年 6 月 28 日。

英国将向苏联提供援助。21 日，英国根据截获的情报断定，德国即将向苏联发动进攻。同一天，丘吉尔与英国内阁主要成员举行午餐会，席间做出一个重要的决定，英国在即将爆发的苏德战争中将站在苏联一边。① 苏德战争爆发当天，丘吉尔发表公开声明，宣布英国政府将尽一切可能来支持苏联反对德国入侵、保卫自己祖国的斗争。他还呼吁其他反法西斯国家采取相同的政策。② 丘吉尔的声明对于促进建立世界反法西斯同盟产生了重要的影响。

6 月 23 日，即德国进攻苏联的第二天，罗斯福政府发表声明宣布，任何反法西斯力量的团结和反法西斯的斗争等，都会加速德国统治者的败亡。罗斯福本人也公开声明，美国将在可能的范围内全力向苏联提供援助。罗斯福政府随后宣布停止冻结苏联在美国的存款，并取消"中立法"对苏联的限制。③

英美两国政府的行动得到苏联方面的积极回应。7 月 3 日，斯大林发表广播演说，承认存在着建立世界反法西斯同盟的前景。他声明：苏联的卫国战争"不是孤立的"，不仅"欧洲和美洲各国人民，其中包括受希特勒头目们奴役的德国人民，将是我们可靠的同盟者"，而且"英国首相丘吉尔先生关于支援苏联的历史性的演说和美国政府关于准备援助我国的宣言，就是十分明显的例证，苏联各族人民对此表示衷心的感谢"。④ 英美苏三大国领导人对"二战"性质的认识、对反法西斯斗争的世界意义的阐述和对美英苏三国在"二战"中共同利益的认同等，都为世界反法西斯同盟的建立提供了必要的思想条件。

面对苏联与英美的立场迅速接近，中共中央也很快就开始了大幅调整对英美政策的进程。这一政策调整首先始于重新认识"二战"的性质，然后是对英美政策随着形势变化逐步调整。反映这个逻辑的重要文件，是 7 月 7 日

---

① ［英］丘吉尔：《"二战"回忆录》第 2 卷，吴万沈译，商务印书馆，1975，第 37—38 页。

② ［法］让 - 巴蒂斯特·迪罗塞尔：《外交史：1919—1978》上册，李仓人等译，上海译文出版社，1982，第 319 页。

③ 参阅王绳祖主编：《国际关系史：1939—1945》第 5 卷，世界知识出版社，1995，第 130—131 页。

④ ［苏］斯大林：《广播演说》，1941 年 7 月 3 日，中共中央马克思恩格斯列宁斯大林著作编译局译编：《斯大林文选（1934 — 1952）》上，人民出版社，1962，第 267 页。

中共中央发表了为纪念中国抗战四周年的宣言。在这份宣言中，中共中央彻底改变了以往对"二战"的评价，承认世界已经处于"法西斯阵线与反法西斯阵线的伟大斗争时代"；各国的反法西斯力量唯有建立起世界范围的反法西斯统一战线，"方能制凶焰于已燃，挽狂澜于既倒"。①

重新定义"二战"性质的结果之一，是中共中央根本改变了评价国际上各种政治力量的根本标准。7月6日，毛泽东在给周恩来的一份电报中说："不管是否帝国主义国家，凡反法西斯者就是好的，凡助法西斯者就是坏的，以此来分界限，不会错误。"②结合此前中共中央认识的反反复复，从这份电报中不难感觉到毛泽东在苦苦思考后豁然开朗，欣喜之情跃然纸上。中共中央在公开发表的评论和宣言中，对英美等国家已不再使用诸如帝国主义一类的措辞，而是称它们为"友邦"。

显然，迅速变动的国际形势解开了中共领导人心中的部分困惑，他们终于认识到在"二战"中判断各种国家政治力量的首要标准，是它们面对法西斯侵略所持的态度和政策，而不是对苏联的态度和政策；只有根据这个标准制定政策，集中力量反对法西斯的侵略战争，才最符合中华民族、中国人民和中共的利益；而追求和维护这些利益，必须成为中共中央制定对外政策的主要出发点。以是否反对法西斯侵略作为制定对外政策的唯一标准，不仅会在逻辑上导致中共中央对英美政策进一步的变化，历史的事实也是如此。7月12日，中共中央专门在党内发布指示说："在目前的条件下，不管是否帝国主义国家，或是否资产阶级，凡属反对法西斯德意日援助苏联与中国者，都是好的，有益的，正义的；凡属援助德意日反对苏联与中国者，都是坏的，有害的。在此标准下，对于英国的对德战争、美国的援苏援华援英行动及可能的美国反日反德战争，都不是帝国主义性质的，而是正义的，我们均应表示欢迎，均应联合一致。"③

---

① 《中国共产党中央委员会为抗战四周年纪念宣言》，《解放日报》，1941年7月7日。

② 中共中央文献研究室编：《毛泽东年谱：一八九三——一九四九》中卷，人民出版社、中央文献出版社，1993，第311页。

③ 《中央关于凡是反对法西斯德意日者均应联合的指示》，1941年7月12日，载中央档案馆编：《中共中央文件选集》第13册，中共中央党校出版社，1991，第164—165页。

　　另外，毛泽东这时还是照例强调了苏联的行动在决定"二战"的性质以及苏联在"二战"中的领导地位。他在前述 7 月 6 日给周恩来的电报中指出："目前反法西斯领导权，已握到苏联手中，只要苏联战局稳定，全世界反法西斯力量都环绕于苏，这是很好的形势。"上述分析大致决定了中共中央对英美政策调整的幅度，用毛泽东的话说就是对"英、美主要是拉，批评可减少"。①

　　7 月 12 日，苏英两国在莫斯科缔结协定，宣布将采取一致行动，共同对德国作战。英苏协定为两国建立同盟关系奠定了基础，使它们在建立世界反法西斯同盟的道路上，迈出了重要的一步。英苏协定公布的第二天，中共中央即在党内通告的政治情报中，给予了高度的评价，称该协定为"整个国际联合的枢纽和反法西斯胜利的保障"，并认为"今后世界政治将环绕这一协定而支配着一个历史时期"。②

　　7 月 13 日，中共中央政治局召开会议，讨论并一致同意共产国际在三天前发出的新指示。③ 会议结束一天后，7 月 15 日，毛泽东在给周恩来的一份电报中给予英苏协定以更高的评价。他说："英苏协定将成为世界政治的枢纽，美国在政治上只能跟着这条路线走，不能操纵一切了。"他还断定："英苏协定将影响日本，增加其顾虑，亦将影响中国，促成中苏、国共的好转。"④ 显然，英国对苏政策的明朗和斯大林对英苏协定的高度评价，使中共领导人对英国在反法西斯战争中作用的评价随之大幅提升，甚至达到了"枢纽"的地步，而美国将成为一个国际政治潮流的追随者。当然，后来的发展证明这只是对英美政策调整的一个阶段而已。

---

　　① 中共中央文献研究室编：《毛泽东年谱：一八九三 — 一九四九》中卷，人民出版社、中央文献出版社，1993，第 311 页。

　　② 《中央 1941 年 7 月政治情报》，1941 年 7 月 14 日，载中国人民大学中共党史系编印：《中共党史教学参考资料（抗日战争时期）》中，1980，第 365—367 页。

　　③ 《毛泽东关于军事行动问题致周恩来电》，1941 年 7 月 15 日，参阅中共中央文献研究室编：《毛泽东年谱：一八九三 — 一九四九》中卷，人民出版社、中央文献出版社，1993，第 312 页。

　　④ 《毛泽东关于军事行动问题致周恩来电》，1941 年 7 月 15 日，参阅中共中央文献研究室编：《毛泽东年谱：一八九三 — 一九四九》中卷，人民出版社、中央文献出版社，1993，第 312 页。

中共中央调整对英美的政策同两个重要的进程有直接的关联。一是如何认识苏联在"二战"中的地位和苏联的对外政策，进一步说就是他们摆脱"苏联中心"的思想桎梏的合乎逻辑的结果，其同中共中央与苏联和共产国际的关系的质变在同步进行。二是逐步修正中共中央制定对外政策中"左"的理论和策略的结果。国际形势演变的事实使中共领导人认识到，以往在制定对外政策中存在相当严重的问题，特别是他们相信，"就是国民党对于国内外的情况，亦比我党所了解的丰富得多"。中共中央在此期间决定，中央和各中央局、中央分局、独立区域党委或省委、八路军和新四军的高级指挥机关等，均需设立调查研究机构，以"收集国内外政治、军事、经济、文化及社会阶级关系各方面的材料"。① 中共中央直属的调查研究局中，还专设了国际问题研究组。②

上述对外政策的演变表明，中共领导人已经在更深层次上认识到，不能再简单地按照列宁关于帝国主义和殖民地的理论，来理解美英等国与中国抗战的关系。他们开始从更为广阔的角度来了解和分析世界政治的复杂性及其与中国抗战和中国革命运动的关系，并力图在制定对外政策中也做到实事求是。与中共中央对英美政策的转变相比，中共领导人在这个阶段认识国际问题的思想方法的转变，同摆脱"苏联中心"的桎梏一样具有更深远的意义。

8月9日，罗斯福和丘吉尔在纽芬兰的阿根夏湾举行会议。14日，他们签署并发表了著名的《大西洋宪章》，其中提出了对德意战争的目的以及建立战后世界秩序应该遵循的基本原则，其核心就是保障人权与民族自决权。《大西洋宪章》的诞生具有极其重要的国际意义，它阐述的重要原则迅速得到大多数反法西斯国家的认同。9月24日，苏联代表在伦敦召开的国际会

---

① 《中央关于调查研究的决定》，1941年8月1日，载中央档案馆编：《中共中央文件选集》第13册，中共中央党校出版社，1991，第173—176页；《中央关于实施调查研究的决定》，1941年8月1日，载中央档案馆编：《中共中央文件选集》第13册，中共中央党校出版社，1991，第177—178页。

② 《中央关于调查研究的决定》，1941年8月1日，载中央档案馆编：《中共中央文件选集》第13册，中共中央党校出版社，1991，第173—176页；《中央关于实施调查研究的决定》，1941年8月1日，载中央档案馆编：《中共中央文件选集》第13册，中共中央党校出版社，1991，第177—178页。

议上发表声明，表示同意《大西洋宪章》阐述的那些基本原则；其他十几个反法西斯国家也先后发表声明，支持《大西洋宪章》。

中共中央同样给予《大西洋宪章》极高的评价，认为英美签署这一文件是"具有世界历史意义的重大事件，从此开辟了世界历史的新阶段"。中共中央发表声明说，《大西洋宪章》"不但是英美苏三国人民从法西斯威胁下获得解放的国际基础，而且是全世界人民获得解放的国际基础，而且是我们中国人民获得解放的国际基础"。中共中央还特别指出，罗斯福签署《大西洋宪章》表明，美国已经下决心"参加反抗法西斯侵略的神圣战争"，罗斯福政府的行动标志着"世界反法西斯侵略的伟大战斗阵营已经在政治上完成"。① 中共中央对《大西洋宪章》给予充分肯定的评价是他们重新认识"二战"性质和调整对英美政策的重大进展，但其意义并不止于此，中共中央对《大西洋宪章》的重要原则的认同和支持，必将对其国内政策产生重大影响，这在此后 4 年抗战中日益明显地表现出来。

1941 年 12 月 8 日，日军对珍珠港的美国海军基地发动突然袭击，太平洋战争正式爆发。美国、澳大利亚等 20 余个国家从此正式参加到反对德意日法西斯斗争的行列中，国民政府亦正式向德意日宣战。11 日，德意日三国签订《联合作战协定》，世界两大阵线已经壁垒分明。12 月，英美首脑在华盛顿召开会议。会议期间，罗斯福和丘吉尔经与苏联、中国等反法西斯国家政府的代表协商，起草了反法西斯国家联合宣言的草案。1942 年 1 月 1日，美英苏中等 26 个国家的代表在华盛顿共同签署了《联合国家宣言》。该《宣言》声明赞成《大西洋宪章》的宗旨与基本原则，每一签字国政府"保证运用其军事与经济之全部资源，以对抗与之处于战争状态之'三国同盟'成员国及其附从国家"；《宣言》保证同盟国家互相合作，"并不与敌国缔结单独停战协定或和约"。② 以《联合国家宣言》的诞生为标志，世界反法西斯统一战线终于形成，此后又有 21 个国家陆续加入。

---

① 《中共中央关于最近国际事件的声明》，《解放日报》，1941 年 8 月 20 日。
② 《联合国家宣言》，1942 年 1 月 1 日，载复旦大学历史系中国近代史教研组编：《中国近代对外关系史资料选辑（1840—1949）》下卷第二分册，上海人民出版社，1977，第 167 页。

太平洋战争爆发和反法西斯国际统一战线的形成，为中共中央发展与英美的关系开辟了广阔的回旋余地。在日军偷袭珍珠港的当天，中共中央在一份电报中说明，太平洋战争爆发后，中共对英美的政策应是建立和开展与英美政府的广泛和真诚的反日反德统一战线，不应作不真诚与狭隘的表示，并且中共军队可以与"英美合作组织游击战争"。① 第二天，中共中央发表公开宣言，声明日本发动太平洋战争是为了侵略英美及其他国家，是"非正义的掠夺的战争"，英美抵抗日本则是"为了保卫独立自由与民主的正义的解放的战争"，中国应与英美和其他反日国家"缔结军事同盟，实行配合作战，同时建立太平洋一切抗日民族的统一战线"。② 中共中央在党内发布的关于太平洋反日统一战线的指示中进一步提出，建立太平洋反日统一战线"应当包括反对日本侵略的一切民族的政府、党派及一切阶层的人民…… 应当是上层的，同时又是下层的，是政府的，同时又是民众的联盟"，中国人民与中国共产党对英美的统一战线"特别有重大的意义"，应在各种场合"与英美人士作诚恳坦白的通力合作"，各解放区应该采取实际行动，"放手大胆"地与英美人士进行情报和军事等方面的合作。③

太平洋战争爆发前，中共中央的国际反日统一战线政策只注重和强调与英美人民和社会下层的统一战线工作，在对外实践中几乎起不到真正的作用。太平洋战争爆发后，中共中央的公开宣言和党内指示都表明，他们正逐步克服以往政策中的狭隘性。其中引人注目的变化是，一方面中共中央突出强调了与英美等国家建立反日统一战线具有重要意义，国际统一战线必须包括英美政府在内，以及明确支持国民政府与英美结成军事同盟；另一方面，凡是在涉及建立太平洋反日统一战线的文件中，都没有明确提到苏联有什么作用，

① 《中央关于太平洋战争爆发后与英美建立统一战线问题给周恩来等的指示》，1941 年12 月 8 日，载中央统战部、中央档案馆编：《中共中央抗日民族统一战线文件选编》下，档案出版社，1986，第 582 页。

② 《中国共产党为太平洋战争的宣言》，1941 年 12 月 9 日，载中央档案馆编：《中共中央文件选集》第 13 册，中共中央党校出版社，1991，第 248—250 页。

③ 《中央关于太平洋反日统一战线的指示》，1941 年 12 月 9 日，载中央档案馆编：《中共中央文件选集》第 13 册，中共中央党校出版社，1991，第 251 页；《中央关于建立情报组织及其目前主要工作方向的指示》，1941 年 12 月 9 日。

这反映了苏日中立条约对东亚形势的实质性影响，即苏联是反法西斯同盟的成员，但还不是对日战争的一员。

12月8日，中共中央政治局召开会议，专门讨论珍珠港事件后的东亚形势。中共领导人起初认为，国际形势对苏联和中国抗战有诸多有利之处，而且苏联在东西方两大战场上均起着决定性的作用。[①] 但是，中共中央随后很快便注意到，苏联并不准备立即卷入亚洲和太平洋与日本的战争，战胜日本将主要依靠美英中三国的努力，而美国才是主力。

苏德战争爆发后，苏联全力投入抵抗德国入侵的斗争。它为了避免两线作战之祸，对日本在亚洲太平洋地区的扩张，摆出谨守中立和不介入的姿态。也是基于全力抵抗德军的需要，苏联陆续撤走了在中国作战的飞行员和大部分军事技术人员，停止了对中国的军事援助。太平洋战争爆发后，苏联尽管在《联合国家宣言》上签了字，但它继续遵守《苏日中立条约》的规定，维持与日本相安无事的局面，并且很快撤走了在中国的军事顾问。显然，苏联这时既不愿意也没有实力，对日本在东亚的侵略扩张进行积极的干预，这就导致其对抗日和中国内部问题的影响力都明显地迅速下降。在这种情况下，中共中央对外工作的重心必定要发生转移，中共中央评价国际各种政治势力的标准也变得更简单明了了。

造成苏联在中共中央对外工作中的比重下降的原因，也是中共中央开始公开强调必须重视和加强对英美的工作的理由。与当时苏联在中国的影响力下降形成明显对照的是，英美的地位迅速提高。在英美两国中，美国对中国政局的影响早已经大幅超过英国，实际上起着最重要的作用。英国虽然对日本侵犯它在亚洲和太平洋的利益深恶痛绝，但是苦于在欧洲和北非对德战争的纠缠，已经是精疲力竭、自顾不暇了。美国则不一样，它不仅在亚太地区有着生死攸关的战略利益，而且有足够的实力在亚太地区同日本进行殊死较量。日本挑起太平洋战争直接威胁到美国的国家安全和在亚太地区的战略利益，致使罗斯福政府下定决心彻底打败日本，根除日本军国主义在亚太地区

---

① 中共中央文献研究室编：《毛泽东年谱：一八九三 — 一九四九》中卷，人民出版社、中央文献出版社，1993，第343页。

的势力和影响。

从 1940 年夏季起，中共中央已经开始注意到，美国虽然还没有直接参加"二战"，但是，在反对德意日法西斯国家的战争中，它已经取代英国而实际居于领导地位了。[①] 不过基于种种原因，中共中央当时并无法确定，西方国家反法西斯阵营中的这一变化对于中共来说，是利还是弊。经过皖南事变，中共中央对美国的对华政策有了更深入的认识。特别是在重庆的南方局同美国人士有更多的直接交往，他们持续地向中共中央报告从美国人士交往中获得的积极信息。[②] 及至太平洋战争爆发，中美结成反日同盟以及亚太地区国际力量对比的实际状况等因素，都促使中共中央的太平洋国际反日统一战线政策不能不主要以对美工作为中心了。

回溯太平洋战争爆发以前，不论在中共中央调整对外政策的哪一个阶段中，中共与美国方面的联系都是非常薄弱的，与美国官方可以说基本上没有联系。造成这种状况的原因既有客观的，如罗斯福政府一直不重视、不关心中共的力量；也有主观的，即中共中央的对外政策的某些特征很大地限制了中共在抗战中积极发展与美国的抗日合作。太平洋战争爆发后，在中共中央新对外政策的推动下，中共驻重庆的代表开始通过各种方式，利用各种场合，接近和联络美国驻华军政人员和新闻记者，力争与他们建立更为密切的关系，促使他们更多地了解中共中央的政策和主张，并希望通过他们来影响罗斯福政府的对华政策。

中共中央这时决定大力开展对美统战工作并不能说是一厢情愿的，中共与美国的确在某种程度上有合作的需要。一方面，美国为了彻底打败日本，需要与中国军队合作共同对日作战；另一方面，美国希望国共维持合作，要求国民政府实行政治改革，并且不赞成蒋介石和国民党奉行反共政策以致引发国共内战。美国对华政策中的这些内容既反映了美国对日作战的需要，也是世界性的民主潮流使然。这些内容与当时中共中央的对外政策的目标有不

① 《中共中央关于目前国际形势与我们的宣传方针给南方局、新华日报的指示》，1940 年8 月 2 日。

② 参阅中共中央文献研究室编：《周恩来年谱：一八九八 —— 一九四九》，人民出版社、中央文献出版社，1989，第 503 页。

少重合之处。

中共中央改变对英美的政策，开展对英美的外交工作以及争取与英美官方建立联系等，同中共与苏联和共产国际的关系相比，的确有本质的区别，但是如果将这两方面的关系都作为这个时期中共与外部世界关系的一部分加以考察，以及从中共中央处理对外关系的角度予以分析，可以看到这些关系有重要的共同之处，此后的发展和演变都服从于中共中央解决中国抗战和中国内部的国共问题的目的。与公开发表的声明相比较，中共中央在党内指示中阐述的建立国际反日统一战线的目标确实有不同的重点。

在公开发表的宣言中，中共中央声明建立太平洋反日统一战线以及与英美合作是为了"增进英美的抗战力量，改进中国的抗战状况"。[①] 在党内指示中，中共中央则侧重于利用与英美的合作，为解决中国内部的国共问题创造有利的条件，一方面利用英美迫切需要中国军队对日作战，促使它们向国民政府施加压力以限制其反共政策，促使国民政府能在某种程度上进行民主改革；另一方面，争取通过与英美的合作扩大中共的影响，增强中共的力量。正如中共中央指出的："中英美合作集中力量消灭日本帝国主义，是中国人民解放的必要前提。日美英战争使英美政府及其统治阶级，站在和中国人民反日的一条战线上，使英美政府更加关怀中国抗战之成败，国共关系之好坏，以及八路军新四军抗战之积极。我们利用此机会向英美人士特别其当权人物表明我们愿意与英美政府真诚合作抗日，同时向他们暴露中国统治者之黑暗，以争取他们对中国政府施行某些压力，以改进中国对日反攻之准备。"[②]

从苏德战争爆发到珍珠港事件后，中共中央提出建立太平洋反日国际统一战线，实际上完成了一次对外政策的历史性转变。这次重大转变具有相当深刻的意义，它在深层次上触及中共领导人认识世界政治的思想方法。这个转变在表现形式上是中共中央与苏联和共产国际的关系开始发生根本性的变

① 《中央关于太平洋反日统一战线的指示》，1941 年 12 月 9 日，载中央档案馆编：《中共中央文件选集》第 13 册，中共中央党校出版社，1991，第 251 页。
② 《中央关于开展太平洋反日民族统一战线及华侨工作的指示》，1941 年 12 月 8 日，载中央统战部、中央档案馆编：《中共中央抗日民族统一战线文件选编》下，档案出版社，1986，第 587—589 页。

化；与此同时，中共中央与英美等国的关系则迅速发展起来。这种状况使中共领导人有可能在一段时间内，根据抗战和中国革命运动发展的需要，自主和充分地利用各有关大国之间的矛盾以及它们与国民政府的矛盾，创造对实现自身战略目标尽可能有利的国际环境。

中共中央与苏联和共产国际的关系和他们与英美的关系成反比的变化趋势，在 1942 年间仍然继续着。1942 年初，苏军派遣一个各兵种混合情报小组到延安，以便加强在中国收集日军情报的工作。毛泽东在会见苏军情报组成员时，提出情报工作由双方合作进行：苏方提供资金和技术，中共方面提供人力，所获情报共同使用。苏方表示不能接受这种建议。此后苏军情报组成员大部分撤走了。①

1942 年春，苏军在苏德战场西线所受的压力刚刚减轻，苏军统帅部忽然得到日军正在向苏联东部边境集结的情报。5 月 6 日，苏联国防部打电报给中共中央，要求派遣八路军正规部队进入东北南部，以便牵制日军。②苏联和共产国际紧接着又派原塔斯社记者彼得·弗拉基米洛夫（Peter Vladimirov，中文名孙平）前往延安，敦促中共中央采取实际行动，执行苏联和共产国际的指示，配合苏军阻止日军向苏联发动进攻。③在此后的两个月里，苏联和共产国际一再催促和要求中共中央指挥所属部队向日军发动进攻，破坏交通，并要求中共中央改善国共关系，以便在日苏战争爆发时，国共军队能够齐心协力地配合苏军作战。④

中共中央拒绝了苏联和共产国际关于主动向日军发动进攻的要求。中共中央做出这一决定，一方面是因为并不存在日军将进攻苏联的实际威胁；另一方面是因为日军正向华北、华中各抗日根据地发动残酷的"大扫荡"，中共正处于抗战爆发以来最困难的时期。根据地的面积急剧缩小，人口迅速减

① 师哲：《在历史巨人身边（修订版）》，中央文献出版社，1995，第 210 页。
② 参见［苏］弗拉基米洛夫：《延安日记》，吕文镜等译，中国现代史料编刊社，1980，第 31 页。
③ 中共中央文献研究室编：《毛泽东年谱：一八九三——一九四九》中卷，人民出版社、中央文献出版社，1993，第 380 页。
④ 参见［苏］弗拉基米洛夫：《延安日记》，吕文镜等译，中国现代史料编刊社，1980，第 38 页。

少，八路军新四军伤亡严重，加之身边还有一个施行"限共""反共"政策的靠不住的同盟者国民党。在这种严酷的环境中，中共中央如果因为苏联喊一声"狼来了"，便命令主力部队贸然出击，必定会使自身的军事力量遭受重创。中共中央的合理选择只能是坚持被证明是行之有效的战略方针，坚持持久的游击战争，保存和发展自身的军事力量。中共中央的这种决定在将苏联的利益看得高于一切的苏联和共产国际领导人看来，自然是不关心苏联的命运以及"最不关心世界革命运动的前途"的表现。

中共中央与苏联和共产国际的矛盾，并不仅仅限于对日军作战的军事问题。从1941年5月开始，中共中央在党的高级干部中开展了整风运动。到1942年2月，整风运动已经在全党范围内展开。中共中央开展整风运动的目的，是为了从理论和思想方法这个深层次上克服主观主义和教条主义，在全党端正思想路线和确立毛泽东思想的指导地位，以便全党能自觉地运用中共中央在长期领导中国革命的过程中积累的经验和形成的思想理论来指导中国革命运动的实践。

然而，中共中央的整风运动却引起苏联和共产国际驻延安的代表的另一番解释。他们根据毛泽东在整风运动中阐述的思想断定，整风运动包含着在中国共产党内清除苏联和共产国际的影响的目的，而且中共中央一再拒不执行苏联和共产国际关于向日军发动进攻以保卫苏联的指示，是同整风运动互为表里的。他们不断向苏联和共产国际报告充满指责的负面观感，以期通过外部影响来制止所谓中国共产党内的"极不正常"的状况。他们的报告产生了相当消极的后果，使得苏联和共产国际领导人相信，整风运动不过是中国共产党内权力斗争的一次特殊的表现。他们向中共领导人表示了对中共"党内的情况的担忧"，并且断定中共"一部分党的干部对苏联抱有不健康的情绪"。①

苏联和共产国际领导人早已认为，中共中央脱离了"中国工人阶级广大群众"，对"成长中的工人阶级估计不足"，只注意依靠农民，以致党内的

---

① 《季米特洛夫就中国共产党内状况致毛泽东的信》，1943年12月22日，《中共党史研究》，1988年第3期，第88页。

"民族主义倾向严重"，且"国际主义团结感发扬的不够"。① 苏联和共产国际领导人将对中共中央的政策、中共的整风运动等的看法与中共中央拒绝调动八路军进攻日军以保护苏联等问题联系在一起时后，便进一步认为，中共不是真正的共产主义者，只是一个爱国抗日的政党；中共领导的中国革命运动只不过是一场具有"反帝性质"的革命，并不具有社会革命的意义。② 除此之外，1942 年春，新疆的盛世才当局开始放弃亲苏联共政策，随后逮捕了在新疆工作的中国共产党员，并迫使在新疆的苏联军队和人员相继撤出。这在客观上切断了中共中央与苏联通过新疆的一个重要的联系渠道。

苏德战争爆发和世界反法西斯同盟的建立等，造成了美英苏三大国支配世界反法西斯战争前途的新格局。苏联当时迫切需要英美尽快在欧洲开辟对德作战的第二战场，以便减轻德军施加于苏联的巨大压力。基于军事战略的考虑和对国际力量实际对比的估计，苏联对外战略很快便转上依靠大国外交的轨道。另一方面，由于世界反法西斯战争已经主要依靠国家的正规武装力量进行，苏联通过共产国际统一领导各国共产党的斗争等，对于保卫苏联已起不了多大的实际作用。而且诸如南斯拉夫和中国的共产党人等，为了维护自己的生存和发展而不得不经常进行国内斗争。类似的情况使苏联担心，各国共产党的行动有时也会直接或间接地影响苏联与英美等大国的关系。所以，继续通过领导共产国际的工作来保持同各国共产党的关系，对于苏联是一种得不偿失的负担，其积极作用在苏联领导人看来，远不足以抵消各国共产党的行动带来的麻烦。正是在苏联对外战略转上大国外交轨道的大背景下，1943 年 5 月 21 日，共产国际执委会宣布解散共产国际。

5 月 26 日，中共中央从苏共的《真理报》得知了共产国际执委会主席团《关于提议解散共产国际的决定》，中共中央政治局召开专门会议。会议通过了《中国共产党中央委员会关于共产国际执委会主席团提议解散共产国际的决定》。当日晚，中共中央召开了延安干部会议，毛泽东在会上转达了

① 参阅杨云若、杨奎松：《共产国际与中国革命》，上海人民出版社，1988，第 519 页；[苏]瓦·伊·崔可夫：《在华使命：一个军事顾问的笔记》，万成才译，新华出版社，1980，第 35 页。
② [苏]弗拉基米洛夫：《延安日记》，吕文镜等译，中国现代史料编刊社，1980，第 185 页。

共产国际执委会主席团的决议并做了报告。毛泽东在报告中说，共产国际这种组织形式显然已经不能适应各国内部和各国之间那种"非常复杂而且迅速变化的情况"，各国的革命"要由各国共产党自己来做"；中共已经"能够完全独立地根据自己民族的具体情况和特殊条件，决定自己的政治方针、政策和行动"；共产国际的解散将有利于"使各国共产党更加民族化，更加适应反法西斯战争的需要"。[①]毛泽东的报告实际上揭示了中共中央与苏联和共产国际的关系发生变化的根本原因，就是中共已经是一个成熟的政党，不再需要苏联和共产国际从遥远的莫斯科发号施令；中共中央完全能够根据中国的具体情况，制定符合中华民族利益以及适合中共的生存和发展需要的战略和策略。

中共中央强调独立自主以及中共与苏联和共产国际之间关系的深刻变化，并不等于中共中央试图脱离国际共产主义运动，否认中共与苏共存在特殊关系；也不等于中共中央对国际政治力量分野的基本看法已经发生了根本的变化。中共中央所要强调的只是中共将在国际共产主义运动中保持自己的独立性，将以维护中共的利益作为制定政策的出发点。实际上，即使中共领导人已经提出了富有独创性的新民主主义理论，他们仍然坚定地将中国革命的前途与苏联密切联系在一起。中国革命是世界无产阶级革命运动的一部分，中国革命必然而且只会得到苏联的真诚援助和支持等，这是当时中共领导人的根深蒂固的理论认识。

但是，这时苏联领导人对中共看法的变化却是实质性的。他们认为中共"自称是共产党人，但与共产主义不发生任何联系"，他们只是对自己所处的经济状况不满，一旦经济状况得到改善，"他们就会忘记这种政治倾向"。苏联声援中共是因为他们是真正的"爱国者"，希望"同日本人战斗"。斯大林在同美国的官方代表会谈时，称中共是"人造奶油"式的共产党，并认为国民党因为意识形态与中共发生纠纷和矛盾，是完全没有必要的。[②]后来的发

① 毛泽东：《在延安干部大会上关于共产国际解散的报告》，《解放日报》，1943年5月28日。
② 《赫尔利将军与莫洛托夫的会谈》，世界知识出版社编：《中美关系资料汇编》第一辑，世界知识出版社，1957，第140页。

展表明，苏联领导人对中共的上述看法对苏联的对外政策、苏共对中国内部问题的判断以及为解决国共问题所采取的手段，特别是对苏联与中共的关系等，均有非常严重的影响。

第六章　退一步进两步

　　1941 年 12 月 8 日，日军偷袭珍珠港，美国遂对日宣战，太平洋战争爆发。1942 年 1 月 1 日，美英苏中等 26 个国家共同签署了《联合国家宣言》，世界反法西斯大同盟终于形成。这一巨变不仅对世界政治形势产生了极其深刻的影响，也给中国政治局势的发展带来了新的特点，注入了新的内容。

　　随着世界反法西斯同盟的形成，德意日法西斯轴心国联盟与以美英苏为中心的反法西斯阵营之间的对立，成为世界政治中的基本格局，双方阵线已经泾渭分明了，各国和各种政治力量的选择也是非此即彼了。世界反法西斯同盟中包括了不同的民族和不同制度的国家，但是它们有一个共同的目标，即打败法西斯侵略者。为了达到彻底打败德意日法西斯的共同目标，同盟中的各个国家进行了卓有成效的合作。在世界反法西斯同盟中，美英苏三大国的关系居于核心的地位。美英和苏联分别代表着世界上两种完全不同的社会制度，它们进行战争的目标既有共同点，也有不尽相同之处。因此，它们之间会存在或不断产生各种矛盾和冲突，这本是题中应有之义，不足为奇。真正引人注目的是，美英苏三国尽管社会制度不同，却能够在战争中一度维持了有效和积极的合作。它们在军事、政治和外交等方面的合作，贯穿于反法西斯战争之始终，这是反法西斯战争能够取得最终胜利的至关重要的因素。

　　世界反法西斯同盟的形成不仅导致世界反法西斯力量在两大阵线的斗争中，已经取得了占压倒性的优势，而且反法西斯同盟所提倡和坚持的核心价值和基本政治原则（如支持和维护民族自决权和基本人权等），必将成为决定世界政治潮流发展方向的主导因素，并随着大规模流血的世界战争和前所未有的政治动员而日益深入人心。《联合国家宣言》确定的自由、独立、人权和正义等原则，将全世界一切反法西斯力量团结在民主的旗帜之下。争取民主与民族独立在当时成为反对德意日法西斯侵略的最强大思想武器，并最终演化为世界政治中一股不可抗拒的潮流。换句话说，没有世界各反法西斯国家和政治力量对《联合国家宣言》中揭示的独立和民主原则的认同和支持，就不可能建立起空前广泛、空前团结的世界反法西斯统一战线。与之相联系的是，《联合国家宣言》提倡的原则在各有关国家也成为反法西斯力量高举的旗帜，不论他们属于何种党派。

世界反法西斯同盟形成的另一个重大影响，是各反法西斯国家之间的政治、军事和经济等联系空前迅速地加强，导致一些反法西斯国家内部的政治问题上升为国际问题，其演变和解决必然受到国际政治形势变化的强有力的制约。世界政治中的这些变化客观上向中共中央提出，有必要重新调整自身的内外政策。毕竟，中国已经因为参加世界反法西斯战争而成为世界政治的一个重要组成部分。从这时起，中共中央每次重大的政策调整，都同中共领导人对当时国际政治、军事形势变化的认识等有直接的关系。[1]

1942 年上半年，美英与苏联的关系发展得非常迅速。5 月 26 日，苏联外交部长莫洛托夫和英国外交大臣艾登在伦敦共同签署了《苏英合作互助条约》。该条约规定，英苏两国在战争中互相给予军事和其他方面的援助和支持，决不与德国的希特勒政权谈判；未经对方同意，不与德国及其仆从国谈判或缔结停战协议或条约。条约还确定了两国在战后的相互关系准则，即双方承担义务，在战后继续采取共同行动与合作，相互给予经济援助，并共同维护欧洲的安全与经济繁荣。[2] 苏英签署《苏英合作互助条约》使两国关系获得了根本性的改善，从而进一步加强了反法西斯同盟的团结与合作，受到

---

[1] 参阅毛泽东：《目前应以整顿和训练干部为工作中心》，1942 年 2 月 20 日，参见中共中央文献研究室编：《毛泽东文集》第二卷，人民出版社，1993，第 392—393 页。

[2] 参阅王绳祖主编：《国际关系史：1939—1945》第 5 卷，世界知识出版社，1995，第 155—156 页。

国际反法西斯力量的普遍欢迎。在 5 月 28 日，斯大林写信给丘吉尔，热情赞扬《苏英合作互助条约》对于"进一步加强苏英两国以及我们两国同美国之间的友好关系，以及在战争胜利结束后保障我们三国之间的密切合作，将有很大的意义"。①6 月间，苏联和美国也开始就签署关于在反法西斯战争中互相援助的原则协定展开了谈判。

美英苏三大国关系的根本性改善表明，在特定的历史时期，世界上社会制度完全不同的国家有可能存在压倒它们之间对立的共同利益；为了维护或追求这种共同的利益，它们之间有可能建立起合作互利的关系，甚至建立包括军事合作在内的战略同盟。另外，美英苏在为赢得战争而改善和加强它们之间的合作时，曾经非常重视并做出努力，使业已建立起来的联盟关系在战后得以延续下去，成为构建新世界秩序的基础。从当时的实际情况来看，美英苏为在战后继续维持合作性或以合作为主的关系所确立的原则，基本上都没有背离《联合国家宣言》的精神，至少在形式上是如此。国际政治中的上述发展趋势在当时是极具影响力的，不仅极大地鼓舞了各国正在为反对法西斯侵略而艰苦战斗的人们，而且使他们对战后世界政治的前途充满了乐观和希望。

世界反法西斯同盟建立后国际政治潮流的上述发展，对中国共产党人同样产生了影响。如前所述，《苏德互不侵犯条约》签订后，在苏联和共产国际新策略路线的影响下，中共中央一度认为，世界政治的中心问题并不是法西斯的侵略扩张与反对法西斯的侵略扩张两大力量的斗争，而是帝国主义战争与无产阶级革命，而世界无产阶级及各国共产党的主要任务就是"用革命战争打倒帝国主义战争，打倒战争祸首，推翻资产阶级"。②他们当时几乎不曾料到，世界上的主要资本主义国家美国、英国等与社会主义国家苏联，会如此之快地形成共同的战略利益，并有可能建立密切的战略同盟关系。中共领导人在判断中国内部形势和国共关系的发展时，对世界政治的基本分析一

---

① 苏联外交部编：《苏联伟大卫国战争期间苏联部长会议主席同美国总统和英国首相通信集》第一卷，潘益柯译，世界知识出版社，1961，第 44 页。

② 毛泽东：《第二次帝国主义战争纲要》，解放社，1939。

直是他们的重要依据。上述理论认识导致他们从 1939 年底至 1940 年间提出，应立即实现中国革命的新民主主义性质，否认"资产阶级国民党"的领导权，实现"中国共产党无产阶级"的领导权。① 导致中共中央形成这种认知的理论根源，就是苏联和共产国际当时对世界政治及其发展前途的一套论述，即由于《苏德互不侵犯条约》的签订和"二战"的爆发，导致世界政治中再次形成了以社会主义与资本主义两大阵营对立为中心的政治格局，而这个格局决定了"二战"的性质就是帝国主义战争，世界政治的前途将是帝国主义的战争与无产阶级革命的对决。

太平洋战争爆发和世界反法西斯同盟形成后，中共中央尽管为因应急剧变化的国际局势而不断迅速地调整对外政策，特别是调整对英美等国家的政策，但他们的国内政策并没有立即发生相应的变化。中共领导人并非不关注世界政治形势对中国内部问题的影响，只是仍旧无法摆脱既有认知架构的束缚。

1942 年上半年，中共中央和中共南方局领导人都认为，英美在太平洋战场遭到惨重的军事失败后，维持中国战场的抗战局面以拖住驻华日军南下的步伐，对减少太平洋战场的压力具有重要的战略意义。因此，它们可能会更加依赖蒋介石和国民政府。英美的这种政策使蒋介石和国民政府在国共关系上更加"骄横"，而蒋介石明显地表现出希望日本进攻苏联，以便国民党军队可以借机按照既定方针，迫使中共的力量向北收缩。② 所以，在英美在军事上有求于国民政府和苏联在欧洲战场面临严重困难而无力顾及中国局势的情况下，蒋介石和国民党的所谓"两面政策"还会继续，而国内政治形势将因此而更加严峻。根据他们的判断，1942 年将是中国"国内政治最困难的一年，但不是最黑暗的一年"；中共中央有必要准备应付蒋介石和国民党

① 毛泽东：《新民主主义的政治与新民主主义的文化》，1940 年 2 月 15 日，《中国文化》1940 年第 1 期。
② 《关于时局估计、干部教育、财政经济等问题的指示》，1942 年 1 月 20 日，载中央档案馆编：《中共中央文件选集》第 13 册，中共中央党校出版社，1991，第 337 页。

施予的新的政治压力和军事进攻。①

　　4 月中旬，中共南方局根据他们掌握的情报提出，国民党正在准备发动新的"反共高潮"。18 日，周恩来在一份给毛泽东的电报中，历数了国民党方面制造的 109 件反共事件，涉及文化、邮政检查、检查八路军驻重庆办事处电台、突击搜捕中共地下党人、挑拨中苏关系、调动军队控制交通等。他据此说明了时局的严重性，并建议中共中央应预先做好应付国民党发动反共高潮的准备。② 在此前一天，中共中央已经在党内发布了"关于准备应付第三次反共高潮的指示"，同时也向各地区党的负责人，通报了南方局提供的情报。中共中央在指示中说："有各种材料证明，蒋及国民党现正准备于日苏战争爆发后举行第三次反共高潮，我们必须准备团结全党和人民适当地应付此次高潮及今年的极大困难。"命令各地区党组织和各部队，做好应付突然事变的准备，打退国民党发动的新的进攻。③ 中共中央还将那些被认为是国共关系即将逆转和将发生新危机的情报等，迅速通报给苏联和共产国际。

　　5 月上旬，周恩来又一次电报中共中央，认为蒋介石和国民党正在加紧准备实施反共军事行动。他建议中共中央应速调大军，给以迎头痛击，以使国民党方面"知难而退"。毛泽东很快便复电说，中共中央已经做好了"痛击"国民党军事进攻的准备。④ 显然，中共中央这一时期对国共关系的估计是很严峻的，至少他们很担心国民党方面会利用不确定的国际形势，制造新的国共危机。

　　大致是从 6 月中旬起，中共中央对国内时局的看法开始发生明显的变化，而促成这种变化的原因是多方面的。从客观上看，中共中央之所以一度认为，国共关系将会恶化和国民党正准备发动新的反共高潮等，主要是由国民政府

---

　　①　中共中央文献研究室编：《周恩来年谱：一八九八——一九四九》，人民出版社、中央文献出版社，1989，第 526、535 页。

　　②　"周恩来给毛泽东电报"，1942 年 4 月 18 日，参阅中共中央文献研究室编：《周恩来年谱：一八九八——一九四九》，人民出版社、中央文献出版社，1989，第 530 页。

　　③　《中央书记处关于准备应付第三次反共高潮的指示》，1942 年 4 月 17 日，载中央档案馆编：《中共中央文件选集》第 13 册，中共中央党校出版社，1991，第 372 页。

　　④　中共中央文献研究室编：《毛泽东年谱：一八九三——一九四九》中卷，人民出版社、中央文献出版社，1993，第 380 页。

试图利用德国进攻苏联的时机，一举解决新疆盛世才当局制造分裂的问题所引起的。当时国民政府为了向盛世才当局施加压力，迫使其放弃割据政策，在西北地区频繁调动军队以防范苏联采取军事行动，同时切断中共根据地与新疆地区的交通联系。随着盛世才当局为了苟延残喘而改变亲苏立场，开始在新疆地区推行全面反苏反共的政策，以及国民政府要求苏联从新疆撤军，中苏关系顿时紧张起来。

不过从后来的发展来看，这一次国民政府在新疆问题上对苏联采取强硬政策，主要意图并不是蓄意地恶化中苏关系。从事件发生的时机可以看出，国民政府很可能恰恰以为，在苏联面临德国巨大军事压力的时刻在新疆采取行动，并不会从根本上影响中苏关系。此后事态的发展证明，国民政府的这种估计不是没有道理的。事实上，直到蒋介石认为新疆问题已经基本解决之前，国民党方面不仅没有向中共挑衅，反而做出了某些表示愿意改善国共关系的举动。

从主观上看，导致中共中央重新估价中国政局的前途和国共关系状况的最重要的因素，是中共领导人对国际形势的发展趋势的重新认识。随着美英苏关系的迅速发展，中共南方局领导人于 6 月中旬几次打电报给毛泽东，说明美苏关系已经迅速"好转"，国际上"反苏力量日减"，形势总的来说对苏联很有利。这种变化使得国民党目前既不敢投降，也不敢反共。[①]

美苏关系的变化也引起了毛泽东的注意。6 月 26 日，他在一份给周恩来的电报中，对国共关系、中国目前形势和战后可能出现的政治前景，做了一次比较系统的分析。他认为国共关系一时不会好转，也不会变坏，很可能是"拖的局面"。但是德国法西斯失败后，国际形势的变化势必会影响到中国，"国共关系好转和民主共和国的前途还是有的"，所以目前国际国内都是关键。[②] 与以往相比，这里凸显的不同之处，是他更加重视国际形势对中国

---

① 中共中央文献研究室编：《周恩来年谱：一八九八——一九四九》，人民出版社、中央文献出版社，1989，第 533—534 页。

② 中共中央文献研究室编：《毛泽东年谱：一八九三——一九四九》中卷，人民出版社、中央文献出版社，1993，第 389 页；中共中央文献研究室编：《周恩来年谱：一八九八——一九四九》，人民出版社、中央文献出版社，1989，第 534 页。

国内政治的影响，即外部形势对国内政局的影响在提升。此后不久，毛泽东进一步明确阐述了对国内外形势，特别是国际形势对国内政局的影响的判断。

7月9日，毛泽东在给刘少奇的一封电报中，对反法西斯战争的前景做了相当乐观的估计，他说"反希特勒斗争今冬明春就有胜利希望，如此则明年秋冬就有战胜日本希望"。但这不是重点，更值得重视的是他将世界政治形势视为一种左右中国政局的决定性因素，以及世界政治潮流在中国内部所导致的将是"民主共和国局面"，而非其他。他认为"苏、英、美三国团结得很好，影响到国共关系亦不会很坏"。尤为重要的是他断定："整个国际局势战后一时期仍是民主派各界合作的统一战线的民主共和国局面，中国更必须经过民主共和国才能进入社会主义。在此国际总局势下，国民党在战后仍有与我合作的可能。虽然亦有内战的另一种可能，但我们应争取前一种可能变为现实。"[①]

苏联和共产国际这时也在促使中共中央调整其国内政策，根据以往的经验，所产生的实际影响不应被低估。6月16日，季米特洛夫致函毛泽东，要求中共中央"做出一切努力，改善同蒋介石的关系"。他认为："蒋介石和国民党千方百计向共产党发起挑衅，妄图诋毁和孤立共产党，但如果我们不巧于周旋，而屈服于挑衅，那我们的策略就是错误的。"但是，中共南方局领导人却秘密与反蒋人士和外国反蒋记者联系，"而蒋介石当然会了解这一切并利用这一借口进行反共叫嚣，为自己的挑衅行为开脱"。他要求中共中央应该采取紧急措施，使中共重庆办事处"坚持一贯政策，改善共产党同蒋介石及国民党的关系，避免可能使相互关系尖锐化的一切做法，对于有争议的问题必须同蒋介石一起澄清解决"。[②]共产国际领导人要求中共中央改善与国民党的关系，反映了苏联一贯的意图，即促使国共军队都集中力量积极参加对日作战，以牵制日军的力量，使其无法进攻苏联。不过他们此时对国共关系的估计与中共中央的看法也在趋于一致，结果是中共中央很快便接受了

---

① 毛泽东：《山东有可能成为战略转移的枢纽》，1942年7月9日，参见中共中央文献研究室编：《毛泽东文集》第二卷，人民出版社，1993，第434页。

② ［保］季米特洛夫：《季米特洛夫日记选编》，马细谱等译，广西师范大学出版社，2002，第198页。

他们的意见。

6 月 20 日，中共中央发出《关于纪念"七七"抗战五周年的决定》，明确提出"纪念'七七'，要庆祝苏英美协定的签订，庆祝联合国的团结与胜利"；"抗战第六个年头，将是接近于战败日寇的年头，同时也是抗战最困难而应做绝大努力的年头"，为了"渡过目前的困难"，必须"拥护蒋委员长领导抗战救国，加强国共合作，加强全民族的团结"，改善各抗日党派间的关系。① 这项决定的主要内容反映在 7 月 7 日的《解放日报》公开刊登的《中国共产党中央委员会为纪念抗战五周年宣言》。在这个《宣言》中，中共中央明确阐述了战后建国的纲领，即建立"民主共和国"。中共中央对国际国内政治局势的发展非常乐观，他们认为不仅"二战"的胜败谁属已经确定无疑了，"而且战后世界的动向亦有了明确的方针"；《大西洋宪章》《联合国家宣言》、英美协定和美苏协定等一系列国际文件等，"都规定战后世界是自由的、民主的、和平的世界"；"这是全世界人民的共同希望，也是中国人民的共同希望"。中共中央认为，在世界反法西斯的、民主的潮流的支配下，战后的中国应当是独立、统一、和平和民主的中国，"既不是专制的半封建的中国，也不是苏维埃的或社会主义的中国"，而应是"民生幸福""经济繁荣""各党派合作经过人民普选的民主共和国"，战后中国"新秩序的建立，应当依据孙中山先生的三民主义，国民党的抗战建国纲领和中国共产党的施政纲领与社会政策"。中共中央不仅在《宣言》中突出强调了民主和国共合作的一般原则，还声明说"全国军民必须一致拥护蒋委员长领导抗战，中国共产党承认，蒋委员长不仅是抗战的领导者，而且是战后新中国建设的领导者"。②

中共中央发表"七七"宣言是一次重大战略调整的重要标志。该宣言对国际国内政治局势充满了乐观的判断，它显示中共中央至少在一定程度上相信，国际上美英苏三大国关系已经根本改善而且还会长期持续。这一世界政

① 《中央关于纪念"七七"抗战五周年的决定》，1942 年 6 月 20 日，载中央档案馆编：《中共中央文件选集》第 13 册，中共中央党校出版社，1991，第 403 页。

② 《中国共产党中央委员会为纪念抗战五周年宣言》，1942 年 7 月 7 日，载中央档案馆编：《中共中央文件选集》第 13 册，中共中央党校出版社，1991，第 408—413 页。

治潮流的重大变化基本上决定了中国政局的发展方向，国共关系不仅不会像前一阶段估计的那样，发生严重的逆转，而且存在向积极方向好转的可能性。进一步说，在美英苏合作和世界政治大潮流的推动下，中国在战后既不可能再维持目前的国民党一党统治，也不会是一个社会主义国家，而是走上建立"民主共和国"的道路。中共"七七"宣言发表两天后，毛泽东在一封党内的电报中提出，应"估计日本战败从中国撤退时，新四军及黄河以南部队须集中到华北去，甚或整个八路军、新四军须集中到东三省去，方能取得国共继续合作的条件"。①

对国际政治形势及其对中国国内政局的重新分析，导致中共中央开始采取措施，调整与国民党的关系，这首先反映在应对新疆地区政局动荡的政策中。5月中旬，盛世才之弟盛世骐前往重庆，与国民政府商谈如何处理中央政府与盛世才当局的关系。5月底，盛世骐返回新疆后，新疆政局即开始发生明显变化。盛世才判断苏联正面对德军的进攻，已经无暇东顾，所以不再能指望依靠苏联的支持，维持在新疆割据称王的局面。他决定再次投机，放弃所谓的联苏联共政策。为了向国民政府表示投靠的诚意，盛世才开始着手准备在新疆推行"清共"政策。

中共中央一向认为，国民政府反苏就必然反共，因此一旦国民政府在新疆问题上对苏联采取强硬政策，势必引起中共领导人的高度警觉。加之盛世才当局为靠拢国民政府，开始在新疆地区逮捕、迫害中共驻新疆的重要领导人等，加剧了中共中央对时局的担忧。这是引起他们一度担心蒋介石和国民党准备制造新的国共危机的重要原因之一。

从5月上旬到6月上旬，陈潭秋不断向中共中央报告，新疆局势正在恶化。他认为国民政府正积极部署控制新疆，并估计盛世才与蒋介石已经"达成妥协"，而盛世才与苏方关系"冷漠"，"对苏对共态度转变"，"苏联与中共（特别是中共）在新疆的地位均发生变化"，"须作必要的准备，以应付新

① 毛泽东：《山东有可能成为战略转移的枢纽》，1942年7月9日，参见中共中央文献研究室编：《毛泽东文集》第二卷，人民出版社，1993，第434页。

的可能的事变"。① 对于新疆出现的变局，中共中央决定采取克制的态度，避免矛盾进一步升级。5 月上旬，中共中央已经在准备从新疆撤出干部，并试图与苏联方面协调。中共中央指示陈潭秋缓和与盛世才的关系，同时与苏方协商，将部分干部撤到苏联。中共中央要求中共驻新疆的代表，"不要激愤慌张，对盛的态度也不应过于尖锐（如采抗议形式），还应继续采取积极政策，缓和盛对我们的关系"。②

7 月上旬，中共中央决定撤回中共在新疆的大部分人员。③ 这不能被认为是一个孤立的行动。7 月底，毛泽东打电报给周恩来，指示他主动向国民党方面说明："在战后或在反攻阶段具备了北上的可能条件时，我黄河以南部队可以开赴黄河以北。"④ 毛泽东的这些部署表明，中共中央准备完全放弃它在皖南事变前后极力坚持的立场，而在相当大的程度上接受了国民党1940 年 7 月 16 日提出的"中央提示案"中的划界要求。

中共中央"七七"宣言发表后，引起各方面的注意，蒋介石和国民党方面亦做出反应。此时，蒋介石和国民政府的确有意利用其国际地位大幅提高的机会，解决所谓"军令政令统一"的问题，从而为进一步强化与美国的关系创造条件。蒋介石当时的第一个目标是解决新疆盛世才当局的割据问题，所以他有意暂时缓和与中共的关系。

8 月 14 日，蒋介石约见周恩来。他在这次会谈中提出，准备一周后前往西安，准备在那里会见毛泽东本人，商谈解决国共两党间的一切问题。周恩来在电告毛泽东会谈内容时，建议后者以有病为由拒绝，代以派林彪前往。⑤ 但毛泽东对蒋介石的提议表示出极大的兴趣，他认为"依目前局势，我似应见蒋"。9 月 3 日，毛泽东在给周恩来的电报中表示，应该借这次会见蒋介石的机会，从根本上改变国共关系，即使蒋介石相约前往重庆，他也

---

① "陈潭秋给中共中央的电报"，1942 年 6 月 8 日；另参阅杨云若、杨奎松：《共产国际与中国革命》，上海人民出版社，1988，第 559 页。
② 《中央关于对盛世才态度问题给陈潭秋同志的指示》，1942 年 6 月 27 日。
③ 参阅杨云若、杨奎松：《共产国际与中国革命》，上海人民出版社，1988，第 468 页。
④ 毛泽东：《关于国共关系的估计》，1942 年 7 月 31 日，《文献与研究》1995 年第 3 期。
⑤ "周恩来给毛泽东电报"，1942 年 8 月 14 日，参阅中共中央文献研究室编：《周恩来年谱：一八九八——一九四九》，人民出版社、中央文献出版社，1989，第 538 页。

准备答应。他认为："目前不在直接利益我方所得之大小，而在乘此国际局势有利机会及蒋约见机会我去见蒋，将国共根本关系加以改善。这种改善如果做到，即是极大利益，哪怕具体问题一个也不解决也是值得的。"①

9月5日，周恩来复电提出应谨慎从事。他列举了八点理由，包括蒋介石个人并无在政治、军事等方面根本改变消灭中共的企图，客观局势对中共也不利以及两种可能的结局：或是"表面融洽，却无结果"；或是将毛泽东"扣留"。②经过党内的多次反对，毛泽东才放弃了与蒋介石会面的打算，而是派林彪先去。他指示周恩来告诉蒋介石，毛泽东本人"极愿见他"，身体康复"即去"；现在的基本原则是国共合作第一位，其他合作第二位；如遇矛盾，其他"应服从第一位"。他坚持认为，"目前似已接近国共解决历史悬案相当恢复和好时机"，只要苏军近期内能守住斯大林格勒，日本不向苏联发动进攻，"整个大局好转便可确定"。在此期间，毛泽东不断指示各地区的党的领导人，"对于国民党压迫各事，应极力忍耐，不提抗议"，全党应一致"极力争取国共好转"，"凡可避免的国共摩擦均须避免"，并"不应刺激国民党"。③

与为改善与蒋介石和国民政府的关系而采取更积极的行动同时，中共中央也在加强与美国驻华军政人员的联络工作。5月间，周恩来会见了美国记者斯诺。他利用这次会见第一次明确提出，中共中央希望美军派遣正式代表团访问延安。他并委托斯诺向访华的罗斯福总统的私人代表居里（Lauchin Currie），转交有关中共军队对日作战的材料。周恩来还提出，应将美国援华物资的一部分，提供给长期在敌后坚持抗战的中共军队。④中共驻重庆人员也与美国驻华外交官员频繁接触，试图通过同他们的交往来影响罗斯福政府

① "周恩来给毛泽东电报"，1942年9月3日，参阅中共中央文献研究室编：《毛泽东年谱：一八九三——一九四九》中卷，人民出版社、中央文献出版社，1993，第399页。
② "周恩来给毛泽东电报"，1942年9月5日，参阅中共中央文献研究室编：《周恩来年谱：一八九八——一九四九》，人民出版社、中央文献出版社，1989，第539页。
③ 参阅中共中央文献研究室编：《毛泽东年谱：一八九三——一九四九》中卷，人民出版社、中央文献出版社，1993，第399、402—404、409页。
④ 中共中央文献研究室编：《周恩来年谱：一八九八——一九四九》，人民出版社、中央文献出版社，1989，第532页。

对中共的政策，促使其在加强援华抗日的同时，也能在解决国共问题方面主动发挥积极的作用。

中共代表同美国驻华军政人员接触时涉及的议题，比较突出地反映了这个时期中共中央对美政策所要达到的目标。它们包括：一、争取罗斯福政府承认中共是中国国内的一支重要的反法西斯力量，认识并承认中共在中国政治中的地位和实力；二、争取使罗斯福政府认识并接受，一个有中共参加的政府领导的民主和统一的中国，既符合美国当前对日作战的需要，也符合美国战后在中国的长远利益。所以，罗斯福政府应利用它在中国的影响力，在解决中国内部的国共问题上发挥积极的影响，促使蒋介石和国民政府改变其以往的反共政策。

中共中央努力维持统一战线和争取改善国共关系，很快就产生了有利的国际影响。不仅苏联和共产国际对中共中央的政策表示赞赏，美国方面亦对中共中央的政策表示出越来越大的兴趣。由于中共中央调整了国内政策，一方面公开表示拥护《大西洋宪章》和《联合国家宣言》所揭示的民主原则，主张中国在战后走民主共和国的道路；另一方面表示愿加强与国民党合作、促进抗战，等等。这一切为中共中央推行的联美统一战线政策，构建了新的更有实际意义的政治基础。因为坚持维护国共合作和主张建立民主共和国，既是对国民党一党统治的否定，是推动中国政治的进步；也是美英等国在当时可以接受的主张。形势的演变表明，中共中央在国际形势的影响下调整其国内政策，立即使中共与美国的关系出现积极发展的势头。

中共中央这时调整国内政策的主要原因就是要因应国际形势的变化，而罗斯福政府在太平洋战争爆发后更积极地支持和援助中国抗战，从而更加关注中国内部的国共问题。由于太平洋战争爆发，中国战场与世界战场的关联变得更加清楚、更加重要，最具实质性的进展就是中国战场与世界战场的联系变得明确而又直接，中国军队成为盟军之一部，被归属于盟军的中印缅战区。这种变化一方面使中国军队不再是孤军奋战，同时也使中国内部的政治问题成为直接影响世界反法西斯战争全局的一个因素，因而不可避免地成为国际问题。在这种背景下，各有关国家会更关注进而更积极地介入中国的内部事务。其中尤以美国为甚，毕竟中印缅战区是由美军将军担任总指挥，并由美国提供全部武器装备和其他所需的各种物资。

盟军建立中印缅战区后，罗斯福政府加强对国民党军队的影响和控制是必然的，这主要体现在由美方控制援华物资和争取扩大对国民党军事指挥权的影响。另外，基于美国战略利益的考虑，罗斯福政府极力反对并积极防止国共之间发生内战，不希望中国的抗战力量因为国共内战而被分散和消耗。罗斯福政府也很担心，国共斗争会引起盟国内部，特别是引起美苏之间的无谓斗争，以致干扰反法西斯战争的大局。加强对国民政府的政策的影响，也成为罗斯福政府对华政策的动力。

在此背景下，中共中央一面调整对外政策和对内政策，一面主动加强与美国军政人员的联络和交往，在美国驻华军政人员中造成了两方面的积极影响。一方面是促使他们越来越相信，确有必要进一步了解中共及其领导的政权和军队的真实情况，据此向罗斯福政府提出建议，务必加强与中共的联系。另一方面是促使他们形成了这样的看法，即美国应该利用在中国业已形成的影响力，设法促成一个"自由主义"的政权，实现民主政治改革，而中共方面愿意同这样的政权合作。他们的看法陆续传回美国国内后，推动美国国务院也开始关注如何维持国共合作的局面。

从这一时期中共中央调整内外政策的过程来看，对国际形势的认识始终是影响中共中央各项重大决策的最重要因素。具体而言，中共中央对国际形势及其对中国的影响的看法主要包括如下几个方面。

第一，"二战"的本质是"法西斯主义的政治原则与民主的政治原则之间的战争"，这一本质决定了中国在战争期间必须进行民主改革，中共提出和坚持民主的口号和主张，必然会得到同盟国的支持。

第二，美英苏三国关系的改善，特别是美苏关系的改善，基本上决定了国共关系会向稳定和合作的方向发展。尽管要使这一趋势在中国成为现实，中共仍须做出巨大的努力，但要克服的主要障碍已经不在国际方面，而主要是在国内，在蒋介石和国民党方面。

第三，国共关系的变化与苏联在欧洲战争的成败密切联系在一起，中共在国内的处境亦是如此。苏联由于其强有力的社会制度和强大的实力，最终会取得抵抗德国侵略的胜利，而这必然对中国的国内形势和国共关系产生对中共有利的影响。

第四，在解决中国内部事务时，应该而且也有很大的可能利用美国对国民政府的影响力，促使蒋介石和国民政府改变其以往的错误政策。

第五，在反法西斯战争中形成的美英苏等大国的政治联盟，不仅决定"二战"的结局，而且必将影响战后世界政治的发展前途，关键是美英与苏联的同盟关系并不会因为战争结束便很快发生逆转，这就决定了战后的中国只能走国共都做出妥协的"民主共和国"的道路。因此，中共中央在处理国共关系时，有必要据此做出战略规划，制定更为稳妥的政策。

上述判断和认识的内容是相当丰富的，它们产生和形成的过程也是相当复杂的，其中比较重要因而特别值得关注的是，中共领导人已经大致形成了对战后世界政治的特征及其对中国政治的影响的初步判断，他们相信美苏两国关系的发展不仅在战时而且在战后，都是影响中国政治发展趋势的主要国际因素。这些认识与判断与已经获得的经验结合在一起，促使中共中央在解决国共问题时会更加重视和更加自觉地利用国际因素。中共领导人认为不仅需要继续保持与苏联之间早已存在的特殊关系，而且必须更加重视与美国的关系。这就决定了中共中央对外工作的重点，就是争取美国朝野的联络工作。

在中共中央决心稳定和改善国共关系时，蒋介石和国民党方面也在观察和盘算，国际形势的变化将会对中国的内部问题产生何种影响。在蒋介石看来，世界反法西斯同盟的形成，使国民政府获得了前所未有的国际地位，它在中国政权中的领导地位已经得到盟国中主要国家的承认和认可。另一方面，苏联在卫国战争初期遭受严重的挫折，美英在太平洋战场上连连失利，都使中国战场的重要性大幅提高。换句话说，就是盟国对国民政府更倚重了，加之美国已经实际上承担起对日作战的主要任务等，这就给国民政府提供了一个重要的机遇，使其有可能集中精力和力量来解决中国内部的各种政治问题。

1941 年 12 月，国民党召开五届九中全会。这次会议确认了必须取消"割据式"政府和收回"部落式"军队的计划。1942 年春，国民政府着手处理新疆盛世才的问题，就是实施这一计划的第一步。解决新疆问题的进程这时尚属顺利和苏联在新疆问题上表现出相当克制的态度等，使蒋介石和国民党对解决国共关系的动作也同时积极起来。前述蒋介石约见毛泽东就是在此背景下发生的，在重庆的周恩来对蒋介石和国民党的政策的分析和判断也被证明是有其合理性的。

1942 年 11 月，国民党召开五届十中全会。蒋介石在这次会议上提出了解决国共关系问题的指导原则。他说中共必须"不违背法令，不扰乱秩序，不组织军队，不分裂地方，不妨碍抗战，不破坏统一"，"并彻底觉悟，服从命令"，否则"必予以制裁"。① 对于国民党十中全会确定的方针和蒋介石的谈话内容，中共南方局做了比较详细的分析，其中特别分析了中美关系变化导致的结果。

南方局报告认为，蒋介石在国民党十中全会谈话中关于国共问题的基本看法是趋向于政治解决，"不是内战的扩大，而是由军事解决转向政治解决的开始，也是好转的开始"，而国共关系现在是处于缓和与重开谈判的中间状态。这是国民党政策的新发展，其原因是蒋介石"对美的依赖心，不能不使他对于美国朝野的舆论有着极大的顾虑"，包括美国要员访华的观感和美方对援华物资的控制、"美国对于苏联的友好态度""英美的民间舆论"等因素，都使国民党方面"在目前放弃其进行内战的企图"，而且苏军的胜利、美英苏同盟关系以及苏联对华政策的一贯性等，也使国民党"重新趋于联合苏联"。总之，报告的逻辑是在当下制约蒋介石和国民党的主要因素不在国内，而在国际上。② 正如毛泽东给周恩来电报所说的，"同意所提方针，重在缓和关系，重开谈判之门，一切不宜在目前提的问题均不提"。③ 总之，就是不急于解决了。

---

① 《中央日报》，1942 年 11 月 27 日。

② 《南方局关于国共关系的报告提纲》，1942 年 12 月 12 日。

③ "毛泽东给周恩来的电报"，1942 年 10 月 28 日，参阅中共中央文献研究室编：《毛泽东年谱：一八九三——一九四九》中卷，人民出版社、中央文献出版社，1993，第 410—411 页。

国共关系稳定的局面并没有维持多久，到 1943 年夏季便爆发了新的危机。这次危机的缘起是蒋介石和国民党方面对持续变化的国际形势的评估。他们相信苏联军队在斯大林格勒战役遇到巨大的困难，不利的国际环境将迫使中共中央不得不做出让步。客观地看，这时美英苏均在向国民政府表示，愿意进一步改善它们与中国的关系。

1942 年 12 月，苏联驻华大使潘友新返任，向蒋介石转交了斯大林的一封信。斯大林在信中表示："中苏两国人民的友谊，在艰苦地尝试过程中，处处表现，将来必能坚而且笃，久而不渝。在战争完全胜利之后，此种友谊，必能奠定两国人民合作之基础，树立全世界永久之和平。"[①] 显然，苏联这时并不打算因为新疆局势动荡而恶化中苏关系。

1943 年 1 月 11 日，国民政府分别同美国和英国签署了新的条约。根据新的条约，美国和英国宣布废除它们在华的领事裁判权等治外法权。此后不久，中美关系有了新的进展。在美国活动的宋子文打电报告诉蒋介石，罗斯福总统认为："中美间此时已无须再非正式讨论原则，尽可与美方正式商谈远东各实际问题，及中国对世界集团之意见。"[②] 外交方面突如其来的令人眩目的进展，助长了蒋介石和国民党的自信。他们认为国际环境正变得对国民政府越来越有利，国际上很难阻挠其为处理国共问题而采取的政治、军事行动。

1943 年 3 月，蒋介石出版了《中国之命运》一书。从这本书阐述的内容来看，是在为国民党采取措施实现"军令政令统一"做思想动员和舆论准备，它的出版也反映了国民党方面对国际形势的基本判断。5 月间，共产国际宣布解散，这在国际上引起了震动。国民党方面立即抓住这一机会，掀起一阵针对中共的宣传浪潮。国民党的报刊宣称，苏联解散第三国际的行动"证明所谓阶级斗争，所谓世界革命路线之根本错误"，而中共"应该赶快有

① 蒋介石：《苏俄在中国》，（台北）黎明文化事业公司，1985，第 79 页。

② 《外交部长宋子文自华盛顿呈蒋介石委员长告与英外相艾登晤谈关于攻缅计划、战后国际组织等问题之谈话情形及英、美间讨论欧亚、印度属地监护等问题之情形点》，1943 年 4 月 2 日，参阅秦孝仪主编：《中华民国重要史料初编》第 3 编"战时外交"(1)，（台北）中国国民党中央委员会党史委员会，1981，第 161 页。

同样的觉悟"，放弃政权和军队，"在民族利益的大前提下，服从一个领袖，一个政府"。① 国民党方面亦向中共驻重庆代表提出，可以将中共合并到国民党中，至少中共应该交出军队和政权，如此中共才可以取得合法地位。与此同时，封锁陕甘宁边区的国民党军队频繁调动，制造紧张空气，向中共施加军事压力，企图造成中共内部的动摇和分裂。蒋介石和国民党采取的这些行动，导致西北国共对峙的地区顿时出现剑拔弩张的气氛，国共关系又一次陷入危机状态。

国民党方面的宣传攻势和军事部署，逐渐打破了中共中央改善国共关系的设想。6月4日，周恩来在给毛泽东的电报中分析了国民党处理国共问题的方针。他认为国民党目前在抓时机"趋向政治解决，辅之军事压迫"；所谓政治解决的目的是"以交出军权、政权为主，至少是军令、政令统一，而最高要求亦有重演出溶共政策"。他估计国民党在军事上会在局部地区施加压力；在经济上"将加紧封锁"；在政治上"必更加强宣传攻势"，"对内必着重于理论反共。对外必着重于政策反共"。周恩来建议中共中央制定有针对性的政策，加强在延安的政治动员和在大后方，主要是重庆的宣传工作。他专门提出"外交的活动和宣传应加紧，更加强和美、英自由主义者的实际的联络"。②

这时中共领导人仍然认为，国民政府在政治、军事和外交等领域都处于困境，一方面对各种问题"均无妥善办法"；另一方面对中共"疑忌甚大，不愿解决问题，天天宣布我党罪状，打击我党威信，励行特务政策，图从内部破坏我党"。③7月2日，《解放日报》刊登了《中国共产党中央委员会为抗战六周年纪念宣言》。文中在继续系统论述国际形势正朝着盟国取得最后胜利和法西斯国家终将失败的方向发展外，提出了"整个中国战场"经过六年的作战，"实际上是被划分为正面与敌后两大战场"，它们的关系是"互相

---

① 《中央日报》，1943年6月12日；《益世报》，1943年5月29日；《中央周刊》，第5卷第45期。

② "周恩来给毛泽东的电报"，1943年6月4日。

③ 《对国民党现状的分析和关于我党今后的工作方针的指示》，1943年6月1日，载中央档案馆编：《中共中央文件选集》第14册，中共中央党校出版社，1991，第44页。

援助的，缺少一个，在目前就不能制止法西斯野兽的奔窜，在将来就不能驱逐这个野兽出中国"，所以必须增强它们的"互相援助的作用"。文章在批评了正面战场的诸多缺点之后提出，为了抗战大局，"我们准备与中国国民党及其他党派继续进行协商，解决已经存在的问题，改善各党派间的关系"。①到这时为止，中共中央的政策还没有什么特别的改变。

两天后，中共中央的政策出现急剧变化。7月4日，中共中央军委发布了一份紧急通知，提醒各部队蒋介石正在部署对陕甘宁边区的军事进攻。通报说去年10月以来，国共关系"似稍有好转。但不久，蒋介石即令朱绍良、胡宗南准备进攻边区"。《中国之命运》的出版可以说是发动"进攻的思想准备"；6月蒋介石与周恩来、林彪会谈的用意是利用中共中央讨论"如何改进国共关系问题时，彼即发动闪击战式的军事行动"，迫使中共接受其"交出军队、取消边区之条件"。通知在列举了国民党军队的一系列部署之后指出，胡宗南部对边区的进攻部署是"历来所未有"的；国民党军队的作战准备也"都是历来所未有的"。②将这则通报视为中共中央政策的一个转折点并不为过，从内容来看，中央军委的判断应主要来自情报机构并综合了八路军驻西安办事处的报告。至关重要的是，这些信息使中共中央突然断定："边区形势现已极度紧张。"

基于对上述西北地区国民党军队调动的判断，中共中央认为，国民党正在制造新的国共危机，最危险的是这次进攻的目标有可能就是中共中央所在地延安。中共中央一方面紧急动员有关部队，准备反击胡宗南部队可能发动的军事进攻；同时积极展开外交联络工作，争取国际舆论和国际社会的关注与帮助。由于有了处理皖南事变的经验，特别是更加重视国际环境对国共关系形成的新的制约，并相信美苏在反法西斯战争转折的关键时刻，都不会赞成中国爆发国共内战，中共中央这时特别有意识地利用国际力量来阻止国民党军队可能发动的军事进攻。

---

① 《中国共产党中央委员会为抗战六周年纪念宣言》，1943年7月2日，载中央档案馆编：《中共中央文件选集》第14册，中共中央党校出版社，1991，第48—55页。

② 《军委关于蒋介石进攻边区的军事部署的情况通报》，1943年7月4日，载中央档案馆编：《中共中央文件选集》第14册，中共中央党校出版社，1991，第62—66页。

7月9日，毛泽东同苏联塔斯社驻延安的记者会谈，要求他将目前国共之间的紧张局势迅速报告苏共和前共产国际领导人，争取他们能够出面进行干预。8月11日，苏联《战争与工人阶级》杂志发表塔斯社驻重庆分社社长及著名记者罗果夫的文章，题目是《对于中国政府的批评》。该文严厉地谴责了国民党中的顽固派，指责他们"挑拨各种冲突与事变，一直到武装冲突，极力想破坏国民党与共产党的军事合作，煽动迫害与消灭八路军与新四军"。文章还特别指出，中国抗战能否取得最后的胜利，取决于国民党领导人对民族团结这个基本条件的重要性的认识。罗果夫的评论文章立刻引起国际舆论的重视，这毕竟是苏德战争爆发后，苏联首次就中国国内的国共问题发表批评国民党方面的文章。美国的《纽约时报》《先驱论坛报》等主流媒体很快就予以转载。国民党中宣部亦承认，罗果夫文章对国民政府的批评的确产生了不小的影响，"一时颇动国际视听"。①

与此同时，中共中央指示中共驻重庆办事处，应立即向国际社会传播国民党军队准备进攻延安的消息，特别是要通知英美方面。②此后不久，中共中央再次通知重庆办事处，为了防止国民政府突然实行新闻封锁，重庆办事处应将有关国共关系恶化的资料立即通报英美使馆。③中共驻重庆办事处根据中共中央的指示，全力以赴地展开了国际宣传和联络工作，特别是针对美英等国家的驻华使馆，大造舆论。这一时期，美英驻华使馆和驻华美军司令部几乎从中共方面了解到中共所阐述和掌握的有关此次国共危机的全部情况，以及中共中央的立场和政策。他们将这些情况报告了本国的政府。

中共的国际宣传工作是卓有成效的，国共关系出现危机的情况迅速在国际上引起强烈的反响。7月7日，在国民党中宣部举办的记者招待会上，各国记者纷纷向新闻部长张道藩询问有关国民党制造内战危机的情况。张道藩

---

① 《解放日报》，1943年9月14日。

② 毛泽东：《关于发动制止内战的指示》，1943年7月4日，参阅中共中央文献研究室编：《毛泽东年谱：一八九三——一九四九》中卷，人民出版社、中央文献出版社，1993，第449页。

③ 毛泽东：《关于迅速传布七一纪念论文等文件的指示》，1943年7月6日，参阅中共中央文献研究室编：《毛泽东年谱：一八九三——一九四九》中卷，人民出版社、中央文献出版社，1993，第449—450页。

当场予以坚决否认，但事后不得不承认国际舆论的巨大压力，说"包围边区事，已闹得中外皆知"。①7 月 20 日，美国著名评论家汉森在《纽约时报》发表中国问题专论。文章批评国民政府对日作战消极，国民政府发表的战报并不可信，其目的只是得到美英更多的军事援助。汉森的文章在国民政府中引起"极大的骚动"，国民政府军事发言人在一次记者招待会上，专门公开予以指责。②

不仅各国舆论界对国民党的反共行动表示不满，美苏等国政府亦通过不同的方式，对国共危机表示严重关注。其中苏联方面的态度最为引人注目，因为他们的言行被认为是改变了之前一度奉行的不介入中国内部事务的姿态。7 月 14 日，苏联使馆武官会见了美国驻华使馆代办艾奇逊（John Atchison），二人就国共危机交换看法。苏联武官指出，目前边区周围的形势"非常紧张"，"从中国与国际间的关系来看，国民党应该认识到，在目前对共产党发动军事进攻是不能令人满意的"。③8 月 5 日，苏联驻兰州的代表在与美国驻华使馆二等秘书谢伟思（John Service）谈话时说，国民党方面"企图以武力消灭共产党，是犯了一个严重的错误"。④8 月 11 日，苏联武官甚至向美国使馆官员询问：国共之间"如果冲突发生，美国是否将继续向中国提供援助"。⑤苏联方面的关切引起一阵连锁反应，它表明国民党如采取反共军事行动，有可能直接影响美苏之间的关系。尽管苏联方面透露出有意与美国协调行动，但其协调行动的基调也是明确的，即不赞成中国发生反共内战。

对苏联的反应最敏感的就是美国方面了。7 月 14 日，艾奇逊在与苏联武官会谈后向国务院报告说："在我们的记忆中，这是苏联使馆第一次这么

① 《解放日报》，1943 年 7 月 12 日。

② 《解放日报》，1943 年 8 月 16 日。

③ "The Charge in China (Atcheson) to the Secretary of State," July 14, 1943，The U.S. State Department ed., *Foreign Relations of the United States: Diplomatic Papers*（以下缩写为"FRUS"），1943, China, Washington D. C.: United States Government Printing Office, 1957, pp. 283-284.

④ "Memorandum by the Second Secretary of Embassy in China (Service)," August 5, 1943，*FRUS*, 1943, China, p. 308.

⑤ "The Charge in China (Atcheson) to the Secretary of State," *FRUS*, 1943, China, pp. 314-315.

直率地表示了对中共前途的关心。同时，他们显然对最近形势的发展颇为重视。"他在另一份报告中又指出，苏联官员的态度非常重要，它表明了中苏关系的新发展，关系到这两个国家在战时和战后的合作，因此更增加了中国问题的复杂性。罗果夫的文章刚一发表，美驻苏大使即在给国务院的报告中分析说，这是太平洋战争爆发以来，苏联报刊第一次公开发表文章支持中共。①

正当美国大使馆为苏联的态度感到紧张时，美国军方也从对日作战的角度，推测蒋介石和国民党挑起国共危机的动机。他们担心蒋介石会以国共关系紧张为借口，阻挠实施在缅甸进攻日军的计划。美国驻中印缅战区司令史迪威（Joseph Stilwell）将军就认为，蒋介石很有可能借口国共关系紧张，不肯让国民党军队参加缅甸战役。他曾电令美国第十四航空队参谋长格伦（Edgar E. Glenn），如果国民党方面要求攻击西北的中共军队，美方不得采取任何行动，美国的政策是不介入中国的内争。中印缅战区司令史迪威在给时任美军参谋长马歇尔（George Marshall）的电报中说，蒋介石正准备以武力消灭西北的中共军队，这一动向表明他对缅甸战役缺乏诚意。②

对中苏关系、美苏关系的担忧和出于对日作战的考虑等，促使罗斯福政府决心阻止蒋介石恶化国共关系的企图。马歇尔将军接到史迪威将军的电报后，立即向正在华盛顿游说的宋子文表示，如果中国内部在此时爆发一场国共武装冲突，将给盟国的战略态势和各种军事努力带来不良的后果。美国务院远东司官员在与宋子文会谈时说，美国"一直公开希望中国像其他地区一样，应避免内部冲突"。③一直在为争取更多美援而奔波的宋子文充分感受到来自罗斯福政府的压力，并迅速向蒋介石报告了罗斯福政府对国共问题的关切。史迪威这时又一次向蒋介石提出强烈要求，将包围陕甘宁边区的国民党

①　"Memorandum by the Second Secretary of Embassy in China (Service)," August 5, 1943; "The Charge in China (Atcheson) to the Secretary of State," August 12, 1943,*FRUS* , pp. 283-284, 308, 314-315; *FRUS* , 1943, China, pp. 283-284, 314-315.

②　参阅陶文钊：《中美关系史：1911—1949》第一卷，上海人民出版社，2016，第248页。

③　"Memorandum of Conversation, by the Adviser on Political Relations (Hornbeck)," August 19, 1943; "The Charge in China (Atcheson) to the Secretary of State," July 21, 1943, *FRUS* , 1943, China, pp. 97-98, 291.

军队调往山西。[①] 美国驻华使馆官员在与国民党方面接触时也清楚表达了罗斯福政府的态度，希望国共合作以及不赞成中国爆发国共军事冲突。[②] 英国方面也对国民党军队可能发动对中共的军事进攻表示了担心。

由中共的国际宣传和外交工作所推动的美苏等国对国民党反共政策的不满和指责，的确使蒋介石和国民党一度陷于被动和尴尬。面对主要盟国的强烈反对，尤其是罗斯福政府的直接干预，蒋介石不能不有所顾忌。他被迫放弃利用政治和军事双重压力迫使中共妥协的计划，一方面向中共中央表示，无意对边区发动军事进攻；另一方面指示国民党各党部，各种反共行动暂时不以国民党名义出面。

在国民党五届十一中全会召开期间，9 月 9 日，蒋介石专电在华盛顿的宋子文，应提醒罗斯福政府警惕中共的宣传和外交攻势，以及他将用政治方式处理国共危机的方针和将进行政治改革的准备。他说中共在第三次国共危机中的行动是受到苏联方面的指使，目的是通过制造内乱来破坏中美合作，而在华美军领导人的态度使国民政府"对中共之处理，更增加困难，不惟不能阻止共党之内乱，适足以奖励我国之内乱矣"。他一方面向美方保证不用武力解决国共问题，一方面要求罗斯福政府须"了解中共与第三国际在美国种种宣传阴谋"。[③] 13 日，蒋介石在国民党五届十一中全会上宣布，中共问题是"一个纯粹的政治问题"，"应该以政治方法来解决"。[④] 大会同时通过了一项《关于实施宪政总报告之决议案》，公开宣布准备"实施宪政"，一俟战争结束，一年内即"召集国民大会制定宪法而颁布之，并由国民大会决定施行日期"。随后蒋介石又在国民参政会发表讲话，宣称对宪政"总要以实事

---

① Charles F. Romanus and Reley Sunderland, *Stilwell Command Problems* (Washington D.C.:Government Printing Office, 1956), pp.383-384.

② Herbert Feis, *The China Tangle: The American Effort in China from Pear Harbor to the MarshaLlMissIon* (Princeton: Princeton University Press, 1953), p. 177.

③ 《蒋委员长自重庆致外交部长宋子文嘱咐口头密告美政府人士使之了解中美受第三国际某国之主使图破坏中国抗战及中美合作之阴谋》，1943 年 9 月 9 日，参阅秦孝仪主编：《中华民国重要史料初编》第三编"战时外交"，（台北）中国国民党中央委员会党史委员会，1981，第 161—162 页。

④ 荣孟源主编：《中国国民党历次代表大会及中央全会资料》下册，光明日报出版社，1985，第 841 页。

求是的精神，为迅速积极的推进"。他表示希望各党各派齐心协力，共同努力。① 至此，第三次国共危机基本结束，蒋介石和国民党方面公开承诺了不使用武力迫使中共中央妥协，至少暂时是如此。

第三次国共危机的另一个后果是中共领导人不再相信蒋介石和国民党会真有诚意改善国共关系。他们认为，经过 7 月初的危机之后，"争取国民党顽固派好转的希望现在也证明是不可能的了"。② 当前的政策应是"尽一切方法避免和国民党破裂，避免大内战，同时揭露国民党的抗战不力与反共阴谋，对抗国民党的反共言论，并准备自己的实力"。③ 根据这一方针，中共中央以批判蒋介石的《中国之命运》为中心，发动了一场新的舆论宣传攻势。7 月至 8 月，《解放日报》接连发表陈伯达撰写的《评〈中国之命运〉》、范文澜的《谁革命？革谁的命》等重要文章。毛泽东还亲自撰写了《质问国民党》一文。中共中央特别指示重庆办事处，应将这些重要文章"秘密印成中英文小册子，在中外人士中散布"。④ 中共重庆代表处则奉命将有关文件，散发到美国大使馆，并利用与各国外交代表接触的机会，介绍中共中央的政策和中共军队的抗战业绩，以便尽力扩大中共在国际社会中的影响。

中共中央争取国际舆论的努力引起了相当大的反响，它就像一针催化剂，加快了国际舆论对中国内部问题的反应过程。其突出的表现是，美英苏等国的舆论对国 民政府的批评在 7 月和 8 月达到一个高潮。其中除了罗果夫的文章外，美国太平洋国际关系学会秘书处成员毕生在《远东观察》上发表的文章引起的震动最突出。毕生在他的文章中说，国民党方面在抗战时期没有能通过实行政治改革，使中国获得实际上的统一，其结果是"两个中国已经

① 重庆市政协文史资料研究委员会编：《国民参政会纪实》下卷，重庆出版社，1985，第 1207—1211 页。
② 《关于打破对国民党的幻想的指示》，1943 年 7 月 23 日，载中央档案馆编：《中共中央文件选集》第 14 册，中共中央党校出版社，1991，第 80—81 页。
③ 《对击退国民党第三次反共高潮后形势的分析和关于党的政策的指示》，1943 年 8 月 13 日，载中央档案馆编：《中共中央文件选集》第 14 册，中共中央党校出版社，1991，第 85—86 页。
④ 《关于目前宣传方针问题致董必武电》，1943 年 7 月 21 日，参阅中共中央文献研究室编：《毛泽东年谱：一八九三—一九四九》中卷，人民出版社、中央文献出版社，1993，第 459 页。

明显形成，每一方都有自己的政府军队和政治经济体系。一个通常被称为国民党中国，一个被称为共产党中国。但是，用'封建的中国'和'民主的中国'更能准确地表达它们目前的实际状况"。毕生文章中有关国民政府统治地区是"封建的中国"和中共控制地区是"民主的中国"的鲜明论述，展示了蒋介石和国民党最不愿意承认和最不希望被国际社会关注的中国政治现状。国民党中宣部立即指责该文章，说它是"谎报和充满了恶意"，尤其是有关"'民主的共产党中国和封建的国民党中国'的提法完全是荒谬的"。国民政府并因此决定，不再允许太平洋国际关系学会的成员利用国民政府的电台发送消息。[1]

国民政府官员们私下曾经表示，美国记者的报道"对中国弊多利少"。国民党当局为此加强了新闻封锁，在后来的一段时间里，只有一件何应钦接见路透社记者时攻击中共的消息，被允许通过了新闻检查。但是，中共舆论宣传的影响仍然持续发酵，盟国舆论界对中共的兴趣和关注日益增长，其结果是盟国记者经过多方努力，终于迫使国民政府允许他们组织专门团体，于1944 年夏季访问了延安。与此同时，罗斯福政府向延安派驻了一个官方机构——美军观察组。

在克服第三次国共危机中，中共中央开展的国际宣传和外交工作，利用国际有利因素制止国民党的反共行动，是抗战时期中共国际统一战线工作最成功的一例。中共中央在总结克服第三次国共危机的经验时，特别注意到在当时的国际环境中，不仅苏联方面会坚决反对蒋介石和国民党的反共政策，美英等国同样不赞成中国爆发国共内战，因而它们亦可被利用来约束蒋介石和国民党。而且就现象上来看，美国已经表现出是当时能够影响国民政府政策的主要国家，美国舆论和部分美国驻华军政人员均对国民政府表现出一定程度的反感。苏联的主张则更多的是通过向美国方面施加影响，然后再通过美方的反应而折射出来。这种特殊的状态表明，中共中央从 1942 年中期起对美国对华政策的判断是有根据的，而且这当然会进一步对中共中央的对美

---

[1]　"The Charge in China (Atchceson) to the Secretary of State," August 2, 1943, *FRUS* , 1943, China, pp. 80-82.

政策产生影响。

1943 年夏季的国共危机反映出，在美国与中国政治形势的关系方面，出现了两个基本的特点。第一，美国已经成为对中国最具有影响力的大国，并因此成为中国政治中的一个最重要的外部因素。中国任何政治力量要解决中国问题，必须要考虑美国对华政策的走向。第二，到 1943 年夏季为止，美国对华政策已经不仅仅受到对日战争的制约，而且越来越明显地受到苏联因素的约束，苏联对华政策成为美国处理中国事务时，不得不予以慎重考虑的问题。这两个特点决定了中共中央一方面必须合理地处理与美国的关系，以及利用美国对华政策中可利用的内容。另一方面也可以利用制约美国的国际因素，使美国的对华政策变得更灵活和现实一些。这里需要指出的是，中共中央在处理对美关系时，解决上述两方面的问题都不是随心所欲的，尽管他们是有相当大的回旋余地的。

总之，中共中央在克服第三次国共危机中积累的经验，以及由此形成的对东亚国际关系的认识，与东亚国际关系的实际变化结合在一起，预示着中共中央将在 1944 年的中国外交舞台上，采取更加令人瞩目的行动。

第七章　第一次尝试

1943 年夏季爆发的国共危机与之前的两次国共危机有明显的不同之处，首先就是它发生的国际国内背景正在发生影响深远的巨大变化。从外部环境来看，"二战"的军事形势出现了根本性的转折，盟国在世界反法西斯战争中取得了决定性的军事胜利，与此相关的是中国抗日战争取得最终胜利只是时间早晚的问题了。在此背景下爆发的第三次国共危机中，国共两党在思想政治领域斗争的内容也在发生根本性的变化。双方争论的焦点已经从是否以及如何坚持全面和持久的抗战，乃至与之相关的政治、经济、军事和文化等具体领域的政策，转到抗战胜利后应建立一个何种性质的国家。简言之，蒋介石和国民党的主张是要继续维护其一党统治；中共中央当时则明确提出，战后应建立各党派联合的民主共和国。因此，第三次国共危机不仅与盟军正在规划的对日作战计划有密切的关系，而且将影响到东亚地区未来的政治局势，其潜在的严重性势将引发各方面的重视。

第三次国共危机的确导致了美苏两国对中国内部问题的强烈关注，首先也是比较突出的是苏联方面的公开介入。苏德战争爆发后，中苏关系一直处于不稳定的状态，这种状态简言之与三个因素有直接的关系。

其一，中苏两国的政治制度根本不同，也存在意识形态的对立。这个矛盾当时并不突出，特别是两国都面临大规模的外敌入侵，但在政治和公众舆论层面，很难形成可持续的良好气氛。

其二，中苏关系是东亚地区国际关系的重要组成部分，其发展会同这一地区的国际格局变化密切相关。自从华盛顿体系建立以后，中国作为这个体系的一部分，以及当时中国的政治和社会制度等，从内外两个方面决定了中国历届政府很难持续地采取对苏联友好的政策，尽管也会有短暂的稳定和改善。

其三，两国之间存在着历史遗留下来的纠纷。苏联方面坚持拥有沙皇俄国时期在中国攫取的权利，而国民政府尚无余力与苏联交涉解决相关问题。日本发动侵华战争后，中苏为了反对日本扩张和全球反法西斯战争的共同利益，一度建立了良好的反日同盟关系。加之日本相继占领了东北和内蒙古地区，不仅剥夺了苏联的某些权利，而且实际上割断了中苏通过这些地区的联系，特别是暂时掩盖了两国在这些毗邻地区存在的历史纠葛。这些固然都是导致两国关系缓和的重要因素，不过反抗日本侵略扩张的共同利益和暂时搁置有争议的历史问题，并不表明导致中苏关系动荡的基本矛盾已经根本消除了，当然在当时的历史条件下，也不存在解决问题的基本条件。苏德战争爆发后，这类问题虽然不突出，但仍然不时引发紧张局势，例如当时新疆地区的盛世才势力与重庆国民政府的关系紧张所造成的局面。

国际政治格局、政治制度和意识形态等方面的问题与分歧，与两国间历史遗留下来的矛盾纠缠在一起，造成两国关系时常发生动荡。中国抗日战争爆发后，苏联为了阻止日本将侵略锋芒指向北方，迅速和主动地向中国伸出援助之手，国民政府亦积极响应，从而使中苏关系很快大幅改善。但是，由于1941年4月的《苏日中立条约》的签订和不久后苏德战争爆发，极大地削弱了苏联在东亚地区的影响力。从这时起，苏联实际上也在逐步减少并最终停止了对中国的军事援助。苏联影响力的衰退削弱了共同反日这个维持中苏间良好关系的基础，中苏关系随之出现动荡也就很难避免了。

对中苏关系的第一波冲击发生在新疆问题上。太平洋战争爆发后，蒋介石和国民政府既然断定亚太地区对日作战的重担已经转移到美国的肩上，他们从1942年春夏开始，便试图利用苏联在西线作战失利的时机，根本解决新疆盛世才势力长期割据的问题。由于盛世才势力同苏联有着密切的关系，国民政府的这一行动必然包括了将苏联的影响从新疆地区清除出去，其结果是中苏关系随后即开始出现波动甚至紧张。苏德战争爆发后，苏联对东亚地区的各种问题已经保持了两年的缄默，1943年夏季爆发的国共危机中，苏联舆论公开、明确并相当强烈地谴责了国民政府，同新疆的局势有直接关系。苏联此刻发出措辞如此强烈的声音，当然是中苏关系恶化的一个明显的迹象，难免会引起有关国家，特别是美国的关注。

但是，苏联对国民政府在新疆的行动的反应和对第三次国共危机的介入，毕竟还是很有限度的。1942年12月，斯大林曾在给蒋介石的信中表明，苏联对新疆问题表现出相当克制的态度，并希望继续维持中苏间的友好关系。[①]在1943年夏季的国共危机中，苏联舆论对国民政府的批评虽然言辞激烈，不过也还是有明确界限的。苏联的这种尚不能算是确定的态度，主要是由其东亚政策的目标及其所面临的关键问题所决定的。

其一，苏联的战时东亚政策的首要目标就是利用一切办法牵制日本，使其不能也不敢在苏德战争结束前冒险向苏联发动进攻，这在当时是压倒一切的。随着"二战"转折时刻的到来，苏联的东亚战略正酝酿新的改变，即准备在一旦时机成熟时就参加对日作战，从根本上解除日本对苏联东部地区的长期威胁，以及恢复苏联在这个地区的势力范围。苏联不论基于何种战略需求，维持住同中国的反法西斯同盟关系，都是实现其战略目标的必要保证之一。

其二，由于英美，特别是美国同国民政府已经建立了特殊的关系，并在中国政治中拥有远超过其他大国的影响力，苏联要维护与英美的同盟关系，在中国就必须稳定与国民政府的关系。特别是苏德战争爆发和苏联参加反法西斯同盟后，苏联的对外政策转上了大国外交的轨道，维持与国民政府的关系也就更有其必要了。稳定中苏关系以有利于协调美苏关系，在苏联的对华政策中正成为一个越来越重要的考虑。当然，稳定中苏关系对苏联来说尽管非常重要，但并不意味着苏联会无条件地满足国民政府的愿望。苏联的基本条件最初是要求国民政府坚持抗战并为此实行某种程度上的政治改革，后来

---

① 蒋介石：《苏俄在中国》，（台北）黎明文化事业公司，1985，第79页。

随着国际形势的发展，苏联的条件自然也在不断变化。总之，有条件地稳定中苏关系，以稳定为主，是苏联在整个战时的对华政策的基本特点。

太平洋战争爆发后，美国的东亚政策即包含了两个目标。一是彻底打败日本；二是在战后的东亚取得优越的战略地位，从而塑造对美国有利的战略稳定。在战争前期，彻底打败日本的侵略和扩张是压倒一切的，特别是日军偷袭珍珠港已经给美国的国家安全造成极大威胁。另外，太平洋战争势必要根本改变东亚的国际格局，日本的崩溃将导致这个地区原有的权力结构崩溃，所以罗斯福政府在战时就在考虑，打败日本后处理亚太地区出现的所谓"权力真空"问题，而且随着战争的进程，这方面的考虑在美国对华政策中的影响明显上升。他们最初的设想是有必要扶助中国来取代日本，使之成为在战后东亚地区美国可以依赖的一个战略稳定力量。正是基于这种设想的逻辑，罗斯福政府在反法西斯战争发生转折之际，逐步形成了一项新的对华政策，概括地说就是"使中国成为强大的国家"。在推行这项对华政策要达到的复杂目标中，包含了处理与苏联在东亚地区的关系的重要内容。罗斯福总统当时在解释美国推行这项对华政策的好处时就说过，一个稳定的中国"将成为抵消苏联力量的有用的平衡力量"。① 显然，美国领导人从构思这项对华政策开始，着眼点就包括了战后在东亚取得优越的战略地位，以及为此而限制苏联在这一地区的影响力。

罗斯福政府在实施新对华政策时，尽管在国际上也遇到某些障碍，但面临的最主要也是当时最突出的问题，还是中国国内事实上没有形成统一的政治局面，以及国民政府在战争中表现得过于孱弱。一方面，国民政府不能有效地对全中国实行统治；另一方面，与蒋介石政权抗衡的中共同苏联存在着密切的历史联系。美国领导人认为，由于中国内部政治纷争有着极为复杂的背景，国共之争不仅难以解决，乃至发展为大规模内战，而且很有可能在战后引发大国之间的冲突。为了解决这个难题，罗斯福政府在国际上努力抬高国民政府的地位的同时，也为解决国共问题设计了一个方案。其主要内容首

---

① ［英］安东尼·艾登：《艾登回忆录》中，瞿同祖、赵曾玖译，商务印书馆，1976，第657页。

先是确立和巩固与国民政府之间的战略关系，将国民政府同美国牢牢地拴在一起，以取得和巩固美国在东亚地区相对于其他大国的优势地位。其次是促使蒋介石服从美国战略利益的需要，按照罗斯福政府设计的方案，处理国民政府在国际上和国内面临的各种问题。具体地说，在国际上，国民政府在与美国建立特殊关系并支持美国外交政策的同时，必须稳妥地处理中苏关系。在中国的内部问题上，国民政府应坚持和更加积极地对日作战和实行政治改革，争取为国民党政权奠定稳固的社会基础；同时能稳妥地处理国共关系，避免发生大规模的国共内战。这样既可以减少美国的麻烦，避免引起美苏纠纷，又可以防止苏联通过介入国共问题而提升对中国政治的影响力。

比较这个时期的美苏对华政策，可以发现它们有着明显和重要的共同点。美苏为了维护战时的反法西斯同盟关系，以及妥善地处理战后双方在东亚地区的关系，均力图维持蒋介石和国民政府在中国的领导地位，同时也要求国民政府实行政治革新，坚持积极对日作战，反对蒋介石推行有可能引起大规模内战的反共分裂政策。

在东亚美中苏的三边关系中，苏联是试图通过稳定中苏关系，维持和改善与美国的关系；并利用美国与国民政府的特殊关系，影响国民政府的对苏政策。苏联对国共斗争的态度主要取决于它在东亚地区的战略需要，意识形态方面的考虑虽有重要的影响，但只起着次要的作用。美国则是通过推动国民政府稳定和改善对苏关系，同时利用美苏同盟关系来控制中国的内部斗争，巩固和加强国民政府的国内地位，避免国共发生内战。在如此错综复杂的关系中，调整国共关系以保持中国政局稳定，对于美苏两国来说，不论是基于战时对日作战的需要考虑，还是从战后维护双方利益的目的出发，都已经是当务之急了。

美苏在1943年夏季爆发的第三次国共危机中的所作所为，实际上拉开了双方即将在中国展开外交博弈的序幕。在第三次国共危机结束后不久，美苏在中国的互动和博弈开始出现新的变化。一方面是美国要求蒋介石和国民党放弃武力反共的政策，敦促国民政府实行政治革新；另一方面是苏联要求中共中央对蒋介石和国民党政权采取更为缓和的政策，继续维持统一战线。总之就是美苏都表现出希望中国出现统一和稳定的政治局面，为达此目的，国共问题只能通过政治方式加以解决。

1943 年 11 月 22 日至 27 日，美英中三国首脑在开罗召开会议。在会议期间，中美领导人讨论中国的内外政策问题。罗斯福向蒋介石提出，"应该在战争还在继续进行的时候，与延安的共产党人握起手来"；他还提醒蒋介石说："美国不会陷入那里（中国）的任何战争陷阱里。"[①] 无独有偶，12 月 22 日，前共产国际领导人季米特洛夫从莫斯科写信给毛泽东，称"削弱同中国的外国占领者的斗争中偏离正在出现的民族统一战线政策的倾向，在政治上都是错误的。在中国人民进行民族战争期间，这样的方针会给党造成一种威胁，使党在人民群众中处于孤立的境地，并会导致内战危险的加剧，对此可能只有占领者和他们在国民党内的代理人感兴趣"。他在这封信中还根据苏联方面获得的情报，对中共整风运动提出批评和建议。[②] 这封信的内容当然反映了苏共中央的态度，意在提醒中共中央有必要缓和与国民党的关系。

美苏同时分别向国共两党施加影响的行动，典型地反映了它们协调对华政策的基调，即维持国民政府的统治地位，敦促蒋介石进行政治改革，以及尽可能地防止中国爆发内战。这种情况对中共的影响是相当复杂的。一般地说，美苏均不赞成中国发生内战，对于中共中央坚持抗日民族统一战线政策和反对国民党的反共分裂行动，当然是有利的。不过随之而来的问题是，中共中央能在多大程度上利用美苏的政策，当时主要是利用罗斯福政府的政策，在不致使国共合作和抗日民族统一战线破裂的条件下，争取更为有利的前途。更进一步的问题是，美国是否可以或在多大程度上，能够约束住国民政府，如果后者决心一意孤行的话。事实上，中共中央这个时期不断调整政治战略时，始终在关注并试图利用各种国际因素，特别是利用罗斯福政府对中国内部问题的政策。可以说，中共中央这一时期对美国对华政策的了解和判断，是影响他们调整政治战略的一个关键因素。

---

① Elliott Roosevelt, *As He Saw It* (New York：Duell, Sloan and Pearce, 1946), pp. 249-250.
② 《季米特洛夫就中国共产党内状况致毛泽东的信》，1943 年 12 月 22 日，参阅 [保] 季米特洛夫：《季米特洛夫日记选编》，马细谱、杨燕杰、葛志强译，广西师范大学出版社，2002，第 267—268 页。

1943 年 9 月，第三次国共危机结束不久，国民党召开五届十一中全会。这次会议通过了有关进行政治改革、准备实施宪政的方案。国民党重提被搁置的政治改革动议，固然是迫于国内外多方面的压力，客观看的确导致了一轮呼吁和推动民主改革的运动，国民参政会三届二次会议的召开是一个明显的标志。在此背景下，国民党十一中全会结束后不久，中共中央决定暂时停止针对蒋介石和国民政府的舆论宣传战。10 月 5 日，《解放日报》发表了毛泽东撰写的《评国民党十一中全会和三届二次国民参政会》，公开表示了"延安欢迎政治解决，不愿破裂"。中共中央在党内指示中说明，对国民党的宣传战由此"暂告一段落"。①

不过，中共中央同时继续在党内强调在民族统一战线工作中主要是反对右倾投降主义。12 月 1 日，中共中央总学委下达学习《反对统一战线中的机会主义》的通知，中共中央总学委选录了季米特洛夫等共产国际领导人在 1935 年到 1939 年有关统一战线政策的讲话。中共中央通知中强调的重点就是学习季米特洛夫等人"用马列主义的革命立场"来解决"统一战线与投降主义的严格区别，统一战线下右倾的增长与反右倾的必要，团结中的斗争，以斗争求团结，民族战争与民主民生的密切联系，无产阶级在民族运动中的领导责任，中国共产党在抗日战争中的正确路线"，等等。② 不过恰在四天后，就收到季米特洛夫 12 月 22 日的来函。

1944 年 1 月，毛泽东两次致电莫斯科，解释了中共军队一直在对积极对日作战、中共中央将继续维持国共合作和避免军事冲突以及继续坚持抗日民族统一战线政策等的原则，并表示理解季米特洛夫 1943 年 12 月 22 日来信的某些内容。③ 此后，中共中央处理国共关系的政策出现系统性变化。

① 《毛泽东关于暂时停止揭露国民党以示缓和致董必武电》，1943 年 10 月 5 日，载中央统战部、中央档案馆编：《中共中央抗日民族统一战线文件选编》下，档案出版社，1986，第 669 页；《中央宣传部关于进行阶级教育问题的通知》，1943 年 10 月 21 日，载中央档案馆编：《中共中央文件选集》第 14 册，中共中央党校出版社，1991，第 103 页。

② 《中央总学委关于学习"反对统一战线中的机会主义"的通知》，1943 年 12 月 1 日，载中央档案馆编：《中共中央文件选集》第 14 册，中共中央党校出版社，1991，第 111 页。

③ ［保］季米特洛夫：《季米特洛夫日记选编》，马细谱、杨燕杰、葛志强译，广西师范大学出版社，2002，第 273—274 页。

中共中央接连在党内发布指示，要求各地各部队"为保持国共之间之平静，争取抗战最后胜利起见"，"对于国民党军队，我军谨守防地，不得发生由我启衅之任何事件"，要"力避刺激国民党"。① 中共领导人指示在重庆的谈判代表，可向国民党方面表示，仍准备维持拥护蒋介石领导抗战和建国的方针；在重庆的中共代表也参加了国民党召集的宪政协进会议。3 月 21 日，中宣部还就国内问题的宣传政策发出一项通知，其中说明了"国共关系已趋于缓和，我们为了继续团结国民党，准备对日反攻计，应该争取时局的进步，应该改变前此（去年七月至九月）对国民党公开而猛烈抨击的态度"，现在"宣传上采取和缓态度亦是正确的，必要的"。②

中共中央再次采取缓解和改善国共关系的行动等，并没有持续多长时间，他们不久后便决定转向更积极和强硬的政策，向蒋介石和国民党施加压力，直到在夏季提出了结束国民党一党统治和建立联合政府的主张和纲领。导致中共中央很快改变政策的原因是多方面的。

首先，国民党方面对中共中央再度缓和国共关系的努力，几乎没有做出什么有诚意的回应。5 月 15 日，中共中央向国民政府提出全面解决目前紧迫问题的 20 条意见，其核心就是进行民主改革，结果被国民党方面拒绝。5 月 31 日，中共中央做出某种让步，将 20 条意见缩减为 12 条，同时另提出口头建议 8 条。③ 6 月 5 日，中共代表林伯渠将 12 条建议面交国民党代表，结果是又一次遭到拒绝。④ 与此同时，国民党拟定了一项"国民政府对中共问题政治解决之提案"，规定只允编中共军队为 4 个军 10 个师，此外不得再以"其他名目"增加军队，"以前所有者，应依照中央核定之限期取消"，而

———————

①　《中央书记处关于对待国民党军队执行自卫原则的指示》，1944 年 1 月 18 日，载中央档案馆编：《中共中央文件选集》第 14 册，中共中央党校出版社，1991，第 156 页；《毛泽东关于国共关系问题致董必武电》，1944 年 2 月 4 日，载中央统战部、中央档案馆编：《中共中央抗日民族统一战线文件选编》下册，档案出版社，1986，第 677 页。

②　《中央宣传部关于目前国内问题宣传政策的通知》，1944 年 3 月 21 日，载中央档案馆编：《中共中央文件选集》第 14 册，中共中央党校出版社，1991，第 192 页。

③　参阅中共中央文献研究室编：《毛泽东年谱：一八九三——一九四九》中卷，人民出版社、中央文献出版社，1993，第 516 页。

④　《中共中央向国民政府提出之意见书》，1944 年 6 月 5 日，载中央档案馆编：《中共中央文件选集》第 14 册，中共中央党校出版社，1991，第 341 页。

且全部中共军队"应限期集中使用"。[①]国民党方面为回应中共中央的建议而提出这样的提案，其目的主要是宣传，并无解决问题的诚意。在中共中央看来，国民党方面提出这种"政治解决"只不过是改变了一下策略手段，它表明国民党并不打算放弃以往针对中共的政策。[②]结果是谈判又陷入拉锯状态。

其次，欧洲政治形势发展中出现的某些特点，也影响了中共领导人的思考。"二战"中，许多欧洲国家为了团结一致地抵抗法西斯的侵略，纷纷组织了联合政府，实行多党派合作。这种情况不仅发生在英国这类议会中都是资产阶级政党的国家。在战争后期，欧洲各国共产党入阁参加联合政府的情况，也在不断增加。随着反法西斯战争胜利的到来，欧洲国家共产党人入阁的趋势还在发展，组织联合政府已经成为当时世界政治中的一股潮流。这种现象既反映了美英苏三大国为战后政治安排而展开的角逐与妥协；也反映了世界政治力量的变化和政治形态的新发展。

上述两个原因分别在不同程度上影响着中共领导人的思考和他们调整处理国共关系的政策，不过需要强调的是，罗斯福政府在这个时期开始以压蒋联共的方式直接介入国共斗争，以及中共中央对美国方面的这一举动的了解和评估，才是推动中共中央调整政策的更为重要的因素。

1944 年 4 月间，日军在中国战场发动了代号为"一号作战"的大规模攻势作战。日军的目的是在遭受美国海空军打击、海上交通日益困难的情况下，在中国开辟陆路运输的大通道，同时扫荡华东和华南地区的美国空军基地，从而解除美国空军利用在中国的基地攻击日本本土所造成的巨大威胁。面对日军的攻势，首先是在华北地区的国民党军队很快溃退，随后是整个正面战场又一次出现崩溃的局面，华东地区的一些美国空军基地也相继被日军攻占。中国正面战场的军事危局在盟国中引起很大的震动和紧张。

3 月中旬，美军方根据参谋长联席会议的决定，开始为盟军在中国沿海实施登陆作战做准备。中国正面战场的败局让美军方感到，在中国沿海登陆

---

① 《解放日报》，1944 年 9 月 20 日。
② 《为林伯渠起草的复王世杰、张治中的信》，1944 年 9 月 27 日，参见中共中央文献研究室编：《毛泽东文集》第一卷，人民出版社，1993，第 213—216 页。

的计划是很难实施的。特别令美军领导人难以接受的是国民政府在大难临头之际，仍然奉行既定的保存实力的方针。蒋介石不仅拒绝按盟军中印缅战区司令史迪威将军的要求，调动在西北地区驻防的胡宗南所属三十万精锐部队，向日军发动进攻，反而提出将正在缅甸同日军酣战的中国远征军调回国内，保卫昆明和重庆。夺取缅甸以打通滇缅交通线，是盟军在中印缅战区早已经策划并执行的战略；对于史迪威将军则更具特别重要的意义，他有意要通过打败缅甸的日军来一雪第一次缅甸战役失败之前耻。显然，中国正面战场局势恶化不仅猛烈冲击了美军在亚太地区的军事战略，也加剧了蒋介石与盟军中印缅战区指挥官之间的特殊矛盾。罗斯福政府与国民政府的紧张关系很快升级，导致了一次严重的危机。

　　与中国正面战场的战局恶化几乎同时发生的另一个重要事件，是中苏关系由于新疆地区的矛盾加剧而再度恶化。4 月间，蒋介石向罗斯福政府告急说，中苏在新疆地区的纠纷已经严重到无法靠国民政府保持"克制"就能解决了，美国方面必须明确表示其支持国民政府的态度。① 中国驻美国大使魏道明亦奉命告诉罗斯福政府，苏联在新疆地区等问题上的做法，与它在"欧扩张有同样意味"，而且东亚的情况更为复杂，所以希望罗斯福政府能出面为国民政府"主张一切"。② 显然，国民政府采取拉美抗苏的政策一旦实施，导致盟国在东亚地区问题上的关系紧张是可以预见的；如果中苏在新疆地区的紧张关系持续下去，就难免会在盟国间引发更大的纠纷。罗斯福政府对此

---

　　① "The Charge in China (Atcheson) to the Secretary of State," July 21, 1943，*FRUS*，1944, China, Volume VI, p. 772.

　　② 《驻美大使魏道明自华盛顿呈蒋主席报告与赫尔国务卿晤谈关于苏联之远东政策及中共在美之宣传等问题之谈话情形电》，1944 年 4 月 30 日，参阅秦孝仪主编：《中华民国重要史料初编（对日抗战时期)》第三编"战时外交"（一），（台北）中国国民党中央委员会党史委员会，1981，第 17 页；《驻美大使魏道明自华盛顿呈蒋主席报告谒罗斯福总统晤谈关于援助中国、苏俄之远东政策等问题之谈话情形电》，1944 年 5 月 21 日，参阅秦孝仪主编：《中华民国重要史料初编（对日抗战时期)》第三编"战时外交"（一），（台北）中国国民党中央委员会党史委员会，1981，第 171—172 页。

的确深感担忧，并建议国民政府方面尽力克制，避免事态进一步恶化。①

日军在中国正面战场发动大规模攻势、蒋介石与盟军中印缅战区司令部的冲突、中苏关系的恶化等，终于导致罗斯福政府开始直接介入国共斗争。1944 年 6 月下旬，美国副总统华莱士访华。他此行的目的除了表述美国对中国抗战的支持外，就是敦促蒋介石妥善地处理中苏关系和国共关系。华莱士在同蒋介石的会谈中向后者建议，国民政府应进行适当的政治改革，并应与中共谈判，达成政治解决的协议。罗斯福本人随后打电报给蒋介石，强调了美国对国民党与中共达成协议的重视。②继华莱士之后，美国驻华大使高思（Clarence Edward Gauss）也根据国务院的指示，开始利用各种机会一再向蒋介石和国民党方面解释，美国目前最关心的是"加强中国的统一战线"，希望蒋介石能采取"有政治家风度的步骤"，进行民主改革并改善与中共的关系。他还向蒋介石建议，如果不能在广泛的基础上解决国共争端，可行的办法是先成立一个有各党派代表参加的"负责任的"军事委员会。③高思的方案是得到美国领导人支持的，后者也通过各种渠道，向国民党方面表示了对中国内部的国共问题的关注。

罗斯福政府在推动蒋介石和国民政府进行政治改革的同时，亦开始着手与中共建立联系。1943 年间，美国驻华使馆二等秘书谢伟思和戴维斯（John P. Davies, Jr.）等人多次向罗斯福政府提出建议，应派遣美国官方代表团访问延安，并在延安设立美国的官方机构。1944 年 1 月，戴维斯再次上书美国政府指出："我们需要在还能受到欢迎之际，立即派遣一个军事的和政治的观察团到中国共产党地区去搜集敌情，帮助并准备从该区发动某种有限度的

---

① 《美国总统罗斯福自华盛顿致蒋委员长建议暂时搁置外蒙、新疆边境事件电》，1944年 4 月 10 日，参阅秦孝仪主编：《中华民国重要史料初编（对日抗战时期）》第三编"战时外交"，（台北）中国国民党中央委员会党史委员会，1981，第 167 页。

② 世界知识出版社编：《中美关系资料汇编》第一辑，世界知识出版社，1957，第583 页。

③ "The Ambassador in China (Gauss) to the Secretary of State," July 4, 1944, *FRUS*, 1944, Vol.6, p. 116; "The Ambassador in China (Gauss) to the Secretary of State," July 12, 1944, *FRUS*, 1944, Vol.6, pp. 125-126; Memorandum of Conversation, by the Ambassador in China (Gauss), [CHUNGKING,] August 31,1944，*FRUS* , 1944, Vol.6, pp. 546-551.

作战，获取关于中共实力的精确估计，再设若俄国人攻击日本的时候，报告俄方在华北和满洲的作战情况，和估量华北和满洲发展成为一个分立的中国人的国家或甚至成为俄国新卫星的可能性。"① 戴维斯等人的报告终于引起美国领导人的重视。

从 3 月起，罗斯福政府一再要求蒋介石应准许驻华美军与中共建立直接的联系，以便加强对日作战和了解中共的政策。罗斯福政府的行动本身就会引起很多联想，而美军观察组到延安则标志着中共与美国之间终于建立起准官方关系。在美军观察组被允许访问延安之前，在重庆的中共代表同美国驻华军政人员的联络活动已经非常活跃。他们在 3 月间就获知，罗斯福政府要求蒋介石同意向延安派遣军事观察组，目的是了解中共在"战时及战后态度"。② 在美国副总统华莱士 6 月下旬访华之前，中共驻重庆代表就提出要努力争取单独会见华莱士，并获中共中央支持。他们甚至对华莱士访问延安都抱有过希望。③ 在华莱士访华期间，中共代表已经获知蒋介石同意美军观察组访问延安，并告中共中央。④ 毛泽东接电后当天就回复请林伯渠、董必武等代为转达欢迎，延安立刻开始修建机场等。⑤ 美军观察组能够获准访问延安，同在重庆的中共代表的联络工作（也称国际统战工作）是有关系的。

美军观察组被命名为"迪克西使团"（Dixie Mission），由 18 人组成，分两批于 7 月 22 日和 8 月 7 日到达延安。至此美国与中共之间终于建立起准官方关系。美军观察组到达延安的同时，也有美军第十四航空队的两位代表前往湖北中部新四军五师驻地，提出要商谈以汉口、上海、广州等地为中心建立通讯网，初步磋商美军在沿海登陆时与新四军配合作战以及进行情报合

① 世界知识出版社编：《中美关系资料汇编》第一辑，世界知识出版社，1957，第587 页。

② 《罗电蒋要求组织军事考察团去西北》，1944 年 3 月 6 日；《记者路线走二战区》，1944 年 3 月 10 日。

③ 《对谈判的推测》，1944 年 5 月 23 日；毛泽东：《同意你们对时局的估计与对谈判的方针》，1944 年 6 月 3 日。

④ 《美军事人员准备 8 月后来》，1944 年 6 月 28 日，参阅中共中央文献研究室编：《毛泽东年谱：一八九三——一九四九》中卷，人民出版社、中央文献出版社，1993，第 517 页。

⑤ 毛泽东：《欢迎美军观察组》，1944 年 6 月 28 日。

作，等等。新四军第五师领导人多次向中共中央报告，认为美军人员实际上是代表美国政府的，他们回避谈政治，但其目的不仅是获得军事情报，而且还要了解整个华中华南的情况，以便在对日反攻时加以利用，以及了解中共军队在政治方面是否与美国的战后政策一致。[①]

这期间，驻华美军与中共军队的军事联系与合作也在明显迅速加强。驻华美军加强与中共军队联系是因为美国军方这时正在拟订在中国本土对日作战的军事计划，由此而产生的需求是多方面的。例如，在华作战多年的美国第十四航空队这时非常需要在华中地区建立情报通讯网；美国战略情报小组需要获得美军在中国沿海登陆地区作战的相关情报资料；盟军中印缅战区指挥部则需要了解，盟军一旦向华中地区的日军发动进攻时，中共军队能够提供哪些援助等。所有这些具体的军事考虑都在推动驻华美军与中共军队的合作。在整个 1944 年的夏季，除延安的美军观察组外，在华北抗日根据地、华中新四军五师控制的地区和华南的东江纵队，均有美军在积极活动。在收集日军情报、提供空军作战用的气象资料、勘察登陆场、了解中共军队在沿海地区的分布情况、营救落难的美军飞行员等方面，中共军队与美军的合作是卓有成效的。[②]

在不断增进了解与合作的基础上，驻华美军各单位还多次向中共中央提出各种合作的设想，拟向中共军队提供军事援助，以使中共军队能够更有效地配合盟军对日作战。这些计划包括戴维斯提出向连云港附近的中共军队提供训练和物资，以及建立情报网等；史迪威指挥部的麦克罗将军提出，一旦美军在山东沿海登陆时，争取与中共军队配合作战；史迪威将军亦提出过，要向中共军队提供 5 个师的装备和军火，他的这个建议得到罗斯福和美国陆军部的支持。史迪威的继任者魏德迈（Albert C. Wedemeyer）将军也曾命令他的参谋人员，拟定与中共军队合作的方案。中共领导人对美军人员透露的

[①] 《关于十天来的活动及各方面的态度》，1944 年 6 月 5 日；《美考察团来延目的》，1944 年 7 月 18 日。

[②] 参阅《李先念传》编写组编：《李先念年谱：一九〇九——一九四八》第一卷，中央文献出版社，2011，第 443—447 页。

拟议中的军事行动计划相当重视，并很积极地争取实现合作。[①]

客观地观察这个时期罗斯福政府对华政策，其变动的确是引人注目的。一方面，驻华美军与中共军队合作持续增强；另一方面，美国政要访华期间向蒋介石和国民党施加压力，推动其进行政治改革。这两方面的情况促使中共领导人更仔细和系统地评估美国对华政策的变化，包括驻华美军同中共军队进行军事合作的意图和可能性，罗斯福政府对中国国内政治问题的认识、可能采取的行动及其影响，等等。

中共中央当时获得有关美国对华政策的信息主要来自三个渠道。它们包括：驻重庆的八路军办事处和中共谈判代表、有美军人员活动的各根据地、延安的美军观察组。这些渠道提供的信息内容不尽相同，但在美军急于利用中共军队配合对日作战方面，几乎是一致的，有些报告甚至对驻华美军与中共合作的可能性，做出相当高的估计。

6 月 5 日，林伯渠等从重庆报告中共中央，美国驻华使馆的武官表示，他们目前最关心的是中共军队能否获得日军在华北华中行动的情报，以及敌后根据地能否提供飞机场。[②]不久后，在重庆的中共代表对美国政府派遣军事观察组到中共地区的目的做了更深入的分析。他们在给中共中央的报告中说，美军观察组到延安不仅是为了准备对日作战，而且还要了解中共与苏联的关系、中共未来的发展方向（如战后是否会同美国合作等），这些是很多美国人"心里的问题"。他们相信，如能使美国人了解中共七年来未得到苏联援助和所执行政策的实际情况，"更必有助于"今后双方的合作。[③]中共代表在与美方交往中已经相当敏感地注意到，美国最担心的是国共内战会"弄坏美苏关系"的逻辑中包含"美必援蒋，苏必援共之意"。[④]

8 月中旬，中共南方局向中共中央提出了一份关于外交工作的报告，他

---

① 毛泽东：《请美派人经延安转前方考察降落场和停泊港》，1944 年 6 月 29 日，参阅中共中央文献研究室编：《毛泽东年谱：一八九三——一九四九》中卷，人民出版社、中央文献出版社，1993，第 522 页。

② 《关于十天来的活动及各方面的态度》，1944 年 6 月 5 日。

③ 《美军事人员准备 8 月后来》，1944 年 6 月 28 日。

④ 《华莱士对蒋介石政权的观感》，1944 年 6 月 30 日。

们在报告中全面分析了美英苏三国的对华政策。报告认为，由于中共力量日益增长，各大国在制定对华政策、太平洋战略和战后世界和平的计划时，已经不能不考虑中共的力量和动向，这是围绕中国展开的国际关系的一大特点，也是"中国最近政治变化的一大事件"。在美苏英三大国中，英国的远东政策是"恢复与确保大英帝国战前殖民地"，它不希望出现"一个独立强大的新中国，并恐惧苏联在亚洲影响的增长"。英国一方面对国民政府"甚感不满"，另一方面对中共"也怀着很深的戒惧"。苏联是中国革命的最可靠的朋友，但对苏联是否参加对日战争，目前不可估计过高，所以应该利用美苏合作来促进中苏合作，以取得苏联的物资与技术援助。

报告对美国的对华政策进行了相当详细的分析。报告认为，美国对华政策具有两面性。一方面，美国在东亚的政策目标是彻底打败日本法西斯，为此它需要联苏联共，这有利于中国抗日民主力量的发展。另一方面，美国政府也面临来自国内的孤立主义势力、保守分子和教会的阻力，而且美国人民也有可能因为在战争中牺牲过大，以致产生消极情绪。不仅如此，美国政府的阶级属性决定了它不会自动赞成中共在中国取得胜利，它目前联苏和压蒋联共，是为了打败日本的需要。美国推动国民政府进行民主改革，是为了争取多数人的拥护，以便同中共对抗。美国"决不放弃对中国政治经济的领导，决不放弃对于中国中央的影响力"。如果美国认为蒋介石不能适应它的需要，它有能力"扶植一个完全执行美国政策的政府"。报告的结论是：美国赞成打败日本，"不会自动赞成中共成为中国政治中心"，不过"在现实已经造成不能否认时，可能被迫承认"。报告同样认为，美军将在中国沿海登陆，并建议中共中央采取措施，加强力量，控制美军可能登陆的沿海地区。①

中共南方局在这时专门向中共中央提交外交问题的报告，是应中共中央的要求，还是有感于国际形势的明显变化，目前还无法确定。根据以往的经验分析，应是第一种可能性大些。不过不论原因为何，南方局关于外交问题的报告是当时中国共产党内最具体详尽地分析东亚国际关系的文件。报告实

① 《南方局同志对外交的意见以及对中共中央的建议》，1944 年 8 月 16 日，南方局历史资料征集组编：《南方局党史资料》，重庆出版社，1990，第 110—117 页。

际上说明，在美苏英三大国中，英国的政策最保守；苏联是最可靠的朋友，但它受到自身实力的制约，对中国政治的影响有限；美国对中国政治的影响力最强，它的政策有两重性，因此有可利用之处，而且由于对日作战的需要，中共与美国之间有在一定范围内合作的基础。报告的这些分析很可能引起了中共中央的重视。

迅速发展的形势和各方面情况的变化，显然使中共中央认为"套用战略策略的简单公式已往往不能解决问题"，因此有必要制定一项更为明确和全面的对外政策。[①]8 月 18 日，中共中央在党内发布了《关于外交工作的指示》。在该指示中，中共中央再次强调了国际统一战线工作的重要意义，认为"今后国际统战政策，将可能给我们以更大的发展。而且如果国际统战政策能做到成功，则中国革命的胜利，将必增加许多便利"。中共中央明确指出："国际统一战线的中心内容是共同抗日与民主合作"，而"在目前最重要的是外交政策"。因此全党特别是党的高级干部，都要注意学习做外交工作。[②]"8·18"指示是中共历史上第一次以外交工作为题目和内容发布的党内指示，它是中共中央对外政策再次发生重大变化的标志。这主要表现在两个方面。

首先，"8·18"指示表明，中共中央的国际统一战线政策的重点开始从对外宣传工作转变为"半独立"的外交工作。这一转变突破了以往外事工作的限制，直接导致了各抗日根据地在军事、政治、经济、文化和宗教活动等各个方面，向同盟国敞开了大门。其次，中共外事工作的重心由争取国际舆论支持、扩大党的影响和制止国民党反共分裂，转变为争取国际合作和对中共政权的承认，外事工作包括了争取更多的合作者和承认者。中共中央在指示中专门说明：国内统战政策一般也适用于国际统战，但是同盟国中的"顽固保守分子"与国内的顽固派不一样，并不反对中共，因此对他们"应诚恳

① 《中宣部关于对中国大资产阶级及英美资产阶级的政策问题给晋察冀分局的指示》，1944 年 7 月 13 日，载中央统战部、中央档案馆编：《中共中央抗日民族统一战线文件选编》下，档案出版社，1986，第 718—719 页。
② 《中共中央关于外交工作的指示》，1944 年 8 月 18 日，载中央档案馆编：《中共中央文件选集》第 14 册，中共中央党校出版社，1991，第 314—318 页。

说服给以好的影响"。①

"8·18"指示的另一项重要内容是调整中共的对美政策，这一调整的中心点是建立和加强与美军的军事合作，并争取在军事合作的基础上，形成双方更多方面的合作关系。中共中央认为，"美军人员来我边区及敌后根据地，便是对我新民主中国有了初步认识后的实际接触的开始"。"就国家而言，美苏英与中国关系最大，而且目前美英与中国共同抗日，尤以美为最密。美军人员来我边区及敌后根据地的理由，为有对敌侦察和救护行动之需要，准此可争取其逐渐扩张到对敌作战方面的合作和援助，有了军事合作的基础，随后文化合作，随后政治与经济合作就可能实现，但目前不应希望过高"。中共领导人当时显然考虑过，与美军合作有可能引起日军对根据地的扫荡，但他们认为，与从中获得的政治和军事利益相比，与美军合作仍是利多而害少。因此中共中央提出了在军事上"放手与美军合作，处处表示诚恳欢迎"。② 为了能有效地与美合作，中共中央还要求各有关部队改进参谋、情报和通讯联络等方面的工作，"增设战略情报机关，定为联络部"，作为同美军进行情报合作的机关，师级和小军区增设联络处或联络科，以便"与美军取得联系"。③

到 10 月下旬，中共领导人一度认为美军可能在杭州湾一带登陆，而且"时间可能很快"。他们遂开始派遣有关部队和大批干部进入沪杭甬和华北指定地区，准备在美军登陆时配合作战，发动大规模武装起义，包括夺取杭州、上海、南京等大城市。④ 中共领导人这时的基本判断是，"美国可能在长

---

① 《中共中央关于外交工作的指示》，1944 年 8 月 18 日，载中央档案馆编：《中共中央文件选集》第 14 册，中共中央党校出版社，1991，第 315—316 页。

② 《毛泽东、刘少奇关于我党与美军合作的方针问题给张云逸、饶漱石、曾山等的指示》，1944 年 9 月 10 日。

③ 《中央军委关于建立联络机构给华北、五军区、五师、东江、新四军指示》，1944 年 9 月 9 日；《中央军委关于苏浙皖发展给华中局电》，1944 年 10 月 24 日；毛泽东：《准备力量向苏浙地区发展》，1944 年 11 月 2 日，参见军事科学院、中共中央文献研究室编：《毛泽东军事文集》第二卷，军事科学出版社、中央文献出版社，1993，第 733 页。

④ 《中央军委关于苏浙皖发展给华中局电》，1944 年 10 月 24 日；毛泽东：《准备力量向苏浙地区发展》，1944 年 11 月 2 日，参见军事科学院、中共中央文献研究室编：《毛泽东军事文集》第二卷，军事科学出版社、中央文献出版社，1993，第 733 页。

江下游登陆，我们和他们合作"；美国在中国大陆上与日本作战，"那就不能不依靠中国大陆上的力量，那就不能不与我们合作，与我们合作就对我们有利"。①

中共领导人这期间多次会见美军观察组成员，向他们解释中共中央的各项政策，以促进双方关系向更多的领域发展。为了加强与延安的美军观察组联络，中共中央专门成立了中央军委外事组，由军委秘书长杨尚昆担任组长。② 这个小组是中共中央首次成立的专职对外联络、情报汇集和咨询机构，而且是专为发展同美军的合作而设立的，在当时协助中共领导人处理了具体的联络和情报工作。此外，各根据地也按照中共中央的指示，开始积极加强与美军的联系。可以说，"8·18"指示表明了中共中央决心更彻底地改变以往国际统战工作中的"关门主义"带来的影响。

中共中央的另一目标是争取获得美国援华物资的一部分。向中共提供军事援助，是 1944 年初夏开始在重庆外交圈和国际媒体中出现的一种议论。华莱士访华期间，中共代表从宋庆龄处获悉，华莱士在会见国际媒体时对中共得不到援华物资表达了不满。③ 随着同美军合作的逐步加强，中共中央相信美军基于作战的需要，有可能向中共军队提供援助。中共中央在"8·18"指示中，将获得美国直接援助作为中共"半独立外交"的工作内容。此后不久，中共中央将"公平合理"分配美国援华物资作为同国民政府谈判的重要条件。④ 9 月 9 日，中共中央要求在重庆的林伯渠等利用同赫尔利、纳尔逊（Donald M. Nelson）等会谈的机会，直接提出中共军队应获得美国军事援助物资，而且"至少应得三分之一"。⑤ 9 月 12 日，毛泽东干脆提出，应将美

---

① 《毛泽东在延安党校作的报告》，1944 年 10 月 25 日，参阅中共中央文献研究室编：《毛泽东年谱：一八九三 — 一九四九》中卷，人民出版社、中央文献出版社，1993，第 552—553 页。

② 黄华：《亲历与见闻——黄华回忆录》，世界知识出版社，2007，第 53 页。

③ 《华莱士对蒋介石政权的观感》，1944 年 6 月 30 日。

④ 《毛泽东关于与国民党谈判我军编制问题给林、董、王电》，1944 年 8 月 21 日，参阅中共中央文献研究室编：《毛泽东年谱：一八九三 — 一九四九》中卷，人民出版社、中央文献出版社，1993，第 538—539 页。

⑤ 《中共中央给重庆中共代表的指示》，1944 年 9 月 9 日。

国援华军事物资的"二分之一给八路军、新四军，即国共平分"。① 他后来又指示应该在国民参政会上，直接向国民政府提出国共平分援华军事物资的要求。

有必要指出，"8·18"指示的一个独特之处，是将国际统战界定为位阶远高于外交政策的原则，而外交政策不过是"国际统战政策"在目前阶段的一个最主要的内容。循着这个逻辑就可以理解，中共中央为什么将美国内部"也有进步中间顽固三种势力"作为制定对美政策的依据，而且认为美国内部的顽固势力要弱于英国。② 中共七大期间，毛泽东将美国的不同政治力量进一步做了区分："第一要把美国人民和他们的政府相区别，第二要把美国政府中决定政策的人们和下面的普通工作人员相区别。"③ 后来又增加了一条，就是要把美国当前的政策同将来的政策区分开来。上述认知及其逻辑，对中共领导人制定和调整对美国的政策和寻求与美国的和解，都起了至关重要的作用。

这个时期来自不同地区和机构的报告，充分反映出在那些没有同美国人接触过的中共领导人心中，美国人形象基本上是正面的，至少是好过英国人的，后者被认为是"狡猾"的。④ 例如，在新四军五师的一份报告中，美国人被描述为"实际主义精神强，只求达到目的，采用一切方法"，"做事认真，重信"，有"绅士气"，感情上则"天真"。⑤ 1944 年 7 月 15 日，董必武在致毛泽东、周恩来的电报中称，美军观察组领队包瑞德（David D. Barrett）武

---

① 《毛泽东关于盟国援华军火应国共平分问题给林、董、王电》，1944 年 9 月 12 日，参阅中共中央文献研究室编：《毛泽东年谱：一八九三——一九四九》中卷，人民出版社、中央文献出版社，1993，第 544—545 页。

② 《中共中央关于外交工作的指示》，1944 年 8 月 18 日，载中央档案馆编：《中共中央文件选集》第 14 册，中共中央党校出版社，1991，第 315 页。

③ 毛泽东：《愚公移山》，1945 年 6 月 11 日，参见中共中央文献研究室编：《毛泽东选集》第三卷，人民出版社，1991，第 1102 页。

④ 《中共中央给董必武的指示》，1944 年 1 月 9 日，参见中共中央文献研究室编：《周恩来年谱：一八九八——一九四九》，人民出版社、中央文献出版社，1989，第 570 页。

⑤ 《李先念给毛泽东、朱德、饶漱石、张云逸、赖传珠电》，1944 年 9 月 2 日，参见《李先念传》编写组编：《李先念年谱：一九〇九——一九四八》第一卷，中央文献出版社，2011，第 446—447 页。

官说:"我感觉此次任务很重大,要做到与中国新力量合作,如做不好,此生完了。"① 这种壮士断腕的形象当然会增加中共领导人的好感,包瑞德到延安后,中共领导人同他相交甚好。

中共领导人的反应几乎是全方位的。10 月 25 日,毛泽东在一次报告中阐述了对与驻华美军合作的认识和判断。他说"美国可能在长江下游登陆,我们和他们合作";如果美国在中国大陆上与日本作战,"那就不能不依靠中国大陆上的力量,那就不能不与我们合作,与我们合作就对我们有利"。至关重要的是,毛泽东认为:"鸦片战争以后,104 年以来,没有一次这样好的环境,全世界民主国家都在帮助我们。过去只有苏联帮助我们,现在英美不反对我们,还帮助我们,起了大变化,马克思书本里也找不出这样的变化,只能找出这种变化的原理,而找不出这种变化的具体描写。"② 由这段话可以清楚地看出,当时中共领导人对国际环境的变化,主要是罗斯福政府对华政策的变化,的确很乐观,很有信心。

1944 年夏季以来国内、国际的政治、军事形势在相互影响中的急速变化,尤其是中共军队与驻华美军的军事合作的建立与发展,的确对中共领导人产生了巨大的影响,推动他们制定了一项极其富有进取性的对外政策。这项政策促使中共中央决心大幅度调整以往处理与国民党关系的方针和策略,即变自卫性政策为进攻性政策,从谋求解决局部的具体问题转变为结束国民党一党专政统治,将国民政府改组为各党派的联合政府。

1944 年 9 月 4 日,中共中央决定公开提出废除国民党一党统治,成立联合政府的主张。中共中央认为:"目前我党向国民党及国内外提出改组政府主张时机已经成熟。其方案为要求国民政府立即召集各党、各派、各军、各地方政府、各民众团体代表开国事会议,改组中央政府,废除一党统治。然后由新政府召开国民大会,实施宪政,贯彻抗战国策,实行反攻。"尽管国民党方面不会接受这一主张,但是"各小党派、地方实力派、国内外进步

---

① 《美机来延日期及人名》,1944 年 7 月 25 日。
② 《毛泽东在延安党校作的报告》,1944 年 10 月 25 日,参见中共中央文献研究室编:《毛泽东年谱:一八九三——一九四九》中卷,人民出版社、中央文献出版社,1993,第 552—553 页。

人士，甚至盟邦政府中开明人士"等，都会赞成。①9 月 15 日，中共代表林伯渠在第三届三次国民参政会上发表讲话，要求国民党结束一党统治，由国民政府召开国事会议，"组织各抗日党派联合政府，一新天下耳目"。②随后中共各报刊全面展开宣传，公开点名批评蒋介石和国民政府，并强调立即组织各党派联合政府是克服中国当前的军事和政治危机的唯一出路。

中共中央在公开提出组织联合政府的主张时，也在更细致和更全面地思考罗斯福政府的对华政策，并逐步形成了更为积极、更富进取的对美政策。当国共谈判在 7 月间陷入僵局时，毛泽东便认为："根本调整国共关系，要待蒋更困难及美施以更大压力时才有希望。"③中共领导人当时的确认为，美国以压蒋联共的姿态介入国共争端，是一个有利的因素。由于将美国的行动看成是迫使蒋介石和国民党方面改变政策的主要国际因素，中共中央不仅持续关注罗斯福政府的对华政策的变动，并积极尝试施加影响。

时机不久就出现了。正当中共军队与驻华美军的合作迅速发展和中共中央决定提出建立联合政府的主张之时，罗斯福任命曾任陆军部部长的赫尔利（Patrick Jay Hurley）将军担任总统特使访问中国。导致赫尔利使华的直接原因是蒋介石与史迪威之间的矛盾激化后，蒋介石向罗斯福提出另派使节来处理问题。从更广阔的角度来说，赫尔利使华是罗斯福政府在中国战场发生严重危机的时刻，借推动国共谈判来统一中国军队的指挥权，从而改变美国在中国战场面临的麻烦。实际情况是，赫尔利通过促使罗斯福政府将史迪威调离中印缅战区的方式，暂时缓解了与蒋介石的矛盾。

赫尔利直接介入国共矛盾难免对中共中央的政策产生重要的影响。赫尔利到重庆不久，中共中央便决定利用此次机会，提出美国应向中共军队提供军事援助的问题。中共中央指示林伯渠等人，应争取会见赫尔利、纳尔逊和

---

① 《中央关于提出改组国民政府的主张及其实施方案给林伯渠、董必武、王若飞的指示》，1944 年 9 月 4 日，载中央档案馆编：《中共中央文件选集》第 14 册，中共中央党校出版社，1991，第 323—324 页。

② 《解放日报》，1944 年 9 月 22 日。

③ 毛泽东：《关于时局近况的通知》，1944 年 7 月 15 日，参见中共中央文献研究室编：《毛泽东文集》第三卷，人民出版社，1996，第 195—197 页。

史迪威等，直接向他们提出，将美国援华物资的一半供给中共军队，同时可以邀请这些美国人访问延安。① 中共中央当时认为，赫尔利使华的主要任务是讨论组织中美联军如何对日作战，所以并没有准备与赫尔利讨论国共关系和其他政治问题。

10月下旬，赫尔利多次会见了中共驻重庆的谈判代表。在会见中，他一方面强调务必要维护蒋介石的领导地位，同时亦承认中共军队力量很强大，甚至承认中共是"决定中国命运的一种因素"，中共在中国政治中"应取得合法地位"，并应该有中共代表参加军事领导机关。② 赫尔利这时的谈话并不能视为虚伪之词，一方面，它们符合美国领导人对国民政府的状况和国共两党力量对比的估计，也大致反映了罗斯福政府解决国共问题的基本意向，即通过以蒋介石为领导中心的民主联合方式，实现中国的政治统一。另一方面，这些谈话也多少反映出，赫尔利本人这时对中国政治，尤其是国共矛盾的了解是比较肤浅的。

赫尔利与中共代表的谈话引起中共中央的注意。毛泽东根据赫尔利的谈话断定，经过努力和采取适当的策略，有可能迫使美国方面做出有利于中共的让步。他认为："蒋最怕指名批评他，美国亦怕我们不要蒋，故在蒋存在条件下，可以做出有利于我们的交易来。"③11月6日，中共中央专门召开会议，讨论了重庆传来的信息和是否要与赫尔利直接谈判的问题。

第二天，赫尔利本人突然乘飞机到达延安。毛泽东等中共领导人在他到达后才获悉，来者是美国驻华大使，他们立即驱车亲往机场迎接。赫尔利访问延安本身就有重要的政治含义。赫尔利毕竟是罗斯福政府驻华最高级别的代表，他的到访意味着罗斯福政府对中共合法性的承认。更具实质意义的是，中共领导人与美国驻华最高级别代表第一次谈判解决中国内部问题从此

① 中共中央文献研究室编：《毛泽东年谱：一八九三——一九四九》中卷，人民出版社、中央文献出版社，1993，第544—545页。
② 中共中央文献研究室编：《毛泽东年谱：一八九三——一九四九》中卷，人民出版社、中央文献出版社，1993，第551—552页。
③ 中共中央文献研究室编：《毛泽东年谱：一八九三——一九四九》中卷，人民出版社、中央文献出版社，1993，第552页。

开始。

从谈判过程分析，中共中央的基本策略就是利用美国急需中共军队配合对日作战，特别是急于维护和巩固蒋介石的领袖地位和国民政府的合法性，通过适当地批评国民政府的错误政策，争取促使美方进一步向蒋介石施加压力，迫使蒋介石同意改组国民政府。

毛泽东、周恩来等中共领导人与赫尔利进行了两天的谈判。在谈判过程中，毛泽东首先谴责了国民政府的错误政策，但是他没有对蒋介石本人进行任何尖锐的批评。他甚至向赫尔利表示，愿意在适当的时候会见蒋介石，直接商谈解决中国的政治和军事等问题。① 毛泽东有关在赫尔利斡旋下，可以去重庆与蒋介石直接会谈的表示，应是抗战结束时刻发生的重庆谈判的肇端，也是伏笔。

11 月 10 日，中共领导人与赫尔利签署了一项包括五项内容的协议（以下称"五点协议"）。与以往国共谈判的内容相比，"五点协议"中的新内容是提出了组织"联合政府"和"联合军事委员会"。② 中共领导人在签署"五点协议"时进一步向赫尔利说明，组成联合政府后，中共仍将承认蒋介石的领袖地位。

中共领导人的态度使赫尔利相信，"五点协议"是美方可以接受的。他表示尽管"五点协议"规定了国民党的一党政府必须被改组为联合政府，但这并不违背美国的民主政治原则，而且中共表现出了愿意同国民党合作的诚意，蒋介石还可以保住他的领袖地位；更重要的是美国可以通过组织一个联合统帅部，解决统一指挥中国军队的问题。所以，他在给罗斯福的报告中说，"五点协议"中"几乎所有的原则都是我们的"。他在与戴维斯谈话时甚至表示过，国共谈判如果在这样的基础上还失败了，责任将在国民党方面。③

① 参阅《同赫尔利的谈话》，1944 年 11 月 8 日，参见中共中央文献研究室编：《毛泽东文集》第三卷，人民出版社，1996，第 220—225 页。这里公布的内容是毛泽东在谈判中发言的一部分。

② 《五点协议案》，1944 年 11 月 10 日，参阅世界知识出版社编：《中美关系资料汇编》第一辑，世界知识出版社，1957，第 142 页。

③ "Major General Patrick J. Hurley to President Roosevelt," 16 November, 1944 , *FRUS*, 1944, China, Vol. VI, p. 699.

赫尔利离开延安时给毛泽东写了一封信，说他感谢毛泽东"光辉的合作与领导"，"智慧和热忱"的毛泽东的工作"是对于统一中国的福利及联合国家胜利的贡献"。① 毛泽东则托赫尔利给罗斯福带了一封信，说他"很荣幸地接待了"赫尔利，并且"融洽地商讨"了打败日本和重建中国的"大计"。他很感谢赫尔利"卓越的才能和对于中国人民的同情"，并希望中美两国人民"永远携手前进"！双方达成的"五点协议"的"精神和方向"是中国共产党人"八年来在抗日统一战线中所追求的目的之所在"，中国共产党人"一向愿意和蒋主席取得用以促进中国人民福利的协定"。② 显然，这时双方对延安会谈的结果都是满意的。五天后，毛泽东通过美军观察组收到罗斯福的回电，后者说"余期望与所有（一切）中国力量的强有力的合作"。③ 董必武也从重庆发来电报说，罗斯福已经打电报要求蒋介石"改组统帅部、改变办法云云"。④

延安的谈判结束后，周恩来与赫尔利同机飞往重庆。中共中央当时对此后与国民党谈判的结果做了比较谨慎的估计，认为一方面，国民党方面肯定要对"五点协议"提出修改；另一方面，赫尔利虽然在协议上签字，这并不是因为他的扶蒋立场发生了根本性转变，而是他没有完全了解，组织一个联合政府和中共代表参加国民政府这两者之间是存在根本性区别的；蒋介石有可能接受的是中共代表参加国民政府，但决不会同意组织联合政府。因此，这次谈判仍将是曲折复杂的，问题能否获得最终解决则部分地在于赫尔利是否以及有可能在大多程度上向蒋介石施加压力。

中共中央的判断是准确的，毕竟他们有同蒋介石和国民党多年谈判的丰富经验。赫尔利回到重庆后，的确曾经试图促使国民党方面接受"五点协议"。他向国民党代表说：中国共产党人"都是爱国分子"，"他们是愿意团结的"。13日，他在与周恩来会谈时甚至表示，要"与毛主席站在一起，以

① 《赫尔利致毛泽东同志信》，1944年11月10日。
② 《毛泽东致罗斯福的信》，1944年11月10日，载中央档案馆编：《中共中央文件选集》第14册，中共中央党校出版社，1991，第397—398页。
③ 《罗斯福复毛主席电》，1944年11月16日。
④ 《罗致蒋电内容》，1944年11月10日。

便斗"国民党。^① 但是，赫尔利的这种态度并没有维持多久。当蒋介石本人在与赫尔利的一次会谈中表示，国民党绝不会接受"五点协议"后，赫尔利很快便倒向国民党一边，转而要求中共代表接受国民党方面提出的"三点建议"。这个建议案的主旨是继续维持国民党的固有立场，可以接受中共代表参加政府。^② 谈判立即陷入僵局，随之而来的是赫尔利和魏德迈开始试图用美军援助，换取中共接受国民党的"三点建议"。

赫尔利在与周恩来会谈时，一再提出美军可以向中共提供大量的军事援助，并可以协助训练中共部队。作为交换条件，中共应接受国民党的"三点建议"。他声称中共如果这样做了，那将是"同我——美国政府合作"。^③ 周恩来拒绝了赫尔利提出的这笔"交易"，他告诉赫尔利等，造成目前谈判停顿的症结不是中共是否愿意与美国合作，而是国民党拒绝组成联合政府。

实际上，毛泽东和中共中央此时也已经无意立即取得谈判结果，他们更倾向于将谈判再拖延下去。中共中央的看法是，国民政府正处于严重的危机之中，如果中共在这时做出让步，加入未经彻底改组的国民政府，只会对蒋介石有利；赫尔利和美国方面虽然表现出更愿意妥协，其目的是在扶持蒋介石，而非真正准备与中共合作。在这种情况下，中共中央面临三个选项：一是中断谈判，另起炉灶组织"解放区联合委员会"；二是做出妥协，争取与国民党达成协议；三是将谈判拖延下去。^④ 12月1日，陈毅写给毛泽东一封长达13页的信，在信的第一部分阐述了他主张"就汤下面"，将国共谈判拖下去。他在开篇即举清初多尔衮给史可法的信中的名句，所谓"本朝天下取之于闯献，非取之于明朝"。他以这句话所包含的战略指导思想为例，系统阐述了目前宜将谈判"拖下去"，等待国际国内形势剧变，"水到渠成，把我党推上全国大舞台，实有如水就下，沛然莫御之妙用"。信中还提出了"拖

① 《周恩来与赫尔利谈话要点》，1944年11月13日。
② 世界知识出版社编：《中美关系资料汇编》第一辑，世界知识出版社，1957，第143页。
③ 《赫尔利与周恩来谈话记录》，1944年11月27日，12月2日。
④ 参阅牛军：《从赫尔利到马歇尔：美国调处国共矛盾始末》，东方出版社，2009，第47—66页。

下去"的具体办法。^① 毛泽东当天接信后边读边圈，阅后即提笔回复："来信读悉，启示极多，十分感谢！今日已电渝不交复案，周、董均回，拖一时期，再议下着。至于基本方针，如你所说那样，除此再无二道。"^② 他认为美国的"全部政治见解仍然是保持蒋的体系"，"并无诚意改革政治"。^③

12 月 7 日，周恩来返回延安。中共中央当天开会，讨论决定暂时中断与国民党的谈判，同时准备公布与赫尔利达成的"五点协议"，并着手筹备成立"解放区联合委员会"。第二天，周恩来致函赫尔利，向他说明了中共中央决定中断谈判的理由，并告中共将公布"五点协议"。^④ 同日，毛泽东在会见包瑞德时，批评赫尔利回重庆后态度改变，在谈判中的做法实属言而无信。

毛泽东对包瑞德的谈话和周恩来给赫尔利的信等，展示了中共中央决定采取强硬的立场，这在美方引起强烈的反应。赫尔利和其他一些美国驻华人员认为，毛泽东等人的做法表明，中共中央已经决心彻底与国民党决裂。赫尔利在接到周恩来的信后，认为中共中央决定公布"五点协议"违背了双方在签署协议时达成的谅解，即在解决问题前不公布这个协议，这关系到他个人的国际信誉。他在一封给周恩来的复信中表示，如果"五点协议"被公布，就意味着中共中央认为谈判"已告终结"。^⑤ 其他一些美国人员则担心，中共中央立场骤变，决定组织"解放区联合委员会"，肯定是受苏联影响的结果。^⑥ 他们一直认为，中共中央拟议中的"解放区联合委员会"并"不是解放区各个政府的联合委员会"，"可以解释成为中国人民的联合委员会，其中

---

① 《陈毅传》编写组：《陈毅传》，当代中国出版社，1991，第 311—312 页。

② 《给陈毅的信》，1944 年 12 月 1 日，参见中共中央文献研究室编：《毛泽东文集》第三卷，人民出版社，1996，第 229—231 页。

③ 《陈毅传》编写组：《陈毅传》，当代中国出版社，1991，第 156 页。

④ 世界知识出版社编：《中美关系资料汇编》第一辑，世界知识出版社，1957，第 143—144 页。

⑤ 世界知识出版社编：《中美关系资料汇编》第一辑，世界知识出版社，1957，第 144 页。

⑥ 《王若飞关于包瑞德、赫尔利等对国共谈判的一些意见给毛泽东、周恩来、董必武的电报》，1944 年 12 月 11 日。

暗含的威胁是明显的"。[①]

美方的强烈反应显然引起了中共中央的重视。中共中央的本意是要拉美压蒋，宣布中断国共谈判和告诉赫尔利要公布"五点协议"等，都是为了影响美国的对华政策，通过向赫尔利施加压力来迫使蒋介石和国民党方面让步。周恩来在给赫尔利的信中仍然表示，并不希望国共谈判影响美军与中共军队的军事合作。[②] 为了避免造成与美方的对立，毛泽东在获悉赫尔利等人的反应后，立即于 12 月 12 日指示在重庆的王若飞转告美方，中共中央毫无与美方决裂之意，"五点协议"可以暂时不公布，但是美方不应要求中共放弃原则立场，接受只派几个人到重庆做官的方案，至于其他一切都好商量。[③] 周恩来亦致函赫尔利，表示中共中央暂时不会公布"五点协议"。[④] 中共中央在同一天召开会议，决定暂缓成立"解放区联合委员会"。

1945 年 1 月，经赫尔利从中斡旋，国共谈判恢复。从太平洋战争的进程来看，这时日军的攻势已经停顿，中国正面战场稳定下来；由于苏联在打败德国后参加对日作战大局已定，加之美国海军在太平洋战场进展顺利等，促使美军领导人最后下决心，放弃在中国沿海登陆作战的计划。与此同时，美英苏三国首脑即将在雅尔塔举行峰会，美苏两国协调战后东亚政策已经到了关键时刻。这一切都使罗斯福政府希望尽早廓清中国的政治局势，它一方面需要尽快整合所有的中国军事资源，以便在中国大陆对日军发动反攻，并有利于应付苏联参加对日作战后可能造成的复杂局面；另一方面需要尽快使中国实现政治统一，为美国与苏联协调东亚政策创造有利的条件。在中国的军队统一和政治统一两者之间，罗斯福政府当时更关心的是中国军队的统一。

东亚国际形势的迅速变化和美国解决国共问题的重心的转移，固然给中

① 《驻华使馆二秘（谢伟思）的报告附件》，1945 年 4 月 1 日，《党史通讯》1983 年第 20—21 期。
② 世界知识出版社编：《中美关系资料汇编》第一辑，世界知识出版社，1957，第 143—144 页。
③ 《关于同国民党谈判的原则立场的指示》，1944 年 12 月 12 日，载中央档案馆编：《中共中央文件选集》第 14 册，中共中央党校出版社，1991，第 412 页。
④ 世界知识出版社编：《中美关系资料汇编》第一辑，世界知识出版社，1957，第 144 页。

共中央造成了新的困难，但是对国民党也同样形成了新的压力，特别是美国急于统一中国军队的指挥权，使它仍然有可能要求蒋介石和国民党在政治上做出某些让步。

1 月 24 日，就在周恩来到达重庆当晚的会谈中，国民党方面即借着讨论组织政务委员会的问题，提出组建"国防最高委员会"的问题。周恩来当即声明，如不"取消一党政治，任何形式的组织，我们均不参加"。[①] 第二天，赫尔利会见了周恩来，陈述他在昨晚会谈结束后与国民党代表的会谈结果，形成了五点意见。其中第三点是"成立整编委员会，由美国军官一人"，国共各一人"组织之"；第四点是为中共军队"设一美国军官做总司令，又设副总司令一人"；第五点是整编委员会一成立，"国民政府即应承认"中共的"合法地位"。他随即表示这仍然未能达到中共要求取消"一党政治"的主张，还可以继续谈。[②] 其实不论如何解释，赫尔利的这种说辞已经证明了，他在新一轮谈判中试图将焦点转移到解决中共军队的指挥权问题，尽管他知道这是徒劳的。

毛泽东在给周恩来的复电中极为强烈地表达了他对赫尔利建议的反感。他说赫尔利在会谈中提出的这类建议就是将中国军队，特别是中共军队"变成殖民地军队的恶毒政策"，中共中央断不能接受。[③] 在随后的谈判中，周恩来拒绝了赫尔利提出的由美国军官统一指挥国共军队的建议。尤为重要的是，中共中央在拒绝讨论统一中国军队指挥权问题的同时，也针对变化的形势，大幅调整了谈判的策略。中共代表在重庆公开提出召开党派会议，通过同国民党进行公开谈判来推动国民党统治地区的民主运动，而非解决其他政治和军事问题。

毛泽东的指责并非无的放矢。中共中央在谈判中断后，之所以仍然对赫尔利做出某些让步，除了为解决政治问题的策略考虑外，另一个重要的原因是，中共军队与驻华美军的军事合作尚未受到赫尔利调处受挫的影响。实际

---

① "周恩来致毛泽东电"，1945 年 1 月 24 日。

② 《周恩来与赫尔利会谈记录》，1945 年 1 月 25 日。

③ 《毛泽东对周恩来关于谈判情况的复示》，1945 年 1 月 28 日。

上，在谈判中断后的一段时间里，驻华美军各单位的代表仍在重庆与延安之间穿梭往返，他们积极寻求与中共军队进一步合作的可行方案。中共领导人同样对双方合作与日军作战的前景，抱有一定程度的希望。他们认为，"美军在华登陆已迫近"，而罗斯福政府的政策正转向更重视蒋介石和国民党，而疏远中共。他们认为美国人"完全于现实主义出发"，现在扶蒋是为了坚决保住西南各地区的空军基地，并准备在东南沿海登陆作战，而且其政策原则历来是"第一个朋友是重庆；第二个朋友是延安"。但是，"如果将来美军在八路军区域完全有实际需要，便不怕得罪重庆"。①

既然美方仍视中共为"朋友"，并继续寻求军事合作，中共中央自然不会断绝军事合作的可能。中共领导人这期间曾直接向驻华美军领导人提出，希望得到财政帮助，用于瓦解日伪军的工作。中共中央显然不希望因与赫尔利的关系恶化，影响中共军队与驻华美军业已建立起来的军事合作及其仍在向前发展的势头。

问题是赫尔利本人并不能理解他前一阶段调处失败的原因。他竟将中共中央不肯在关键问题上做出让步，归咎于驻华美军仍在与中共明来暗往，致使中共领导人以为可以不重视他的美国在华首席代表的地位，从而经常无视或反对他的意见，结果是他开始在美国驻华机构中进行整肃。为了实现在美国驻华机构中的"军令政令统一"，赫尔利采取各种措施来切断驻华美军各单位与中共的联系，并撤掉一些他认为对自己不忠诚的美军军官和使馆官员。赫尔利的这些行动在相当大的程度上破坏了中共与美军的合作，这对双方关系的影响是重大的，因为军事合作是双方合作的基础。赫尔利在这种背景下提出由美军统一指挥国共军队，自然会引起中共领导人的怀疑和谴责。因为这时驻华美军与中共军队的合作已经停顿，所以周恩来拒绝与赫尔利讨论军事问题，以及毛泽东指责赫尔利关于美军统一指挥国共军队的建议等，具有十分重要的含义。中共领导人的这些言行表明，他们已经开始怀疑并警惕美国插手解决中国军队问题的真实意图。

赫尔利很快就意识到，切断驻华美军与中共的联系不仅于事无补，反而

---

① 王若飞：《最近大后方战局与政局动向》，1945 年 1 月 14 日。

导致中共中央的立场更加强硬，如果国民党方面不在政治问题上让步，美国就不能达到统一中国军队指挥权的目的，为此，他不得不一再向国民党方面施加影响，甚至抱怨蒋介石不该断然拒绝"五点协议"，致使美方失去了控制中共军队的机会。在赫尔利的督促下，国民党谈判代表于 2 月 2 日对周恩来的建议做出答复，表示同意召开有各党派和无党派人士参加的政治协商会议。但是蒋介石很快便否定了这项提案。他公开指责"各党派会议等于分赃会议，组织联合政府等于推翻政府"。他还试图以强硬的立场，促使美国方面支持国民党召开国民大会的计划。①

蒋介石的态度使中共中央相信，能逼迫蒋介石在政治上做出实质性让步的条件，包括国际方面的条件等，均未成熟。中共中央认为，尽管苏联参加对日战争的可能性在增长，但苏联毕竟还没有公开其承诺，更看不到他们的实际行动；美国的扶蒋政策虽然还有变化的可能，但目前还没有发生根本性的变化。面对这种情况，毛泽东指示周恩来，中断与国民党的谈判，若是继续谈下去，反而会助长蒋介石"独裁之志气，灭民主之威风"。毛泽东认为，对美国方面亦应采取相同的态度，"要攻掉美政府之扶蒋主张"。②2 月 15 日，周恩来在重庆举行中外记者招待会，公开反驳国民党代表对国共谈判没有进展的解释，并宣布他将返回延安。至此，战时最后一次国共谈判实际破裂。

抗战时期最后一次国共谈判的突出特点是，自始至终都有美国政府的高级代表参与。从某种意义上说，这次谈判也是中共的第一次外交活动，是中共中央利用外交解决国内的国共问题的第一次尝试。当时中共中央的基本设想是，利用美国需要与中共军队合作对日作战的时机，促使赫尔利向蒋介石和国民政府施加压力，争取迫使他们接受改组国民政府、组织联合政府的主张。同时中共中央也试图利用解决政治问题的谈判，推动与驻华美军的军事

---

① 参阅陶文钊：《中美关系史：1911—1949》第一卷，上海人民出版社，2016，第 264—265 页。

② 《毛泽东关于召开党派会议国事会议和国民大会等问题致周恩来电》，1945 年 2 月 12 日，载中央统战部、中央档案馆编：《中共中央抗日民族统一战线文件选编》下，档案出版社，1986，第 789 页；《中央关于发展国统区的民主运动给王若飞的指示》，1945 年 2 月 25 日，载中央统战部、中央档案馆编：《中共中央抗日民族统一战线文件选编》下，档案出版社，1986，第 793 页。

合作。赫尔利在谈判中最终倒向"扶蒋"的立场以及他的某些个人性格，不仅使中共与美国方面的政治关系恶化，而且造成驻华美军与中共军队的军事合作停滞。赫尔利在谈判中一度企图以美国的军事援助作为筹码，诱使中共中央在重大的政治问题和军队指挥权问题上做出妥协，这严重加深了中共中央对美国战略意图的怀疑和警觉。赫尔利调处的结果使中共中央不得不重新考虑与美国的关系，以及美国在战后中国将会起何种作用。进一步说，对美政策在中共中央的战时对外政策中占有相当重要的地位，当中共中央决定重新调整对美政策时，必定会给中共中央的全部对外政策甚至其国内政策等，都带来重大的影响。

第八章 "我们也讲现实主义"

1945 年 4 月 23 日，中国共产党召开第七次全国代表大会。毛泽东以"两个中国之命运"为题致开幕词，并做了题为《论联合政府》的政治报告。在这两个重要的报告中，毛泽东全面和系统地阐述了中共在即将到来的新历史阶段的政治路线，并提出了争取建立联合政府的战略目标和一整套相关的政策。① 中共七大召开后不久，国民党于 5 月 5 日召开第六次全国代表大会。这次大会专门就中共问题做了秘密报告，并通过了"对中共问题的决议案"和"本党同志对中共问题的方针"两项决议。在这两份重要的文件中，国民党一方面表示，将继续争取以政治方式解决中共问题；同时也指责中共"一贯坚持其武装割据，借以破坏抗战"；提出中共主张的建立联合政府是"企图颠覆政府，危害国家"。② 关于战后中国的前途，大会确立了反对组织联合政府、继续维护国民党一党统治的基本路线。

中共七大和国民党六大召开之际，正是欧洲的德国法西斯灭亡在即、东亚地区的对日战争接近尾声之时，解决战后中国将何去何从的问题，已经是迫在眉睫了。国共两党在各自的代表大会上提出的两条政治路线可以说是截然对立的，它们将战后中国的两种发展前途，清楚地摆在中国公众和国际社

---

① 毛泽东：《论联合政府》，1945 年 4 月 24 日，参见中共中央文献研究室编：《毛泽东选集》第三卷，人民出版社，1991，第 1029 页。

② 《本党同志对中共问题之方针》，载中国人民大学中共党史系编印：《中共党史教学参考资料（抗日战争时期）》下，1980，第 734—735 页。

会面前。这也预示着战后的国共关系演变将会充满冲突与对抗，甚至爆发大规模的内战。

当时的情况表明，国共两党领导人在做出历史性选择的关键时刻，都在密切地关注着世界政治形势的发展。相比较而言，国际环境对中共要比国民党严峻得多。太平洋战争爆发后，中共对外政策的重点转向争取美国更积极地支持中国抗战和政治改革。中共中央一度采取积极联美的政策，这主要是基于对东亚国际力量对比的现实、中国抗战的进程和美国对华政策在这个阶段展现的特点等，而不是中共领导人根本改变了他们以往对国际政治分野的基本看法。中共中央始终认为，相比较而言，苏联才是中国革命运动的可靠的朋友和支持者，尽管其在中国政治舞台上的影响大幅缩小了。

1943 年夏季，苏联舆论在苏德爆发战争后开始公开抨击国民政府消极抗战和国内反共军事行动的政策，立即引起各种政治力量的关注。一种普遍的看法是，苏联对华舆论的变化表明，苏联在欧洲对德战争取得主动后，必将更加关注东亚事态的发展，并试图发挥越来越大的影响。中共中央注意到苏联对华政策的变化，在这期间，中共各报刊转载苏联评论东亚和中国事务的文章显著增加。从 1944 年夏季到是年底，中共中央在积极开展对美外交的同时，也在着手加强同苏联的联系。中共领导人向苏联方面几乎通报了有关中共与美国关系的每一项重要发展。

11 月 6 日，斯大林在莫斯科十月革命纪念大会上发表讲话，公开谴责日本是侵略者。[①] 这是 1941 年 6 月苏德战争爆发后的第一次。12 月 2 日，苏联《消息报》发表了著名评论员阿瓦林的文章。该文章尖锐地批评了国民政府，并提出中国应该实现"真正的民主统一"和国家民主化。[②] 苏联对日政策和对华政策的动向使中共领导人做出初步判断：苏联有可能在打败德国后参加对日战争，苏联参战将对美国以及国民政府形成有力的制约，特别是可

---

① ［苏］斯大林：《伟大的十月社会主义革命二十七周年》，1944 年 11 月 6 日，载中共中央马克思恩格斯列宁斯大林著作编译局编译：《斯大林文选（1934—1952）》下，人民出版社，1977，第 400 页。

② 参见［苏］C.A. 戈尼昂斯基等编著：《外交史》第四卷下册，武汉大学外语系、北京大学俄语系和北京外国语学院俄语系译，生活·读书·新知三联书店，1982，第 647 页。

以平衡美国在中国政局中的影响力。这个判断是导致中共中央宁愿将国共问题推迟到苏联参加对日战争之后再解决的一个重要的原因。[①] 中共中央在给王若飞的一份电报中说，目前逼迫蒋介石在谈判中让步的条件"还没完全成熟"，国际条件包括"苏联还未参战，苏、美、英还未直接干涉中国内政"。[②]

当时国际政治形势变化中的某些特点，也使中共领导人有理由对苏联参加对日作战后将会产生积极的影响，寄予较高的希望。1944 年 6 月 6 日，盟军在法国诺曼底登陆，从此在欧洲西部开辟了打击德国的第二战场；此时苏军也已经收复被德国侵占的绝大部分领土，并开始越过苏联边界，在欧洲东部继续向德军发动进攻；苏联红军和英美法联军形成了围剿德国法西斯的包围圈。在盟军摧枯拉朽的打击下，德军迅速崩溃，战后欧洲的政治问题随之尖锐起来。

10 月 9 日至 20 日，丘吉尔和斯大林在莫斯科举行会议，商讨战后欧洲的政治问题，结果是他们大致划分了两国在东南欧的势力范围。英苏两国首脑的会谈结果当时虽然尚不为人知晓，但随后东南欧政治局势的发展，比较清楚地展示了大国划分势力范围的后果。其主要表现就是凡属划归苏联的势力范围，苏联坚决支持那里的对苏友好的政治力量掌握国家政权；凡属英美势力范围的地区，情况正好相反。其中最有典型意义的是波兰和希腊。

6 月底，苏联红军在中部战线发动攻势，一举攻入波兰领土。7 月下旬，苏军攻占乌海姆之后，受到苏联支持的"波兰民族解放委员会"在该城市宣告成立。此后苏联采取各种措施，加强波兰民族解放委员会在波兰国内的政治地位，并坚决地抵制英美介入波兰事务。当时苏军实际上是波兰新政权得以建立和巩固的主要支柱。而与苏军在波兰的行动形成鲜明对照的，是英军在希腊的行动。当年 10 月，英军在希腊本土登陆。之后他们便着手扶持亲英美的政治势力组建联合政府。12 月初，希腊共产党领导的民族解放阵线宣布退出联合政府，随即发动了武装起义，结果遭到英军的武力镇压，终告

---

① 《毛泽东关于目前形势及参加政府的条件致周恩来电》，1945 年 2 月 3 日，载中央统战部、中央档案馆编：《中共中央抗日民族统一战线文件选编》下，档案出版社，1986，第 790 页。

② 《中央关于发展国统区的民主运动给王若飞的指示》，1945 年 2 月 25 日，载中央档案馆编：《中共中央文件选集》第 15 册，中共中央党校出版社，1991，第 38—39 页。

失败。这期间，苏联对英军在希腊镇压共产党起义的军事行动，始终不置一词。

欧洲相继发生的这些事件至少间接地影响了中共中央的内外政策，使中共中央更加关注苏联是否以及何时参加对日战争。毕竟，苏联参加对日战争不仅有利于早日打败日本，而且可以在中国形成直接制约英美的国际力量，避免中国政治舞台上出现国际力量一边倒地支持国民政府的局面。中共领导人认为，正是因为美国在对日战争中有求于苏联，它才没有支持国民政府的反苏反共的政策。这一时期，中共报刊发表的评论反映出中共中央对波兰和希腊两国出现的局势，抱持截然不同的态度。这些评论文章热烈赞扬苏军解放波兰，并称赞波兰民族解放委员会的行动是"义举"。对于英军在希腊镇压希共领导的反政府起义，则予以强烈的谴责。特别是延安的报刊发表多篇评论，反复警告要反对"斯科比式的人物"在中国策动反共军事行动，并提醒全党全军，要警惕国外反动势力武装干涉中国内政。①

中共中央对国际形势的分析和判断很快反映到中共的战略部署的调整中，其突出的特点是开始将军事发展方向，从估计美军可能登陆作战的华东沿海地区向北方地区转移。在这个转移过程中，中共军队同美军的合作明显在迅速减弱，与此同时，配合苏军对日作战的准备则日益受到重视。

1945 年 1 月 14 日，在重庆谈判的王若飞向中共中央报告了美国对华政策的新动向。他根据观察和所获信息认为，美军还在准备在中国东南沿海地区登陆作战，现在美国的政策是以扶持国民政府为主，将来会根据作战需要，在中共军队控制地区则"完全由实际需要"来处理与中共的关系，包括"不怕得罪重庆"。②2 月 24 日，中共中央致电华中局，同意他们"积极布置南进，同时又根据情况审慎考虑具体步骤"意见。同意"积极南进"的首要原因是他们认为"美军登陆是必然的"，而"审慎考虑具体步骤"的部分原因

---

① 《中央关于向皖南、浙东、苏南发展的战略方针给华中局的指示》，1945 年 2 月 24 日，载中央档案馆编：《中共中央文件选集》第 15 册，中共中央党校出版社，1991，第 32—35 页。

② 王若飞：《最近大后方战局与政局动向》，1945 年 1 月 14 日。

是"八路军准备应付可能的苏联参战,不能顾及陇海以南"。①

3 月中旬,华南中共部队领导人打电报给中共中央,请示配合英美盟军在广东沿海登陆作战的相关问题。中共中央的复电表明,中共领导人对美军在中国沿海地区登陆可能造成的政治后果的看法,同过去相比已经发生了重大的变化。中共中央指出,美军有可能"先在广东登陆","美国以扶蒋为主,英国则注意拉拢地方实力派",对中共军队均有顾虑,也"较轻视",华南部队必须准备应付局势恶化,应利用矛盾,发展自己的力量,以立于不败之地。对于美军"索要登陆的情报,可以给他",但对方提出的登陆地点不可相信,应提出要求武器装备。② 中共中央已经不再认为,美军在中国沿海登陆就一定会对中国政治形势产生积极的影响,而且尚不存在迫使美国放弃扶蒋政策的国内外条件,因此对是否配合美军登陆作战应采取谨慎的态度。

4 月 5 日,苏联政府宣布废除《苏日中立条约》。这一事件清楚地表明,苏联参加对日作战只是时间的问题了,而且可以肯定将为期不远。中共主要报刊立即高度评价了这一事件的重大意义,③ 中共中央也立刻开始了军事准备。

4 月 18 日,毛泽东转批《晋察冀分局关于积极配合苏联作战的准备工作的指示》。该指示指出:苏联废除《苏日中立条约》表明,苏联参加对日战争已为期不远,远东国际形势将因此发生重大变化。今后中共军队主要是配合苏军作战,配合苏军作战的主要方向是察哈尔北部和东北。为了完成这一战略性转变,必须对干部进行教育。宣传教育的内容包括:克服对美国军事力量的盲目看法,使干部了解到,只有苏联才是最先支援中国反抗日本侵略的国家;在宣传工作中应强调,《苏日中立条约》已经废除和苏联军事力量的强大。④ 毛泽东批转这份文件不仅标志着中共军事战略的方向开始转变,

---

① 《中央关于向皖南、浙东、苏南发展的战略方针给华中局的指示》,1945 年 2 月 24 日,载中央档案馆编:《中共中央文件选集》第 15 册,中共中央党校出版社,1991,第 32—35 页。

② 《中央关于配合盟军登陆问题给林平的指示》,1945 年 3 月 13 日,载中央档案馆编:《中共中央文件选集》第 15 册,中共中央党校出版社,1991,第 59—60 页。

③ 《解放日报》,1945 年 4 月 7 日和 8 日;《新华日报》,1945 年 4 月 8 日。

④ 《晋察冀分局关于积极配合苏联作战的准备工作的指示》,1945 年 4 月 18 日。

而且也是中共对外政策将发生重大变化的重要信号。在此前后，中共各报刊
报道和转载苏联评论中国政局和呼吁改善中苏关系的文章明显增加。与此形
成鲜明对照的是，中共开始对美国大使赫尔利进行虽有分寸但足够尖锐的批
评，在报刊上公开指责他的言行客观上是在鼓励蒋介石和国民党发动反共内
战。毛泽东亦亲自撰文，指责赫尔利所代表的美国政策"助长了国民党政府
的反动"。①

　　中共中央对外政策和军事战略的调整，直接反映到中共七大的政治决议
中。特别是对外政策的调整，构成了中共七大政治路线的一个重要组成部分。
毛泽东在《论联合政府》的政治报告中说，"二战"结束以后还会有斗争，这
不仅是因为还有法西斯的残余势力散布在世界各地，而且还因为"反法西斯
侵略战争的阵营中存在着反民主的和压迫其他民族的势力，他们仍然要压迫
各国人民和殖民地、半殖民地"，"只有经过长期的努力，克服了法西斯残余
势力、反民主势力和一切帝国主义势力，才能有最广泛的人民的胜利"。这
是世界反法西斯统一战线形成后，中共领导人第一次明确提出，在世界反法
西斯统一战线内部，仍然存在反民主与民主、帝国主义与反帝国主义的斗争，
而且这种斗争将对战后世界政治的前途产生重大影响。毛泽东认为，在这种
复杂的国际政治格局中，中共的对外政策必须是明确地联合苏联，因为苏联
的存在才是"两次世界大战是两个不同时代"的主要根据。苏联是 1924 年至
1927 年间唯一援助中国革命的国家，也是第一个援助中国抗日战争的国家，
而且"太平洋问题的最后的彻底的解决，没有苏联参加是不可能的"。对于
美英两国政府，毛泽东则警告说，它们必须"严重的注意"中国政治的现实，
不要使其对华政策违反中国人民的意志，否则将"犯下绝大的错误"。②

　　毛泽东在中共七大的内部报告中特别提出，根据欧洲国家的经验，中共

---

　　① 毛泽东：《赫尔利和蒋介石的双簧已经破产》，1945 年 7 月 10 日，参见中共中央文献
研究室编：《毛泽东选集》第三卷，人民出版社，1991，第 1110—1113 页；毛泽东：《评赫尔利
政策的危险》，1945 年 7 月 12 日，参见中共中央文献研究室编：《毛泽东选集》第三卷，人民
出版社，1991，第 1114—1115 页。
　　② 毛泽东：《论联合政府》，1945 年 4 月 25 日，参见中共中央文献研究室编：《毛泽东选
集》第三卷，人民出版社，1991，第 1031—1032、1085 页。

需要警惕战后出现新的外来干涉的危险，要警惕"斯科比式的人物"。毛泽东在这次讲话中再次提出抗战胜利后，中国"有可能变为以美国为主统治国民党的半殖民地"。毛泽东认为："有人提出中国可能变成美国的半殖民地，我看这个提法很对。抗战前中国是几个帝国主义统治的半殖民地，抗战中国民党依靠美国，中国有可能变为以美国为主，英国插一脚的半殖民地，这将是一场长期的麻烦，我们共产党要好好准备，以应付这个变化。"为此，他要求"我们党的高级干部，应该特别注意美国的情况。中国可能变成美国的半殖民地，这是一个新的变化"，"准备吃亏"。① 毛泽东的上述警告表明，中共中央这时已经在考虑甚至已经在准备，应付今后可能发生的与美国的对抗。

中共七大期间，中共中央决定采取措施，限制美国军政人员在中共控制地区的活动。中共中央向有关部队发布指示说明："美国政策已决心全力扶蒋，不给我以援助，但因怕苏联参战助我，故暂不愿放弃对我关系，并企图借此侦察我之对外关系"，国民党方面亦可能借美军的联系"施行侦察破坏"。所以对美军"可表示愿意合作，但只限于供给敌情、气象及地上救护"，美方如有其他要求或增换人员等，应向中央请示；如有未经许可之事发生，"我们有全权禁止"。②

中共七大结束后不久，中共中央军委即通知各根据地，中共现在对美国的态度是"反对美国现在对华的错误政策（扶蒋、反共、防苏），反对美国政府中的帝国主义分子（如赫尔利），支持其中进步的对中共同情的分子（如被捕六人等），批评美国扶蒋反共政策，而要求其加以改变，特别要抓紧美军对日作战如无我军配合则不能缩短战争减少牺牲这一点，逼迫美国政府重新考虑其政策"。中共中央决定不再准许美军在各根据地建立通讯机构，并停止供给机密情报；对于擅自空降到根据地的美军人员，应解除其武装，不准其通讯和监视其行动。③ 毛泽东告诉在延安的美军观察组人员，他们为了

① 毛泽东：《在党的第七次代表大会上的结论》，1945 年 5 月 31 日，参见中共中央文献研究室编：《毛泽东在七大的报告和讲演集》，中央文献出版社，1995，第 192 页。
② 《中央关于警惕美蒋特务合作对我进行破坏给林平电》，1945 年 6 月 2 日。
③ 《军委关于美国对华的反动政策及我之对策的指示》，1945 年 7 月 7 日，载中央档案馆编：《中共中央文件选集》第 15 册，中共中央党校出版社，1991，第 179—180 页。

抗战可以到中共各根据地去，但不准"偷偷摸摸到处乱跑"，因为美国政府实行扶蒋反共政策，中共对他们不放心。① 驻华美军在此期间曾经提出在灵丘、阜平和沂水等中共控制的地区建立飞机场，在中共各军区、军分区建立通讯网，在敌后增设地面救护站、气象台和侦案电台等要求，结果均被中共中央拒绝。中共中央明确说明，这样做的目的是"警惕其反动阴谋，增加其在敌后得不到我军配合的困难"。②

中共中央调整对外政策同它在国内政治斗争中的策略变化，基本是一致的和互相影响的。1944 年 12 月国共谈判中断后，中共中央曾经决定，立即着手建立"解放区联合委员会"。时隔不久，毛泽东便在一次会议上提出，应暂缓执行这一决定。当时国际各方面的不利反应，是中共中央决定改变这个决定的重要原因。1945 年 2 月国共谈判破裂后，中共中央重新开始考虑成立"解放区联合委员会"。在国共谈判期间，蒋介石为了抵制中共关于召开党派会议和组织联合政府的主张，于 3 月 1 日，在宪政实施促进会议上发表演说，指责召开党派会议违背了孙中山制定的建国程序，国民党"只能还政于全国民众代表的国民大会，不能还政于各党各派的党派会议，或其联合政府"。他宣布将于本年 11 月 12 日召开国民大会，并决定在下一届国民参政会讨论召开国民大会的有关事宜。③ 蒋介石在会见赫尔利时声称，不论中共赞成与否，国民党都将如期召开国民大会，希望美国表明立场，并给予支持。④

蒋介石发表演说的第二天，中共中央机关报《解放日报》即发表评论，谴责蒋介石的演说是"鲜明地反映了国民党内最反动集团的立场和企图"。⑤ 周恩来随后致函王世杰说，由于蒋介石公开宣布将召开国民大会，国共之间

---

① 毛泽东：《愚公移山》，1945 年 6 月 11 日，参见中共中央文献研究室编：《毛泽东选集》第三卷，人民出版社，1991，第 1102 页。

② 《军委关于美国对华的反动政策及我之对策的指示》，1945 年 7 月 7 日，载中央档案馆编：《中共中央文件选集》第 15 册，中共中央党校出版社，1991，第 180 页。

③ 蒋介石：《在宪政实施协进会第五次会议上的讲话》，1945 年 3 月 1 日，载中国人民大学中共党史系印：《中共党史教学参考资料（抗日战争时期）》下，1980，第 730—731 页。

④ ［日］古屋奎二：《"蒋总统"秘录》第 14 册，（台北）"中央日报社"，1980，第 10 页。

⑤ 《解放日报》，1945 年 3 月 2 日。

已无转圜余地。3 月 9 日，周恩来通过美国驻华大使馆转交一封信给赫尔利。他在信中说，中共中央认为，已没有必要继续与国民党的谈判。①4 月 1 日，毛泽东专门会见在延安的美国使馆二等秘书谢伟思。他在会谈中说，由于蒋介石宣布召开国民大会，中共中央准备提议组织"中国人民解放联合委员会"；该委员会不仅包括中共根据地的代表，而且大门对全国"所有愿意参加的团体都是敞开的"，包括"蒋管辖区的所有团体"。如果国民党坚持召开国民大会，中共将同时召开"解放区联合委员会"。②

中共七大正式讨论了召集解放区人民代表大会以及筹备成立联合委员会的问题。毛泽东在大会期间建议，召集解放区人民代表会议，由该会议宣布成立联合委员会，并将该委员会定名为"中国人民解放联合委员会"。在七大政治报告中，毛泽东公开对外宣布，中共将"尽可能迅速地在延安召集中国解放区人民代表会议，以便讨论统一各解放区的行动，加强各解放区的抗日工作，援助国民党统治区人民的抗日民主运动，援助沦陷区人民的地下军活动，促使全国人民的团结与联合政府的成立"。③

中共七大结束后，各解放区立即着手召开联合委员会筹备会议的准备工作，并通过媒体予以广泛报道，以造成声势。6 月 21 日，陕甘宁边区政府委员会与参议院联合发起，成立了"中国解放区人民代表会议筹备委员会"。7 月 13 日，该筹委会正式召开成立大会，并通过了《关于中国解放区人民代表会议选举事项的决议草案》，并宣布于本年 11 月在延安举行"解放区人民代表会议"，会议代表务必于 11 月 12 日以前到达延安。大会还通电表示，欢迎全国各党派和人民团体，都能选出代表参加这一"关系中国前途的会议"。④ 从 7 月中旬起，各解放区先后开始选举代表。8 月 1 日，筹委会组织

---

① 世界知识出版社编：《中美关系资料汇编》第一辑，世界知识出版社，1957，第151 页。

② 《驻华使馆二等秘书（谢伟思）所作谈话备忘录》，1945 年 4 月 1 日，《党史通讯》1983 年第 20—21 期。

③ 毛泽东：《论联合政府》，1945 年 4 月 25 日，参见中共中央文献研究室编：《毛泽东选集》第三卷，人民出版社，1991，第 1092 页。

④ 《中国解放区人民代表会议筹备委员会通电》，1945 年 7 月 13 日，《解放日报》，1945年 7 月 14 日。

成立了"解放区人民代表会议纲领起草委员会"。此时，在延安的中共报刊报道说，部分解放区的代表已经启程赴延安。

中共中央公开宣布召开解放区人民代表会议，组织"中国人民解放联合委员会"，并迅速展开筹备工作，是当时对抗国民党召集国民大会的最激烈的措施。中共中央在公开宣传中，将这一决定解释为建立联合政府的"最近步骤之一"，是为了"促进……联合政府的成立"。[①] 但其实际影响远不止于此。通过成立联合委员会的方式，将各解放区在形式上互不统属的地方政权联合成统一的政治实体，其结果正如谢伟思在给美国政府的报告中所解释的那样，"其中暗含的威胁是明显的"。[②] 谢伟思所说的"暗含的威胁"可以理解为，成立"中国人民解放联合委员会"，是中共抛弃国民党政权的"决定性"的第一步。

中共中央决心采取成立"中国人民解放联合委员会"这种强硬的手段，对抗国民党召集国民大会，同它对美苏对华政策，特别是苏联对华政策的分析，有密切和直接的关系。中共中央认为，苏联倾向于支持中国的民主运动和组织联合政府，美国为了促使苏联出兵对日作战，唯恐国共关系破裂，力图维持住国共合作的局面，因此其对华政策（扶蒋反共）并非绝对没有变化的可能性。在这种复杂的局面下，强硬对抗国民党召集国民大会的计划，至少不会受到苏联的反对，甚至还有可能迫使美国让步。

早在 2 月 3 日，毛泽东在给周恩来的一份电报中就曾提到，苏联参加对日作战的"可能性增长，因此美、蒋均急于和我们求得政治妥协"。他建议周恩来立即回延安。[③] 28 日，毛泽东在给周恩来的另一份电报中说，"断然拒绝赫尔利，完全正确"，从美国新闻处的报道来看，"我党主张已得到海外拥护。外国多数舆论亦是拥护此项主张的。美国政府扶蒋主张可能被迫放弃，

---

① 《解放日报》，1945 年 5 月 1 日。
② 《驻华使馆二等秘书（谢伟思）所作谈话备忘录》，1945 年 4 月 1 日，《党史通讯》1983 年第 20—21 期。
③ 《毛泽东关于目前形势及参加政府的条件致周恩来电》，1945 年 2 月 3 日，载中央统战部、中央档案馆编：《中共中央抗日民族统一战线文件选编》下，档案出版社，1986，第 790 页。

我党必须攻掉此项主张"。①

5 月 30 日，王若飞在给中共中央的一份报告中提出："美国要迅速彻底打败日寇，并减少自己的牺牲，绝对需要联合中共力量。因而专门扶蒋的政策，将来不能不变，就是现在也不会助蒋反共内战。"6 月 17 日，毛泽东在复电中肯定了王若飞的分析，并进一步表明，"美国政府目前政策，确是扶蒋抗日反共，其错误在认蒋可以打败日本，统一中国，但结果会与其希望相反"，而"要使美改变现行错误政策，必须中国人民及民主党派一致起来，批评美国错误政策的必然结果，反对美国专门援蒋助长内战的危险，促使美国觉悟，而不是预言美国不会助蒋内战与必会联络中共。美国现行政策是确定了的，不到山穷水尽，不会改变。我们反对内战，同时却又要表示我们不怕内战，以压蒋之气焰，坚同盟者对我之信心"。②

事实表明，由于苏联参加对日战争已为期不远，而美国对华政策日益偏重扶持蒋介石，中共中央从 1945 年春夏开始，逐步放弃了 1944 年夏季以来实施的联美政策，开始将对外政策的重心转移到配合苏军对日作战，并试图利用苏军参战的时机，创造解决国内问题的外部条件。对苏联对华政策的分析，这时已经不可避免地成为中共中央确定战略方针的重要前提。这一时期影响中共中央分析苏联对华政策的因素的确是多方面的，主要包括苏联在东、中欧国家坚决支持对苏友好的政府、苏联舆论抨击国民政府的各种政策、中共领导人对意识形态因素影响苏联对外政策的程度的认识、对抗日战争进程的预见，等等。这些因素的确有助于中共中央了解苏联对华政策的一般趋势，不过事实也表明，仅凭对这些因素的掌握和分析，尚不足以使中共中央能够完全把握住苏联对华政策在一些特定阶段可能呈现的具体特征和具体内容。特别是由于美苏两国在解决东亚问题时，经常采取秘密外交的方式，而外界

① 中共中央文献研究室编：《毛泽东年谱：一八九三——一九四九》中卷，人民出版社、中央文献出版社，1993，第 578—579 页。

② 《毛泽东关于目前形势及参加政府的条件致周恩来电》，1945 年 2 月 3 日，参阅中共中央文献研究室编：《毛泽东年谱：一八九三——一九四九》中卷，人民出版社、中央文献出版社，1993，第 576—577 页；《中央关于对付美、蒋反共发动内战的方针给王若飞的指示》，1945 年 6 月 17 日，载中央统战部、中央档案馆编：《中共中央抗日民族统一战线文件选编》下，人民出版社，1986，第 807—808 页。

要确切了解它们在对华政策上的具体互动和变化，的确是非常困难的，对中共领导人来说更是如此。

一般地说，苏联对东亚政策的出发点，是维护它在这一地区的战略利益，包括保护苏联东部地区的安全，以及争取和维持在这个地区获得某些优越的权益，而维护东亚地区的和平则是基本条件。苏联的对华政策作为其东亚政策的一个重要组成部分，自然不会例外。在对日战争结束前后这个阶段，苏联对华政策的目标是双重的。一方面，苏联要彻底打败日本，清除苏联东部周边的日本军事力量，从根本上解除日本对苏联安全的长期威胁；另一方面，苏联也试图利用苏军参战必然造成的巨大影响，在与苏联边界接壤的地区，营造一个缓冲地带，防止战后新的侵略势力进入，以致再次威胁苏联东部地区的安全；同时也要利用苏军占领的时机，在中国东北地区获得优越的权益和直接的经济利益。

基于对东亚地区的战略考虑，苏联的确希望中国的政治形势能够长期稳定，从而使中苏关系长期稳定。不论是中国的内部局势动荡，特别是国共发生大规模内战，还是中苏关系恶化，都有可能招致西方国家——主要是美国——的干预，甚至会演变为苏联与美国的直接对抗，而这正是苏联力图避免的。至于苏军参战后对军事占领的东北地区实行何种政策，要取决于美苏关系、中苏关系和中国内部形势等多种因素的变化。为了解决这一系列互相联系和互相影响的问题，苏联采取的方针是双管齐下，一方面与美国协调对华政策，承认蒋介石和国民政府的统治地位；另一方面则利用外交手段和实力地位，造成对国民政府的制约力量，包括对与苏联接壤的部分地区实行某种程度的控制，促使国民政府奉行对苏友好政策，以及利用舆论批评国民政府的某些政策和对中共表示同情和支持，最终形成一种形势来使国民政府别无选择，只能在美苏之间保持中立。

在"二战"后期，随着德国战败已成定局和苏联决定参加对日战争，苏联开始积极推行其东亚政策。斯大林采取的第一步，就是与美国协调政策。在 1943 年 10 月召开的莫斯科三国外长会议和 11 月召开的德黑兰三国首脑会议期间，美苏之间开始直接讨论东亚问题。从这时起直到 1945 年初，美

苏双方经过一系列的折冲，基本敲定了它们在东亚地区协调行动的基本条件。一是苏联承诺与美英中等国合作，在打败德国三个月之后，参加对日作战。二是美苏两国均承认，在战后尊重中国的主权与领土的完整；苏联承认美国在中国政治中的主导地位，美国承认苏联在中国东北地区享有特殊的利益。三是在处理中国内部问题方面，美苏均承认国民政府是中国唯一的合法政府，双方都同意应推动国民政府进行必要的政治改革，团结各派政治力量一致对日作战。与此相关的是，美国将敦促国民政府努力改善中苏关系，苏联则在解决中国内部的国共问题上，不妨碍美国促成中国政治统一的努力。①

1945 年 2 月，美英苏三国首脑在雅尔塔举行会议。在这次会议上讨论对日作战问题时，罗斯福和斯大林经过一番讨价还价，使美苏在中国问题上的长期交易进一步具体化。根据他们达成的秘密协议，苏联将于欧洲战争结束后三个月，即参加对日作战，并与国民政府缔结一项条约，为战后中苏关系奠定基础。作为交换条件，美国承认苏联在东亚与苏联毗邻的地区，主要是中国的东北和外蒙古等地区，拥有特殊的利益，包括在东北将行政权交给国民政府后，苏联控制大连的行政权和可在旅顺港驻军。②

苏联推行其东亚政策的第二个重要步骤，就是着手处理中苏关系。具体地说就是改善与国民政府的关系，促使国民政府承认苏联与美国达成的协议。雅尔塔会议结束后不久，4 月 5 日，苏联宣布终止《苏日中立条约》，同时开始着手推动中苏谈判。斯大林本人自始至终直接参与了从 7 月初开始的中苏谈判。他在谈判中坚决地贯彻了苏联的既定方针，一方面依靠苏联红军参加对日作战所造成的优势地位，以及与美国协调东亚政策所造成的政治影响；另一方面充分利用国民政府对苏联可能援助中共的恐惧心理，迫使国民政府承认外蒙古独立和苏联在中国东北地区享有特殊的利益，从而确保苏联对所谓东亚安全带的中心环节的牢固控制。

中苏谈判历时一个半月，双方经过激烈的讨价还价，至 8 月 14 日签订

---

① 参阅世界知识出版社编：《中美关系资料汇编》第一辑，世界知识出版社，1957，第140 页；牛军：《从赫尔利到马歇尔：美国调处国共矛盾始末》，东方出版社，2009，第 119—138 页。

② "The Ambassador in China (Hurley) to the President," January 14, 1945, *FRUS, Conferences at Malta and Yalta* , 1945, pp. 353-354.

了《中苏友好同盟条约》和一系列附属议定书。由于中苏条约的签订，苏联基本上达到了目的，它的东方安全防波堤从此合龙。该条约中尽管包含了损害中国权益的条款，国民政府却从中得到了苏联的保证，战争结束后将东北地区行政权交国民政府，支持国民政府实现中国的军令和政令的统一。中苏条约的第一条规定："苏联政府同意予以中国道义上与军需品及其他物资之援助，此项援助当完全提供给中国中央政府，即国民政府。"有关东北苏军与国民政府的关系的条款规定：由国民政府派代表在东北收复区"设立行政机构"，"树立中国军队"。[1] 所有这些规定使蒋介石和国民党感到鼓舞。

苏联与美国协调其东亚政策，以及与国民政府改善关系，必然要影响它同中共的关系。苏共与中共有着深远的历史联系，但基于种种原因和一段时间不充分的交往，苏联领导人这时对中共中央既不信任，也不太了解中共中央根据中国革命运动的具体情况所制定的战略和政策。苏联与美国协调对华政策的基础之一，是双方均承认国民政府在中国的统治地位，并一致同意以接纳中共代表参加国民政府，作为解决国共争端的基本办法。这一方案本身就是对中共中央在中共七大提出的联合政府方案的否定。问题的复杂性还在于，苏联在致力于大国外交时，更加轻视中共的力量和它在中国政治中可能拥有的影响力。这导致苏联领导人并没有在与美国达成妥协后便就此止步，反而试图进一步利用国际共产主义运动历史形成的党际关系，促使中共中央配合苏联的东亚政策。

中共七大期间，中共中央曾经对苏联对华政策做出比较乐观的估计。毛泽东在中共七大的结论报告中说："我们要做国际联络工作，做外交工作，很希望国际无产阶级和伟大的苏联援助我们。"即使得不到苏联援助，"全党团结起来，独立自主，克服困难，这就是我们的方针"。他在谈到"国际援助问题"时，还是认为"国际无产阶级的援助一定要来的，不然马克思主义就不灵了，不是只有外国援助我们，我们也援助外国。二十四年来我们是国

---

① 《中苏友好同盟条约及其照会》，1945 年 8 月 14 日，载复旦大学历史系中国近代史教研组编：《中国近代对外关系史资料选辑（1840—1949）》第 2 分册下卷，上海人民出版社，1977，第 264、274 页。

际无产阶级的一支队伍,我们这个队伍的斗争就援助了外国无产阶级,也援助了苏联。国际无产阶级也一定会援助我们"。[①] 中共七大以后,中共中央将对外政策的重心逐步转向争取密切同苏联的直接合作。

但是,随着苏联东亚政策在各个方面逐步展开,中共中央不能不重新考虑和分析,苏联在中国政局中到底会起何种作用,苏联的政策会对国共关系产生何种影响。中共领导人分析和估价的变化,势必引起中共中央重新调整中共的内外政策。中共中央制定对苏政策的基本依据,是苏联将参加对日战争,中共有可能利用这一形势达到两个目标。第一,通过与苏军合作对日军作战,取得苏联直接的援助。中共领导人相信,苏联作为共产党执政的国家,应该会支持中国的革命运动,赞成在中国实行政治改革。第二,苏联为了维护战后东亚地区的和平,不会允许战后的中国出现美国独占的局面,因此它势必要加强自己对中国政局的影响。不过对于中共中央来说,比较困难的是如何确切判断苏联的政策与苏联舆论之间的关联,特别是苏联对国共谈判的具体态度。当中共驻重庆代表与苏联驻华机构人员交往时,后者往往对中国内部问题特别是国共关系问题等,保持不介入的冷淡态度。[②]

抗战胜利前夕,中共领导人已经认识到,中共得到苏联直接援助的可能性几乎是不存在的。5 月 7 日,中共中央已经从中共驻重庆办事处获得了赫尔利 4 月在莫斯科与斯大林会谈的情况,其内容与后来公布的档案基本一致,包括赫尔利询问斯大林对中共的看法以及苏联是否援助中共。斯大林明确答复说,"中共所领导的是人民抗日的武装,是最大农民抗日武装,为国家尽了很大力量";苏联对中共"过去没有援助过,现在也没有援助过"。[③]

随着中苏谈判的开始,苏联和国民政府都在利用舆论工具渲染中苏谈判

---

① 毛泽东:《在党的第七次代表大会上的结论》,1945 年 5 月 31 日,参见中共中央文献研究室编:《毛泽东在七大的报告和讲演集》,中央文献出版社,1995,第 197—198 页。

② 参阅《斯克沃尔佐夫致莫洛托夫函:中国政治和军事形势》,1945 年 2 月 3 日,载沈志华主编:《俄罗斯解密档案选编:中苏关系》第一卷,中国出版集团东方出版中心,2014,第 20—23 页;《斯克沃尔佐夫与周恩来会谈纪要:建立联合政府谈判》,1945 年 2 月 14 日,载沈志华主编:《俄罗斯解密档案选编:中苏关系》第一卷,中国出版集团东方出版中心,2014,第 24—26 页。

③ 《赫尔利、斯大林谈话情形》,1945 年 5 月 7 日。

正在如何"友好的气氛"中进行，双方的代表如何"坦率"而"友好"地讨论各种问题等。中共中央在无法确切了解谈判内容的情况下，无从把握中苏谈判会产生什么样的结果，以及苏联参战后对国共斗争会采取何种态度。

6月29日，王若飞访问了苏联驻华大使馆，向苏方通报国共谈判的情况和中共中央对美国和中苏关系等问题的看法。他在会谈中除了介绍目前谈判陷入僵局的原因、中共七大的政治路线、中共提出的联合政府方案外，也尖锐抨击了赫尔利"如此卖力地帮助蒋介石上演这场新的闹剧，是因为美国想扶持蒋介石，并加强他的地位"，"其真实目的是扼杀中国共产党"等，而蒋介石现在提出恢复国共谈判是企图利用即将召开的美英苏三国首脑会议（指7月将召开的波茨坦会议），制造假象，而那次会议的"重要问题之一，必定是关于中国的问题"。王若飞在会谈中，向苏方代表介绍了孙科向他披露的即将开始的中苏谈判的内容，其详细程度令人瞠目。他说美苏达成了四点协议：一、美英苏承认蒋介石是中国唯一的领袖；二、美英苏承认中国领土完整；三、美英苏承认中国"门户开放"；四、苏军参战后将进入东北，战争结束后将东北移交国民政府。此外，还涉及东北权益问题、战后朝鲜问题、占领日本问题，等等。王若飞如此详细地介绍孙科披露的内容，当然是借此了解苏联的政策，而苏联代表的答复是："宋子文在莫斯科将会提出关于签署条约的话题，但是话题指的到底是什么样的条约，我们这里还不清楚。"① 这一实例清楚地说明，为什么这一时期中共中央对凡是涉及中苏关系的问题，均未公开发表意见。中共报刊除用较小的版面报道宋子文访苏的消息外，一直未对中苏谈判做任何评论。

大致是在8月3日，已经回到延安的王若飞对中共高级干部做了一次形势报告，从中可以部分了解中共领导人对中苏谈判的前景，的确抱持着相当谨慎的态度。王若飞在报告的有关部分中，对中苏谈判的影响做了十分谨慎的分析和估计。他说正在莫斯科进行的中苏谈判的前途有可能是签订条约，

---

① 《斯克沃尔佐夫与王若飞会谈纪要：关于战后中国政局》，1945年6月29日，载沈志华主编：《俄罗斯解密档案选编：中苏关系》第一卷，中国出版集团东方出版中心，2014，第46—49页。

而且中苏条约必定要同时照顾美苏双方的利益，因此不会是一个苏联支持中共反对国民党的条约，故中共对此不可心存侥幸，要有准备靠自己的力量来应付即将出现的复杂的国际形势。不过他也指出，要相信苏联的对美、蒋方面的妥协不会越过两个界限。一是苏联绝不会允许战后东亚出现一个美国支持下的法西斯中国；二是斯大林作为一位领导国际共产主义运动的马克思主义者，不会同国民政府订立一个限制中国革命的条约。这可以理解为，中苏条约的条款中不可能出现针对中共的内容。① 王若飞对莫斯科中苏谈判及其前景的上述分析，基本上反映了中共中央这时的看法。

8 月 8 日，苏联宣布第二天将参加对日战争。面对突然急剧变化的形势，中共中央一方面于 8 月 10 日、11 日，连续发布 6 项指示，命令各部队配合苏联红军向日军发动大反攻，攻占有关战略要地和接受日军投降。② 中共中央在 10 日的指示中，将苏联参战后的形势描述为"伟大历史突变之时刻"，中共军队应准备在日本投降时"能迅速占领所有被我包围和力所能及的大小城市和交通要道"。③ 另一方面，中共中央也开始在党内进行动员和部署，以便应付随时可能发生的国共内战以及美国军事干涉。在 8 月 11 日发布的一项指示中，中共中央专门指出，对蒋介石"绝对不应存在任何幻想"，"对美国人民及政府中的民主分子必须表示好意。但斯科比（Ronald MacKenzie Scobie）危险的可能性尚未过去"，等等。④

8 月 13 日，毛泽东在延安干部会议上做有关苏军参战和抗战胜利后的形势的报告。他在报告中高度评价了苏联参加对日战争的重要意义，认为"外国共产党的军队来援助中国人民，在中国境内打击法西斯，是历史上从来没有的"。但是，他在谈到苏军参战后，中共是否会得到苏联的援助时，却直截了当地指出：国民党有美国援助，中共至今还没有得到外国援助。综

---

① 《王若飞同志报告记录》，1945 年 8 月 3 日，存中国人民大学中共党史系资料室，6442/1，4。
② 6 项指示的具体内容，参见 1945 年 8 月 11、12 日的《解放日报》。
③ 《中央关于苏联参战后准备进占城市及交通要道的指示》，1945 年 8 月 10 日，载中央档案馆编：《中共中央文件选集》第 15 册，中共中央党校出版社，1991，第 215 页。
④ 毛泽东：《关于日本投降后我党任务的决定》，1945 年 8 月 11 日，参见军事科学院、中共中央文献研究室编：《毛泽东军事文集》第三卷，军事科学出版社、中央文献出版社，1993，第 1—3 页。

观报告的全部内容，毛泽东评价苏联参战的积极意义是有明确范围的，即一方面是为了鼓舞士气，以抵消美国全力扶蒋反共给中共造成的压力；另一方面苏联参加对日作战很有可能成为一种外部的制约因素，使"美国不一定援助中国内战"，暂时将内战限制在"若干地方性"的范围内。总之，苏联被看作是可以起到制衡美国的作用的另一个大国，至于它是否会给中共直接或间接的援助，毛泽东未作任何解释或预言。他在这次报告中特别强调全党要"完全靠着自己的努力"。① 这同之前中共中央对中苏关系的判断是一致的，实际上中共中央在这一时期已经基本断定，中共还不可能直接从苏联得到援助。不过他们显然还没有估计到，苏联与美国协调对华政策对中共的不利影响，还远不止于此。

8月15日，日本宣布无条件投降。就在一天前，国民政府与苏联签订了《中苏友好同盟条约》。随之而来的是，蒋介石立即向中共发动政治攻势，打电报邀请毛泽东赴重庆谈判。很明显，国民政府就是在利用中苏条约签署后的国际局势，借助美苏协调对华政策和中苏关系改善对中共形成的压力，通过邀请毛泽东到重庆直接谈判，达到迫使中共中央妥协的目的，至少也可以使中共在政治上陷于被动。

8月15日，美国总统杜鲁门发布关于接受日军投降的"一号命令"。该命令规定，在中国，除东北地区的日军外，其他地区的日本陆海空军均应向国民政府投降。② 美国政府的"一号命令"使国民政府取得了接受在华日军投降的合法地位。这时国共斗争的焦点之一，就是争夺对驻华日军的受降权。中苏条约签订后，杜鲁门政府发布的"一号命令"又给中共中央造成了新的困难和压力。国际形势的急剧变化确实在客观上向中共中央提出，有必要重新考虑调整中共七大以来的战略方针。

---

① 毛泽东：《抗日战争胜利后的时局和我们的方针》，1945年8月13日，参见中共中央文献研究室编：《毛泽东选集》第四卷，人民出版社，1991，第1124页。

② "Directive by President Truman to the Supreme Commander for the Allied Powers in Japan (Mac A-rthur)," August 15, 1945, *FRUS*, 1945, *The Far East, China*, Volume VII, p. 530; "The Second Secretary of Embassy in China (Stevens) to the Ambassador in China (Hurley)," October 2, 1945, *FRUS*, 1945, *The Far East, China*, Volume VII, p. 575.

中共中央最初显然不打算在国际压力下让步。在 8 月 13 日的报告中，毛泽东特别强调了中共军队不必受国际力量的约束，自主地争取受降权。中共的方针就是"针锋相对，寸土必争"，中共的权力是"人民给的"，"如果不是人民给的，还是谁给呢"？ 8 月 15 日，朱德致函美英苏三国政府，认为国民政府及其军事统帅部并不能代表中国"一切真正抗日的人民武装力量，中共军队有权接受日军投降，并派遣代表参加处理日本的国际会议和联合国会议"。①8 月 16 日，朱德又代表中共中央公开通电，答复蒋介石向毛泽东发出的谈判邀请。他在通电中坚决反对国民政府不准中共军队接受日军投降的命令；关于谈判问题，他要求蒋介石："立即废止一党专政，召开各党派会议，成立民主的联合政府。"朱德通电的措辞之激烈前所未有，国民政府在通电中被指责为"蒋介石的政府"。②

与此同时，中共中央在党内指示中，继续进行准备应付内战的动员。8 月 14 日，蒋介石发电报邀请毛泽东到重庆谈判。16 日，毛泽东复电予以拒绝。该电报不算抬头和署名，共有 41 个字，中心思想就是让蒋介石认真阅读朱德当天发给后者的电报，以便了解此刻中共中央的主要关切和原则立场。③ 朱德在电报中向国民政府提出了六点要求，包括中共军队正向日伪军进攻，有权接受日军投降；国民党应该召开国是会议和建立联合政府；要求蒋介石"公开收回"因为他"私心"太重而发出的否定中共军队有受降权的错误命令。④ 中共中央在当天发出的一份党内指示中说，蒋介石邀请毛泽东到重庆谈判"完全是欺骗"，是为国民党发动反共内战做舆论准备；如果盟军强令在华日军只许向国民政府投降，"即等于助蒋内战，我们坚决反对"。⑤

---

① 《中国解放区抗日军朱总司令致美英苏三国说帖》，1945 年 8 月 15 日，《解放日报》，1945 年 8 月 16 日。

② 参见《解放日报》，1945 年 8 月 17 日。

③ 毛泽东：《关于赴重庆谈判问题复蒋介石的电报》，1945 年 8 月 16 日，参见中共中央文献研究室编：《毛泽东文集》第四卷，人民出版社，1996，第 1 页。

④ 毛泽东：《第十八集团军总司令给蒋介石的两个电报"八月十六日的电报"》，1945 年 8 月 16 日，参见中共中央文献研究室编：《毛泽东选集》第四卷，人民出版社，1991，第 1142—1146 页。

⑤ 《中央关于积极进行反内战反独裁宣传给徐冰张明同志的指示》，1945 年 8 月 16 日。

中共报刊此时已经公开称蒋介石是"人民公敌"，他的言行是在"埋伏扰乱远东和平的祸根"。①

8 月 22 日，中共中央突然明显地开始改变之前的强硬立场。其原因首先是中苏条约公之于世，该条约的内容表明中共中央的判断基本准确，苏联将不会向中共提供援助。如果说中苏条约的内容尚在中共中央的预料之中，那么，8 月 22 日中共中央收到来自苏联方面的电报，的确是有些出乎他们的预料了。根据毛泽东后来的回忆，斯大林和苏共中央电告中共中央，应该接受蒋介石的邀请去重庆谈判，以"寻求维持国内和平的办法"，走"和平发展的道路"，否则发生内战，"中华民族有覆灭的危险"。②根据当年 12 月 30 日斯大林与蒋经国在莫斯科会谈的记录，斯大林在会谈中告诉蒋经国，苏军刚进入东北时，中共领导人曾经通过苏联在延安的代表向莫斯科征询建议，而"俄共中央认为，中共应该去重庆谈判"。③

苏联关于内战前途的悲观预言，是指如果发生内战，存在美国直接军事干涉的可能性，毕竟美军正在中国沿海地区陆续登陆，驻华军队人数最多时达到 11 万之众。在如何"寻求维持国内和平的办法"这一问题上，斯大林的方案与美国基本上是一致的，即中共应解散军队，派代表加入国民政府。在与蒋经国的会谈中，斯大林重申，在中国"一个国家内不能有两个政府和两支军队"，让中共"管理几个省份"也许是"可行的"。④由此可见，苏联不仅不会援助中共，还要求中共中央做进一步妥协，以适应苏联对外政策的需要。

另外，中共那时尚未与在中国参战的苏军建立起联系。8 月 17 日，中共晋察军区报告中共中央，他们的部队在张北地区遇到苏军，对方要求履行

① 参见《解放日报》，1945 年 8 月 17、19 日。
② 毛泽东：《论十大关系》，1956 年 4 月 25 日，参见中共中央文献研究室编：《毛泽东文集》第七卷，人民出版社，1996，第 42 页；中共中央党史研究室编：《中国共产党史大事年表》，人民出版社，1981，第 78 页。
③ 《斯大林与蒋经国会谈记录：中苏关系诸问题》，载沈志华主编：《俄罗斯解密档案选编：中苏关系》第一卷，中国出版集团东方出版中心，2014，第 101 页。
④ 《斯大林与蒋经国会谈记录：中苏关系诸问题》，载沈志华主编：《俄罗斯解密档案选编：中苏关系》第一卷，中国出版集团东方出版中心，2014，第 102 页。

联络手续。① 8 月 20 日，毛泽东在给晋察军区的一份电报中说，"全军区主力之任务为配合红军夺取"诸如张家口、平津、保定、石家庄等华北重要城市。② 两天后，中共中央就在苏军占领区建立地方政权等问题，专门致电晋察热分局领导人，告知他们"尚不明了"苏军在占领区的政策，晋察热分局应抽调干部前往建立党组织和发动群众，并建立地方武装。但是，如果苏军"在政策上有所顾虑，须用很好的态度与他们商讨，并在苏军所允许的范围内进行工作"。③ 到莫斯科来电之日，中共中央与已经进入东北和华北连接地区的苏军仍没有建立起必要的联系，故无从了解苏方到底是否会对中共军队采取合作的态度。

苏联领导人的态度给中共中央造成的压力是可想而知的，不过从另一个方面看，中共中央认为，苏联政策的主旨是力求维护中国国内的和平，这固然对中共造成了巨大的压力，但客观上对美国也是一种制约，特别是对蒋介石和国民政府，同样也是一种压力。基于这样的分析逻辑，中共中央如果能通过政治谈判，促使出现国共和平的局面，并非完全不符合中共的利益。毕竟在力量对比上，中共明显处于弱势一方，国民政府的合法性已获得国际社会的承认，尽管只是暂时的。何况国民政府已经垄断受降权，美国正在积极帮助国民党军队向华北运兵。

中共中央固然对苏联领导人要求毛泽东去重庆谈判感到不满，不过他们对战后美国是否直接进行武装干涉的关注程度，实际上超过了对苏联政策的关注。8 月 11 日，在毛泽东提出全党工作重心是向日伪军发动进攻和夺取合法受降权的同时，中共中央在内部指示中提出："国共谈判将以国际国内新动向为基础考虑其恢复，延安对美国与国民党的批评暂时将取和缓态度。"④ 这无疑表明，中共领导人在一开始就认为，抗战结束后会有一个"过渡阶

---

① 《程耿关于我军已与苏联红军会师向中央的报告》，1945 年 8 月 17 日。

② 《毛主席关于配合红军夺取张家口、平津等地给程耿贺林的指示》，1945 年 8 月 20 日。

③ 《中央关于到苏联红军占领区建立地方政权和武装给晋察冀分局的指示》，1945 年 8 月 22 日。

④ 《中央关于日本投降后我党任务的决定》，1945 年 8 月 11 日，载中央档案馆编：《中共中央文件选集》第 15 册，中共中央党校出版社，1991，第 230 页。

段"。它何时结束？过渡到哪里去？是和平还是全面内战？都无从确定。[①] 因为中共中央对国际环境中存在的不确定性因素难以把握，所以当苏联明确指出美军有介入的可能和苏联赞成毛泽东与蒋介石直接谈判时，中共中央肯定会重新考虑未来的战略。

最初的变化出现在 8 月 22 日，也就是在接到苏方第一次来电的当天，中共中央、中央军委联合发布指示，提出中共军队"应改变方针，除个别地点仍可占领外"，以"必要兵力着重于夺取小城市及广大乡村"，"准备应付新局面，做持久打算"。该指示说明改变方针的原因，就是"苏联为中苏条约所限制及为维持远东和平，不可能援助我们"，不过由于"国民党内部困难仍多，美苏均不赞成中国打内战"，中共应准备同国民党谈判以争取有利条件。[②] 从中共中央决定速度之快可以大致推断，苏共中央的来电的确产生了巨大的影响。对苏联领导人不仅不支持中共的政治主张和军事行动，反而要求毛泽东去重庆与蒋介石谈判，中共领导人最初很可能感到不满，但是，他们不能不重视斯大林关于内战前途的悲观预言。何况不仅斯大林如此告诫中共中央，苏联驻华使馆、东北苏军等均相信美国极有可能在中国进行直接的军事干涉，而其结果很可能是中共遭受严重的失败。[③] 例如，苏联驻华使馆就曾告诉中共谈判代表，在东北发生战争，"尤其是伤及美人，必致引起严重后果，有全军覆没及惹起美军入满的绝大危险"。[④]

8 月 23 日起，中共中央在延安枣园召开了中共政治局扩大会议，共有高级干部五十余人出席。会议一开始，毛泽东就系统阐述了他对中共面临的形势的判断。他说"我国抗日战争阶段已经结束，进入了和平建设阶段"，

① 毛泽东：《抗日战争胜利后的时局和我们的方针》，1945 年 8 月 13 日，参见中共中央文献研究室编：《毛泽东选集》第四卷，人民出版社，1991，第 1134 页。

② 《中共中央、中央军委关于改变战略方针的指示——目前方针着重于夺取小城市及广大乡村》，1945 年 8 月 23 日，载中央档案馆编：《中共中央文件选集》第 15 册，中共中央党校出版社，1991，第 243 页。

③ [苏] 列多夫斯基：《斯大林与中国》，陈春华、刘存宽译，新华出版社，2001，第 299页；《魏德迈在华任务》，1945 年 11 月 12 日，参阅胡乔木：《胡乔木回忆毛泽东》，人民出版社，1994，第 431—432 页。

④ 参阅《彭真传》编写组编：《彭真年谱：一九〇二——一九九七》上，中央文献出版社，2002，第 362 页。

而且"全世界包括欧洲、东方，都进入了和平建设的阶段。第三次世界大战目前不会爆发是肯定的"。前一段时间中共之所以未能攻占一些大城市，外部原因就是"苏联为了国际和平和受到中苏条约的限制，不可能也不适于援助我们"，"苏联如公开助我，美国必公开助蒋，大战就可能爆发，和平不能取得"。他承认由于没有可能得到苏联的援助和未能取得受降的合法性，"我们想力争的那一批胜利果实就得不到了"，"我们没有得到大城市，没有机械化军队，没有合法地位"，而这些国民政府方面都有，这就是中共面对的现实。另外，国民党也有很多弱点，如"摊子没有摆好，兵力分散"，特别是"苏、美、英也需要和平，不赞成中国打内战"。他在分析了形势后，当然也是在斯大林的判断的影响下，对中国政治形势与国际关系之间的互动，得出了这样的结论，即"在欧洲……希腊为英国所必争；在亚洲，中国则为美国所必争"，中共如占领南京、上海一类大城市，"美国一定要干涉"，反之苏联"不可能进一步帮助中国革命"。[①] 这种判断不仅是中共中央决定恢复国共谈判的主要原因，也决定了中共中央解决政治问题的基本方案。用毛泽东的话说，就是"大体要走法国的路，即资产阶级领导而有无产阶级参加的政府"，"现在是独裁加若干民主，并将占相当长的时期"。[②] 从中共政治战略的发展来看，这个方案不能说是完全没有来由的。当中共七大政治报告公开提出建立联合政府时，毛泽东在内部会议上的发言表明，中共领导人在联合政府的具体形式上至少有三种考虑：一、"政府还是独裁的"，中共参加做官；二、"以蒋介石为首，形式是民主"，实质是蒋介石独裁；三、以中共为中心。毛泽东虽然强调第三种是发展"规律"和中共的目标，但前两种形式也不是不可以接受的。[③] 其中第二种形式是相当接近当前的方案，即建立蒋介石领导的、容纳其他党派参加的政府。毛泽东在发言中还提醒说："我们要准备有所让步。我们要准备对付最大的困难，如外国不帮助，军队可能因谈判而

---

① 毛泽东：《抗日战争胜利后的新形势和新任务》，1945 年 8 月 23 日，参见中共中央文献研究室编：《毛泽东文集》第四卷，人民出版社，1996，第 4—8 页。

② 胡乔木：《胡乔木回忆毛泽东》，人民出版社，1994，第 396、398 页。

③ 毛泽东：《对"联合政府"的说明》，1945 年 3 月 31 日，参见中共中央文献研究室编：《毛泽东在七大的报告和讲演集》，中央文献出版社，1995，第 102—103 页。

缩小，内部不一致，等等。"①

中共中央政治局会议得出的结论是，利用美苏均不希望中国发生大规模内战的时机，提出和平、民主的口号，重新调整与国民党的关系。会议决定毛泽东在适当的时机赴重庆谈判，并准备在谈判中适当妥协。8 月 25 日，中共中央公开发表宣言，"一个新的时期，和平建设的时期，已经来临"，中共为了实现和平而正式提出六点"紧急措施"。与朱德 15 日发表的六点主张相比，中共中央准备做重大让步这一点，是显而易见的。宣言在受降和政治改革这两个当时最为关键的问题上，改变了以往的要求。如提出：应划定受降区域，允许解放区军队及代表"参加处置日本的一切重要工作"；在重申成立"举国一致的联合政府"时，加上了"筹备自由无拘束的普选的国民大会"。② 中共中央在党内通知中说明，中苏条约和国民政府垄断受降权，给中共中央在抗战结束时刻制定的军事战略造成了很大的困难，但是，由于美苏英均不赞成中国内战，蒋介石和国民党在国内外的压力之下，也有可能有条件地承认中共地位。在这种形势下，中共中央准备有条件地承认国民政府的地位，"准备给以必要的不伤害人民根本利益的让步"，从而"造成两党合作（加上民主同盟等）、和平发展的新阶段"。③

这里顺便指出，通过国共两党领导人会谈中国政治问题，在中共领导人的设想中并不是全新的内容，他们在 1944 年 10 月上旬与赫尔利会谈中就提出了。毛泽东这时接受蒋介石的邀请亲赴重庆，主要是基于对时局中国内外各种因素的判断。甚至可以推断，赫尔利如此积极地斡旋蒋介石与毛泽东会谈，也同一年前的延安谈判有关。④

重庆谈判期间，中共代表团提出，中共军队可集中到黄河以北的山东、河北、察哈尔、热河与山西大部、绥远小部及陕甘宁边区七个地区，并可以

---

① 毛泽东：《抗日战争胜利后的新形势和新任务》，1945 年 8 月 23 日，参见中共中央文献研究室编：《毛泽东文集》第四卷，人民出版社，1996，第 8 页。

② 《解放日报》，1945 年 8 月 27 日。

③ 毛泽东：《中共中央关于同国民党进行和平谈判的通知》，1945 年 8 月 26 日，参见中共中央文献研究室编：《毛泽东选集》第四卷，人民出版社，1991，第 1152—1155 页。

④ 《同赫尔利的谈话》，1944 年 11 月 8 日，参见中共中央文献研究室编：《毛泽东文集》第三卷，人民出版社，1996，第 220—226 页。

与国民党军队按 7∶1 的比例整编军队。在政治方面，中共代表团只提出各党派参加政府，同意召开国民大会，大会代表由普选产生。由于国民党方面的反对，中共又提出只增选三分之一代表的妥协方案，并表示不在北方另行召开"中国解放区人民代表会议"。中共的让步实际上是回到了 1942 年夏季关于建立民主共和国的设想，这一次只是更为具体和完整，充分反映了中共中央对美苏合作将对中国政局产生何种影响的分析和判断。中共中央认为，"苏美英均不赞成中国内战"，如果中共做足够的让步，目前的国共谈判就有可能导致中国出现和平民主的新局面。①

与中共中央对国际形势的看法不同，蒋介石与仍在重庆参与调处国共矛盾的赫尔利都相信，既然美英苏三大国承认国民政府是中国唯一合法政府，这一事实就足以迫使中共做出妥协。若中共不肯妥协，国民政府就获得了发动讨伐中共的战争的合法性，并且不会受到来自国际方面的干预。这种被证明是虚幻的充实感使国民党方面在谈判中态度强硬，坚持必须贯彻军令政令统一的方针。他们指责中共的妥协方案是"分疆而治""割据地盘"，是"再蹈军阀时代的覆辙"。国民党方面的立场导致重庆谈判没有产生中共中央预期的结果，重庆谈判尚未结束，《双十协定》墨迹未干，国民党军队便开始向华北铁路沿线中共控制的地区发动进攻，中国很快就再次出现内战的危机。

---

① 毛泽东：《中共中央关于同国民党进行和平谈判的通知》，1945 年 8 月 26 日，参见中共中央文献研究室编：《毛泽东选集》第四卷，人民出版社，1991，第 1153 页。

第九章 "无法无天"

日本宣布投降后，由于中国没有形成统一的局面，国共两党利用在华日军停止抵抗的时机，立刻展开一场争夺受降权的激烈斗争。经过重庆谈判期间的一度沉寂之后，从10月中旬起，国共再度爆发了大规模的武装冲突。这一时期国共发生武装冲突的主要地区是华北，但双方争夺华北，尤其是华北主要铁路沿线的重要城市和可供运兵的主要港口，其重要目的是争夺被苏军占领的东北。国民党军队是要占领和打通华北的交通要道；中共军队是要阻止国民党军队攻占交通要道和向华北运送军队。

抗日战争期间，国民党军队的主力长期驻扎在西南地区和西北地区，远离日军占领的大城市和交通要道。相反，中共军队却活跃在敌后广大地区，中共根据地实际上包围着被日军占领的一些交通线和战略要地。特别是在华北地区，中共军队经过长期堪称艰苦卓绝的努力，建立了大片的巩固的根据地，并控制着通过华北进入东北的主要交通线和战略要地。这在客观上形成了对中共相当有利的战略态势，即中共军队经过努力，有可能控制华北的一些战略要地，并以华北广大地区为依托，抢先进入并进而控制东北地区。

争取控制日军长期侵占的东北地区，使东北成为中国革命的战略基地，是中共中央经过长期准备要力争实现的重要目标。九一八事变后，中共领导的东北抗日民主联军曾在东北地区进行了长期的堪称艰苦卓绝的抗日斗争。全国抗战爆发后，中共军队经过长期不懈的努力，在华北地区相继开辟了晋察冀、晋冀鲁豫、冀热辽和山东等解放区。其中，冀热辽和山东两解放区均可作为从陆路和海路进军东北的前进基地，这已经为中共在适当时机夺取东北，创造了相当有利的条件。从目前已公开发表的文献来看，中共领导人在太平洋战争爆发后不久，已经在考虑战后中共军队有可能必须转入东北地区，故从战后长期考虑，经营山东根据地可作为中共军队战略转移的枢纽。1942年4月初，刘少奇从苏北阜宁返回延安途中，到达山东临沂，直到7月下旬才离开。7月9日，毛泽东发给刘少奇一份长电报，其中的一个内容就是战后夺取东北的设想。毛泽东在电报中说，"有一点须与你商酌，即山东的重要性问题"。估计"日本战败从中国撤退时，新四军及黄河以南部队须集中到华北区，甚或整个八路军、新四军须集中到东三省去"，"如此则山东实为转移的枢纽"。因此，毛泽东希望擅长组织工作的刘少奇能多待一段时间，以"掌握山东任务"。[①]

中共七大前后，随着东亚国际形势的发展，中共中央在内部向全党干部提出了争取东北的战略意义。毛泽东在七大期间实际上已经大致勾画出中共在战后的战略发展方向，即准备在战后大力经营华北，并向东北方向发展。如果中共能夺取东北地区，那里将成为中共可靠的战略后方，中共根据地和军队长期被国民党包围的状况将从根本上改变，而且可以形成背靠苏联，建立与苏联的直接联系和获得苏联直接的援助。毛泽东在七大的结论报告中专门系统阐述了夺取东北的重大意义，将其界定为奠定夺取全国胜利的基础。他说"东北是一个极其重要的区域，将来有可能在我们的领导下。如果东北能在我们领导之下，那对中国革命有什么意义呢？我看可以这样说，我们的胜利就有了基础，也就是确定了我们的胜利。现在我们这样一点根据地，被敌人分割得相当分散，各个山头、各个根据地都是不巩固的，没有工业，有灭亡的危险"。"如果我们有了一大块整个的根据地，包括东北在内，就全国范围来说，中国革命的胜利就有了基础，有了坚固的基础"。"如果我们有了东北，大城市和根据地打成一片，那末，我们在全国的胜利，就有了巩固

---

① 毛泽东：《山东有可能成为战略转移的枢纽》，1942年7月9日，参见中共中央文献研究室编：《毛泽东文集》第二卷，人民出版社，1993，第434—435页。

的基础了。"毛泽东基于对苏联对华政策的观察判断，苏联将会支持中共夺取东北的计划。他说："外国无产阶级和苏联长期不援助我们，因为他们还没有来得及援助我们……是情况不允许"，但是"国际援助最后总要来的"。[①]

显然，在抗战接近尾声时，力争控制东北在中共中央的战后战略规划中，已经具有关系全局的重要意义，决定着中共中央在战后的战略发展方向和战略决策。从这个意义上说，东北对于中共中央来说是势在必争的。另外，夺取东北的计划也是推动中共中央密切和加强与苏联关系的重要动力，与中共对外政策的调整是互相呼应的。在苏军占领东北的情况下，没有苏联的认可或支持，中共军队要控制东北是完全不可能的。正是夺取东北的战略意义和苏联的政策对贯彻这个战略的特殊意义，中共中央对外政策的调整必定会反映和配合夺取东北的战略目标，对苏政策的变化也从一个侧面反映了夺取东北的战略方针的逐步形成。

客观地看，在抗战后期，中共与苏联的关系是很冷淡的，在苏联的对华政策框架中，与处理对美和对国民政府的关系相比，中共不能算作重要的因素，它只是苏联用来制约国民政府的一个因素而已。在抗战结束前开始的中苏谈判中，斯大林就曾经直截了当地用有可能支持中共，迫使国民政府接受苏联对东北的要求。[②]这同苏联在伊朗北部，利用伊朗人民党的做法如出一辙。[③]因此，对于中共来说，发展和密切与苏联的关系是需要付出巨大努力的。

1945 年 4 月，由于估计到苏联不久将参加对日战争，中共晋察冀分局发布重要指示，要求所属各部队加紧训练和扩军，以便能及时抽出主力部队，

① 毛泽东：《在党的第七次代表大会上的结论》，1945 年 5 月 31 日，参见中共中央文献研究室编：《毛泽东在七大的报告和讲演集》，中央文献出版社，1995，第 218—219 页。

② 《行政院长宋子文、外交部长王世杰自莫斯科呈蒋主席报告为速缔立中苏条约以防生变请对外蒙及其他未决事项授予权宜处置之权电》，民国三十四年八月十二日，参阅秦孝仪主编：《中华民国重要史料初编（对日抗战时期）》第三编"战时外交"（二），（台北）中国国民党中央委员会党史委员会，1981，第 649 页。

③ ［苏］弗拉季斯拉夫·祖博克：《失败的帝国：从斯大林到戈尔巴乔夫》，李晓江译，社会科学文献出版社，2014，第 58—59 页。

向东北发展。中共中央迅速批准了这项部署。① 6 月下旬，冀热辽军区抽调了所属部队三分之二的兵力，组成三支挺北支队，开始向热河和辽宁的日伪控制地区渗透，并掩护干部进入指定的地区，开辟各项工作。

中共中央决心在战后向东北地区发展并争取控制那片地区，并不能被简单地理解为是中国内部国共斗争的问题，实际上中共在东亚地区向战后列强安排的国际秩序发起的巨大挑战，是中共领导的革命运动冲击东亚战后国际秩序的一个重要开端。中国东北地区历来是列强在东亚激烈角逐的竞技场，汇聚着错综复杂的国际矛盾。自 20 世纪初以来，美日俄之间的纵横捭阖，是列强争夺东北的基本格局。1899 年美国提出在中国实行"门户开放"政策，矛头主要就是针对俄国在东北的扩张。在 1905 年的日俄战争中，日本取得了胜利，美国则充当了日本的"匿名合作人"。俄国由于战败，被迫退出东北南部，放弃了对南满铁路和旅顺、大连等港口的控制。此后，美国企图借调节日俄纠纷挤入东北，结果立刻遭到日本和俄国的联合抵制。

"一战"后，东北的形势发生了巨大的变化。一方面是苏联的影响逐步被削弱，另一方面是日本的势力不断扩大。九一八事变后，东北形成了日本一家独占的局面。当时美国并没有采取实际行动，阻止日本的武力扩张。苏联同样不愿意因为东北问题与日本发生直接冲突，相反为了缓和与日本的关系，于 1935 年将中东路转售给伪满洲国。苏联势力从此全部退出东北，日本最终实现了独占东北的目的。

日本在东北靠武力征服造成的独占局面，必然要随着它的军事失败而根本崩溃。战后如何解决东北地区涉及的各种问题，势必要有在打败日本的战争中起了重大作用的美苏两家参与。苏联战后对东北的政策是它整个东亚政策和对华政策的一个极为特殊的部分，苏联的政策要服从苏联国家利益的需要，也取决于苏联对中国战后在东亚扮演何种角色的认识。苏联决定参加对日作战后，选择东北地区作为主要战场，主要是基于军事方面的考虑。不过它在军事上做出战略选择后，试图利用战后必定会军事占领东北的有利条件，谋求在这一地区的局部优势地位和优越的经济利益，也是不争的事实。

① 《晋察冀分局关于积极配合苏联作战的准备工作的指示》，1945 年 4 月 18 日。

　　美国与国民政府在战时已经确立的联盟关系表明，国民政府在战后很可能成为美国东亚政策的追随者。苏联要在根本上改变这种状况，几乎是不可能的。所以，它除了通过改善中苏关系以争取中立国民政府之外，还试图控制东北的主要港口和铁路，取得在辽东半岛的驻军权，尽可能地加强自身对东北地区的政治和经济影响。即使不能彻底阻止外国势力的渗透，至少可以形成一个缓冲地带。苏联领导人之所以采取这些措施，明显地受到俄国传统外交思维的影响。

　　客观上看，苏联对中国东北的打算确实包含着与美国对华政策发生冲突的逻辑。美国自提出"门户开放"以后，历届政府的传统政策都是不允许任何大国在中国或中国部分地区，拥有排他性的特殊地位。"二战"结束以后，美国的实力空前强大，世界地位空前提升，这使美国更难以容忍苏联在东北的要求。战争期间，美国出于尽早打败对日的需要，不得不对苏联做出让步。但美国的让步也是有限度的，包括满足苏联获得通向太平洋的出海口的愿望，承认苏联在东北享有某些特殊和优越的经济利益。另一方面，美国也试图将苏联在东北的影响限制在只能获得特殊的经济利益的范围内。结果是在东北地区，苏联要保持和扩大它的影响，美国则是要限制苏联影响的扩展。美苏双方既互相妥协，又互相限制，这既是东北地区局势动荡的主要原因之一，也是中共中央必须应付的主要麻烦之一。

　　在美苏的角逐中，国民政府扮演着相当尴尬的角色。中苏两国在东北问题上存在着许多长期悬而未决的纠纷。这些纠纷既包括历史遗留的问题，也有一些现实问题。九一八事变后，中苏在东北的接触被日本的侵略扩张所切断，客观局势导致中苏的矛盾暂时缓解。一旦日本的势力被逐出东北，中苏在东北的纠纷必然会再度爆发。蒋介石对此并没有掉以轻心。在战争后期，维护国民党在战后中国的统治地位，是蒋介石处理对外关系的基本出发点和基本原则。这个基本原则也贯穿于国民政府处理中苏关系和解决东北问题的全过程，而且在东北问题上表现得相当突出。

　　国民政府对苏外交需要解决两个互相纠缠的问题，即中苏关系和国共关系。一方面，如果承认苏联控制东北地区或在那里拥有过多的特殊权利，都会给国民政府造成严重的困难，甚至可能引发一场危机。1919年的巴黎和会在中国引起的震荡可为前车之鉴。另一方面，如果不对苏联让步，导致苏联采取积极支持中共、在新疆地区制造动乱等政策，对国民政府的威胁会更可怕。这两种前途都会危及国民党的统治，蒋介石的应付办法很可能是按两害相权取其轻的逻辑进行选择，很难超出中国近代历届统治者的基本思路。苏联在东北地区的行动不过是"肘腋之忧"，中共才是"心腹之害"。国民政府的政策就是和苏反共，因此在东北问题上必定要对苏联让步，以达到在国际上孤立中共的目的。

导致国民政府对苏妥协的另一个客观因素，就是它本身缺乏实力。孱弱的实力和精神状态，导致国民政府在外交上严重地依赖美国。蒋介石和国民党相信，除非积极追随美国的东亚政策，否则国民政府在外交方面是很难有所作为的。不过，东北对国民政府毕竟有着比美国远为直接的利害关系，这决定了国民政府在对苏妥协的基调中，仍然尽可能地限制苏联索求的范围。蒋介石的主要手段就是利用美苏矛盾，拉拢美国来制约苏联。

从2月雅尔塔会议结束到8月14日中苏条约签订的半年间，美苏和国民政府展开频繁的外交活动。它们经过一系列激烈的讨价还价，终于就东北问题达成了协议。苏联几乎争取到了它想要的全部条件；国民政府也得到苏联的保证，即将东北地区的行政控制权移交国民政府；美国则在一定程度上保留了限制苏联的发言权。

美国、苏联和国民政府围绕东北展开的外交活动表现出两个特点。首先是它们在处理相互间关系时，是以妥协为主调的。它们妥协的主要基础是，美苏承认中国对东北的主权，以及苏联在战争结束后，将东北的行政权移交国民政府接收。从国共关系的角度来说，这实际上意味着将中共排除于东北之外，防止中共利用苏联参战和苏军占领东北的机会，进入甚至控制这个地区。

其次是美苏和国民政府在东北问题上的矛盾表明，雅尔塔秘密协议和中苏条约在协调美苏和中苏关系方面的作用，其实也是有限的。造成这种矛盾状况的根本原因，是美苏两国的政策在三方处理东北问题的过程中，起着几乎是决定性的作用。国民政府的孱弱，以及它企图在美苏之间玩弄"以夷制夷"的手腕儿，使它不仅无力阻止美苏两个大国在东北的角逐，反而会加剧这一地区的紧张局势。

总而言之，美苏和国民政府三方既要通过妥协，以维持经过长期外交活动在东北地区形成的格局，又要为追求各自的对外政策目标而激烈角逐。这是中共中央在东北面临的基本形势和基本问题。客观地说，这种局面既给中共造成了困难，也提供了可以利用的机会。

1945 年 8 月 9 日，苏军向东北日军发动进攻。毛泽东在同一天发表的《对日寇的最后一战》中，号召解放区军民密切和有效地配合苏军作战。[①]延安连续发布六道命令，其中第二号命令指示有关部队，向察哈尔、辽宁、吉林等东北广大地区进发，收复失地。[②]第六号命令指示中共军队中的朝鲜义勇队，随中共有关部队向东北进军。[③]

从直接或间接公开的文献来看，中共中央因为并不清楚，苏军参战后的行动范围到底有多大，所以他们提出的配合苏军作战主要是指在华北地区，或者华北与东北连接的地区。另外，由于对暂时还难以得到苏军的援助有所准备，中共中央并没有在苏军参战后，立即就提出进军东北的计划。[④]苏联红军参加对日作战后不久，毛泽东在延安给中共干部作的形势报告中，已经阐明了中共中央应对战后围绕中国的国际关系的基本方针。他针对列强的外交折冲以及国民政府所获国际支持的情况，提出中共将坚持两个原则。一是"自力更生"，即依靠中共自己组织起各种力量，争取中国革命的胜利。二是"无法无天"，不受国际上大国外交及其结果的束缚。毛泽东特别向中共干部说明，中共的权力是"人民给的"，"我们的责任，是向人民负责"，"我们当

---

① 毛泽东：《对日寇的最后一战》，1945 年 8 月 9 日，参见中共中央文献研究室编：《毛泽东选集》第三卷，人民出版社，1991，第 1119 页。

② 《延安第二号命令》，1945 年 8 月 11 日，载中央档案馆编：《中共中央文件选集》第15 册，中共中央党校出版社，1991，第 299—301 页。

③ 《延安第二号命令》，1945 年 8 月 11 日，载中央档案馆编：《中共中央文件选集》第15 册，中共中央党校出版社，1991，第 223 页。

④ 毛泽东：《准备应付必然到来的内战局面》，1945 年 8 月 4 日，参见中共中央文献研究室编：《毛泽东文集》第三卷，人民出版社，1996，第 452—453 页。

了人民的代表，必须要代表得好"。① 毛泽东用"自力更生"和"无法无天"之类的形象语言，阐述了中共中央当时处理对外关系问题的两个基本准则。这两个准则被贯彻在中共中央这个时期的对外政策中，就处理与东北苏军的关系而言，就是要立足于"自力更生"，既要争取与苏军合作，同时在行动上不能太受苏联对外政策的限制。

8月11日，朱德发布了中共军队向日军收复失地的第二号命令，指示原东北军吕正操、张学思、万毅及李运昌等指挥的部队，立即向察哈尔、热河、辽宁和吉林进发。② 同日，中共中央在内部指示中解释说：第二号命令只是"对外宣传，抢先取得国内公开地位而发"的，除李运昌所属部队外，并不是要求其他部队立刻开赴东北。③ 第二天，毛泽东在给中共晋绥和晋察冀两分局的电报和给山东分局的电报中，均指示有关部队去攻占张家口等地，以配合长城以外的苏军，并做好进入东北的准备，待命出发。④ 这时延安也开始组织干部队伍，准备进入东北。

8月13日，冀热辽军区决定调动部队分三路出关，迅速进入东北，与在热河、辽宁和吉林三省的苏军配合作战。中共中央指示晋察冀军区，派接近东北地区的部队，注意向长城一线战略要点推进，迎接苏军以了解其动向。22日，中共中央致电晋察冀分局，提醒他们注意，苏军已经进占了热河、察哈尔等地区，其政策"尚不完全明了"，晋察冀分局应"抽调大批干部，由一部分武装掩护"，到苏军占领区（包括城市）建立地方政权和组织地方武装；如苏军"在政策上有所顾虑，须用很好的态度与他们商量，并在红军所允许的范围之内进行工作"。⑤ 需要指出的是，这时中共中央关注的重

① 毛泽东：《抗日战争胜利后的时局和我们的方针》，1945年8月13日，参见中共中央文献研究室编：《毛泽东选集》第四卷，人民出版社，1991，第1128、1129、1132页。

② 《解放日报》，1945年8月12日。

③ 参阅中国革命博物馆党史研究室编：《党史研究资料》（2），四川人民出版社，1981，第697页。

④ 中共中央文献研究室编：《毛泽东年谱：一八九三——一九四九》下卷，人民出版社、中央文献出版社，1993，第3页。

⑤ 《中央关于到苏联红军占领区建立地方政权和武装给晋察冀分局的指示》，1945年8月22日。

点还不在东北，而是在考虑如何发动上海等东部沿海大城市的起义。

8 月 22 日到 26 日，中共中央对东北的政策更加谨慎。原因是苏联与国民政府签的条约内容逐步披露，苏联驻华使馆向中共代表通报了中苏谈判的情况，以及前述斯大林给中共中央的电报等，都使中共中央对苏联对华政策有了更谨慎的判断，即毛泽东所说的"中国为美国所必争"，苏联援助中共，美国必将援蒋，所以苏联不大可能向中共提供直接的援助。中共中央通知各解放区，已经确定苏联"为中苏条约限制及为维护远东和平，不可能援助我们"。① 这期间，在中共中央政治局召开的两次会议中，毛泽东都谈到东北问题。他表示，相信东北地区一定有文章可做的，现在先派干部前往开辟工作。②8 月 26 日，中苏条约正式公布。当天，中共中央即在党内通知中说明：东北三省属于中苏条约规定的范围，行政权将被移交国民政府，目前无法断定中共能否派军队去活动。因此，中共中央指示已经派遣的干部可继续进入东北，军队则进至热河边界待命，能去则去，不能去就在热河发展，造成强大的热河根据地。③

8 月 26 日，冀热辽军区北进各部队分别在围场、平泉、承德、绥中等地，与南下的苏军会师，并在解放围场、隆化和山海关等重镇的作战中展开了配合。张家口地区的中共部队也与苏军会师。与此同时，苏军机关报《火星报》发表国际评论文章，抨击国民政府。文章说中国的"反动力量……正拖着中国倒退，阻碍中国面临许多问题的解决"；并赞扬了中共在抗战中的业绩。④ 这些情况均表明，苏军对中共军队是持同情和好感的。随着中苏条约的公之于世，中共中央根据了解到的各方面情况和中苏条约的内容，初步判断中共军队进入苏军占领区会遇到困难，但是中苏条约有可利用之处，可以派军队进入东北，并有可能与东北苏军建立某种程度的合作关系。

---

① 《中共中央、中央军委关于改变战略方针的指示》，1945 年 8 月 22 日，载中央档案馆编：《中共中央文件选集》第 15 册，中共中央党校出版社，1991，第 243—244 页。
② 中共中央文献研究室编：《毛泽东年谱：一八九三——一九四九》下卷，人民出版社、中央文献出版社，1993，第 14 页。
③ 《中共中央给各局、各区党委的指示》，1945 年 8 月 26 日。
④ 《解放日报》，1945 年 8 月 31 日。

8月29日，中共中央做出重要决定，命令原集结待命的部队向东北开进。中共中央在给晋察冀分局和山东分局的电报中指出："苏联为了维护远东和平与受中苏条约之限制，必须将东三省交还国民政府，国民党军队亦将进入东三省。我党我军进入东三省后，红军必不肯和我们作正式接洽或给我们以帮助。"但是中苏条约也有可利用之处，苏军报刊表示在中国支持民主与进步，我党在东北的行动只要不直接影响苏联在条约中承担的义务，苏军"将会采取放任态度并寄予伟大之同情"。各地区派往东北的干部和部队应立即出发，只要苏军不坚决反对，即可非正式进入东北。进入东北的部队不要用八路军的名义，不要在报上发表文章，不进大城市，不勉强与苏军建立联系，不请求苏军给予援助。一切只要苏军不坚决反对，即刻放手进行。但苏军坚决反对者，必须予以照顾，不使苏军在法律上为难。中共中央基于对局势的全面分析，认为国民党军队要较快进入东北尚有困难，而苏军将于三个月内撤完，中共军队还有很好的机会争取东北三省和热河、察哈尔。这一指示最后部分表明，中共中央因为不了解苏军的政策，所以告诉有关部队："关于东北与热察红军占领地区的情况，我们还不清楚，一切应根据当地具体情况处理并随时报告我们。"① 同一天，中共中央指示从山东渡海进入东北的部队，不必去找苏军指挥机关正式接洽，因为对方受条约限制，不会同意中共军队的行动，而且南满各城市也不会交中共接管。进入东北的军队不要用八路军的名义，注意在苏军不去的县镇和农村开展工作。②

中共中央这时对苏军是否会给予援助显然是有保留的，中共中央的方针是力争苏军不妨碍中共军队和干部进入东北，进入东北的军队和干部主要在苏军未控制的城镇和乡村开展工作，组织力量，大发展的时机选择在苏军撤退而国民党军队尚未到达之时。其原因之一可能是，这时苏联在如何处理东北苏军与中共军队的关系上，政策并不是很明确的；例如中共中央从进入东北的部队和从驻重庆的代表获得的信息是不一致的。在重庆，苏联驻华使

① 《中央关于迅速进入东北控制广大乡村和中小城市的指示》，1945年8月29日，载中央档案馆编：《中共中央文件选集》第15册，中共中央党校出版社，1991，第257—258页。
② 《中共中央书记处给吕志恒、邹大鹏、于克等指示电》，1945年8月29日。

馆官员并没有向中共代表表明，苏联到底会不会在东北给中共军队提供生存的空间。直到 10 月 5 日，周恩来向苏联大使彼得罗夫询问苏联对美军在华北甚至东北部署的态度时，后者只是表示，不能预见"形势发展的一切细节"。①

这一时期，中共中央只能通过有关部队与苏军的直接接触和试探，逐步地确认苏联在东北的态度。进入不同地区的中共军队呈送给中共中央的报告显示，不同地区的苏军部队对主动前来联络的中共军队的态度并不一致。9 月上旬，进入东北的中共部队在与中共中央进行通讯联络等事务上，仍需借助苏军的帮助。②9 月 6 日，冀东第十六分区司令员曾克林率部队进入沈阳。第二天，苏军代表与曾克林等举行会谈，讨论如何协调双方在东北的行动。苏方代表表示，他们需要向莫斯科请示，到底应该如何与这支中共部队相处，不过他们同意，曾克林部队先以东北人民自治军的名义开展工作。③从中共中央所获的报告来看，进抵长城沿线地区的苏军对前往接应与配合作战的中共军队态度友善，但限制也比较多一些。9 月 7 日，刘少奇致电在重庆的毛泽东，除原定经河北东部进入东北的四个团外，"因情况不明，暂时决定不派更多的部队去"。④

相较而言，从山东渡海进入东北的部队与在东北的苏军的联络，要顺利得多。9 月初，中共胶东区党委向中共中央报告，从山东渡海的部队在大连与苏军作非正式接洽。苏军方面表示，对中共部队在东北乡村开展工作不加干涉。9 月 11 日，中共中央从胶东区党委的报告中获知，那里的情况非常好，"我在乡村活动，红军不加干涉，在大城市组织非武装之团体亦可"；

<hr>

① 《彼得罗夫与周恩来会谈纪要：国共谈判的准备工作》，1945 年 10 月 5 日，载沈志华主编：《俄罗斯解密档案选编：中苏关系》第一卷，中国出版集团东方出版中心，2014，第 81 页。

② 《中共山东支局、东北委员会致斯克沃尔佐夫函：请求帮助》，1945 年 9 月 2 日，载沈志华主编：《俄罗斯解密档案选编：中苏关系》第一卷，中国出版集团东方出版中心，2014，第 14—15 页。

③ 《程耿关于我军已与苏联红军会师向中央的报告》，1945 年 8 月 17 日；《曾克林谈进军东北和四保临江的有关问题》，《党史通讯》，1984 年第 2 期。

④ 中共中央文献研究室编：《刘少奇年谱：一八九八——一九六九》上册，中央文献出版社，1996，第 486 页。

另外，"群众情绪极高，有自发组织"，而"我一排武装在大连登陆后，一经号召，便有数百人参加工作"。中共中央决定从山东"抽调四个师十二个团，共二万五千至三万人，分散经海道进入东北活动"，先到东北的乡村和小城镇开展工作，利用国民党军队尚未到达的机会，迅速发展力量。[①]

从东北苏军所处的实际态势来看，苏军只是占领了主要城市和交通要道，并没有能力阻止中共军队进入东北，控制苏军无法达到的广大乡村和小城镇。苏联最初持谨慎的态度，也是因为担心中共军队的行动，尤其是苏军与中共军队合作，会影响到苏联与美英的关系。[②]

这一时期，由于苏军的限制，进入东北的中共军队尚不能用自己的番号展开行动；中共中央也要求进入东北的部队"一律不事声张"，"用东北义勇军及东北其他地方军队名义，首先进驻乡村、小城市及红军尚未占领之中等城市和交通线"，发展力量、建立地方政权、协助苏军维持秩序等。[③] 这些措施被证明对中共军队顺利进入东北是相当重要和有益的，同时也从一个侧面反映出中共与苏联的关系处于何种状态。例如，当苏联需要毛泽东去重庆谈判的时候，斯大林的电报很快就直达延安；当中共军队需要去东北时，中共领导人却只能通过直接的接触和试探，来逐步确认苏军在东北的政策。

至 9 月中旬，国共在重庆的谈判尚未取得重大进展，而国民党已经派遣数十万大军分四路向平津张地区推进。为了迟滞国民党军队抢占华北交通要道，确保完全控制热、察两省并争取先机进入东北，中共中央着手在华北铁路沿线组织重大战役，同时催促各挺进东北的部队加紧行动，选择的时间和道路则愈快愈近愈好。不论苏军采取何种态度，中共军队都要进入东北。对于中共中央来说，与苏军协调行动此时已经不是要不要向东北发展的问题，

---

① 《中央关于调四个师去东北开辟工作给山东分局的指示》，1945 年 9 月 11 日，载中央档案馆编：《中共中央文件选集》第 15 册，中共中央党校出版社，1991，第 274—275 页；中共中央文献研究室编：《刘少奇年谱：一八九八—一九六九》上册，中央文献出版社，1996，第 489 页。

② Sergei Goncharov, John Lewis, and Litai Xue, *Uncertain Partners: Stalin, Mao, and the Korean War* (Stanford: Stanford University Press, 1993), p. 10.

③ 《中央关于调四个师去东北开辟工作给山东分局的指示》，1945 年 9 月 11 日，载中央档案馆编：《中共中央文件选集》第 15 册，中共中央党校出版社，1991，第 274 页。

而是如何更快更好地向东北发展的问题。

9月14日，东北苏军司令马利诺夫斯基的代表贝鲁诺索夫中校奉命前往延安，向中共中央转达了苏军统帅部的口头通知。其内容主要包括在苏军撤出之前，国共军队都不要进入东北。苏军"不久即将撤退，届时中国军队如何进入满洲，应由中国自行解决"。刘少奇等提出，中共军队可不进入东北和热河的大城市，但苏军应将热河、辽宁原属于抗日根据地的地区移交中共军队。贝鲁诺索夫表示同意。经过谈判，双方实际上达成如下默契：苏军允许中共军队不公开地进入东北，但不能以八路军的名义活动；中共可以在东北乡村开展工作，不得在大城市和苏占区公开活动；苏军同意中共控制经冀热辽进入东北的通道，以及苏军撤出东北后，不会干预中共争夺东北的行动。①

东北苏军代表与中共领导人在延安的会谈和达成的谅解，是双方关系发展的一个重要转折点。在中共中央酝酿如何最终确定中共军队战略方向的关键时刻，贝鲁诺索夫中校在会谈中传达的信息，对促使中共中央形成最终的战略判断和下定最后决心起了至关重要的作用。它表明苏联在一定程度上认可中共在东北发展力量，并通过东北苏军与中共形成直接的联系。中共中央政治局于9月14日当天召开会议，讨论了会谈的情况，并决定"方针还是争取东北"。②

在中共领导人与苏军代表会谈后，冀热辽军区第十六分区司令（东北人民自治军沈阳卫戍区司令）曾克林，专门向中共中央汇报了东北的情况。曾克林是最先率部进入东北的中共将领，也是他陪同贝鲁诺索夫中校来到延安的。就在贝鲁诺索夫到达延安当天，正在华中地区的新四军三师师长黄克诚向中共中央提出一项战略建议。黄克诚提出，一方面是蒋介石对谈判毫无诚意并准备全力消灭中共；另一方面是中共军队"数量虽大，但精干坚强之主

---

① 《中央关于东北情况及与苏军代表谈判问题的通报》，1945年9月14日，参阅中共中央文献研究室编：《刘少奇年谱：一八九八——一九六九》上册，中央文献出版社，1996，第490页。

② 参阅中共中央文献研究室编：《刘少奇年谱：一八九八——一九六九》上册，中央文献出版社，1996，第490—491页。

力不多，且占领区大，主力分散"。因此，中共中央需尽快派遣大批军队和干部进入东北，同时准备在关内的晋绥察三省和山东同国民党军队进行决战，造成"联系一片的大战略根据地"。"如依靠谈判或国际干涉，均带有极大的危险性"。① 当时在延安的中共领导人都看过这份报告，并表示同意。

通过与苏军代表会谈、听取曾克林的报告以及汇总一个时期以来了解的情况，中共中央大致确定，中共军队是可以不公开地进入东北的，而且进入东北后，可在乡村和苏军未控制的地区开展活动，控制经冀热辽进入东北的通道。苏军撤出东北后，不会再干预中共争夺东北的行动。至此，"向北发展，向南防御"的战略基本酝酿成熟。9 月 17 日，在延安的中共领导人经过讨论后，向在重庆谈判的毛泽东发出了一份电报，系统地阐述了"向北推进，向南防御"的战略方针。电报说为了"红军撤退时能抢先进入东北"，需要在冀东、热河一带屯集"十万至十五万军队"。"为了实现这一计划，我们全国战略必须确定向北推进、向南防御的方针"。只要"能控制东北及热、察两省，并有全国各解放区及全国人民配合斗争，即能保障中国人民的胜利"。19 日，即获在重庆谈判的毛泽东的批准。②

中共中央还决定成立东北局，统一指挥进入东北的各部队的行动，并实际上形成了与东北苏军协调行动的对等机构。与此同时，重庆中共谈判代表团向国民党方面提出，中共批准第一步撤出海南岛、山东、浙江、苏南、皖南、湖北、河南境内黄河以南等八个解放区的军队；第二步撤出苏北、皖北和豫北的军队。中共代表团这一决定既是为了争取政治上的主动，也是为了配合夺取东北的行动。中共军队随后开始大规模地向冀东和热河集中。

中共军队大批进入东北后，在继续避免与苏军发生纠纷的同时，也力争苏军不干涉或少限制自己的行动。中共中央在给东北局的指示中一再说明，进入东北的部队应将部署的重心放在苏联、朝鲜、外蒙古和热河等有依托、

---

① 《黄克诚关于目前局势和战略方针的建议》，1945 年 9 月 14 日，载中央档案馆编：《中共中央文件选集》第 15 册，中共中央党校出版社，1991，第 283—285 页。

② 《中央关于确定向北推进向南防御的战略方针致中共赴渝谈判代表团电》，1945 年 9 月 17 日，载中央档案馆编：《中共中央文件选集》第 15 册，中共中央党校出版社，1991，第 278—280 页。

有重点的城市和乡村，建立持久的基地，再进而争取与控制南满沿线的大城市，目前不能将主力部署在东北的大门口。中共中央要求东北局作这种战略部署表明，中共军队进入东北后，并不能直接在东北南部的战略要地取得迅速发展的机会。客观上看，这时中共军队在东北的力量并不充足，不适合在东北南部与在美国协助下向东北开进的国民党精锐部队全面对抗。不过也应看到，苏联在东北地区奉行的政策同样是造成中共既能发展、又无法放开手发展的重要原因。东北苏军的政策也使中共中央相信，东北苏军很可能不会承认国民政府以外的其他组织，肯定会将东北的行政权交给国民政府。因此，中共中央指示从山东渡海的部队，仍然不得在苏联驻扎的地区登陆。①

中共中央贯彻北进东北的战略，毕竟触动了战后东亚大国外交中的一条特别敏感的神经。中共在这一地区面临的国际形势和他们本身的实力，决定了他们要争取东北，就必定会冲击甚至打破大国体系；他们要打破大国体系的束缚，就有必要非常谨慎并尽可能地利用美苏和国民政府之间复杂并时常变动的矛盾。苏军于8月下旬已经控制了整个东北，在这一地区获得了支配地位。中共中央能否妥善地处理与东北苏军的关系，能否利用苏联与美国和国民政府之间的矛盾，必定要成为中共能否在东北站稳脚跟并迅速发展所必须解决的主要问题。可以这样说，"向北发展，向南防御"战略的形成和实施的全部过程，都与处理对苏关系紧密联系在一起。

从9月中旬开始，苏联在东北采取有限度地支持中共夺取东北的政策，同当时美苏在东亚的矛盾尖锐化和苏军在东北所处的实际地位等，有密切的关系。9月11日至10月2日，美英法苏中五国外长在伦敦召开会议。会议期间讨论了缔结对日和约和管制日本等问题。美苏不仅在有关巴尔干半岛和与东欧国家缔结和约等问题上争论不休，而且在东亚问题上，美国试图利用单独占领日本的既成事实，垄断对日本的控制权，抵制苏联参加对日管制。苏联则针锋相对，提出应组织四国管制日本的委员会。美国拒绝了苏联的

---

① 《军委关于争夺东北的战略方针与具体部署的指示》，1945年9月28日，载中央档案馆编：《中共中央文件选集》第15册，中共中央党校出版社，1991，第299—301页；《中央关于东北战略方针与部署给东北局的指示》，1945年10月2日，载中央档案馆编：《中共中央文件选集》第15册，中共中央党校出版社，1991，第309—310页。

建议，并单方面宣布于 10 月下旬召开远东咨询委员会议。在美苏的争论中，国民政府采取了追随美国的立场。伦敦外长会议因美苏争执不下无果而终，美苏关系也因此日益紧张。在这种气氛中，苏联在东亚其他地区开始采取强硬对抗的姿态，向美国反击。苏军在东北采取一些突破中苏条约的限制的行动，就是苏联在东亚反击美国的重要措施之一。

另外，苏联在东北的地位并不牢固。根据中苏条约的规定，苏军必须于战争结束后 3 个月内，全部撤出东北。当时伪满洲国的军队已经放下武器，但那些旧军事人员和行政人员潜在的影响不容低估。特别是伪满军队长期保持对苏作战的姿态，其成员敌视苏联的程度可想而知。苏联如按时撤退之后，国民党军队势必很快控制东北。一旦国民党军队与伪满遗留势力合流，加之美国在背后推波助澜，许多尚待解决的问题将随着苏联实力地位的削弱，变得更加棘手。这种前景对于苏联来说，的确是不容乐观的。

从在东亚与美国对抗和巩固在东北的实力地位出发，苏联采取了两项措施。一是拖延国民政府接收的时间，阻止国民党军队迅速进入东北。二是苏军撤出后，在东北造成制约国民政府的力量，避免东北地区形成国民政府在美国支持下独家经营的局面，而支持中共在东北获得一定的发展，则是最好的选项了。

从 10 月中旬到 11 月中旬，东北苏军当局与国民政府的东北行营举行了一个月毫无结果的谈判，双方讨论的中心是国民政府向东北运兵问题。国民政府的计划是利用中苏条约中的有关规定，要求苏联允许并协助国民党军队迅速开进东北，同时辅之以已经改编的伪满军队，迅速确立在东北的军事优势。苏军则针锋相对，采取各种手段，阻止国民党军队大批和快速地进入东北；在解决中苏在东北问题上的一些悬案之前，防止这一地区有大量国民党军队出现。

国民政府在接到苏联关于谈判接收东北事宜的通知后，便向苏方提出，国民党第十三军将于 10 月 10 日前后，从九龙乘美国运输舰前往大连登陆。12 日，第一次正式谈判一开始，国民政府代表熊式辉就提出，国民党军队需要在大连、营口、葫芦岛和安东等港口登陆，苏军应根据中苏条约的规定，给予协助。苏军代表表示，在大连登陆涉及中苏条约，应由两国政府间谈判解决；营口和葫芦岛可供国民党军队使用，但苏军不能也没有义务保证国民党军队登陆时的安全。[①] 在此后的谈判中，双方始终未能够就国民党军队在大连登陆问题达成协议。

在东北行营一筹莫展的情况下，蒋介石指示熊式辉等，国民党军队海运绝不能因苏联方面反对而停止，在大连登陆问题一定要坚持到底。熊式辉奉命立刻再次向苏军方面提出，国民党军队必须在大连登陆。21日，东北苏军正式答复说，不仅不准许国民党军队在大连登陆，而且也不准国民政府在一些城市设立航空站和派人员视察。对于前往北宁路视察的国民政府接收人员，苏军可派人陪同，但在锦州以南地段，苏军不能保证他们的安全。[②] 此时正值国共在华北主要铁路沿线展开激烈的争夺战，东北苏军的强硬态度使蒋介石以少量精兵在美国协助下抢先进入东北的计划，最终成为泡影。

国民政府在交涉失败后，决定沿北宁线进入东北。国民政府代表因此向苏方提出，国民党军队需要在营口和葫芦岛登陆，以便能迅速控制锦州和锦西，从而与平津和秦皇岛—山海关地区的美军配合，完全控制北宁路。国民政府代表相信，苏联在外交上并没有理由拒绝国民党军队在营口和葫芦岛登陆。为此，国民政府外交部、东北行营纷纷行动，蒋介石也亲自出面，在各个层次上与苏联方面交涉。

10月29日，东北苏军答复东北行营，国民党军队可在营口登陆，但在葫芦岛地区，苏军不能负责他们的安全；如国民党军队沿北宁线运兵，锦州至山海关段，苏军不保证他们的安全；在苏军于11月1日撤出前，国民党

① 《军事委员会委员长东北行营主任熊式辉到长春与苏方代表谈话经过之情形》，1945年10月12日，参阅秦孝仪主编：《中华民国重要史料初编：对日抗战时期》第七编"战后中国"（一），（台北）中国国民党中央委员会党史委员会，1981，第121—122页。

② 《熊式辉主任呈蒋委员长报告十月十三日与苏军总司令马利诺夫斯基谈话要点电》10月21日，参阅秦孝仪主编：《中华民国重要史料初编：对日抗战时期》第七编"战后中国"（一），（台北）中国国民党中央委员会党史委员会，1981，第123—124页。

军队不得进入锦州，美国军舰不得驶入大连水域。① 重要的是，东北苏军在答复国民政府后不久，即将营口移交中共军队驻防。11 月 1 日，苏联驻华大使通知国民政府，营口已被来历不明的军队占领。当载满国民党军队的美国运输舰到达营口时，发现该港口已经被中共军队控制。美军指挥官上岸与中共代表联系登陆事宜，遭到拒绝。他们在葫芦岛亦遇到相同的情况。11 月 6 日，苏军再次通知东北行营，如美军空运国民党军队，只能在苏军撤出前五天降落，每次只准降落飞机一架，地面设备由苏方提供，空运部队的驻地由苏军指定。苏军的规定显然极大地限制了国民党军队进入东北的部署，使其经海陆空运兵的计划困难重重。

苏军在给国民党军队运兵设置障碍的同时，也给予中共军队越来越多的支持。为了阻止国民党军队迅速进入东北，防止苏军撤出后出现由国民政府完全控制东北的局面，苏联除了在东北支持中共获得一定的发展外，其实也没有更多的方案可供选择。10 月 4 日，东北局致电中共中央说，东北苏军"表示已下最后决心，大开前门，此间家务全部交我。因我力量微小，现只能接受一部分，允许在一个月内替我保存"。根据苏军政策的变化，东北局建议中共中央，立即抽调 30 万部队于一个月内赶到，"用尽一切办法控制此间，这是决定全局的一环"。苏军还提出中共军队可部署在山海关及沈阳一带，守住东北大门，苏军愿向中共军队提供大量武器装备。② 在此之前，中共中央已经注意到东北苏军在阻止国民党军队向东北运兵，认为由于国际形势的变化，"苏联对蒋的态度更加坚定强硬，至今不许蒋派一个人去东北"。③ 在接到东北局 4 日电报后，刘少奇复电说，苏方"既下决心"，东北局应"表示我方自有办法"。他告诉东北局，一个月内派遣 30 万军队和干部进入东北

---

① 《熊式辉主任呈蒋委员长告二十九日与苏军总司令马利诺夫斯基谈话要点电》10 月 29 日，参阅秦孝仪主编：《中华民国重要史料初编：对日抗战时期》第七编"战后中国"（一），（台北）中国国民党中央委员会党史委员会，1981，第 130—132 页。

② "东北局关于与苏军交涉经过给中共中央的电报"，1945 年 10 月 4 日，参见《彭真传》编写组编：《彭真年谱：一九○二——一九九七》上，中央文献出版社，2002，第 292 页。

③ 参阅中共中央文献研究室编：《刘少奇年谱：一八九八——一九六九》上册，中央文献出版社，1996，第 507 页。

尚办不到，但可以派 15 万人进入冀东和东北。①

10 月 25 日，东北局致电中共中央称：苏方态度"愈积极，关系皆好"。苏军代表向中共东北局表示，中共在东北"应该以主人自居，放手大干"；苏军未拆运的工厂设备，可全部交中共接收；中共可派人迅速接收工业中心所在城市的工业，并可逐步接收那里的行政权；可以将大量日军留下的武器装备"交我处置"；苏军将"协同我打击"；苏军方面甚至建议，中共中央将指挥中心移到东北。②

由于苏联的外交行动严重破坏了国民党军队抢先进入东北的计划，特别是东北苏军明确表示会积极支持中共全力控制东北等，再次促使中共中央做出更坚决和更富有进取的决定。10 月 19 日，中共中央指示东北局重新调整战略部署，将战略重心从东北北部转移到东北南部，"集中主力于锦州、营口、沈阳之线"，"坚决拒止蒋军登陆及歼灭其一切可能的进攻，首先保卫辽东、安东，然后掌握东北，放弃过去分散的方针"。③此后不久，中共中央更明确地指示东北局，将主要力量放在东北南部和热河，应"竭尽全力，霸占全东北"。④为了争取部署军队的时间，中共中央要求东北局立刻与苏军协商，拖延撤军一至两个半月，或从张家口、绥远方向提供必要援助。东北局迅速贯彻中共中央指示，明确了"我们的任务是争取全东北"。⑤

11 月初，东北苏军答复东北局，苏军将按期撤军，不能再推迟，但在撤军前将不准国民党军队乘飞机在长春着陆。苏军表示向中共军队提供武器装备、通讯器材、火车和小型运输机。在国民党登陆地区，允许中共军队自由行动。在长春市，除市长一职外，其他政府部门的领导人均可由中共更换。

---

① 《彭真传》编写组编：《彭真年谱：一九〇二——一九九七》上，中央文献出版社，2002，第 292 页。

② 《辰兄态度积极关系皆好》，1945 年 10 月 25 日，参阅《彭真传》编写组编：《彭真年谱：一九〇二——一九九七》上，中央文献出版社，2002，第 303 页。

③ 《中共中央关于集中主力拒绝蒋军的登陆给东北局的指示》，1945 年 10 月 19 日，载中央档案馆编：《中共中央文件选集》第 15 册，中共中央党校出版社，1991，第 364—366 页。

④ 《中央关于东北省主席人选及战略重点给东北局的指示》，1945 年 10 月 23 日。

⑤ 参阅《彭真传》编写组编：《彭真年谱：一九〇二——一九九七》上，中央文献出版社，2002，第 303 页。

苏军从营口和葫芦岛撤出后，立即通知中共军队前往接收。当载满国民党军队的美国军舰到达时，这两个港口已经被中共控制，美舰被迫返航。

由于与东北苏军已经建立了密切的战略配合关系，中共中央在 11 月初进一步提出新的战略方针。4 日，中共中央军委发布 11 月份作战部署，明确提出"我党任务是夺取东北，巩固华北，华中，而十一月开始之主要作战方向已转至东北方面。第二个作战方向则是华北、华中"。根据中共中央军委的计划，进入东北的主力应"立即布置内线作战"。[①]为贯彻这一方针，中共中央决定将主要作战方向转向东北南部，在葫芦岛至锦州、营口至海城等阻击登陆的国民党军队，并在适当时机予以歼灭。

在给华北和东北前线领导人的指示中，中共中央说明：11 月至 12 月中旬，将是继华北冲突之后，国共"武装夺取东北的另一次高峰，战场是辽宁南部、锦州、热河和冀东等地区，我们必须集中可能的力量，争取这场战略性质的决战胜利，奠定我巩固的大根据地"。中共中央当时估计，在东北苏军提供便利的条件下，如果能在 11 月歼灭国民党军队两个师，在部队整训后全部歼灭进攻东北的国民党军队，就有可能控制整个东北。为此，在华北的部队必须迅速北进，准备夹击从山海关突入东北的国民党军队。进入东北的军队应以锦州为中心集中，发动群众，创造战场，准备破坏葫芦岛港口和北宁路，并严密控制长春机场，争取全歼国民党机降部队。[②]

为了迟滞国民党军队沿陆路北进，中共华北各部队这时已在铁路沿线展开大规模阻击战，先后发起了察绥、邯郸和津浦路等战役。为了配合军事斗争并向国民政府施加压力，中共中央还指示在重庆谈判的代表团，向国民政府提出，华北、东北、苏北、皖北和边区等地区，应全部实行人民自治；华北地区全部由中共军队接受日伪军投降；平津等地可暂驻一小部分国民党军

---

① 《中央军委关于 11 月份作战部署的指示》，1945 年 11 月 1 日，载中央档案馆编：《中共中央文件选集》第 15 册，中共中央党校出版社，1991，第 394—395 页。

② 《中央关于组织野战军及反对美舰掩护国民党军在东北登陆给彭真、林彪的指示》，1945 年 11 月 4 日，载中央档案馆编：《中共中央文件选集》第 15 册，中共中央党校出版社，1991，第 400 页；《中央关于向东北增调兵力控制东北的指示》，1945 年 11 月 4 日，载中央档案馆编：《中共中央文件选集》第 15 册，中共中央党校出版社，1991，第 401 页。

队，而且国大代表必须重选，会期则应推迟到一年以后。①

中共中央争取控制东北的战略，是在美苏在东亚关系趋于紧张的国际背景下，以及得到苏联积极支持的条件下制定的。因此，中共中央在实施这一战略时，难免与美国的政策发生冲撞。中苏条约签订后，美国政府一直企图限制和削弱苏联在东北的影响。它首先采取外交措施，一方面通过外交行动向苏联政府施加压力，要求苏联公开保证，在东北会尊重门户开放的原则；②另一方面利用麦克阿瑟任盟军统帅的地位，限制苏军在东北的对日作战行动。③当这些手段都被事实证明无效后，便转而鼓励国民政府，尽快从苏军手中接收东北。其目的同使用外交手段一样，就是要限制苏联在东北的影响。

9月中旬，中共中央在调动军队抢先进入东北的同时，在华北沿海地区很快就同美军进入剑拔弩张的状态。9月下旬，西太平洋地区的美国海军陆战队根据同国民政府达成的协议，开始在华北沿海的一些重要港口登陆。这时中共刚刚开始实施夺取东北的战略，国共在华北的武装冲突达到高潮。美军抢占华北战略要地的行动一方面为国民党军队集结出关创造了条件；同时限制了中共军队在这些地区的活动，实际上造成了与东北苏军对峙的局面，形成了对苏军的巨大压力。华北形势的恶化导致中共中央越来越关注美军的动向。

这个时期，中共军队同美军时有冲突。8月30日，魏德迈曾经当面向在重庆谈判的毛泽东抗议，在徐州附近的中共军队打死美军上尉军官一名，俘虏士兵三人，以及中共军队对迫降的美军飞行员"态度不友好"。从谈话记录中可以看出，魏德迈十分恼怒，认为事态"是极为严重的"。毛泽东提出，美军在进入中共控制地区前，"最好事先通知"。魏德迈当即表示"不能

---

① 中共中央文献研究室编：《毛泽东年谱：一八九三——一九四九》下卷，人民出版社、中央文献出版社，1993，第45页。

② "The Ambassador in the Soviet Union (Harriman) to President Truman and the Secretary of State," 14 August, 1945, *FRUS*, 1945, *The Far East, China*, Volume VII, pp. 973–974. "The Secretary of State to the Ambassador in the Soviet Union (Harriman)," August 22, 1945, *FRUS*, 1945, *The Far East, China*, Volume VII, pp. 979-980.

③ Herbert Feis, *Japan Subdued: The Atomic Bomb and the End of the War in the Pacific* (Princeton, N.J.: Princeton University Press, 1961), p.143.

接受"且无此"必要"，并要求毛泽东保证"不再发生类似事件"。毛泽东则
答应进行调查，如属实"当深表歉意"。① 魏德迈的傲慢无礼，极大地增加了
毛泽东对美国人的厌恶感，这是导致他后来对驻华美军人员极为反感的直接
原因。

自 9 月下旬开始，中共中央越来越关注美军在华北沿海登陆后的动向。
由于不了解美军的真实意图，中共中央的反应是非常谨慎的。中共中央通知
华北各部队，"对美外交极宜谨慎，方针仍是避免与美军事冲突"，对美国人
民仍采合作态度。在前线碰到美国军民，应不予扣留，不加伤害，不收缴其
武器和通讯器材。如果美军人员与国民党特务一起到解放区活动，仅扣留国
民党特务，"勿牵及美人"。各处所扣美军人员立即"送人出境"、枪械和通
讯器材等"立即发还"。② 中共中央还专门提醒山东分局，美军有可能在烟台、
威海和秦皇岛等地登陆。美军登陆后，"如与我军及我之人员接触，我应取
欢迎友好态度，避免与美军冲突，但照常执行任务"；如遇美军进行武装挑
衅，须迅速向中央报告并加以公布，"以便采取对策"。③ 此后不久，中共中
央又连续向各地区分局发出指示，要求各部队在遇到美军时，应以主人的态
度予以欢迎，避免冲突。各部队应照常控制驻地的行政和治安管理权，如遇
美军开枪开炮、拘捕我方人员和占领我方阵地，或携带国民党军队登陆，应
立即向中央详细报告，但在行动上必须忍耐一些。④

中共中央对美军在华北登陆采取谨慎的态度，一方面是因为重庆谈判尚
在进行之中，同美军的关系紧张不利于在重庆的政治谈判；另一方面是避免
激化与美军的矛盾，以致给中共在国共冲突中造成新的障碍。10 月初，中

① 《魏德迈与毛泽东谈话要点备忘录》，1945 年 8 月 30 日。
② 《中央关于对美外交政策给各局各区各部队的指示》，1945 年 9 月 25 日。
③ 《中央关于美若登陆烟台等地我应避免冲突给林浩同志、山东分局的指示》，1945 年
9 月 30 日；《中央关于美军登陆后我之对策的指示》，1945 年 9 月 29 日，载中央档案馆编：《中
共中央文件选集》第 15 册，中共中央党校出版社，1991，第 302 页。
④ 《中央关于美若登陆烟台等地我应避免冲突给林浩同志、山东分局的指示》，1945 年
9 月 30 日；《中央关于美军登陆后我之对策的指示》，1945 年 9 月 29 日，载中央档案馆编：《中
共中央文件选集》第 15 册，中共中央党校出版社，1991，第 302 页。

共中央曾经估计，美国"大用美国兵直接打内战可能性不大"。①10 月 1 日，刘少奇在给张爱萍的电报中说："目前我各地对美军登陆部队及美军情报人员仍应采取友好态度，不可报复，以免给中国及美国反动派以借口，造成反我空气"。②

10 月上旬，国共军队在华北争夺战略要地和交通线的军事冲突愈演愈烈，美军在华北沿海登陆后，亦对当地中共军队采取相当敌视的态度。整个 10 月，随着美军敌对行动的不断升级，华北中共军队同驻华美军的关系急剧恶化，并时有小规模的军事冲突发生。当时双方最尖锐的直接冲突，主要集中于烟台和秦皇岛地区。

中共中央很早就认为，烟台地区是从海路进入东北的最近港口，对向东北发展的战略具有极大的重要性，因此于 8 月 25 日占领了该地区，并将其确定为海运军队进入东北的枢纽。9 月底，美舰在不知晓烟台已被中共军队占领的情况下，开始在烟台附近海域游弋。

9 月 27 日，叶剑英专门会见延安美军观察组成员，要他们转告驻华美军司令部，烟台已在中共军队控制之下，那里没有需要缴械的日伪军，美军已无必要在那里登陆。中共中央一再催促山东分局，必须尽快做好渡海准备，即使冒与美海军舰艇冲突的风险，也要向东北海运军队。由于担心海运通道被封锁，9 月 30 日，中共中央严厉批评山东部队海运东北行动迟缓"已是大错，如不立即补救，将逃不了历史的惩罚，望坚决完成此任务"。③

9 月 29 日，美军舰抵达烟台海面。10 月 1 日，美军派代表在烟台上岸，与中共驻军负责人谈判，要求允许在烟台登陆。中共代表表示：美军士兵可在指定地点休息，美方可派人到市内察看美国人财产，除哨兵外一律不准携带武器。美方表示不能接受这种安排。三天后，美军派驱逐舰一艘进抵烟台港，并要求中共撤退烟台地区的驻军，撤销在烟台的防务，将烟台移交美军

---

①　《中央关于和国民党谈判及目前时局的通知》，1945 年 10 月 1 日。

②　《刘少奇关于目前形势与对美方针对张爱萍的指示》，1945 年 10 月 1 日，载中央档案馆编：《中共中央文件选集》第 15 册，中共中央党校出版社，1991，第 308 页。

③　《军委关于迅速渡海向东北进军的命令》，1945 年 9 月 30 日，参阅中共中央文献研究室编：《刘少奇年谱：一八九八——一九六九》上卷，中央文献出版社，1996，第 505 页。

接管。中共中央指示烟台守军，对美军登陆"必须表示强硬拒绝，建筑工事，实行抵抗。只有在不能击退美军并无法阻止其登陆时，才予撤退"。中共中央认为，只有"采取强硬态度，并在世界上引起舆论大风波之后，才能压制美军的无理干涉"。[①]中共中央在媒体上公布烟台交涉的有关函件和美军在烟台的行动细节，以造成反对美军介入中国内战的舆论。在看到中共军队确实准备抵抗后，美军指挥官便借口"没有美军在那里登陆的理由"，放弃了在烟台登陆的计划。

秦皇岛—山海关地区是中共军队同美军发生直接冲突的另一个地区。秦山地区是连接华北和东北的咽喉要地，既有陆路出关的重要通道，又有海路出关的重要港口。9月下旬，驻华美军司令魏德迈根据美军部的指示，与国民政府达成秘密协议，由美军抢先控制从北平到山海关的铁路线和向山海关运兵的交通要道，然后与在营口和葫芦岛登陆的国民党军队配合，完全控制北宁线。美军得到的命令包括，如遇中共军队抵抗，"可执行必要和适宜的军事行动"。[②]

10月1日，美军在秦皇岛强行登陆，并向前往联络的中共守军开枪射击。10月18日，东北局报告中共中央，秦皇岛登陆的美军表面上表示中立，并试图与中共守军保持友好关系，实际上是在为国民党军队突袭山海关并进入东北做准备。[③]当天，美军乘卡车冲入中共军队控制的海阳镇，并解除了中共守备人员的武装。

鉴于中共军队与美军在秦山地区的对峙日益严重，中共中央严令当地驻军禁止美军任何武装人员进入中共控制区；在铁道线及其他接近美军地点建筑工事，严密部署警戒，不许美军通过；如美军武装进攻则坚决抵抗，只有在抵抗不住时才可以撤退，并在有利条件下实施反攻；另外应迅速将警戒线

①　《中央关于采取强硬态度拒绝美军登陆的指示》，1945年10月4日，载中央档案馆编：《中共中央文件选集》第15册，中共中央党校出版社，1991，第319页。

②　杜建时：《蒋帮劫收平津的经过》，载政协文史资料研究委员会编：《文史资料选集》第55辑，中华书局，1965。

③　《彭真传》编写组编：《彭真年谱：一九〇二——一九九七》上，中央文献出版社，2002，第297页。

通知美军，并不得对美军先开枪。[①] 与此同时，中共中央亦提醒东北部队，
应坚守葫芦岛等港口，坚决阻止美军登陆。10 月 26 日，叶剑英致函驻华美
军负责人，谴责美军在秦山地区向中共军队施加军事压力，要求美军立即停
止军事干涉行动。驻重庆的中共代表也向美国驻华大使馆提出抗议，并警告
美方，美军的行动有可能引起国际纠纷。

10 月下旬，美军不理睬中共守军的警告，强行修筑秦皇岛至山海关的
铁路，并向中共军队的阵地推进，为国民党军队进攻山海关做准备。美军指
挥官甚至声称，如果再遇中共军队的射击，就轰炸中共军队驻守的村庄。这
时国民党军队在华北铁路沿线遭受中共军队的沉重打击，它依靠自己的力量，
已经不可能达到在平津集结然后向东北进攻的目的。如果美军控制了秦山地
区，并完成修筑秦山铁路的计划，将为国民党军队进入东北提供极大的方便，
从而破坏中共中央关于"控制冀热辽，堵塞蒋军从陆路进入东北"的计划。

由于美军已经强行登陆，中共军队没有能阻止美军控制秦山地区，也无
法阻止美军向前推进。随后美军全力帮助国民党军队通过海运和空运，迅速
向秦山地区集结，并配合国民党军队于 11 月中旬攻占山海关，打开了陆路
进入东北地区的通道。驻华美军的行动使中共军队与美军处于尖锐的敌对状
态，双方不断发生小规模的军事冲突。这一时期，中共军队与美军的军事冲
突并不激烈，很大一部分原因是中共中央不希望引发美国直接大规模介入国
共内战，故要求各地保持克制。除少数事关全局的战略要地，中共中央通常
不允许同美军发生战斗。尽管如此，美军的行动毕竟严重威胁了中共的战略
利益，促使中共中央开始重新考虑美国对华政策。中共中央认为："美国政
策，深堪注意"，"美军反动派魏特梅耶（魏德迈——引者注）等指挥下的对
中国的武装干涉，今后将变得直接与露骨"，因此有必要"进行一个宣传攻
势"，"要求美国像苏联一样，立即撤退在华军队"，"把收缴日军武器的工作

---

① 《中央关于坚决反对美军强修铁路问题给聂荣臻、肖克、罗瑞卿的指示》，1945 年 10
月 25 日，参阅中共中央文献研究室编：《刘少奇年谱：一八九八——一九六九》上卷，中央文献
出版社，1996，第 519—520 页。

留给中国人民自己解决",对于美蒋的进攻"无法退让,只有自卫一法"。①
中共各报刊也大量载文,激烈抨击美国对华政策,强烈要求美军停止干涉中
国内政,并立即撤出中国。

从 9 月中旬到 11 月中旬,中共中央实施"向北发展,向南防御"战略
并取得巨大的成果,同美苏在东亚的矛盾尖锐化有直接的关系。在美苏格局
中,中共实际上处于背靠苏联,同时与美国敌对的状态。一旦美苏关系发生
新的变化,中共中央势必要重新调整政策。

---

① 《中央关于开展揭露美蒋进攻解放区的宣传攻势致各地电》,1945 年 11 月 4 日,载中
央档案馆编:《中共中央文件选集》第 15 册,中共中央党校出版社,1991,第 406—407 页;《中
央关于宣传与谈判方针问题给中共赴渝谈判代表团的指示》,1945 年 11 月 7 日,载中央档案馆
编:《中共中央文件选集》第 15 册,中共中央党校出版社,1991,第 413 页。

第十章 走向"和平民主新阶段"

从 1945 年 10 月中旬开始，国共军队为争夺东北和华北的军事冲突逐步升级，内战规模不断扩大，以致抗日战争结束仅仅三个月，便在东亚地区形成了一个新的战争热点。《双十协定》签订后，中共中央对时局的基本估计是，今后半年是由"抗战阶段转变至和平建设阶段的过渡期间。今后六个月的斗争，是我们在将来整个和平阶段的政治地位的决定关键"；"和平、民主、团结和统一"不仅仅是中共争取实现的目标，也是"国民党被迫不得不走的道路"。① 根据中共中央的分析，迫使蒋介石和国民党走和平民主道路的主要因素包括国际的和国内的两个方面。除了中共和中国民众反对内战这个国内因素外，主要的国际因素就是美苏两国将不可避免地再次妥协，而它们之间的妥协将继续决定着战后世界政治发展的大趋势仍然是"和平"与"民主"。

10 月 17 日，毛泽东在延安干部会议上报告了有关重庆谈判的情况。他在报告中系统分析了重庆谈判之后的中国局势，认为"二战"后的世界，前途是光明的，"资本主义国家与社会主义国家在许多国际事务上，还是会妥协的，因为妥协有好处"。② 在美苏最终"会妥协"的大背景下，一方面国

① 《中共中央关于过渡时期的形势和任务的指示》，1945 年 10 月 20 日，载中央档案馆编：《中共中央文件选集》第 15 册，中共中央党校出版社，1991，第 370—372 页。

② 毛泽东：《关于重庆谈判》，1945 年 10 月 17 日，参见中共中央文献研究室编：《毛泽东选集》第四卷，人民出版社，1991，第 1162 页。

际上不会发生"反苏反共"的世界性战争；另一方面，各有关大国为了维护世界和地区的妥协与和平的局面，必定会约束蒋介石和国民政府发动反共内战，防止中国内战无限度地扩大，甚至引发大国之间的对抗和冲突。这种以大国妥协为主调和趋势决定了中国未来将走和平发展的道路，而关键在于中共能否保持并加强自己的实力地位，从而在国内形成制衡国民党发动反共内战的决定性力量，并在未来的和平局面中确保中共的利益。

中共中央在一项党内指示中说，目前国共之所以发生大规模军事冲突，主要是由于国民政府企图在谈判开始前控制更多的地区，特别是企图控制华北和东北地区，以便依靠占压倒性的优势来造成对国民政府更有利的和平妥协局面。中共中央因此要求中共全党全军"必须紧急动员起来"，坚决地"粉碎国民党当前大规模的军事进攻"，特别是大量歼灭向华北和东北进攻的国民党军队，迫使国民政府承认中共在华北和东北的地位。中共中央相信，"目前斗争的胜利愈伟大，和平实现的时间将愈迅速"。[①]

基于对国内外形势发展的上述分析和判断，中共中央在《双十协定》签署后，继续坚决贯彻"向北发展，向南防御"的战略。特别是由于得到东北苏军越来越积极的支持，中共中央继续部署在华北展开大规模交通战以阻止国民党军队运兵和争取控制东北地区后，又于11月初提出了更宏大的"夺取东北，巩固华北、华中"的战略设想，目的就是依靠军事胜利，迫使国民政府承认中共在华北和东北实行自治，以此作为过渡到"和平建国"阶段的必要条件。11月1日，中央军委就未来一个时期的作战部署发布指示："我党任务是夺取东北，巩固华北、华中，而十一月开始之主要作战方向已转至东北方面，第二个作战方向则是华北、华中。"为达此目的，中共军队一方面继续在华北加强作战；另一方面进入东北北部的部队准备内线作战，以阻止国民党军队接收，其他有关部队则加快进入东北。[②] 为了配合军事部署，中共中央指示在重庆的谈判代表团，拒绝国民党方面提出的在11月初召开

---

① 《中共中央关于过渡时期的形势和任务的指示》，1945年10月20日，载中央档案馆编：《中共中央文件选集》第15册，中共中央党校出版社，1991，第370—372页。

② 《中央军委关于十一月份作战部署的指示》，1945年11月1日，载中央档案馆编：《中共中央文件选集》第15册，中共中央党校出版社，1991，第395页。

政治协商会议的建议，并提出有关停战的四点建议。①

这一时期中共中央的战略方针在本质上就是要以争取军事斗争的胜利，迫使蒋介石和国民政府放弃夺取华北和取得在东北的优势地位，通过巩固自身在华北的优势和争取控制东北，以便在未来很可能出现的国共谈判中处于更强有力的地位。至关重要的是，当时中共中央不惜诉诸大规模军事斗争来制止国民党军队进攻华北和接收东北，对谈判所要达到的程度和规模的判断等，均与美苏在东亚地区的复杂互动和中苏关系紧张，以及随之而来的东北苏军积极鼓励和支持中共控制整个东北地区等国际因素，有着极为密切的联系。中共中央军委制定的东北战略中，就包括进入东北的部队在东北苏军的支持下，控制葫芦岛、营口等地，迫使国民党军队只能在华北港口登陆，经山海关沿北宁线开进东北。如此一来，中共军队就可以"争取时间布置内线作战"，等等。②

从当时的事态发展来看，那些相继出现的对中共的战略有利的国际条件之间是有因果关系的。具体来说，如果美苏关系稳定，中苏关系就不至于达到剑拔弩张的地步；如果国民政府与苏联的关系稳定，东北苏军就不会鼓励和支持中共中央实施夺取东北的战略；如果东北苏军不承认甚至阻止中共军队夺取东北的部署和行动，中共军队在东北就不可能获得迅速发展。如果没有上述国际条件，中共中央争取华北和东北自治的计划就难以实现。而11月中旬，之所以出现不利于中共军队夺取东北的局面，主要是因为国民政府在东北问题上采取外交攻势，迫使苏联按照中苏条约的规定，将东北移交国民政府接收，其背景则涉及美苏在欧洲和中东等地区爆发的一系列危机和政治冲突。

国民政府东北行营进入东北后不久，即在长春与东北苏军当局就有关接收东北行政权和接收东北经济的原则等问题展开接触和谈判，不过谈判很快

① 《中央关于宣传与谈判的方针问题给中共赴渝谈判代表团的指示》，1945年11月7、8日，载中央档案馆编：《中共中央文件选集》第15册，中共中央党校出版社，1991，第413—416页。

② 《中央关于增调兵力控制东北的指示》，1945年11月4日，载中央档案馆编：《中共中央文件选集》第15册，中共中央党校出版社，1991，第401页。

就陷入了僵局。与此同时，中共军队在苏军支持下，迅速进入东北并发展壮大。这种局面向国民政府提出一系列战略性的问题，包括根据目前华北、东北的军事局面和国民党军队在开进东北过程中遇到的严重困难，中苏双方就东北接收问题达成共识以前，是否急于调动大军靠武力打进东北？国民政府接收东北的战略部署，是否应以连接东北南北地区的枢纽长春地区为重点？等等。

从当时的客观态势来看，一方面国民党军队的精锐部队聚集在秦皇岛—山海关地区，可以说已经是箭在弦上，不能总是引而不发；另一方面，东北行营与东北苏军当局在长春的谈判显然已经陷入僵局，东北苏军因此给国民党军队设置了重重障碍。蒋介石经再三权衡，命令国民党军队沿北宁路打进东北。为了配合军事进攻，国民政府中断了在长春与东北苏军当局的谈判，并命令东北行营撤到山海关待命。与此同时，国民政府外交部直接向苏联政府提出，将东北行营与东北苏军当局在长春的谈判，改为在两国政府之间直接商谈，地点也改在重庆与莫斯科。国民政府的用意很明显，一方面将东北行营与东北苏军的地方性谈判升级为国家间的谈判，既可以防止东北苏军当局借口等待莫斯科的指示来推诿拖延，又可以增加国际社会关注度。另一方面，在国民党军队展开进入东北的军事行动时，可以避免在外交上节外生枝，使东北苏军难以直接介入。

国共在华北和东北地区的大规模战争以及由此引发的中苏关系紧张，对于美苏两国均可以说是一场严重的危机。当时驻东北的苏军和驻华北的美军处于事实上的军事对峙状态，在客观上形成了美苏在中国内战中各支持一方的局面。国民政府利用美苏在东亚紧张关系的升级，在东北问题上采取了一连串的外交和政治行动，试图通过施加外交压力来促使苏联执行中苏条约中的有关规定，将东北移交国民政府接收。

9 月的伦敦外长会议失败后，杜鲁门政府在东亚一度采取自行其是的外交行动，严重破坏了美苏在战时达成的协调解决亚太地区一系列国际事务的规范，引起了苏联的严重不满和警惕。苏联立即加以反击，一方面明确拒绝参加美国一手操纵的远东咨询委员会，并将东亚局势与其他国际事务挂钩；① 另一方面通过阻止国民政府向东北运兵和支持中共军队控制东北苏军撤出的地区，彰显自身在东亚地区的实力地位。不过就当时的实际情况看，苏联采取的这些措施只是对美国在东亚地区自行其是的报复和警告。斯大林尽管已经越来越倾向于采取坚定的行动，但还没有打算根本放弃"二战"后期与美英达成的有关协议，彻底破坏与美国的合作关系。毕竟，苏联为了实现既定的地缘政治计划，维持与英美的关系仍然是重要的。特别是在东亚地区，仍需避免同美国发生直接冲突。②

10 月下旬，美军陆续在华北地区登陆并进驻北平和天津，与当地中共军队的关系迅速紧张起来，不时发生军事摩擦甚至小规模的冲突。11 月上旬，战时驻华美军司令魏德迈奉命到中国了解军事形势。11 月 17 日，苏联驻华大使彼得罗夫拜访了国民政府代表孙科。他在谈到美军进入北平、天津和在青岛、秦皇岛等港口登陆时，告诉孙科"某一国家的人民，应该在没有外部干涉的情况下，独立解决自己国家的内部问题"。③ 一周后，苏联驻华使馆官员米克拉舍夫斯基会见了中共谈判代表王若飞。他在会谈时告诉后者，美军在华北"集结了大批军队，大概是准备尾随国民党军队进入东北地区"。④ 根据中共中央获得的报告，苏联对美国在此敏感时刻派遣魏德迈到中国视察，表现得极为警惕。此外，苏联方面明确表示，魏德迈此次访华目的复杂，"有表里两重任务，其内部任务，极其庞大，有垄断全（中——引者注）国，甚至侵入东北的企图"。⑤ 苏方这时与国共双方的密集接触和表态证明，他们的确非常关注和警惕华北美军的意图。

① 参阅［美］威廉·哈代·麦克尼尔：《美国、英国和俄国：它们的合作和冲突：1941—1846》下，叶佐译，上海译文出版社，1978，第 1076—1077 页；［苏］A.C. 阿尼金等编：《外交史》第五卷上，大连外国语学院俄语系译，生活·读书·新知三联书店，1993，第 164—165 页。

② 参阅 Melvyn P. Leffler，and Odd Arne Westad ed., *The Cambridge History of The Cold War* (Cambridge：Cambridge University Press, 2010)，Vol. 1 Origins, pp. 97-99.

③ 《彼得罗夫与孙科会谈纪要：东北军事和政治局势》，1945 年 11 月 17 日，载沈志华主编：《俄罗斯解密档案选编：中苏关系》第一卷，中国出版集团东方出版中心，2014，第 93 页。

④ 《米克拉舍夫斯基与王若飞会谈纪要：中共在东北的行动》，1945 年 11 月 25 日，载沈志华主编：《俄罗斯解密档案选编：中苏关系》第一卷，中国出版集团东方出版中心，2014，第 93 页。

⑤ 《魏德迈在华的任务》，1945 年 11 月 12 日。

11 月 15 日，国民政府照会苏联外交部，由于苏军一再阻碍东北行营的接收工作，该行营将从长春撤到山海关。[①]同一天，国民党军队开始向山海关中共守军发动军事进攻。苏联几乎立刻采取行动，争取缓和中苏关系。11 月 17 日，苏联照会国民政府，否认苏军曾向中共军队提供武器装备，声明苏军撤出地区被中共军队占领，是国民政府自己无力接收的结果；如果国民政府同意，苏军可延缓撤出，并允许国民党军队空运至沈阳和长春等大城市。随后不久，苏联方面在拒绝由两国政府级谈判东北问题时提出，有关东北接收的各项具体问题，仍由双方在东北的地方当局解决。东北苏军还通知国民政府的东北行营，苏军驻军会加强长春城防，清除暴乱势力，取缔反对国民政府的宣传活动，以消除国民政府在长春展开地方级谈判的疑虑。[②]

苏联要缓和与国民政府的关系，必定要影响同中共的关系。实际上，苏联这时的确在利用各种方式，促使中共中央配合它调整对华政策。苏联在向国民政府提出延缓撤退东北苏军的同时，开始限制中共军队在东北的行动。如东北苏军通知中共东北局称，凡是苏军驻扎的地区，中共军队不得进入；在苏军全部撤出东北之前，包括山海关至锦州地区在内的东北全境，不允许中共军队作战；中共军队必须撤退至东北主要铁路沿线两侧 50 公里以外；中共所属各机关必须从大城市撤出。[③]东北苏军对中共军队的限制也从另一个方面表明，苏联已经决定用直接与国民政府打交道的外交手段，来取代之前的支持中共控制东北的策略。这时在重庆的苏联外交官也开始限制与中共代表的接触，他们提醒王若飞等，中共代表在重庆试图与苏联"大使馆、武官处和其他结构"建立直接联系的行动"会引起有关机构的注意"，暗示王

①《外交部为迁移东北行营事致苏联驻华大使馆照会》，1945 年 11 月 15 日，参阅秦孝仪主编：《中华民国重要史料初编》第七编"战后中国"（一），（台北）中国国民党中央委员会党史委员会，1981，第 147 页。
②《张公权日记中有关东北接收交涉经过（四）》，台湾《传记文学》第 36 卷第 6 期，第 89 页。
③《满洲不许作战》，1945 年 11 月 20 日。

若飞等自我节制，以免影响改善中的中苏关系。[①]

为了使国民政府在美苏斗争中保持中立，苏联在争取改善中苏关系的同时，也力图施加政治影响，推动国共政治谈判的进程。不过应该说明的是，与美国相比，在国共能否"和平竞争"的问题上，苏联基本上不抱多少希望。[②]进一步说，苏联通过促成国共谈判来推动中国的政治改革，也有利于在中国造成制约国民政府内部亲美势力的力量。概言之，苏联支持国共"和平竞争"和改善与国民政府的关系等，同不直接介入国共谈判和撇清与国共冲突的关系一样，实际上也是一种妥协，至少在形式上与美国的对华政策有一致之处。苏联的表态不过是要居于超脱的位置上，对美国以调处的方式介入国共争端表示支持，并利用与中共的关系施加一些影响。苏联此时将对华政策的重点放在解决东北问题方面，利用苏军延缓撤出的时机，与国民政府谈判解决合作经营东北经济的问题。

与苏联调整对华政策同时，杜鲁门政府也在酝酿调整美国对华政策，可以说苏联调整对华政策就是对美国调整对华政策做出的反应。国共两党为争夺华北和东北而发生的武装冲突，以及中共军队在东北地区的迅速发展，严重地冲击了美国的战后东亚政策。对日战争结束以后，美国处理中国问题主要遵循两个基本原则。一是支持蒋介石和国民政府恢复对全中国的统治；二是避免卷入中国的国共内战。[③]10月美军在中国华北地区登陆之时，国共在那里已经爆发了大规模的军事冲突，从而使杜鲁门政府陷入非常尴尬的局面。如果继续全力支持国民政府恢复对全中国的统治，驻华美军就很难避免与中共军队发生冲突。国共在华北的大规模军事冲突爆发后，驻华美军领导人很快便注意到，他们即使用"最富伸缩性的方式"来解释杜鲁门政府的政

---

① 《米克拉舍夫斯基与王若飞会谈纪要：中共在东北的行动》，1945 年 11 月 25 日，载沈志华主编：《俄罗斯解密档案选编：中苏关系》第一卷，中国出版集团东方出版中心，2014，第 96 页。

② James F. Byrnes, *Speaking Frankly* (New York：Harper & Brothers Publishers, 1947), p.228; Herbert Feis, *The China Tangle: The American Effort in China from Pearl Harbor to the Marshall Mission* (Princeton University Press, 1953), pp. 140-141.

③ 参阅世界知识出版社编：《中美关系资料汇编》第一辑，世界知识出版社，1957，第953 页。

策，也无法执行既全力援助国民政府控制华北和东北而又不介入国共内战的命令。①

从 9 月底开始，随着国民党军队向北推进，杜鲁门政府不断收到来自中国的报告称，国共在华北和东北的军事冲突中投入的兵力越来越多，内战有日益扩大的趋势。在这种炽热的气氛中，在华北的美军不断与中共军队发生摩擦，还出现美军士兵被扣留的事件。美国驻华使馆的报告指出，中共军队在张北地区和东北南部都得到了苏军的援助，这表明东北苏军实际上参与了中共军队夺取华北和东北的计划，其动机很值得怀疑。②11 月下旬，魏德迈完成对中国的视察后，在给华盛顿的报告中说，国共的军事冲突在迅速扩大，至关重要的是国共冲突表明，"美苏在东北和华北争夺实力地位的斗争已经展开"。就当时的战略态势和国民党军队的实力看，国民政府如果不与苏联和中共达成协议，肯定不可能控制华北和东北；美国如果真的打算支持国民党军队收复东北，就必须介入中国内战，其结果甚至有可能使美国卷入一场同苏联的战争。③

为了解决在中国面临的迫在眉睫的问题，杜鲁门政府内部开始就对华政策展开一次比较充分的讨论。在这场讨论中居主导地位的看法是，一方面，国民政府实际上没有足够的实力来确保在国共内战中取胜；另一方面，美国既无能力也无必要，去支持蒋介石毫无希望的武力统一政策。根据这一结论，杜鲁门政府决定从两方面着手解决问题。首先是争取与苏联协调对华政策，在不破坏美苏在东亚基本政治格局的前提下，通过外交手段敦促苏联履行有关条约的规定；其次是派遣总统特使直接介入日益激化的国共矛盾，争取用政治方式来推动中国形成一个基本统一的局面。

---

① "The Commanding General, United States Forces, China Theater, (Wedemeyer), to the Chief of Staff (Marshall)," 19 August 1945, *FRUS* , 1945, *The Far East, China*, Volume VII, pp. 532-534.

② "The Charge in China (Robertson) to the Secretary of State," September 29, 1945，*FRUS*，*The Far East, China*, Volume VII, pp. 572-573; "The Charge in China (Robertson) to the Secretary of State," November 28, 1945，1945, *FRUS*，*The Far East, China*, Volume VII, pp. 686-687.

③ ［美］魏德迈：《魏德迈报告》，（台北）光复书局，1959，第 308 页；世界知识出版社编：《中美关系资料汇编》第一辑，世界知识出版社，1957，第 192 页。

12 月 15 日，美国总统杜鲁门发表声明，全面阐述了调整后的美国对华政策，以及实行这些政策所要达到的目标。它们包括：一、争取通过推动国共谈判，在中国内部实现蒋介石领导下的政治与军事统一；二、各大国均承担义务，维护中国的主权与领土完整。[①] 自从美国提出门户开放政策以来，美国处理对华事务的中心就是放在处理与列强在华关系方面。杜鲁门的声明强烈地反映了美国对华政策传统中的这一特点。杜鲁门政府所谓"维护中国的主权与领土完整"，在当时的实际意义就是防止苏联利用打败日本后形成的军事占领的局面，实际控制东北。为了实施这些政策，杜鲁门政府经反复研究，制定了一个三位一体的解决办法：通过直接调处来促使国共停战——同时为国民党向东北运兵——最终实现由国民政府统一中国。这三个方面互相影响、互相制约，其核心就是尽可能地限制苏联在中国的影响。

12 月中旬，美英苏三国外交部长在莫斯科召开会议，讨论解决"二战"结束后三国在世界各地区发生的麻烦和冲突，协调对华政策是他们讨论的重要问题之一。美苏两国外长经过激烈的讨价还价，最终就如何解决在中国面临的问题达成了三点共识。第一，美苏承诺尽快从中国撤出各自的军队，实际上就是苏联承认美军目前可暂时留在中国，美国承认苏联可以延缓从东北撤军。第二，美苏双方承认，国民政府是中国的合法政府，同时也承认，国民政府需要进行必要的政治改革，吸收包括中共在内的其他党派参加。第三，双方同意应促使国共两党停止军事冲突，苏联表示将支持美国调处国共争端的努力。莫斯科会议专门就中国问题发表公报，公开表明了美苏的立场。[②]12 月下旬，美国总统特使马歇尔带着杜鲁门政府的方案到达中国，开始调处国共矛盾。

显然，调整后的美国对华政策和苏联对华政策尽管目标和手段各异，介入国共斗争的程度不同，但它们有一个共同的特点，即双方都试图避免被卷入国共之间的内战，并避免因为国共内战而导致双方的直接对抗。既要避免

---

① 世界知识出版社编：《中美关系资料汇编》第一辑，世界知识出版社，1957，第628—629 页。
② 世界知识出版社编：《中美关系资料汇编》第一辑，世界知识出版社，1957，第185—186 页。

双方的直接冲突，又要防止对方的势力扩大，以致损害自己的基本利益，在妥协的格局中限制对方，就是美苏对华政策的重合点。对于美国来说，调处国共争端是既可以帮助国民政府统一中国，又能避免自己陷入中国内战的一种策略选择。中国的统一与稳定又是防止苏联介入中国内部事务和将苏联排挤出东北的基本条件。①同样，苏联改善与国民政府的关系，也是为了不给美国直接介入东北问题的借口，同时争取国民政府不要一边倒向美国。

国民政府显然在外交上积极配合美国对华政策的变动。莫斯科三国外长会议结束后不久，蒋介石的私人代表蒋经国于 12 月下旬应邀访问了莫斯科。蒋介石选择蒋经国访问莫斯科，一是因为后者参与了东北行营的工作，对接收东北地区的具体情况有所了解；二是因为他曾经在苏联留学和生活多年，与苏联领导人有过交往。在这次访问期间，蒋经国与斯大林举行了两次会谈，重点阐述了国民政府对改善中苏关系的意愿和政策，不过他非常突出地强调了国共关系和东北接收涉及的问题。关于国共关系，蒋经国表示，希望苏联向中共施加压力以迫使其在谈判中做出让步；关于东北接收问题，他表示国民政府可以将双方谈判涉及的东北企业的一半"移交给苏联"，以及在东北奉行"门户开放"的同时，承诺给予苏联"在经济方面的主导地位"。斯大林在会谈中表示，苏联希望改善中苏关系，特别是同意与国民政府"建立最紧密的关系"。苏联的原则立场有三：第一，苏联过去没有、今后也不会介入国共斗争，希望国共政治解决分歧，能够"和平共存"，苏联不会赞成中国变成"两个部分"；第二，国民政府应在美苏之间保持"不偏不倚"的立场，"只要苏联政府没有后顾之忧"，就不会参与反对国民政府的行动；第三，不准美国染指东北，"苏联政府不愿让美军进入东北"，因为"这是苏联的地盘"，"无论美军、英军或其他外国军队，都不应当允许他们进入东北"。斯

①　"Memorandum by the Director of the Office of Far Eastern Affairs (Vincent)," November 28, 1945, *FRUS*, 1945, *The Far East, China*, Volume VII, pp. 745–747; "Memorandum of Conversation, by Lieutenant General John E. Hull, War Department General Staff," December 10, 1945, *FRUS*, 1945, *The Far East, China*, Volume VII, pp. 762-763.

大林还邀请蒋介石有时间访问莫斯科，以便能彻底改善两国关系。[①] 斯大林的谈话内容包含了苏联这时调整对华政策的关键内容，即在美苏协调对华政策的背景下，争取国民政府在美苏之间保持中立和阻止美国势力进入东北。

12 月 31 日，蒋介石在重庆会见了苏联驻华大使彼得罗夫。蒋介石在会谈中阐述了国民政府对国共谈判的立场和政策，并询问苏方对中国政局的看法。彼得罗夫表示，苏联支持"建立一个统一的民主的中国，不仅有利于中国人民，也有利于世界人民的团结"。[②] 这番看似无懈可击的外交辞令实际上反映了莫斯科的真实态度，与斯大林对蒋经国的谈话精神是一致的。至此，中苏基本上完成了一次政策协调。

美苏对华政策的变化对中共中央的军事战略和对外政策等，均造成相当严重和复杂的影响。美苏之间和苏联与国民政府之间再次相互妥协并达成协议，特别是苏联与国民政府的关系缓和，使中共中央失去了实施"夺取东北，巩固华北、华中"的战略计划的外部条件。由于东北苏军的限制和苏军决定延缓撤退时，明确表示不允许中共军队在其控制地区作战，国民党军队很快攻占山海关，随后沿北宁线迅速向北突进。而已经进入东北的中共军队和从华北刚刚到达锦州一带的部队尚未做好足够的作战准备，尤其是无法从东北苏军那里得到允诺的武器装备援助，从而失去了阻截和消灭国民党军队的战机。对中共中央来说，控制全东北的计划已经是不可能实现的了。

急剧演变的东亚国际局势和华北、东北南部等地区的军事形势等，均迫使中共中央逐步开始重新考虑，是否有必要改变 11 月初的战略计划。这首先涉及如何理解和评估苏联对华政策的变化，以及如何应对这种变化。中共中央最初的反应是复杂的，从目前公布的文献来看，他们获得的信息主要来自在重庆的谈判代表团和东北局的断断续续的报告，其中东北局有关东北苏军动态的报告更紧迫一些，内容变化也很快，对中共中央的影响是直接和明显的。

---

① 《斯大林与蒋经国会谈记录：中苏关系问题》，1945 年 12 月 30 日，载沈志华主编：《俄罗斯解密档案选编：中苏关系》第一卷，中国出版集团东方出版中心，2014，第 99—108 页。

② 《彼得罗夫与蒋介石会谈纪要：国共关系问题》，1945 年 12 月 31 日，载沈志华主编：《俄罗斯解密档案选编：中苏关系》第一卷，中国出版集团东方出版中心，2014，第 109—110 页。

从 11 月上旬到 17 日左右，东北苏军已经开始采取行动限制中共军队。中共中央当时虽然注意到中苏关系的变化，不过他们最初并没有立即决定放弃夺取东北的计划。即使在获得东北局有关东北苏军将允许国民党军队在其撤出前五天就空运到各大城市的警告后，他们仍然准备贯彻原定的夺取东北大城市和阻击北宁线国民党军队的作战计划。

11 月 10 日，长春苏军当局通知东北局在该市的负责人陈云，苏军将允许国民党军队在其撤出前五天就空运到东北各大城市，如果中共军队与到达的国民党军队发生冲突，苏军将解除中共军队的武装。他们要求中共东北局理解这一点，及"莫斯科的利益应该是全世界共产主义者最高的利益"。东北局在 11 月 11 日给中共中央的报告中说，他们已经向苏军代表提出了自己的条件，包括苏军可以在国民党军队到达之前五天就撤出，这样中共军队与国民党军队作战就与苏军无关了；国共军队在有关城市一旦发生战争，苏军可以同时收缴双方军队的武器；苏军可以在中共军队打击了国民党空运部队之后，"再缴我们的械"。东北局在报告中表示，希望中共中央设法直接与苏方更高层级交涉来解决问题。[①]

在接到东北局 11 日的报告后，中共中央于 13 日复电东北局称，苏方"方针既定，恐难改变，我们应当服从总的利益，立即重新部署力量以适应新的形势"。中共中央还询问，苏军允许国民党军队空运的城市是否包括龙江、洮南、牡丹江和佳木斯等，以及苏军撤出后，国民党军队空运所到的城市是否也不许作战，等等。[②]

11 月 12 日，东北局又致电中共中央说，东北苏军所提国民党军队将空运的城市只限沈阳、长春和哈尔滨三市，苏军决定在 21 日撤出，而根据苏军提供的数据计算，国民党军队到苏军撤出的当天，只能空运二千人至五千人。所以，东北局的方针是准备"力保沈阳"，"坚决争夺长、哈两市"。

① 朱佳木主编：《陈云年谱（修订版）》上卷，中央文献出版社，2015，第 503—504 页；《彭真传》编写组编：《彭真年谱》上，中央文献出版社，2002，第 315 页。

② 《在苏军预定方针不变情况下重新部署力量》，1945 年 11 月 13 日；另参阅《彭真传》编写组编：《彭真年谱》上，中央文献出版社，2002，第 315—316 页；朱佳木主编：《陈云年谱（修订版）》上卷，中央文献出版社，2015，第 504 页。

中共中央接到东北局 12 日电报的时间应是在发出上述复电之后，所以他们在 13 日又立即电告东北局，认为东北局提出打击国民党军队和部署夺取沈、长、哈三市"是完全必要的"，不过也提醒东北局应注意不要因此同东北苏军"处于对立状态"，应将作战计划通知苏方，在他们不反对的条件下实施，或在苏军"撤出后数日实行之"。① 14 日，中共中央再次电告东北局"一面照顾友方信用，一面仍须控制大城市"，东北局"迅即准备一切条件，于苏军撤走后歼灭顽军"。② 东北局此时亦着手准备在有关城市打击空运的国民党军队。③

在东北北部的北宁线作战方面，11 月 10 日，中共中央指示东北局，"山海关我守军坚持半个月，即有办法"，意即梁兴初和黄永胜率部 4 万多人赶到沈阳和锦州一线集结。④ 11 月 14 日，中共中央又提出"以锦州为中心之地区为我主力作战之战略枢纽"的计划，要求东北局积极部署，开展工作，创造战场，等等。⑤ 战场形势瞬息万变，11 月 16 日，国民党军队即攻占山海关。第二天，中央军委就山海关失守后的军事局势指示有关部队，国民党军队"主力必沿北宁路猛进"，有关部队"必须尽量消耗、疲劳、迟滞顽军前进"。中央军委的设想是：争取在东北苏军撤出后，"消灭沈、长、哈蒋之着陆部队，争取时间集结主力，再消灭其陆路主力"。⑥

11 月 17 日，在哈尔滨的陈云报告东北局负责人，驻扎该市的苏军代表奉上级命令，要求中共军队于 22 日全部退出市区。⑦ 同一天，东北局也电告中共中央，东北苏军要求中共军队全部退出沈阳、长春。东北局在第二天又

① 参阅《彭真传》编写组编：《彭真年谱》上，中央文献出版社，2002，第 317 页；朱佳木主编：《陈云年谱（修订版）》上卷，中央文献出版社，2015，第 504 页。

② 参阅《彭真传》编写组编：《彭真年谱》上，中央文献出版社，2002，第 317—318 页。

③ 朱佳木主编：《陈云年谱（修订版）》上卷，中央文献出版社，2015，第 504 页。

④ 《中央关于发动群众创造战场给东北局的指示》，1945 年 11 月 10 日，载中央档案馆编：《中共中央文件选集》第 15 册，中共中央党校出版社，1991，第 419 页。

⑤ 《中央关于以锦州为作战枢纽布置工作的指示》，1945 年 11 月 14 日，载中央档案馆编：《中共中央文件选集》第 15 册，中共中央党校出版社，1991，第 423 页。

⑥ 《军委关于山海关失守后的军事部署给黄克诚、程子华等的指示》，1945 年 11 月 17 日，载中央档案馆编：《中共中央文件选集》第 15 册，中共中央党校出版社，1991，第 424 页。

⑦ 朱佳木主编：《陈云年谱（修订版）》上卷，中央文献出版社，2015，第 505 页。

电告中共中央，东北苏军将延后撤军时间，东北局非常担心苏军"允许顽军空运大量部队来而又不准我打"，直到国民党军队"站稳后"苏军"再撤走"，不仅他们无法获知东北苏军延缓撤军背后的政策意图到底是什么，甚至东北苏军当局"亦不知"。① 至此，在东北北部阻止国民党军队进攻的计划也就失去了原有的战略意义。

11 月 19 日，中共中央的政策开始出现重大变化。刘少奇在为中共中央起草的致东北局的电报中称，"美、蒋在满洲问题上已对苏联采取了外交攻势。国民党已声言拒绝接受，撤回熊式辉等行营人员，并说苏联供给我军武器反对政府，使中、苏关系处于危机之中"，"最近苏军态度变化，暂缓撤退，当亦为此情况之反映。国民党现在抓住中、苏条约，使苏联不能在满洲现在的情况之下脱身。这是一个严重的世界斗争"。所以，中共中央要求东北局"仍应在顾及苏联国际信用的条件下争取大城市。但应了解大局现在还是没有最后确定的"。② 显然，中共中央已经初步意识到，东北苏军的行动反映了苏联对华政策的变化，而苏联政策的变化很可能有重大的国际背景。

就在中共中央发出上述指示的当天，东北局领导人彭真、林彪致电中共中央，报告再次接获苏军通知说，长春路沿线及城市全部交蒋军，有苏军驻扎之处，不准中共军队与国民党军队作战，而且中共军队必须退到铁路沿线若干公里之外，以便利国民党军队接收和苏军撤回国。③ 中共中央接到报告后立即回复东北局，对苏军的决定"只有服从，长春路沿线及大城市让给蒋军"。不过他们指示东北局向苏军提出两点要求：第一，锦州至山海关一带原为中共军队控制地区，中共军队可让出营口供国民党军队登陆，但希望继续控制"锦州、葫芦岛和北宁路之一段"；第二，请苏军"尽可能推延蒋军进入满洲及各大城市的时间"。如果苏军不能接受这两个建议，东北局则"只好服从"；在无法夺取大城市的情况下，东北局的方针是"力求控制次要城

---

① 参阅《彭真传》编写组编：《彭真年谱》上，中央文献出版社，2002，第 318—319 页。

② 《中央关于东北的工作方针等给东北局的指示》，1945 年 11 月 19 日，载中央档案馆编：《中共中央文件选集》第 15 册，中共中央党校出版社，1991，第 429—430 页。

③ 逄先知主编：《毛泽东年谱：一八九三——一九四九》下卷，人民出版社、中央文献出版社，1993，第 49 页；《彭真传》编写组编：《彭真年谱》上，中央文献出版社，2002，第 320 页。

市，站稳脚跟，准备和蒋军斗争"。中共中央要求仍在前往东北途中的中共干部，均在承德地区停止前进，东北部队主力向西移动，向在热河地区的部队靠拢。① 在当日发出的另一份电报中，中共中央指示东北局对原定军事计划作根本性调整，要求东北局"迅速在东满、北满、西满建立巩固的基础"，并考虑在苏军不允许中共军队控制的情况下，彻底破坏北宁路的锦州至山海关段的铁路线，以使国民党军队在短期内不能利用铁路运兵。中共中央还叮嘱说，这也要苏军"不反对才做"。②

11 月 26 日，东北局根据中共中央的指示发布命令，从东北各大城市撤出干部和军队。这项命令比较完整地反映了中共中央对东北苏军的行动与苏联对华政策之间的关联的新理解和新判断。该命令一开始就阐述了由于中共军队在东北的发展使国民政府无法顺利进入东北接收，以致"美方已向苏联发动外交攻势，中苏外交发生了危机，这是一个世界性的斗争，乃美蒋与苏联和中国人民之斗争"；苏军的行动反映了"苏联为了顺利进行这一斗争，必须先取得主动地位，在外交上站稳脚步"；而中共为了配合苏联的外交行动，"我党我军在城市中已暴露面貌之干部、组织力量，必须迅速坚决地退出城外，使苏联在履行中苏条约上，毫无困难之处，这是击破美蒋外交攻势、打退美国干涉中国内政阴谋的必要条件。只有这样才能使苏可以放手与美斗争"，等等。③

这时中共中央对苏联对华政策已经有了基本判断，但该政策在东北到底贯彻到什么程度，或者说其界限在什么地方，是要通过博弈的实践来划出的。所以，中共中央最终确定战略方针必定会有一过程。中共一方面认识到苏联政策有深刻的国际背景，反映了美苏之间的斗争；另一方面将从东北大城市撤出视为或解释为配合苏联外交斗争的一个措施，这在逻辑上就包含着将苏

① 《中共中央关于让出大城市及长春铁路线后开展东满、北满工作给东北局的指示》，1945 年 11 月 20 日，载中央档案馆编：《中共中央文件选集》第 15 册，中共中央党校出版社，1991，第 431 页。

② 《中央关于东北撤出大城市后的中心任务给东北局的指示》，1945 年 11 月 20 日，载中央档案馆编：《中共中央文件选集》第 15 册，中共中央党校出版社，1991，第 433 页。

③ 《东北局关于撤出大城市后工作任务的指示》，1945 年 11 月 26 日，载中央档案馆编：《中共中央文件选集》第 15 册，中共中央党校出版社，1991，第 434—436 页。

军的行为视为权宜之计，苏联并不会反对中共在东北取得某种地位。中共中央仍抱有一线希望，即虽然已无法实现独占东北的计划，但仍然有可能在苏方的帮助下，在东北大城市取得一部分的地位，即"长春路沿线及东北各大城市我应力求插足之外，东满、南满、北满、西满之广大乡村及中小城市与次要铁路，我应力求控制"。[①] 东北局也认为："我们目前的任务，是在尊重苏联外交政策照顾苏联国际信用的条件下，力争大城市。"东北局还布置在已撤退的大城市中准备力量，以便在"不久的将来里应外合，收复这些大城市"。[②]

东北局领导人的判断同东北苏军发出的混乱信息也有一定关系。11 月 20 日，苏军代表在通知东北局从长春路沿线和大城市撤出时曾说过，中共撤出城市里的干部可"上山打游击，免遭牺牲，等他们回来"，等等。[③] "等他们回来"一句的言外之意，的确有想象空间。21 日，从大连到达哈尔滨的刘亚楼告诉陈云三个重要信息：一、苏联方面曾经向蒋介石提出，中共在东北应有一定的地位，但被拒绝，现在苏联已经做出让步，只向国民政府移交东北；二、美海军在大连海域示威，苏军在大连增加了一个师的兵力，并将撤退的军队重新派往东北；三、苏方已经下令不与中共人员接触。他的谈话内容当天就被陈云报告中共中央。[④] 刘亚楼时任苏军驻大连司令部与中共大连地区委员会之间的联络人，他本人长期在苏联学习，在抗战结束阶段随苏军返回东北，所以他提供的信息受到中共中央的重视。尤其是苏联方面曾经有意促使蒋介石接受中共在东北获得一定地位的信息，很可能引发中共领导人形成利用苏联出面，推动国共政治解决东北问题的设想。11 月 22 日，陈云、张秀山电告东北局，苏军要求中共力量 23 日撤出哈尔滨，但陈云通过苏军仍要求"我领导机关及地方干部、警察留在市内工作"，并要我方副

① 《中央关于撤出大城市和主要铁路后东北的发展方针给东北局的指示》，1945 年 11 月 28 日，载中央档案馆编：《中共中央文件选集》第 15 册，中共中央党校出版社，1991，第 447—448 页。

② 《东北局关于撤出大城市后工作任务的指示》，1945 年 11 月 26 日，载中央档案馆编：《中共中央文件选集》第 15 册，中共中央党校出版社，1991，第 434—436 页。

③ 朱佳木主编：《陈云年谱（修订版）》上卷，中央文献出版社，2015，第 506 页。

④ 朱佳木主编：《陈云年谱（修订版）》上卷，中央文献出版社，2015，第 507 页。

市长杨维即日就职、副省长李兆麟仍留任，等等。中共中央据此认为，"看此情况环境并未变坏"。①

　　一个偶然事件对加强中共中央的信心起了作用。11 月 29 日，国民政府东北行营负责经济事务的张嘉璈在重庆会见了中共谈判代表团的董必武，并提出中共应让出北宁路以便于国民政府的接收工作。中共中央据此认为，苏联在东北的所作所为一方面固然是为了阻止美军进入东北；另一方面也有可能有利于中共与国民政府谈判。12 月 1 日，中共中央指示在重庆的董必武、王若飞说："苏方在东北态度已甚为明显，目前所取步骤，既便严拒美军入满，又便我方谈判和发展，故张公权找董老商谈是必然结果。"② 所以，中共中央在 12 月上旬还曾设想，争取苏联方面出面，促成国共谈判合作接收东北的大城市。12 月 7 日，中共中央在给东北局的指示中提出："如苏联能加以帮助，长春、沈阳、哈尔滨或有我、蒋共同驻兵之可能。"③ 第二天，中共中央再次电告东北局领导人，苏联不让国民政府接收东北这一点"决不会做"，但"以哈尔滨及其他长春线城市给我"，"或由苏联与蒋谈判，让我在沈、长、哈诸城市插一脚，使东北成为合作局面，那也还是可能的"。中共中央指示东北局向苏方了解，是否能"介绍你与蒋之行营谈判东北问题"。④

　　显然，中共中央和东北局对苏联政策的认识的确有一个逐步变化的过程。在如何理解苏联改变对华政策，尤其是调整其东北政策的动机方面，中共中央和东北局都强调了苏联对外政策中与美国斗争的一面和与国民政府对立的一面。苏联调整对华政策和在东北改善同国民政府的关系、限制中共的发展等，都是为了在同美国和国民政府的外交斗争中争取主动。这种认知使中共中央在东北苏军明确限制中共军队在东北发展的时候，还一度希望在苏联帮

---

①　陈云、张秀山：《将主力部队及军事干部分散各县建立政权》，1945 年 11 月 22 日，载中共中央文献研究室编：《陈云文集》第一卷，中央文献出版社，2005，第 455 页。

②　《中央关于再开谈判之门给董必武、王若飞的指示》，1945 年 12 月 1 日，载中央统战部、中央档案馆：《中共中央解放战争时期统一战线文件选编》，档案出版社，1988，第 33 页。

③　《中央关于东北工作方针与任务给东北局的指示》，1945 年 12 月 7 日，载中央档案馆编：《中共中央文件选集》第 15 册，中共中央党校出版社，1991，第 465—466 页。

④　《中央关于争取我党在东北的地位及策略问题给东北局的指示》，1945 年 12 月 8 日，载中央档案馆编：《中共中央文件选集》第 15 册，中共中央党校出版社，1991，第 474—475 页。

助下，取得或部分取得对东北一些大城市的控制权。

陈云、高岗、张闻天等东北局领导人都认为，苏联调整对华政策有更为长远和涉及更大范围的战略考虑，中共夺取东北的战略并非一定会获得苏联的援助，不能将苏联援助作为战略的基础。11月29日、30日，他们联名向中共中央提出了一份报告，系统分析了苏联政策变动的原因和趋势。他们认为，"苏联力量的存在，对我在满洲的工作方针，显然起着决定的作用"；三个月来的情况证明，苏联在东北的政策包括两个方面："一方面，把沈阳、长春、哈尔滨三大城市及长春铁路干线交给国民党；另一方面，援助我党在满洲力量的发展"，苏联的目的是"保持远东和平和世界和平"；"某一时期由于国际国内条件的变动及斗争策略上的需要，苏联对于执行中苏协定的程度，及对我援助的程度会有所变化，但苏联这些政策的本质是一贯的，不变的"；苏联的做法一方面是为了确保将三大城市及长春铁路干线正式移交给国民党；另一方面"也是为了以实力为后盾，拒绝美国力量直接渗入"东北，对此中共应给予"谅解"；鉴于苏联政策的变动，中共不应将全部注意力"集中于这三个大城市"，而应转向建立巩固的根据地；中共在东北能获得苏军援助是"有利条件之一"，但还是要准备经过长时期的斗争，"竭力避免把一切希望寄托在苏联的援助上"。① 这份报告的重要价值，在于指明苏联的东北政策是为苏联的战略利益服务的，而中共夺取东北的战略至少在目前并没有被苏联认为是符合其战略利益的，而中共对此一方面有必要给予"谅解"；另一方面有必要改变对苏联援助的过度依赖。中共的东北战略不能"寄托在苏联的援助上"，这是中共中央调整东北战略的一个基础。

有必要指出，已占领东北一些地区的部队对于东北苏军强制要求他们撤出的命令，表达了强烈的不满和反对。例如，1月25日，黄克诚、刘震和洪学智等通辽驻军领导人致电彭真并报中共中央，如果接受苏军的要求放弃通辽，在那里的驻军、伤病员和物资等均无处可去，所以他们决心"死守通辽，任何军队前来接收，坚决抵抗到底"，以及"为求生存，决在此地拼死

① 陈云、高岗、张闻天：《对满洲工作的几点意见》，1945年11月30日，载中共中央文献研究室编：《陈云文选》，人民出版社，1984，第299—232页。

一战。即使苏军来，亦坚决抵抗，全部战死在所不顾"。①

第二天，彭真致电通辽驻军领导人，东北局已经努力与苏军交涉，而且会继续努力交涉；同时也建议通辽驻军领导人，可以就地与有关苏军部队直接交涉，"以恳切向友方说明通辽对我军之利害关系"，要求苏方或拒绝国民党军队接收，或做"当地和平谈判之中间人"，只是"无论如何绝不能与友方冲突"。②

面对东北当地的复杂局面、不同地区的中共部队面临的不同情况和不同地区的苏军的不同态度，1月26日，中共中央致电东北局和通辽地区的军队领导人，非常系统地阐述了中共中央对东北形势的全面分析和准备采取的战略、策略等。电报指出，在目前形势下，"企图独占东北，拒绝与国民党合作是不对的，行不通的"；而为了实现和平解决，除有必要做充分的军事准备，也"力求苏联在外交上配合我们这一和平合作的方针"；在东北同国民党军队发生局部冲突是难以避免的，已经控制的一些地区需要巩固而非让出，东北局须"将我们和平合作方针"向苏方"解释说明，要求他们给以协助配合"。③

在1946年初的国共谈判中，由于美国总统特使马歇尔的介入，中共中央多次设想邀请苏联参加国共谈判。中共领导人在有关电函中，对邀请苏联方面参加国共谈判的价值说得非常清楚，即"中国从来就是依靠几个国家互相牵制来保持独立的，所谓以夷制夷政策，如果中国只被一个强国把持，则早已灭亡"。④2月中旬，国共谈判转入讨论东北问题后，中共中央甚至认为，苏联有时为了表示其在国共之间的公平，甚至"可能要我对国民党作更多的让步"。⑤

3月间，苏联在东北问题上对国民政府的态度又趋强硬，并鼓励中共中

① 《彭真传》编写组编：《彭真年谱》上，中央文献出版社，2002，第362—363页。
② 《彭真传》编写组编：《彭真年谱》上，中央文献出版社，2002，第363页。
③ 《中央关于目前东北工作的方针问题给东北局的指示》，1946年1月26日，载中央档案馆编：《中共中央文件选集》第16册，中共中央党校出版社，1991，第57—59页。
④ 《中央关于提议英国苏联参加国共谈判问题的指示》，1946年1月3日。
⑤ 《中央关于东北停战谈判情况致东北局电》，1946年2月12日，载中央统战部、中央档案馆编：《中共中央解放战争时期统一战线文件选编》，档案出版社，1988，第77—78页。

央在东北采取更积极的行动。中共中央利用这一机会,争取东北苏军在撤退过程中,将部分地区交中共军队接管。鉴于以往的教训,中共中央指示东北局,事先应向苏军"着重交涉","哪些地方是他们必须交蒋军接收,又有哪些地方他们不必交蒋接收,你们须切实要求辰兄(苏方)不要在外交文件及事实上将很多中小城市交蒋接收,以造成我们在国共谈判中的困难"。中共中央担心"将来苏联在经济合作问题解决时,可能再对蒋表示好感",将诸多中共控制或夺取的中等城市又交由国民政府接收。这个电报的结束语是"交涉结果望告"。① 可见,中共对苏联政策的变动是怀有警惕的。

处理对苏关系的一个更长远的影响,反映在中共中央提出"建立巩固的东北根据地"方针的过程中。直到 1945 年 12 月初,东北局仍未根本放弃夺取东北大城市的计划。12 月 3 日,中共中央指示东北局和中共军队,根据长期斗争的打算,应在离国民党军队占领中心较远的城镇和广大乡村,建立巩固的根据地,并将工作的重心放在动员群众上。② 12 月 5 日,东北局领导人又一次提出夺取东北大城市的建议。他们在给中共中央的电报中说,"除北宁路作战部队外,我仍可集中三万至四万主力,夺取沈阳,并可集中一万主力威胁长春",所以"应积极准备争夺沈阳"。③ 两天后,中共中央回电否定了东北局的建议,指示他们"目前不应以夺取沈阳、长春为目标来布置一切工作",并强调"这是一个工作方针问题"。④ 12 月 8 日,中共中央认为,目前如无苏军的"直接帮助,我欲占领大城市是不可能的",而"以近来情形看,似乎又没有了"这种可能。⑤

随着苏联与国民政府的谈判恢复和 12 月下旬美苏在莫斯科外长会议上

---

① 《中央关于东北问题的指示》,1946 年 3 月 5 日。
② 《中央关于撤出大城市后的任务给东北局的指示》,1945 年 12 月 3 日,载中央档案馆编:《中共中央文件选集》第 15 册,中共中央党校出版社,1991,第 460 页;毛泽东:《建立巩固的东北根据地》,1945 年 12 月 28 日,参见中共中央文献研究室编:《毛泽东选集》第四卷,人民出版社,1991,第 1179—1180 页。
③ 《彭真传》编写组编:《彭真年谱》上,中央文献出版社,2002,第 318—319 页。
④ 《中央关于东北工作方针与任务给东北局的指示》,1945 年 12 月 7 日,载中央档案馆编:《中共中央文件选集》第 15 册,中共中央党校出版社,1991,第 465 页。
⑤ 《中央关于争取我党在东北的地位及策略问题给东北局的指示》,1945 年 12 月 8 日,载中央档案馆编:《中共中央文件选集》第 15 册,中共中央党校出版社,第 474 页。

就中国问题达成协议，中共中央终于认识到，一方面，苏联限制中共在东北的发展并不是临时的策略行动，至少在一个时期内不是；另一方面，苏联为了维持美苏关系和中苏关系，决定将东北行政权移交国民政府接收，既不会阻止国民党军队空运大城市，也不会阻止国民党军队沿北宁线北进。在这种情况下，中共不仅不能独占东北，也不能再指望在苏联的帮助下在东北大城市"插足"。不过，中共中央这时还是相信，国共两党"谁在东北占优势的问题，还未能确定，这还要看将来力量的对比来决定"，而中共今后在东北的任务则是"建立根据地，作长期打算，以争取我在东北之一定地位及可能的优势"。①

为了达到"在东北站稳脚跟"，并确立"对国民党的优势"的战略目的，中共中央相继提出"让开大路，占领两厢"和"建立巩固的东北根据地"的方针。12 月 15 日，东北局向中共中央报告了东北形势和中共军队的部署，承认"由于苏联所受条约之限制，由于我们尚有许多缺点，目前我党已无独占东北之可能，当前任务，只是力求争取我在东北之一定地位"。但东北局并未放弃夺取东北大城市的设想，"目前对于沿长春线大城市的争夺，基本应该放弃，但对于个别大城市如哈尔滨或齐齐哈尔，如果国民党兵力不大，兵力不够分配，我军可能夺取的情况下，我们应不放过时机，以适当兵力争取控制之"。②

12 月 21 日，中共中央复电东北局，"同意你们的部署。但请你们注意东北长期永久根据地之建立"，并"根据这点来部署你们现在的工作"，"国

---

① 《中央关于在东北的宣传方针问题给彭真通知的指示》，1945 年 12 月 10 日，载中央档案馆编：《中共中央文件选集》第 15 册，中共中央党校出版社，1991，第 457 页；《中央关于东北形势及今后方针的通报》，1945 年 11 月 29 日，载中央档案馆编：《中共中央文件选集》第 15 册，中共中央党校出版社，1991，第 465—467 页；《中央关于东北工作方针与任务给东北局的指示》，1945 年 12 月 7 日；《中央关于争取我党在东北的地位及策略问题给东北局的指示》，1945 年 12 月 8 日，载中央档案馆编：《中共中央文件选集》第 15 册，中共中央党校出版社，1991，第 474—475 页。

② 《东北局关于目前东北地区形势与部署的指示》，1945 年 12 月 15 日，载中央档案馆编：《中共中央文件选集》第 15 册，中共中央党校出版社，1991，第 508—509 页。

民党军队大批到达东北后对于你们的困难,应充分估计到"。^①东北局内部对局势的估计也存在不同的看法,陈云和高岗对局势和苏军的做法提出了更为严峻的判断。他们指出,除了国民党军队勾结土匪等造成的混乱局面,"苏军不让我进攻长春路的县城并令我退出已占之城。其他铁路线上不干涉,但也不帮我进剿";"估计美蒋全力北来,苏联不能额外助我。依靠东北现有主力,已无独占东北可能"。所以他们建议东北局,"应立下决心,放弃独占东北的打算,执行中央创造根据地的指示"。^②他们在12月初已经决定,"不作占领哈城想法,建立根据地"。^③

24日,刘少奇专门致电东北局主要负责人,"对你们的部署总有些不放心",现在将主力部队仍然放在沈阳、长春、哈尔滨周围,一旦国民党军队控制这些大城市,"你们主力以至全局,就不得不陷于被动"。没有苏军的"直接帮助,你们今天必须放弃争夺东北大城市的任何企图",将主要力量放到"东满、北满、西满各战略要地去建立根据地"。^④

如果说刘少奇的上述电报还是在与东北局负责人商讨和征询意见(如电报中称"如你同意的话,请向东北局提议迅速适当的改变若干部署"),那么,毛泽东于12月28日起草的电报,应是中共中央的决定了。中共中央在电报中开宗明义地指出,中共"目前在东北的任务,是在东满、北满、西满建立巩固的军事政治根据地";"建立巩固根据地的地区,是距离国民党占领中心较远的城市和广大的乡村";在确定建立巩固根据地的地区和部署力量之后,"在东北的中心工作是群众工作"。^⑤以此电报为标志,中共中央终于完成了东北战略的一次大调整,即从依靠苏军帮助和阻击国民党军队接收来夺取全

① 《中央关于建立东北长期永久根据地给东北局的指示》,1945年12月21日,载中央档案馆编:《中共中央文件选集》第15册,中共中央党校出版社,1991,第504—505页。

② 陈云、高岗:《如确已放弃独占东北,我主力应重新部署》,1945年12月,载中共中央文献研究室编:《陈云文集》第一卷,中央文献出版社,2005,第474—475页。

③ 陈云等:《主动退出哈市,建立北满根据地》,12月1日,载中共中央文献研究室编:《陈云文集》第一卷,中央文献出版社,2005,第457页。

④ 《刘少奇关于应以主要力量建立东、西、北满根据地致彭真电》,1945年12月24日,载中央档案馆编:《中共中央文件选集》第15册,中共中央党校出版社,1991,第508—509页。

⑤ 毛泽东:《建立巩固的东北根据地》,1945年12月28日,参见中共中央文献研究室编:《毛泽东选集》第四卷,人民出版社,1991,第1179—1182页。

东北，转向在距离国民党占领的中心城市较远的城市和广大乡村"建立巩固的军事政治根据地"。

中共中央重新调整夺取东北的战略，固然是在苏联缓和与国民政府的关系的背景下，迫不得已而做出的选择。但是，如果沿着中共对外政策发展变化的历史脉络，特别是抗战结束三个月以来处理对苏关系的过程，从更深层次上考察，可以说夺取东北战略的调整至少包含着中共中央的对外政策发生了两方面的重要变化。

首先，提出"建立巩固的军事政治根据地"的方针，表明中共中央经过三个月贯彻夺取东北战略的事件中几经反复，终于从主要是争取背靠苏联支持，重新转向强调依靠中共自己组织力量来实现在东北的战略目标。从本质上说，这是对独立自主原则的重申与强调，也是这个原则在夺取东北战略中的具体体现。中共中央 12 月 28 日的决定表明，他们相信通过建立巩固的根据地和开展他们擅长的动员和组织群众的工作，就可以建立起维护和发展中共战略利益的可靠基础。

其次，中共中央调整东北战略也反映出，它仍然在试图适应美苏关系变动的国际大格局的前提下，通过利用美苏矛盾，来争取尽可能好的结果。具体地说，就是从背靠苏联、与美国对抗，转向实行在国内斗争中"中立美国"的政策。面对美苏和国民政府重新调整它们之间的关系及其给东亚国际形势带来的变化，中共中央的判断是："目前世界的中心问题是美苏之争，反映在中国便是国共之争。美国政府对华政策是尽力扶蒋、打共、反苏，而蒋之政策则在打共时企图中立苏，在反苏时又必望连上共。故苏联目前对华政策在形式上乃不得不与中共隔离，在对美斗争时有时中立蒋，在对蒋时亦常不联系美。"[①] 在这种错综复杂的关系中，中共从同国民政府进行斗争的立场出发，观察和应对美苏关系，并采取不等同的政策。

东北苏军改变对中共的政策后不久，中共中央提出了处理对苏关系的原

---

① 《中央关于对美蒋斗争策略的指示》，1945 年 11 月 28 日，载中央档案馆编：《中共中央文件选集》第 15 册，中共中央党校出版社，1991，第 455—456 页。

则，即在形式上与苏联隔离，"表示与苏联无关"。① 中共中央认为，苏联在东北问题上出现妥协和动摇，是美、蒋对苏联采取外交攻势、中苏关系处于危机后，苏联做出的一种反应，其背后是一场"严重的国际斗争"，中共对此需要予以"谅解"，而东北局的工作必须顾及"苏联的国际信誉"。② 中共干部和军队撤出大城市，"是为了照顾大局，为了顺利地对美蒋进行一场世界性的外交斗争"。东北局一再告诫有关部队不要产生对苏联不满的情绪，在东北的工作必须"使苏联在履行中苏条约上毫无困难之处"。苏联政策的复杂多变，使东北局明确提出，应"竭力避免把一切希望寄托在苏联的援助上，以苏联对我援助一时增减而发生盲目的乐观或悲观失望的情绪"。③ 这种变化表明，随着苏军援助的减少和对国共态度的反复无常，中共中央在制定政策时，至少在一段时间里不能再将苏联作为可以依靠的因素予以考虑。

由于苏联调整后的对华政策的特点是强调不介入中国的内部事务，不同中共建立正式的联系，在处理与国民政府的关系时排除美国的干预，在协调美苏关系时承认美国在解决中国内部问题方面的主导地位，加之美国有意介入国共斗争，这使美国在中国政治中的影响力相对提高。因此，如何处理与美国的关系，成为中国共产党在新的形势中面临的最严重的对外政策问题。

中共中央尽管认为美国的对华政策仍是扶蒋反共，但也注意到美国干涉中共内政不是没有顾忌的，其能力也不是没有限度的。10 月下旬，中共中央指示有关部队避免与驻华美军的冲突，尤其是在华北，要妥当处理与美军的关系。10 月 24 日，中共中央发布专门指示，称未来半年内将有至少 6 万美军驻留华北地区，其任务是"帮助国民党军队进入华北，占领重要城市及交通线，以巩固和增强国民党在华北的地位"。今后中共各军政机关与美军接近和交往"也将日益增多"，"各主要地区之军政领导机关均需有所准备"。

---

① 《中央关于东北的工作方针等给东北局的指示》，1945 年 11 月 19 日，载中央档案馆编：《中共中央文件选集》第 15 册，中共中央党校出版社，1991，第 429—430 页。

② 《中央关于对美蒋斗争策略的指示》，1945 年 11 月 28 日，载中央档案馆编：《中共中央文件选集》第 15 册，中共中央党校出版社，1991，第 455—456 页。

③ 《东北局关于今后新方针的指示》，1945 年 11 月 2 日，载中央档案馆编：《中共中央文件选集》第 15 册，中共中央党校出版社，1991，第 449—552 页。

中共中央对待在华美军的方针是："在美军尊重我方权益的条件下，欢迎其与我合作；但当美军行动有损于我之权益时，则必须在反对干涉中国内政的理由下，加以拒绝，或经交涉加以停止。"中共中央还颁布了七点注意事项，要求"凡与外交有关的一切情况及活动，必须速详报军委"。①

鉴于重新估计东亚国际形势和改变夺取全东北的战略，11 月 28 日，中共中央进一步提出了更明确也更积极的对美政策，即"目前在以对蒋斗争为中心时……有时（甚至只是形式上的）中立美国"。②这项在国内斗争中立美国的政策的实质，就是在苏联表示不介入中国内部事务、在外交上与中国共产党隔绝的条件下，利用美苏矛盾与美蒋矛盾，排除美国军事干涉的可能性。"中立美国"的政策在不同的阶段有不同的内容。

11 月底，在中共中央提出这项政策时，美国对华政策正处在不断变动之中，中共中央也在调整战略部署；国共在华北地区的武装冲突正趋白热化，驻扎在华北铁路沿线的美军与中共军队经常发生摩擦。中共中央为了适应迅速变化的形势，指出"中立美国"只是进行国内斗争的一种策略，"即是对美采取不挑衅的政策，以减少美国寻隙的借口，并非不反对美国殖民地化中国的政策，也非不抗议美国武装干涉中国内政和参加中国内战的政策，更非在美军进攻我们时采取不抵抗政策。相反地，对于美国政府这种帝国主义政策，应持坚定的立场，严正的批评和坚强的抵抗以反对之，方能给以打击和教育人民"。③

随着中苏关系的进一步发展，从 12 月初开始，中共中央注意到已经存在与国民党谈判的可能性。11 月下旬，苏联曾照会国民政府，苏军在已经撤出地区无法协助国民党军队运兵，只能保证空运沈阳和长春的国民党军队的安全。④这实际上是以不介入中国内部事务为理由，拒绝协助国民党军队

---

① 《对美军的方针政策》，1945 年 10 月 24 日。
② 《中央关于对美蒋斗争策略的指示》，1945 年 11 月 28 日，载中央档案馆编：《中共中央文件选集》第 15 册，中共中央党校出版社，1991，第 455—456 页。
③ 《中央关于对美蒋斗争策略的指示》，1945 年 11 月 28 日，载中央档案馆编：《中共中央文件选集》第 15 册，中共中央党校出版社，1991，第 455—456 页。
④ 参阅秦孝仪主编：《中华民国重要史料初编（对日战争时期）》第七编"战后中国"（一），（台北）中国国民党中央委员会党史委员会，1981，第 154—156 页。

经北宁路沿线中共军队所控制的地区运兵。此后不久，张嘉璈主动与董必武接触，提出中共军队让出北宁路，并声称这也是苏军的意见。① 中共中央认为，张嘉璈的行动表明，苏联在东北的政策已经造成了有利于中共谈判的形势。② 不过，在美苏关系未定、美国政策没有明朗和中共军队取得军事胜利以前，国民政府并不会认真谈判解决全局性的问题。③ 显然，中共中央这时更关心的是美国对华政策的变化。

12月7日，美国国务卿贝尔纳斯在美国参议院外交委员会上发表讲话，声称美国必须支持国民政府，但不能将这种支持扩大到卷入中国的内战。国民政府作为中国政治改革的基础，必须扩大范围来容纳各党派的代表。中共中央认为，贝尔纳斯的讲话表明，美国对华政策会有所变化，其中会有可利用之处。第二天，周恩来在延安干部会议上作报告时指出，蒋介石尚在摇摆不定之中，时局的特点将是国共两党"边谈边打"；在这种情况下，中共对美国的政策是使其"知难而退"，对美国的批评要有区别，要留有转圜的余地。④ 中共中央在给董必武等人的电报中说明，马歇尔到中国后，美国解决中国问题的方法可能有变化。目前应严整阵容，"在政治上取攻势，在军事上取守势"，使美国和国民党"在军事上知难而退，在政治上认为有道理可讲，有文章可做"。⑤ 这是一种以政治攻势配合军事自卫、以军事斗争推动政治解决的有很大伸缩性的策略，其目的包括了进一步影响美国的对华政策。

12月15日，就在杜鲁门发表对华政策声明的同一天，中共中央召开会议，专门讨论国共谈判问题。会议认为，赫尔利辞职和莫斯科三国外长会议即将召开，表明美国的扶蒋反共政策是有某种限度的；国民党军队虽然在北

① 《张公权日记中有关东北接收交涉经过（五）》，台湾《传记文学》第37卷第1期，第109页。

② 《中共中央关于再开谈判之门给董必武、王若飞的指示》，1945年12月1日，载中央统战部、中央档案馆编：《中共中央解放战争时期统一战线文件选编》，档案出版社，1988，第33页。

③ 《中共中央关于与国民党谈判的策略给董必武、王若飞同志的指示》，1945年12月5日。

④ 参阅中共中央文献研究室编：《周恩来年谱：一八九八——一九四九》，人民出版社、中央文献出版社，1989，第629—630页。

⑤ 《中央关于目前形势及谈判问题致董必武、王若飞电》，1945年12月9日，载中央统战部、中央档案馆编：《中共中央解放战争时期统一战线文件选编》，档案出版社，1988，第34页。

宁路上得手，但困难仍然很多；中共提出恢复谈判，目的是展开政治攻势，配合军事自卫。① 两天后，中共中央以"发言人发表公开谈话"的形式，对杜鲁门声明中关于停止敌对行动、召开党派会议、通过民主协商改组国民政府等建议，公开表达了欢迎。② 同一天，在重庆的王若飞访问美国驻华大使馆，向美方表示中共中央赞成杜鲁门声明，并正等待马歇尔到中国。

12 月 19 日，中共中央就美国对华政策的变动及中共的对策等问题，专门发布了党内指示。该这项指示表明，美国对华政策明朗后，中共中央"中立美国"的政策有了新的发展，即从一般地对美国不挑衅和避免冲突，转变为在同国民党进行政治斗争时利用杜鲁门政府的政策和马歇尔调处国共矛盾的努力，争取政治谈判能取得成果。中共中央对美国对华政策的变化给予了积极的评价，指出赫尔利辞职和杜鲁门发表声明要求中国停止内战、结束国民党一党专政和约束驻华美军的行动等均表明，"美国已决定不直接参加中国内战，不援助蒋介石武力统一中国，而援助中国的和平统一。所有美国政策的这些变动，对中国人民要求民主和平的当前斗争是有利的"；中共中央"准备利用杜鲁门的声明，在政治协商会议上向国民党展开和平政治攻势，以配合解放区的自卫斗争"。为了缓和与美国的关系，中共中央要求各有关部队，对驻华美军及美方人员应持友好态度，避免冲突；对进入解放区的美国记者，应帮助他们自由采访和报道中共控制地区的真实情况，使他们获得友好的印象，以影响美国的对华政策；对于在中共控制地区降落的美国飞行员和进入中共控制地区的美军人员，应善意接待。③ 在公开宣传中，中共中央只是要求美军应停止其超越协助受降范围的行动。④ 这实际上是有条件地承认美军可以继续留在华北。中共领导人亦向尚在延安的美军观察组说明，中共愿意在解除在华日军武装的问题上与美军合作。中共领导人还通过报刊

① 参阅中共中央文献研究室编：《周恩来年谱：一八九八——一九四九》，人民出版社、中央文献出版社，1989，第 630—631 页。
② 《解放日报》，1945 年 12 月 18 日。
③ 《中央关于美国对华政策变动和我党对策的指示》，1945 年 12 月 19 日；《中央关于对美蒋斗争策略的指示》，1945 年 11 月 28 日，载中央档案馆编：《中共中央文件选集》第 15 册，中共中央党校出版社，1991，第 494—495 页。
④ 《解放日报》，1945 年 12 月 18 日。

和各种公开场合，表示欢迎马歇尔使华调处国共争端。

12月底，国共谈判恢复。这时国共双方的军事力量基本处于一种新的均衡状态。中共军队在华北处于战略防御地位，如果美军继续为国民党军队向华北运兵，显然将会使形势更加不利于中共军队。在东北，中共既不能阻止国民党军队开入，也不能阻止其接收仍被苏军控制的大城市和长春路。华北和东北的军事形势使得中共中央利用马歇尔调处的机会尽快促成停战，成为相当紧迫的问题。

11月间，中共中央曾经明确反对美国再插手国共谈判。但是在美苏关系缓和、苏联支持美国调处国共争端和美国表示赞成国共停战的新形势下，中共中央感到很难拒绝马歇尔参与国共谈判。① 随着国内政治军事形势和国际形势的迅速变化，如何充分利用马歇尔的调处，成为中共中央当时必须处理的一个关键性的问题。

马歇尔到重庆后不久，中共代表便与他建立了合作的基础。首先是在政治问题上，中共代表明确指出了国共双方的主要分歧，并提出停战——国家民主化——军队国家化这样一个解决国共争端的程序。中共代表同时表示，中共方面可保证支持蒋介石在改组后的政府中得到领袖地位，承认国民党在政府中的第一大党的地位。其次，中共代表表示承认东北问题有其特殊性，关系到国民政府接收主权和美国经海路向东北运送国民党军队。对此类涉及国际条约的问题，中共方面不参与讨论解决，留给国民政府直接与美苏两国交涉解决。但中共代表也以不涉及国际条约为理由，反对将有关条款写入停战令的正文，并要求国民党军队进入东北后，只能从苏军手中接收地方，而国民党军队调动之前必须事先与中共方面协商，以避免军事冲突。②

中共方面表示承认蒋介石的领袖地位和承认中苏条约的有效性，对马歇尔来说是至关重要的。美国对华政策的主旨就是通过政治谈判，使中国在民主的基础上实现蒋介石领导下的政治统一。马歇尔调处国共争端的基本设想

① 《中央关于停战、受降、恢复交通等问题给重庆代表团的指示》，1946年1月2日；《中央关于提议英国苏联参加国共谈判问题的指示》，1946年1月3日。
② 《马歇尔与周恩来会谈记录》，1946年1月5日，载孟广涵主编：《政治协商会议纪实》下卷，重庆出版社，1989，第870—876页。

是：首先停战，为解决其他问题造成必要的条件；其次是推动政治谈判取得成功，为整编中国军队奠定基础；最后完成国共军队的整编，实现中国军队统一。中共提出的停战——国家民主化——军队国家化的程序，至少在形式上与马歇尔的设想是吻合的，这无疑使他相信政治上"有道理可讲，有文章可做"。

中共方面承认中苏条约的有效性至少在客观上产生了加深美蒋矛盾的效果。蒋介石和马歇尔的主要分歧之一，就是战略重点应放在华北还是东北？蒋介石以华北作为军事进攻的重点，至于接收东北，则依靠运用外交手腕加以解决。而马歇尔则以东北为重点，以华北停战作为尽早控制东北的条件。杜鲁门政府既然是着眼于限制苏联，马歇尔当然不会改变东北优先的既定方针。当中共表示承认美苏与国民政府为解决东北问题达成的国际协定时，马歇尔必然会重视中共方面的其他建议。

中共中央采取的另一个策略是利用美苏矛盾，向马歇尔施加压力。中共中央根据以往的经验，认为马歇尔的调处并不会采取公正的立场，因此如能使苏联也参加到调处中，将是"利多害少"。中共中央在给重庆谈判代表团的电报中说得很清楚："中国从来就是依靠几个国家相互牵制来保持独立，所谓以夷制夷政策，如中国只被一个强国把持，则早已灭亡……如能做到英苏参加更好，如做不到只好让马单独参加。"① 基于这种考虑，中共代表在停战谈判期间，多次请苏联出面，参与讨论东北和热河等有争议的问题。同时在谈判中向马歇尔和国民党方面提出，凡涉及中苏条约的规定，或与苏联和国民政府达成的协议有关，均应请苏联代表共同解决。苏联的基本方针是不直接介入国共谈判，除在东北等直接涉及其战略利益的问题上通过中共方面反映它的主张外，始终坚持不出面。② 不过，这并不意味着中共中央的策略

---

① 《中央关于停战、受降、恢复交通等问题给重庆代表团的指示》，1946 年 1 月 2 日；《中央关于提议英国苏联参加国共谈判问题的指示》，1946 年 1 月 3 日。

② 参阅《列多夫斯基与叶剑英、王若飞会谈纪要：停止内战问题》，1946 年 1 月 1 日，载沈志华主编：《俄罗斯解密档案选编：中苏关系》第一卷，中国出版集团东方出版中心，2014，第 111 页；《彼得罗夫与周恩来会谈纪要：内战与和平》，1946 年 1 月 16 日，载沈志华主编：《俄罗斯解密档案选编：中苏关系》第一卷，中国出版集团东方出版中心，2014，第 125—128 页。

完全不起作用，它对马歇尔造成一定的压力是可以想象的。

中共的策略使马歇尔在调处开始后，就面临必须作出某种选择的局面。他要么向蒋介石施加压力，迫使其妥协，促使国共谈判成功；要么冒谈判破裂的风险，支持国民政府的要求，从而破坏与中共方面达成的谅解，这就意味着美苏与国民政府之间的一系列国际协议都变得没有实际意义了。马歇尔在杜鲁门政府对华政策所允许的限度内，明智地做出前一种选择。

为了促使国民党方面接受停战，马歇尔在谈判中采取了一系列措施，包括停止为国民党军队向华北运兵，冻结美军控制的华北各港口，拒绝蒋介石关于首先立即商谈整军问题的要求，等等。马歇尔在会见国民党谈判代表时，要求他们放弃那种"相当不妥协的立场"。① 当国民党方面提出，国民党军队必须接收热河的赤峰和内蒙古的多伦两个城市时，马歇尔并没有给予支持。随后中共方面表示，坚决反对国民党方面将热河和察哈尔作为停战协议的例外，并再次指出因内战尚未停止，美军不得再向华北运送国民党军队，马歇尔于1月9日，直接将有争议的问题诉诸蒋介石本人，促使他接受了停战无一例外地包括整个华北地区的原则。1月10日，蒋介石和毛泽东分别发布了停战令。

在召开政治协商会议和军队整编的谈判中，马歇尔尚能采取明智和公正的立场。这固然与中共中央实行"中立美国"的政策和策略有重要的关系，不过马歇尔在谈判中的表现，以及他推动国共谈判取得的巨大成果，同样对中共中央认识国际形势及其与中国政治形势之间的关联，产生了重要的影响。

中共中央最初同意恢复与国民党的谈判，主要的目的是配合军事斗争而"发动政治攻势"。随着国共谈判迅速取得进展，中共中央逐步认为，谈判的结果具有更为深远的意义。1月10日，毛泽东在《中共中央关于停止国内军事冲突的通告》中指出：打败日本后为建立国内和平局面所做的努力已获

① "General Marshall to President Truman," January 1, 1946. The U.S. State Department ed., *Foreign Relations of the United States, 1946, The Far East: China,* Volume IX（Washington D. C.: United States Government Printing Office, 1972）, p. 1.

得成果，"中国和平民主新阶段，即将从此开始"。^①中共中央在此后不久发布的党内通知中，一再强调必须学会政治斗争的方法。

1月下旬，周恩来返回延安，汇报国共谈判情况。28日中共中央政治局召开会议，授权中共代表团在政协各项决议上签字，并拟定了参加政府的中共领导人的名单。至此中共中央实际上接受了政治谈判中协商通过的关于建立民主共和国的方案。周恩来回到重庆后，向蒋介石转达了中共中央在政军谈判中实行军党分离、实现中国军队统一的决定，以及毛泽东将参加政府和实现国共两党长期合作的愿望。1月31日，周恩来会见马歇尔。他在转达中共中央的决定时说，中共在理论上主张实现社会主义，但目前不能付诸实施，现在还需要学习美国的民主和科学；中共领导人重视马歇尔在国共谈判中所持的公正合理的立场，并准备以他的立场所体现的原则为基础，在中国地方和全国性的问题上与美国合作。^②

中共中央采取这一系列行动的一个重要原因是，它认为从抗战转向和平民主建国的过渡阶段已经结束。中共中央在党内指出：政协会议通过的五项协议表明，"从此中国即走上了和平民主的新阶段"，"中国革命的斗争形势，目前已由武装斗争转变为非武装的群众的与议会的斗争"；中共领导人将参加政府，"党将停止对军队的直接领导"；为了适应新的形势，必须克服狭隘的"关门主义"，这是目前党内的主要错误倾向。当前的中心任务就是为了和平民主新阶段而奋斗。^③

中共中央决定接受民主共和国方案，走渐进改良的发展道路，是有其认识根源的。中国共产党关于社会革命的基本理论之一，就是革命要分两步走。属于半封建半殖民地的中国要实现社会主义，必须有一个过渡性的历史阶段。但是在这个过渡阶段中到底会出现何种社会和政治形态，共产党实行

---

① 《中共中央关于停止国内军事冲突的通告》，1946年1月10日，《新华日报》，1946年1月12日。

② "General Marshall to President Truman," February 4, 1946, *FRUS*, 1946, *The Far East: China*, Volume IX, p. 206.

③ 《中共中央关于目前形势与任务的指示》，1946年2月1日，载中央档案馆编：《中共中央文件选集》第15册，中共中央党校出版社，1991，第62—67页。

何种政策，以及以何种方式取得名副其实的领导地位，则取决于当时的力量对比。在如何估计力量对比时，以美英、苏联为代表的资本主义和社会主义两大国际体系的关系，至少是决定性的因素之一。

中共从来都将中国革命视为世界无产阶级革命的一部分，并将中国革命运动的发展同苏联联系在一起。在经历了抗战时期的国共合作之后，中共领导人已经形成了一个基本看法，即当世界上美英与苏联两大势力处于尖锐对立和斗争的状态时，美英为了反苏，必然要反共，绝对不会允许中国革命运动的存在和发展。它们必定要同中国的反革命势力结成反共同盟，共同镇压中国革命力量。在这种情况下，中共除了发动激烈的社会革命外，无法完成对中国社会的根本改造。反之，当美英苏结成同盟或互相妥协时，在中国内部，国民党亦会向中共做出一定的妥协。美国对苏联让步时，势必要对中国革命力量做出让步，在某种条件下允许中共存在，并促使国民党放弃以消灭中共为目的内战政策。反观苏联，为了维持和美国的关系，也不会支持中共采取同国民党尖锐对立的政策。停战协议签署后，苏联方面再次告诫中共中央，对美国的政策要有足够的估计，不应设想中国苏维埃化，而应停止内战，并取得蒋介石的同意进行民主改革。[①] 在美国压国民党进行民主改革，并承认中共应获得一定的政治地位，苏联又不支持中共实行更激进政策的条件下，中共中央认为，走和平改革的渐进的道路是势在必行的。

1月31日，刘少奇代表中共中央作《时局问题的报告》。他在报告中讲到"和平民主的新阶段已经开始"时，首先强调了出现这一历史性转折的国际原因。即中国革命运动遇到了"历史上从未有过的顺利的国际环境"，美英苏三个大国"来援助中国的民主化"；在以往中国民主革命的进程中，每当中国革命即将胜利时，"帝国主义就帮助中国反动势力使革命失败"；这一次则完全不同，莫斯科三国外长会议通过了"要中国走民主化"的决议，美国总统杜鲁门的声明也"赞成中国民主化"，如果中国不实行民主化，外国就要干涉；马歇尔就是"干涉的"代表，他"实际上是执行三国外长会

---

① 中共中央文献研究室编：《周恩来年谱：一八九八——一九四九》，人民出版社、中央文献出版社，1989，第638页。

议决议的代表"；这种国际形势决定了中国走和平发展的道路是完全有可能的。[①]2月1日，中共中央根据刘少奇报告的精神，拟定并向全党发布了指示。

刘少奇的报告和中共中央"2·1"指示对国际形势和美苏妥协对中国时局的影响的估计，主要是基于马歇尔在调处时立场公正、内战暂时停止和政协决议获得通过等重大进展，由此得出了中国即将进入和平民主新阶段的结论。不过在美苏妥协的大格局中，各种内外的矛盾仍在发展，一系列新的问题不断显现出来。战后初期，美苏关系的特点是既互相利用，又互相限制；美苏双方以妥协为主，同时又利用一切机会尽可能地限制对方，而且这种复杂的关系在世界的不同地区和不同的问题上，有着不同的表现方式，互相制约的限度和能力也不相同。与此相关的是，美国政府到底可以在多大范围内控制蒋介石和国民政府。在各种矛盾尚未充分展开时，中共中央不可能作出更具体的判断。特别是作为美国总统特使的马歇尔，在调处中一度采取公正合理的立场，容易引起中共中央对美国妥协的程度和它控制国民政府的能力的高估。随着1946年国际和中国内部局势的迅速发展，中共中央的确在重新认识中国革命运动与东亚大国体系的关系。

---

① 刘少奇：《时局问题的报告》，1946年1月31日，载中国人民大学中共党史系编印：《中共党史教学参考资料（解放战争时期）》上，1978，第120页。

第十一章　向大国体系宣战

国共两党在 1946 年初的停战、政协和整军等谈判中能够迅速达成协议，反映了美苏两个大国协调在东亚的政策对国共两党均具有直接和重大的影响，而且中共中央的重要选择也是基于对美苏关系与国共关系之间存在互动，尤其是前者对后者具有重大影响的基本判断。正当中国局势趋于缓和、中共中央认为中国开始进入"和平民主新阶段"之时，美苏关系却在朝着冷战的方向迅速演变。与美苏从合作走向对抗几乎同步的是，国共双方经过两个多月的努力达成的各项协议逐步被破坏，国共军事冲突的规模和地域都在迅速扩大。6 月下旬，国民党军队向中共中原部队发动大规模进攻，以此为标志，国共时断时续的局部军事冲突终于发展成为全面内战。

国际上的美苏关系全面逆转和国内国共关系最终破裂，必定会推动中共领导人重新思考美苏新一轮对抗的性质、前途及其对世界政治尤其是对中国政治的影响；重新思考中共领导的革命运动在美苏全面对抗的冷战国际体系中，到底处于一种什么地位？它的前途与世界政治的发展趋势之间存在什么样的互动关系，其会对世界的前途产生何种影响，等等。事实证明，对这些问题的思考和结论对中共中央在世界政治转折时刻做出的战略性抉择有决定性的影响，并持续地塑造着中共领导人对战后世界的理论认识。从中共领导人的世界观发展的历程来看，这个时期是中共领导人构建自己独特的世界政治理论的一个新起点。

从抗战结束到 12 月莫斯科三国外长会议闭幕的 4 个月里，美苏两国不断调整它们之间的关系，包括在东亚地区协调双方的行动，以便维持两国在"二战"后期达成的一些基本共识。但结果是两国从"二战"中的盟友变成了和平时期的对手，由此导致长达 40 余年的全球冷战。莫斯科三国外长会议结束后不久，美苏就在伊朗、土耳其等国的问题上展开了激烈的争斗，而它们在中国的斗争主要集中在东北地区。

"二战"期间，美英苏三国曾以"战时需要"为理由，达成分别在伊朗驻军的协议。战争结束后，英美开始从伊朗撤军。到 1946 年 1 月，美军已经全部撤退；英国也重申将按原计划撤出伊朗。然而，在伊朗苏军占领区，不仅苏军没有按时撤出，反而出现了两个苏军支持的"阿塞拜疆民族政府"。伊朗政府派军队前往镇压时，却受到驻当地苏军的阻挠。伊朗政府随后猛烈抨击苏联，指责其行动严重干涉了伊朗内政。杜鲁门政府随即发出警告，要求苏联停止对伊朗内政的干涉并按协议规定撤军。苏联则批评杜鲁门政府是另有企图。这场斗争的结果是，苏军于 5 月全部撤出伊朗，而美国趁机在这一地区扩大影响，很快将伊朗纳入自己的势力范围。[①]

美苏在土耳其问题上的争斗更突出地反映了双方在地缘战略领域的尖锐对抗。1946 年 1 月，苏联向土耳其政府提出一系列改变地缘战略态势的严重要求，其内容包括：应将卡尔斯和阿尔汉达两个边境地区归还苏联、在达达尼尔海峡地区向苏联提供陆海军基地以及修改有关通过达达尼尔海峡的国际公约等。土耳其政府为了抵抗来自苏联的外交压力，不得不向美国伸出求援之手。杜鲁门政府一方面激烈指责苏联的行为严重破坏了美英苏三国曾经达成的有关谅解；另一方面则借机在东地中海地区部署军事力量。1946 年 2 月，杜鲁门政府向地中海派出一支特遣舰队，并开始向土耳其提供大量的财政援助。[②]

美苏在不同地区的一系列咄咄逼人的军事行动和外交攻防等，极大地改变了两国领导人对战后世界局势的演变趋势的判断，也极大地加深了双方的

---

① 参阅王绳祖主编：《国际关系史》第七卷，世界知识出版社，1995，第 97—98 页。
② 参阅王绳祖主编：《国际关系史》第七卷，世界知识出版社，1995，第 100—101 页。

敌意，而且严重地冲击了两国的国内政治。1946 年 2 月 8 日，斯大林在莫斯科选区的选民大会上发表的演讲，反映了苏联领导人对战后世界政治走向的严峻看法，特别是苏联的战后重建计划必须基于对战争不可避免的战略判断。斯大林在演讲中说，战争是植根于现代垄断资本主义的世界各种经济力量和政治力量发展的必然结果；因为资本主义各国不可能根据它们的经济实力定期重新分配原料产地和销售市场，所以爆发新的战争是不可避免的；苏联过去的三个五年计划为它在"二战"中取得胜利奠定了强大的物质基础，苏联战后的经济计划还要如此办理。[①] 斯大林在演讲中不仅重新提出了帝国主义时代战争不可避免这个列宁主义的经典理论，而且重点强调苏联重建经济的长期战略必须将与美国等西方国家进行战争并获胜的判断作为出发点。

斯大林的演说发表后，立即在美英等国引起强烈反响。2 月 22 日，美国著名的"遏制战略之父"、时任美国驻苏联使馆临时代办的乔治·凯南（George Frost Kennan）向美国国务院发回一份数千字的"长电报"，系统阐述了对苏联对外政策的看法。凯南通过对苏联地缘战略传统、意识形态和行为方式等的系统分析，提出苏联"听不进理智的逻辑，但对武力的逻辑却十分敏感"，如果美国"拥有足够的武力，并清楚地表明它准备使用武力"，"就不需要有影响威望的摊牌"。[②] 凯南的电报为杜鲁门政府决定对苏联采取遏制战略提出了一套理论根据，使杜鲁门政府中的决策者们如获至宝。

3 月 5 日，英国前首相丘吉尔应杜鲁门的邀请并在后者陪同下，前往位于富尔敦的威斯敏斯特学院发表了题目为《和平砥柱》的演讲。丘吉尔一开场就说，"美国此刻正高踞于世界权力的顶峰"。对美国民主来说，"这是一个庄严的时刻"，并"对未来负有令人敬畏的责任"，因为战后世界正面临"两个可怕的"威胁："战争"与"暴政"，而且后者看上去更严重。根据他描述的世界政治图景，"从波罗的海的斯德丁（什切青）到亚得里亚海边的

---

① ［苏］斯大林：《在莫斯科市斯大林选区选举前的选民大会上的演说》，1946 年 2 月 9 日，载中共中央马克思恩格斯列宁斯大林著作编译局编译：《斯大林文选（1934—1952）》下卷，人民出版社，1962，第 441—442 页。

② George F. Kennen, *Memoires, 1935-1950* (Princeton: Princeton University Press, 1967), pp.546-559.

斯特，一幅横贯欧洲大陆的铁幕已经降落下来"，铁幕后面的所有地区和居民"无一不处在苏联的势力范围之内"；在东西方势力相接的中欧和东地中海、近东和巴尔干等地区，也都受到苏联"施加的压力"；在许多国家"共产党第五纵队已经建立"，他们"绝对服从"莫斯科的领导。所以现在在西方世界需要做出能够消除这些威胁的决定和"安排"，否则"我们大家确实都要在浩劫中被毁灭了"。① 丘吉尔的广播演讲在英美舆论界产生了巨大的反响。

为了配合富尔敦演讲营造的气氛，美国政府开始在伊朗和中国东北等地区问题上向苏联发难。3月5日当天，苏联与伊朗的谈判正式结束，双方未能就解决苏军撤出伊朗的有关问题达成协议。第二天，凯南奉华盛顿之命照会苏联外交部，美国对苏联在伊朗违反德黑兰协议和联合国宪章的行动"不能漠不关心"。② 杜鲁门在与曾任驻苏联大使的哈里曼的谈话中表示，他感觉美苏也许会"在伊朗问题上发生战争"。③ 随后，美国"密苏里"号战舰奉命驶往伊斯坦布尔，并有一支特混舰队同行。

与此同时，美国在中国东北问题上也采取了强硬的立场。杜鲁门政府于3月5日要求凯南转告苏联方面，美国希望国民政府完成接收东北以后，中苏再谈判解决东北经济问题上的矛盾。④ 国民政府在美英政策的鼓舞下，照会苏联政府，表示不接受苏联在东北经济问题上的要求。就在2月，重庆等一些城市爆发了大规模反苏游行示威，抗议苏军未按时撤出东北和破坏当地的厂矿企业。在3月召开的国民党六届二中全会上，也出现很多对苏联对东

① 转引自《战后世界历史长编》编委会编：《战后世界历史长编：1946年》第一编第二分册，上海人民出版社，1976，第44—50页；Arthur Schlesinger, Jr. edited, *Dynamic of World Power: A Document History of United States Foreign Policy* (New York: Chelsea House Publisher, 1973), Vol. 1, pp. 211-217.

② 转引自李春放：《伊朗危机与冷战的起源（1941—1947）》，社会科学文献出版社，2001，第277页。

③ Herbert Feis, *From Trust to Terror: The Onset of the Cold War, 1945—1950* (New York: Norton, 1970), p. 83.

④ "The Secretary of State to the Charge in the Soviet Union (Kennan)," March 5, 1946, *FRUS, 1946*, Vol.10, *The Far East: China*, p. 1114.

北地区政策和中苏条约的指责。① 可见，美苏在东北的争斗已经成为冷战在东亚延续的一部分，而且是一个相当突出的部分。

在美英领导人的极力渲染下，必须遏制苏联的气氛很快扩散至世界各地，这引起了苏联的激烈回应。3 月 13 日，就在丘吉尔呼吁美国担任遏制苏联的"中流砥柱"一周后，斯大林对《真理报》记者发表了措辞强硬的谈话。他公开谴责丘吉尔和"他的朋友非常像希特勒"，而丘吉尔的富尔敦演讲是在"号召同苏联进行战争"。② 冷战的序幕就这样被拉开了，其蔓延速度之快也令人瞠目结舌，将各国和各种政治力量卷入一种全新的世界政治格局，尤其是那些新兴国家和新兴政治力量必须要重新思考自己在新世界格局中的地位和战略、策略。

美苏关系的陡然恶化客观上将中国革命运动带入一个非常特殊的阶段，急剧变化的国际形势则给中共领导人带来了一系列严重的必须重新思考的问题，而他们的结论和抉择将决定中国革命的战略和前途。所谓"非常特殊的阶段"是指，根据凯南的长电报和丘吉尔富尔敦演说所阐述的一套冷战理论，以及美国国家战略随之出现的根本性转变和苏联的激烈反应等，都在相当明确且突出地证明，中共领导人设想的战后将长期存在的"美苏妥协"局面已经不复存在了。杜鲁门政府为了抵制美英各界所描述的"苏联扩张"的威胁，已经下定决心在全世界范围内发动一场"反苏""反共"的"圣战"；特别是在美苏势力范围相接的边缘地区，美国将采取各种措施遏制苏联的影响，并最大限度地扩大美国的影响，以及在非"铁幕"的国家里采取各种措施，消灭所谓苏联的"第五纵队"——共产党。无论是从地缘政治来看，还是从意识形态来看，中共领导的中国革命运动都势必要同美国的遏制战略相抵触。

---

① 《关于中苏友好条约之询问及答复案》，（台湾）"外交部"编印：《外交部档案丛书——界务类》第二册"中苏关系卷"，2001，第 261—262 页；参见姚崧龄编著：《张公权先生年谱初稿》下，社会科学文献出版社，2014，第 677 页。

② ［苏］斯大林：《关于丘吉尔先生的演说和〈真理报〉记者的谈话》，1946 年 3 月 13 日，载中共中央马克思恩格斯列宁斯大林著作编译局编译：《斯大林文选（1934—1952）》下卷，人民出版社，1962，第 462—463 页。

　　首先从理论上说，美国与中国革命运动之间是存在结构性矛盾的，其根源之一就是美国一贯认为，任何国家的共产党都是受苏联指挥的、为苏联扩张利益服务的工具。另外，中共领导人也从不讳言，他们曾经并将继续与苏联保持密切的关系，中国革命运动的前途与苏联息息相关，尽管双方在有关中国革命的战略和策略等重大问题上，经常会发生分歧，而且中共中央常常受到苏联的限制。"反苏必然反共"，这是中共领导人对中国内部局势与外部世界的关系的一个基本认识。

　　其次，美苏在东地中海地区、近东地区和中国东北地区的争斗展示了一种前景，即在美苏冷战的大格局中，处于两个势力范围相接的边缘地带的国家往往会变成引发激烈矛盾甚至冲突的热点。这些国家一旦决心利用美国来抵制苏联的压力，其结果必然导致美国的势力范围大幅扩张。换句话说，这些国家将最终被纳入美国的势力范围。当然，这些国家的选择从根本上说是由其社会制度和居主导地位的政治力量决定的，但是另一个不可否认的因素是，苏联要求它们付出的代价往往超出了那些掌权的政治集团的承受力，这些国家如果缺乏内部的制约力量，倒向美国是难以避免的。所以，在相关国家内部支持和援助亲苏联的政治力量，在苏联相关政策中的重要性必然会大幅提升。

　　中国的情况与伊朗和土耳其有很大的区别，其中最主要的是中国没有形成政治和军事上完全统一的局面。国民政府不论是处理对苏关系，还是利用美国的影响来对抗苏联对中国权利的各种索求等，其着眼点和归宿最终都落实到在国内反共的政策上。国民政府的对外政策和国内政策实际上处于一种恶性的循环之中。简言之，就是抵制苏联、拉住美国和在国内反共等各种政策互相影响，最终导致蒋介石集团下决心发动全面内战，在与苏联关系恶化的同时，却并未得到设想中的来自美国政府的有力支持和大量援助。有一点是可以大致确定的，如果战后中国局势按照国民政府的政策脉络发展下去，其前景同伊朗和土耳其的结局不会有太大的区别。

　　对于中共中央来说，不论是从中共的战略利益还是基于意识形态理论的分析，都不可能接受中国最终被划入美国势力范围这样的结局。从 1945 年

12 月莫斯科三国外长会议到 1946 年 2 月国共达成政协决议，这期间国际上
和中国政治中发生的一系列事件，曾经使中共中央一度相信，美国介入中国
内部事务未必不是好事，至少也是一个可以利用的有利条件。由于美苏走向
冷战对东亚的独特影响有一个逐步展开的过程，各种因素之间的互动瞬息万
变，中共领导人尚不可能透彻地了解这种变化将对国共关系造成何种冲击。
他们当时主要还是根据国内斗争的需要，基于如何对中共战略有利的判断，
逐步调整并形成新的对外政策，而这个调整过程首先开始于在东北地区的战
略的变化，直接原因则是国民政府在美苏关系变动的影响下，一方面决定采
取更强硬的对苏政策；另一方面决定在苏军撤出后，利用接收权独占东北，
由此导致国共在东北的军事冲突持续升级和激化，而中共对外政策的改变就
是从思考如何在东北应对国民党军队的进攻开始的，这个时期东北地区的格
局可以说就是东亚不同地区相继出现的"三国四方"模式的最初版本。

美苏在近东和东地中海展开角逐的同时，它们在中国东北问题上的矛盾
也再度尖锐起来，其导火索是如何处理对日战争结束后东北的经济问题。早
在 1945 年 8 月莫斯科中苏谈判的第二阶段，斯大林就向国民政府代表提出
了打败在东北的日军后，如何界定和处理所谓苏军的"战利品"问题。这涉
及日本和伪满洲国在该区的大量厂矿企业、各种机构财产等的归属。苏方提
出的特殊要求简要地说，除了苏军缴获的日军武器装备和军用物资之外，将
中国东北的日属工矿企业以及中东路沿线附属的有关机构等，也作为苏军的
战利品而归苏联所有。时任美国驻苏联大使哈里曼得知这一消息后，立即建
议正在莫斯科谈判中苏条约的宋子文，一定要顶住苏联方面的压力。他还向
杜鲁门政府汇报说，苏联提出这种要求表明，它企图长期控制和榨干东北地
区的经济。[①] 由于苏军参战后导致双方谈判签约的时间很紧迫，中苏代表当
时没有就此问题达成协议。

苏军控制整个东北地区后，于 1945 年 10 月间开始拆迁长春地区的工厂
设备，这个行动引发了中苏双方的新矛盾。负责处理东北经济接收问题的张

---

① "The Ambassador in the Soviet Union (Harriman) to the Secretary of State," August 7,
1945, *FRUS*, 1945, *The Far East, China*, Volume VII, pp. 957-958.

嘉璈在谈判一开始，便提出由苏方协助国民政府接收东北厂矿企业的建议，结果被苏方拒绝。后者的理由是东北日本所属企业均应视为苏军战利品，中日合办的企业则应作为敌产处理。张嘉璈随即电告蒋介石，如果全盘接受苏联的上述认定，中国在东北的主权将名存实亡。因为按照苏方的定义，东北的工业企业差不多都可以被算作日产或敌产。他建议最好由国民政府直接出面，向莫斯科发出强硬照会来阐明中方的立场。[1] 但国民政府这时首要关心的是尽快取得苏联的同意，派遣军队进入东北接收行政权；蒋介石等人并不希望在东北经济问题上与苏联搞僵，所以指示东北行营，目前可暂缓讨论经济问题，"做一步算一步"。[2] 为了不妨碍与苏军交涉向东北运兵，国民政府在谈判中一度回避了相关的经济问题。

11 月中旬，苏联在改变支持中共军队控制东北的政策后，开始利用苏军撤出的时机问题迫使国民政府代表谈判东北经济问题。苏军领导人曾经告诉东北行营，今后双方谈判的关键就是东北经济问题。由于国民党军队运兵受到苏军阻挠，蒋介石遂下决心在经济方面做出部分让步，以换取苏军在政治、军事等问题上与东北行营合作。[3] 不过东北行营很快便发现，蒋介石所允许的让步与苏联方面提出的条件相比，距离实在是太远了，对解决接收中面临的实际困难起不到什么作用。

11 月底，国民政府的要员们在重庆详细讨论了解决东北经济问题的具体办法。他们认为绝不能接受苏联的要求，目前的办法只能是坚持在政治问题解决以前，不与苏方讨论经济问题。这个原则得到蒋介石同意，并由蒋经国转告了东北苏军当局。[4] 12 月下旬，蒋经国访问莫斯科期间，同斯大林本

---

[1] 《张公权日记中有关东北接收交涉经过（二）》，台湾《传记文学》第 36 卷第 4 期，第 37 页。

[2] 《张嘉璈主任委员呈蒋主席报告苏方视东北工业设备为战利品函》，1945 年 10 月 20 日，参阅秦孝仪主编：《中华民国重要史料初编（抗战时期）》，第七编 "战后中国"（一），（台北）中国国民党中央委员会党史委员会，1981，第 371 页。

[3] 《张公权日记中有关东北接收交涉经过（四）》，台湾《传记文学》第 36 卷第 6 期，第 94 页。

[4] 《张公权日记中有关东北接收交涉经过（五）》，台湾《传记文学》第 37 卷第 1 期，第 109—111 页。

人讨论了东北经济问题。他提出国民政府可以做出一些让步，并且在苏军撤出东北以后，两国代表再讨论经济问题。斯大林则坚持应在苏军撤出前先达成相关协议，而且越快越好，可以在苏军撤出后再予以公布。双方最终未能就此问题取得明确的一致意见。① 期间，东北苏方代表一再催促就解决经济问题展开谈判，而东北行营则千方百计地拖延时间。

苏联在东北经济问题上之所以提出相当苛刻的要求，首先是要最大限度地取得经济实惠，毕竟苏联国内的战后重建工作负担沉重。不过莫斯科还有其他特殊的目的，即防止其他国家尤其是美国通过经济渠道，向东北渗透。关于这一点，斯大林在中苏条约谈判中就有所表露。如果苏联不利用军事占领的时机控制东北经济，很可能就再也无法阻止美国凭借其雄厚的资本和技术力量挤进东北地区，除非苏联能在东北扶持一个完全亲苏的地方政府，但苏联这样做无疑会导致与美国尖锐对抗，而这正是当时苏联所竭力避免的。反之，苏联只要控制东北的经济，就能最大限度地影响东北的政治形势。如果能控制东北主要的工矿企业，再加上中苏条约中规定的苏联对东北港口和铁路享有的特殊权利，那么不论在东北出现一个何种性质的政权，都不敢轻易采取敌视苏联的态度。

对于苏联攫取东北经济的意图，杜鲁门政府并非完全不了解，也绝不能接受这一前景。在 12 月莫斯科三国外长会议上，杜鲁门政府在促使苏联尽快从东北撤军的问题上已经输了一步，不得不同意苏联延缓撤军。所以，当美国在伊朗和土耳其问题上向苏联发难时，也在东亚抓住中苏尚未解决的东北经济问题，向苏联施加压力。

马歇尔到中国后，一直很关注中苏在东北经济问题上的谈判和争论，并试图在幕后影响国民政府的谈判立场。他在第一次与蒋介石会谈时称，国民政府在东北与苏联的关系中所面临的问题，与美国在欧洲与苏联的关系中面临的问题一样，即一旦苏联人"进来并提出战利品的要求，他们就把这个地方一扫而空"。而解决这种问题的唯一办法，"便是把留给俄国人的那一部分

① 《斯大林与蒋经国会谈记录：中苏关系诸问题》，1945 年 12 月 30 日，载沈志华主编：《俄罗斯解密档案选编：中苏关系》第一卷，中国出版集团东方出版中心，2014，第 106 页。

夺过来"。① 马歇尔还建议，国民政府在与中共方面达成协议之前，应推迟与
苏联的相关谈判。② 按照他的设想，如果美国采取更多的行动，包括在中国
帮助国民政府实现政治统一、美军撤出中国等，就可以提高中国在国际上的
地位。若是苏联不接受国民政府的条件，就可以将东北问题提交到远东国际
委员会处理。③ 马歇尔从调处国共争端一开始，就将东北问题纳入美国处理
对苏关系的战略考虑之中。他的特殊地位决定了他的看法会严重影响杜鲁门
政府的有关政策。

1月中旬，随着苏军撤出东北的最后时间迫近，苏联方面一再催促国民
政府尽快谈判解决经济问题，东北苏军甚至以延缓撤军相威胁。蒋介石为了
应付苏联的压力，提出在东北经济问题上可以与苏联进行部分合作。不过由
于双方的立场距离实在太远，问题仍然无法得到解决。

1月30日，哈里曼于返美途中顺便到重庆访问，以便了解具体情况，
并与马歇尔直接讨论苏联的东北政策。他们都对国民政府有可能在苏联的压
力下做出让步而表示担忧，在给杜鲁门政府的报告中声称，苏联已经表示
在经济问题解决之前并不准备撤军，而一旦国民政府默认苏联的要求，就会
"严重地影响美国的商业利益和整个门户开放政策"，所以应该找到对付苏方
向国民政府施压的办法，以迫使他们采取一种比较合理的态度。④ 此后不久，
马歇尔警告王世杰，国民政府"不应对苏联做出正式的或非正式的承诺，以
致承认苏联所提出的战利品中包含它正在要求的那类经济权利"。他告诉哈
里曼，时间实际上对苏联不利，苏军"留驻满洲越久，它在全世界人的眼中
就越清楚地成为有意破坏条约的人"。他在随后给杜鲁门的报告中再次强调
了东北经济问题的严重性，希望能引起华盛顿重视。他说美国"过去一个月

---

① "Notes on Conference Between General Marshall and Premier T. V. Song in General Marshall's Residence," December 24, 1945, FRUS, 1945, The Far East, China, Volume VII, p. 807.

② "General Marshall to President Truman," June 17 [18], 1946. FRUS, 1946, The Far East: China, Volume X, p.1101.

③ "General Marshall to President Truman," February 9, 1946, FRUS, 1946, The Far East: China, Volume IX, pp. 428-429.

④ "General Marshall to President Truman," June 17, 1946, FRUS, 1946, The Far East: China, Volume X, pp. 1100-1102.

在中国取得的成果能否巩固，无疑将在很大程度上取决于如何解决满洲局势恶化的问题"。①

　　根据马歇尔和哈里曼等人的建议，杜鲁门政府开始公开向苏联施加压力。2月9日，美国政府正式照会苏联，指责苏联就东北经济问题提出的要求违反了"门户开放"的原则，并将损害美国的利益。该照会称"在此时期进行对满洲的日本国外财产的最后处置，不论当作'战利品'将此种工业财产搬走，或是由俄中两国政府关于这些财产所有权的掌握问题进行协议，都似乎是最不恰当的"。② 杜鲁门政府的照会遭到苏方反驳后，继续通过外交途径向苏联强调，目前中苏有关东北经济的谈判违反了"门户开放"与"机会均等"的原则。由于东北苏军宣称，他们的行动是以雅尔塔秘密协议为根据的，英美政府很快公布了该协议的全文。英美舆论也开始大量报道苏联在东北经济领域提出了超出战时协议范围的新要求，以及苏军正蓄意滞留东北，等等。

　　美国公开施加外交压力介入东北经济问题的谈判，引起了苏联的警惕和反击。12月莫斯科外长会议以后，苏联将注意力集中于中苏在东北问题上的谈判，不仅没有干扰马歇尔在中国的调处工作，甚至还利用自己的影响力促使中共中央下决心停战，与国民政府合作进行政治改革。在停战谈判中，中共中央曾经希望苏联也能参与调停，充当"东北之马歇尔"，做有利于中共的调停工作，平衡美国调停中倾向国民政府的影响。但苏联方面不仅始终拒绝参与其中，而且向中共施加压力接受马歇尔的调处。苏联驻重庆使馆通过周恩来向中共中央转达了苏共中央的意见，要求中共"无论如何应决心停战"，并警告说"如果再不停战，美国的陆军和空军就会压下来"。③

　　1945年10月后，苏联在东北的政策包括不允许大量国民党军队进入东北，以及不许美军进入东北。在1946年初国共谈判恢复后，苏联在这两个重要问题上都是有所让步的，这反映了美苏关系的缓和。苏联在改善中苏关

---

① "General Marshall to President Truman," February 9, 1946, *FRUS, 1946, The Far East: China,* Volume IX, pp. 427-428.

② 世界知识出版社编：《中美关系资料汇编》第一辑，世界知识出版社，1957，第617页。

③ 胡乔木：《胡乔木回忆毛泽东》，人民出版社，1994，第431—432页。

系问题上的确是认真的，尽管条件也是苛刻的，在政策上保留了回旋的余地。停战令颁布以后，国民党军队在东北并没有立即停止军事行动。1 月下旬，国共军队在营口地区发生军事冲突后，马歇尔提出应派遣国共美三方组成的军事调处小组进入东北的冲突地区，进行实地考察和处理。中共方面之所以支持这一建议，也是因为得到了苏联的同意。[①] 驻东北苏军要求中共军队必须撤出辽阳、鞍山、开原和通辽等地区，必要时也要撤出本溪。他们警告中共东北局，"营口及东北绝不能打"，绝对不能在东北同国民党军队开战，否则"在满洲发生战争，尤其伤及美人，必致引起严重后果，有全军覆没及惹起美军入满之绝大危险"。[②]

不过苏联的妥协并没有持续多长时间。杜鲁门政府发出"2·9"照会之时，正是苏军即将开始撤出东北的关键时刻。在莫斯科看来，苏军是否如期撤出东北就是苏联与国民政府就解决东北经济问题讨价还价的重要筹码。一旦苏军撤出并向国民政府移交了东北的行政权，苏联就失去一个挟制国民政府的重要手段。中苏经济谈判毫无进展和美国的外交压力等，确实使苏联在撤军前控制东北经济的计划面临困难，其结果是导致苏联对东北地区的政策再次出现摆动。其主要表现就是给国民党军队进驻苏军撤出地区制造麻烦，东北苏军再次支持中共军队在东北的发展，包括一些地区的苏军鼓励中共军队抢占重要城镇；苏联报刊开始对中共在东北的活动给予积极评价，称之为"进步力量"，特别是赞扬他们"最真诚地巩固中苏友好关系"。[③]

美苏在东北地区的这一轮争斗日益尖锐的直接后果，首先就是导致国共关系的逆转。到 2 月下旬，马歇尔的调处工作已经取得巨大的进展。军队整编协议签订后，美国共三方代表组成的军事三人小组随后分赴华北各地视察，这有利于稳定华北地区的形势。国共基本和平的局面能否维持下去，关键就

① 《中央关于东北停战谈判致东北局电》，1946 年 2 月 12 日，载中央统战部、中央档案馆编：《中共中央解放战争时期统一战线文件选编》，档案出版社，1988，第 77—78 页。

② 《子丑关于在长春路沿线城市避免与国民党发生战斗及营口盘山问题给寅卯的指示》，1946 年 1 月 25 日。

③ 参阅郝江东：《来自中下层的"革命"：论"二战"后初期苏联对华政策的转轨：1945—1949》，博士学位论文，北京大学，2014。

看有关各方能否稳妥地解决东北问题了。问题恰恰在于美国已经开始直接干预中苏谈判，而马歇尔本人又积极主张在东北问题上应该对苏联采取强硬的立场，在这种情况下，为了防止苏联可能采取的报复行动，杜鲁门政府势必要支持国民政府尽快控制住东北。杜鲁门政府采取的最重要的措施就是在苏军撤出时，协助国民党军队向东北大规模地运兵。这时中共在东北已经有了数十万军队，在国共在东北的矛盾没有得到基本解决之前，驻华美军协助国民政府向该地区大规模运送军队，必然会加剧国共军队在这一地区的对抗。杜鲁门政府的行动，客观上为国民政府在东北发动内战创造了有利条件。

国民政府解决东北问题的原则就是坚持一家独占。从国共斗争的角度看，蒋介石和国民党的战略就是要通过独占东北，切断苏联与中共的联系，将国共在东北的冲突与这个地区的大国博弈挂钩，利用美苏之间的协议和中苏之间的有关协议，使国民政府独占东北的政策合法化，进而使国民政府为独占东北而采取的军事行动合法化。杜鲁门政府在 2 月间针对苏联的东北政策采取的外交攻势和马歇尔在此前后的言行等，使蒋介石受到些鼓舞。他认为，东北苏军领导人公开将苏军撤出东北与美军撤出华北联系起来，是"不惜与美国公开为敌"；特别是美国舆论谴责苏联"日渐积极"，加之丘吉尔发表富尔敦演说，"几使人有第三次世界大战即将来临之感矣"。[①] 蒋介石和国民党领导层此时还不敢采取恶化中苏关系的行动，但中苏关系改善的前景正变得越来越渺茫。3 月中旬，国民党六届二中全会通过了《对于外交报告之决议案》，要求国民政府外交部门在外交上要"切实交涉"，以促使东北苏军从东北"迅即撤退"。[②] 随后召开的国民参政会四届二次会议亦通过类似的提案。

这里需要指出的是，此时谁能实际控制东北，并不仅仅是美苏两个大国之间的问题，也不仅仅是美苏与国民政府之间的问题，中共已经成为不容忽视的一方。美苏之间关系的变化和它们与国民政府在东北问题上的互动，尤

---

① ［日］古屋奎二：《"蒋总统"秘录》第 14 册，（台北）"中央日报社"，1980，第 46、49 页。

② 《对于外交报告之决议案》，1946 年 3 月 16 日，荣孟源主编：《中国国民党历次代表大会及中央全会资料》下，光明日报出版社，1985，第 1049 页。

其是苏联政策出现的微妙变化，又一次直接影响了中共中央的东北战略，也是给中共提供了一个难得的机会。

1945年11月中旬中苏关系缓和后，中共中央逐步放弃了争取独占东北的计划，并同时在做和谈与战争的两方面准备。在停战谈判开始之前，中共中央认为，东北内战很难避免，东北局必须利用一切有利条件做好准备，以便在1946年春与国民党军队进行决战。至于能否展开和平谈判，则"必须有苏联帮助，最后还必须美、苏有一般的妥协才能成功"。中共中央在东北让步的上限是由中共军队控制长春以北铁路沿线的城市，即争取控制东北北部靠近苏联的地区。① 中共中央在给东北局的电报中指出，苏联当前政策的主旨是稳定东北的形势，因此是有可能赞成国共谈判解决东北问题的，东北局应争取东北苏军出面促成国共在东北的谈判，或由苏联与国民政府方面交涉，在东北造成国共合作的局面。② 中共中央还公开提出，赞成用政治方式解决国共在东北的矛盾，建议在东北成立包括中共代表人在内的地方性民主联合政府。③

国共停战谈判期间，双方专门讨论了如何解决东北问题的原则和办法。中共代表一方面表示，承认国民政府有权根据中苏条约接收东北的行政权，另一方面提出两个基本的、也是实质性的条件：其一，解决东北问题时，必须将通过外交接收与通过谈判恢复和平这个内政问题分开，中共不干预国民政府的外交接收谈判，但国共之间的问题必须要双方谈判解决；其二，国民党军队向东北运兵应事先与中共方面协商，运兵的数量必须有所限制，具体数量需要双方通过协商确定。④

① 《中共中央关于东北工作方针与任务给东北局的指示》，1945年12月7日，载中央档案馆编：《中共中央文件选集》第15册，中共中央党校出版社，1991，第465—446页；《中共中央关于争取我党在东北的地位及策略问题给东北局的指示》，1945年12月8日，载中央档案馆编：《中共中央文件选集》第15册，中共中央党校出版社，1991，第474—475页。
② 《中共中央关于争取我党在东北的地位及策略问题给东北局的指示》；《中共中央关于在东北的宣传给彭真同志的指示》。
③ 《解放日报》，1945年11月30日；《新华日报》，1945年11月24日。
④ 《中央关于停战后我党对满洲的政策问题给东北局的指示》，1946年1月11日，载中央档案馆编：《中共中央文件选集》第16册，中共中央党校出版社，1991，第20—21页。

停战协定签署以后，中共中央对东北的政策发生了明显变化，即从侧重于准备军事斗争，转向争取在东北与国民政府和平合作为主。中共中央指示东北局，由于停战协定中规定了国民党军队可以向东北调动，东北局应立即与苏军协商，力求缩小苏军占领区，以免苏军撤退时被国民党军队接收过多的地盘。该指示同时说明，全国实现和平以后，在东北对国民政府应采取和平合作的方针，暂时不向国民党军队进攻，以配合"全局的政治形势"。[①] 到1月下旬，中共中央进一步明确提出，中共在东北的方针"是力求和平解决，与国民党合作实行民主改革，和平建设东北"。[②]

除了国共谈判恢复后两党关系有所缓和外，苏联政策的变化也是促使中共中央决定通过和平谈判解决东北问题的重要原因。中共中央根据获得的信息和在重庆与苏联驻华使馆的外交人员的接触等，判断"苏联不会助我在东北内战，但可助我与蒋获得妥协"；如果中共提出与国民政府和平合作的政策，苏美都会赞成。所以中共中央要求东北局"应力求苏联在外交上配合我们这一和平合作的方针"。[③] 马歇尔在调处中的表现也使中共中央相信，只要使美国认为中共并无独占东北的意图，它将不会反对国共和平解决东北问题。中共中央当时甚至设想过，在与国民政府商谈东北问题时，可以请马歇尔参加。[④]

国共军队在营口发生军事冲突后，马歇尔马上提出派遣三人军事小组到冲突现场展开调查并解决纠纷，而中共中央决定接受军调部派遣有美军代表

① 《中央关于停战后我党对满洲的政策问题给东北局的指示》，1946年1月11日。
② 《中央关于目前东北工作的方针问题给东北局的指示》，1946年1月26日，载中央档案馆编：《中共中央文件选集》第16册，中共中央党校出版社，1991，第57—60页。
③ 《中共中央关于采取和平方法力求解决东北问题的方针给中共驻重庆代表团的指示》，1946年1月26日，载中央统战部、中央档案馆编：《中共中央解放战争时期统一战线文件选编》，档案出版社，1988，第52—53页；《中共中央关于解决东北问题的方针给中共驻重庆代表团的指示》，1946年1月26日，载中央档案馆编：《中共中央文件选集》第16册，中共中央党校出版社，1991，第55—56页；《中央关于目前东北工作的方针问题给东北局的指示》，1946年1月26日，载中央档案馆编：《中共中央文件选集》第16册，中共中央党校出版社，1991，第57—60页。
④ 《中央关于解决东北问题的方针给中共驻重庆代表团的指示》，1946年1月21日，载中央档案馆编：《中共中央文件选集》第16册，中共中央党校出版社，1991，第55—56页。

参加的军调小组到东北活动。中共中央当时分析认为，在一定条件下使美国直接介入东北问题，也并非完全不利之事。美方调处人员到东北后对中共的"态度可能更须公平，只要他们发现苏联确未援助我方，他并不怕我们在东北有一定地位"。相反，"苏联出来作为东北之马歇尔对我在根本上是有利的，但他们将和马歇尔一样，在形式上决不能偏袒我方，并可能要我们对国民党作更多的让步，以表示苏联的公平"，"故苏联暂不出面，亦有好处"。①

及至 2 月间，随着关内局势逐步降温，国共两党均将东北视为新一轮斗争的重点。从 1 月中旬起，国民党第七十一军、新一军、新六军等被陆续运抵东北南部。进入东北的这些国民党军队并没有去从苏军手中接收地方，而是以锦州为中心，四处攻掠，先后占领了盘山、台安、新民、阜新和彰武等中共军队控制的城镇。国民党军队的行动加剧了那里的紧张局势。中共中央从蒋介石的内部讲话中得知，国民党方面已经决定集中目标夺取东北，蒋介石甚至提出了"到东北决战去"的动员口号。② 在中共中央看来，在关内局势缓和以后，能否通过谈判解决东北问题，已经成为中国时局发展的关键。

2 月上旬和中旬，中共中央书记处两次召开会议，专门讨论了东北局势和政策问题。会议的基本决定仍是，争取谈判和平解决东北问题，争取与国民政府和平合作。在此之前，中共中央已经指示在重庆的中共代表团，应主动与国民党方面谈判东北问题，向对方提出应由国共共同接收东北、驻东北的国民党军队不得超过 10 万 至 15 万等建议。③2 月 15 日，中共中央发表公开声明，详细介绍了东北的局面和中共军队在东北的实力，并提出了解决东北问题的四项原则，其核心就是必须承认中共在东北的地位，通过谈判解决有关的问题。④ 与此同时，中共中央也要求东北中共军队争取打一场胜仗，达到以战促和的目的。

---

① 《中共中央关于东北停战谈判情况致东北局电》，1946 年 2 月 12 日，载中央档案馆编：《中共中央文件选集》第 16 册，中共中央党校出版社，1991，第 77—79 页。

② 《彭真传》编写组编：《彭真年谱》上，中央文献出版社，2002，第 379 页。

③ 《中央关于解决东北问题的方针给中共驻重庆谈判代表团的指示》，1946 年 1 月 21 日，载中央档案馆编：《中共中央文件选集》第 16 册，中共中央党校出版社，1991，第 55—56 页。

④ 《新华日报》，1946 年 2 月 16 日。

中共中央在这一时期提出并坚持争取和平解决东北问题的方针，同他们接受"民主共和国"的政治方案一样，都是他们基于美苏妥协将决定世界政治主流和长期趋势的判断而制定的战略的组成部分。然而莫斯科三国外长会议后形成的美苏妥协的局面并未持续多久，美苏关系和东北形势同时急转直下。

从 3 月 11 日起，苏军开始沿长春路向北撤军。这时国民政府未能与苏联就解决东北经济问题取得进展，对苏联的态度明显趋向强硬。国民政府外交部公开宣布拒绝苏联在东北经济方面的要求后不久，王世杰又在国民党中央执行委员会议上发表了内容相同的声明。[①] 蒋介石也敏感地注意到美苏关系呈现了紧张的趋势，由此断定马歇尔的调处立场已经发生了变化，他"对中国共产党阴谋，似有略进一层之认识矣"。[②] 这种判断使国民党方面在解决东北问题时，更容易采取不妥协的立场。

另一方面，随着国民党军队的一些精锐部队陆续开进东北，国民政府武力解决的战略意图也越来越明显。4 月 1 日，蒋介石发表公开讲话，宣称东北问题本质上是一个外交问题，国民政府在东北"只有接收主权，推行国家的行政权力"，任何人不得借外交方面的困难"要挟政府以自立"。[③] 蒋介石的这个讲话可以说是一份宣战书，其矛头所向明确无误。与此同时，东北保安司令杜聿明向国民党军队下达命令，必须迅速抢占长春路沿线苏军撤出的战略要点。国民政府东北行营亦开始积极活动，用各种方式阻挠军调小组进入东北进行实地考察。各种情况均表明，国民党方面自认为基本上完成了在东北发动战争的军事准备。

这一时期，马歇尔尚未失去对东北局势的影响力，只是他一直立足于从如何限制苏联的角度思考和处理东北问题，不甚理解东北争端之于国共两党都具有极为重要的战略意义，以及不重视中共在东北已经拥有的军事实力。这种认识导致马歇尔一开始便不肯接受中共中央为打开东北问题的僵局所提

---

① 《中央日报》，1946 年 3 月 6 日。
② [日] 古屋奎二:《"蒋总统"秘录》第 14 册，（台北）"中央日报社"，1980，第 38 页。
③ 《中央日报》，1946 年 4 月 4 日。

出的建议，即在东北地区应该将政治问题与军事问题同时解决，接受中共已经在东北拥有重大影响力并可以在一定程度上影响苏军政策的客观事实。他固执地将东北问题框定在外交纠纷的领域，将其视为美苏在东亚地区的博弈，而限制苏联则是他的首要目标。

3 月 11 日，马歇尔在即将回国述职之前，提出了一项关于向东北派遣军调部执行小组的命令草案。这个草案有两个特点：一是只谈军事和外交接收问题，回避国共的尖锐争斗；二是几乎接受了蒋介石的全部附加条件。[①]从命令草案的内容分析，马歇尔实际上是不希望在苏军全部撤出东北之前，与中共代表讨论解决国共在东北的矛盾，这与蒋介石"4·1"演讲在逻辑上是一致的，由此成为马歇尔与蒋介石协调东北政策的基础。马歇尔的这个建议遭到中共中央的强烈反对，客观上激化了国共在东北的矛盾。[②]正是美国对华政策将限制苏联作为在东北调处的重点等，导致马歇尔贬低国共矛盾在解决东北问题中的极端重要性，并忽视中共中央贯彻争取东北战略的决心和实力。客观的结果是，马歇尔的主张助长了国民政府在东北使用武力的气焰。

到 3 月下旬，东北内战已经到了一触即发的程度。首先是国民党军队进入东北后，将主要力量用于打通承德到锦州的铁路线和争夺东北南部和西部中共军队控制的一些战略要点，在占领了苏军撤出的沈阳等地后，又以沈阳为据点，向中共军队发起新的攻势，中共军事力量被迫向北收缩。表面上看，国民党军队处于强有力的地位而且攻势咄咄逼人，但兵力不足的弱点也随着战线拉长而日益彰显，而向北部接收和进攻的行动难免会日渐迟缓。这在客观上造成了中共军队可以在东北北部采取军事行动的时机和态势。另一方面，面对国民党军队的攻势，中共中央越来越相信，国共在东北的军事冲突难以避免。根据中共中央的估计，在东北的中共军政力量已经达到 30 万人，"如没有一批中小城市在手的根据地，则这大军队势不能存在"，加强军事斗争

---

① 中国社会科学院近代史研究室编：《马歇尔使华——美国特使马歇尔出使中国报告书》，中华书局，1981，第 72 页。

② 《彭真传》编写组：《彭真年谱：一九〇二——一九九七》上，中央文献出版社，2002，第 385 页。

是在东北实现和平的条件。[①] 中共中央由此推断，"苏军撤退后，东北军事情况将紧张起来"，只有靠取得军事斗争的胜利，才能迫使国民政府方面做出妥协，承认中共在东北的地位。[②]

其次是苏联与美国及国民政府的关系均出现系统性的恶化，促使东北苏军逐步改变之前以国民政府为谈判对手、限制中共军队在东北发展的做法。苏军从 3 月开始陆续北撤。北撤期间，苏军给国民政府的接收工作设置重重障碍，迟滞国民党军队进驻。苏军撤出沈阳之前不久，突然建议中共东北局派军队迅速进占该市，认为"这有很大利益"，而且"凡红军撤退处都可以打"。[③] 中共中央立即要求东北局与苏方交涉，限缩在东北向国民政府交接地区的范围。东北局领导人没有料到苏军会突然采取这样的行动，故在给中共中央的报告中说，目前部队尚无实力攻占沈阳，但是为了"照顾友方意见"，建议采取袭扰活动。[④] 另一方面，中共中央明确电令东北局迅速与苏军交涉清楚，"哪些地方是他们必须交蒋方接收的，哪些地方可以不必交蒋方接收"，力争让苏军"不要在外交文件上及事实上将东北很多中小城市都交蒋方接收，以免造成我们在国共谈判中的困难"。中共中央担心的是"将来苏联在经济合作问题解决时，可能再对蒋表示好感"。[⑤] 这一担心，实与东北苏军出尔反尔的行为有直接的关系。

随着苏军继续向北撤退，他们越来越明确地鼓励中共军队抢先攻占一些苏军撤出的地区，控制中东铁路沿线的战略要地，甚至鼓励中共军队在苏军

[①]　《中央关于准备粉碎东北顽军的进攻给东北局的指示》，1946 年 3 月 12 日；《中央关于目前时局及对策的指示》，1946 年 3 月 15 日，载中央档案馆编：《中共中央文件选集》第 16 册，中共中央党校出版社，1991，第 92—96 页。

[②]　《中央关于准备粉碎东北顽军的进攻给东北局的指示》，1946 年 3 月 12 日；《中央关于目前时局及对策的指示》，1946 年 3 月 15 日，载中央档案馆编：《中共中央文件选集》第 16 册，中共中央党校出版社，1991，第 92—96 页。

[③]　《彭真传》编写组：《彭真年谱：一九〇二——一九九七》上，中央文献出版社，2002，第 385 页。

[④]　《彭真传》编写组：《彭真年谱：一九〇二——一九九七》上，中央文献出版社，2002，第 386 页。

[⑤]　《中央关于东北问题的指示》，1946 年 3 月 5 日，参阅《彭真传》编写组：《彭真年谱：一九〇二——一九九七》上，中央文献出版社，2002，第 382—383 页。

撤退时"可以放手大打"，防止国民政府在美国的支持下独占东北。① 面对东北瞬息万变的形势、东北苏军释放的前后不一的信息，中共中央开始重新考虑战后的世界政治形势和中国革命的战略设想。

3 月 15 日，中央政治局在延安召开会议，讨论了苏军撤出沈阳后的东北局势。毛泽东在发言中系统阐述了对美苏爆发冷战后，急剧变化的国际形势的理解。他认为，世界政治中有三个重要的因素。一是德意日失败为革命运动开辟了道路；二是德意日"残余势力"与英美的"亲法西斯势力"要继续反苏和反对革命，"并企图掀起第三次世界大战"，它们就是"当今的主要敌人"；三是美英内部是有矛盾的，除了人民以外，资产阶级中还有"和苏和共"派。中共的路线是联合人民和资产阶级的中派、左派，打倒"资产阶级中的反革命"。② 不仅是毛泽东本人，与会者们都认为，在东北地区一定要加强同国民党的斗争。

这次会议通过的《中央关于目前时局及对策的指示》聚焦于东北局势，指出"苏军已从沈阳及其附近撤退，国共两军在东北的冲突即将展开"，"东北军事冲突仍有可能继续一个时期"。鉴于国民政府在"煽动美苏冲突，和美苏尖锐对立"，故要"注意争取美国人"，要坚信"世界与中国的和平局面业已确定，任何反动派不能改变此种大局"。可见，中共中央当时的主流意见是，要在东北同国民党军队作战。③ 毛泽东在当天起草的一份电报中告诉在重庆的中共谈判代表团，在重庆的苏联人的态度过于软弱，对"他们的话不要全听"。④ 这是毛泽东在冷战最初阶段，对苏联对华政策做出的第一个评价。他在批评党内对蒋介石的错误幻觉时，对苏联总是要中共中央妥协表达了不满。由此可见，这时对中国革命运动的态度才是中共领导人评价苏联对外政策的首要标准。

① 《彭真传》编写组编：《彭真年谱：一九〇二 —— 一九九七》上，中央文献出版社，2002，第 386、389 页。

② 中共中央文献研究室编：《毛泽东年谱：一八九三 —— 一九四九》下卷，人民出版社、中央文献出版社，1993，第 61 页。

③ 《中央关于目前时局及对策的指示》，1946 年 3 月 15 日，载中央档案馆编：《中共中央文件选集》第 16 册，中共中央党校出版社，1991，第 92～95 页。

④ 中共中央文献研究室编：《毛泽东年谱：一八九三 —— 一九四九》下卷，人民出版社、中央文献出版社，1993，第 60 页。

　　中共中央认为，利用苏军撤出的时机控制东北北部至关重要，而如果得不到苏军的配合，哪怕是"默认"，在东北北部大发展就会成为空想。苏军对于是否公开支持中共夺取长春、齐齐哈尔和哈尔滨等大城市，一直是犹豫不决的。长春、齐齐哈尔、哈尔滨等城市已经驻扎有国民政府的办事机构和军队，苏军如果公开支持中共攻占这些城市，难免引起外交上的麻烦。

　　东北苏军的犹豫不决一度使中共中央打算放弃利用苏军撤退的时机夺取沈阳和中东路沿线地区的战略要地。不过这并没有持续多久。3 月 24 日，中共中央指示东北局，坚决实施控制北满的战略。中共中央在指示中说："我党方针是用全力控制长哈两市及中东路全线，不惜任何牺牲，反对蒋军进占长哈及中东路。"指示还要求东北有关部队："动员全力坚决控制四平街地区，如顽军北进时，彻底歼灭之，决不让其向长春前进。"① 中共中央一再指示东北局务必"速与友人交涉，允许由我方派兵占领长、哈两市及中东全线"。② 中共中央也告知在重庆的谈判代表团，如果国民党方面不肯停战，中共军队将进占沈阳以北之长春路，即使国民政府"以全面破裂，大打内战相威胁"，中共"亦绝不屈服"。③ 中共中央夺取东北北部的战略已势在必行。

　　在各种力量错综复杂和持续变动的背景下，中共中央夺取东北北部的战略可谓一波三折。唯有对各种信息进行深入细致的分析，才能对中共中央的战略演变作出合乎逻辑的解释。中共中央所设想的最好情况，是在苏军的明确支持下控制中东路全线和长、哈、齐等大城市；最低限度是在苏军的"默认"下采取行动。根据中共中央的指示，东北局做了大量的交涉工作。其结果是达到了"默认"的程度，即东北美军在哈尔滨和齐齐哈尔延缓几天撤军

① 《中央关于控制长春、哈尔滨及中东路保卫北满给东北局的指示》，1946 年 3 月 24 日；《中央关于东北停战前坚决保卫战略要地给林彪、彭真等的指示》，1946 年 3 月 25 日，载中央档案馆编：《中共中央文件选集》第 16 册，中共中央党校出版社，1991，第 100—103 页。
② 《中央关于控制长春、哈尔滨及中东路保卫北满给东北局的指示》，1946 年 3 月 24 日，载中央档案馆编：《中共中央文件选集》第 16 册，中共中央党校出版社，1991，第 100—101 页；《中央关于东北停战前坚决保卫战略要地给林彪、彭真等的指示》，1946 年 3 月 25 日，载中央档案馆编：《中共中央文件选集》第 16 册，中共中央党校出版社，1991，第 102—103 页；《中央关于东北目前工作方针给东北局及林彪的指示》，1946 年 3 月 27 日，载中央档案馆编：《中共中央文件选集》第 16 册，中共中央党校出版社，1991，第 104—105 页。
③ 《中央关于停战协定应无条件适用于东北的指示》，1946 年 3 月 16 日。

时间，允许东北局派人秘密进入一些城市，允许中共军队从一些重要地区抢运走大量物资，等等。① 综合这个时期东北局与苏方交涉的情况可知，经过一段时间的犹豫之后，东北苏军在中共军队夺取东北北部一些重要城市时部分地开了绿灯。4月15日，苏军撤出长春。4月18日，中共军队攻占该城，此后不久又相继占领了哈尔滨和齐齐哈尔。

中共中央决定夺取东北北部，特别是夺取联系南北地区的战略枢纽长春，是战后中共革命战略的一个新的重大的转折点。从表面上看，夺取长、哈、齐等大城市只是涵盖了东北部分地区的军事行动，但其涉及的背景要广阔和深刻得多，中共领导人实际上必定要面对两个关系整个战后中国形势走向的基本问题。第一个战略性的问题是攻占长春和控制长春以北地区会不会引起全面内战？在这个问题上，中共中央一直没有作出明确的结论，仍然争取通过谈判来争取和平的局面。

3月27日，周恩来在谈判中表示，国民政府方面如果同意在东北停战，还可以确保获得长春和哈尔滨。② 但是，国民党方面一直在拖延答复。4月8日，国民党军队向四平发动进攻，受到中共军队的顽强抵抗。由于四平久攻不下，苏军于4月15日撤出长春后，国民党军队根本无法前往接收。4月11日，陈诚忽然表示国民党方面同意在东北停战。中共重庆谈判代表认为，国民政府只不过是在使用缓兵之计，因此建议中共东北部队按计划尽快进占长春。③ 中共中央随即电令东北局，迅速占领该城。中共中央决定夺取长春是因为，它相信占领长春不仅有利于控制东北北部，而且会加强中共在未来谈判中的地位。

第二个战略性的问题是在美苏关系日益紧张的关头，控制长春及其以北

① 关于抢运物资一项，请参阅王首道：《王首道回忆录》，解放军出版社，1988，第469—471页。

② 《马歇尔关于在东北执行停战令和军事调处执行部派执行小组进入东北的报告》，载孟广涵主编：《政治协商会议纪实》下卷，重庆出版社，1989，第1128—1129页；另参阅中共中央文献研究室编：《周恩来年谱：一八九八——一九四九》，人民出版社、中央文献出版社，1989，第653—654页。

③ 中共中央文献研究室编：《周恩来年谱：一八九八——一九四九》，人民出版社、中央文献出版社，1989，第657页。

地区等，在国际上会引起何种反响，会不会引起国际冲突和美国在东北进行直接干涉。中共军队占领长春是在东北已经形成内战之势的情况下，为了夺取东北北部以及加强在谈判中的地位而采取的具有战略意义的行动。不过这一行动毕竟发生在国际矛盾尖锐的东北地区，是中共军队在苏军撤退过程中，第一次夺取长春路沿线的大城市，也是中共在莫斯科外长会议以后，在东亚地区公开向雅尔塔体系挑战的一个开端。所以，采取这一行动会在东亚国际政治中引起什么样的变动，美国是否会进行直接的干预等，都会在中共领导人中引发思考和讨论，而他们在思考和讨论中形成的初步判断成为支配之后的战略转折的一个关键因素。

　　抗战结束到重庆谈判是中国历史中一个非常特殊的阶段。蒋介石与毛泽东在重庆达成的《双十协定》是抗战后期一系列外交折冲与国共政治互动等相互影响的结果，雅尔塔秘密协议和中苏条约作为《双十协定》的国际背书，基本上都是在战争时期达成的。只不过日本突然宣布投降，才使《双十协定》诞生于"二战"结束之后不久。由于在战争期间取得军事胜利是压倒一切的目标，雅尔塔秘密协议和中苏条约等国际协议中的许多重要内容，必定要受到军事考虑的影响，当时最迫切的就是如何能尽快且付出较小的代价来打败日本。美苏领导人也清楚，为打赢战争做出的许多安排在战后很可能产生重大的政治后果，而它们选择的解决办法通常都是权衡战时和战后双重需要的结果。具体到中国，美苏选择的解决办法有时甚至是相互冲突的，反映了美苏对各自战略利益的认知、盘算和协调。即双方承认中国的主权与领土完整，并推动国共和平解决它们的矛盾。在此前提下，苏联承认美国在战后中国政治中居主导地位；美国承认苏联在中国东北地区享有经济和军事方面的优越权益。[①] 美苏解决国共问题的办法是基于对各自战略利益的考虑而

　　① 　参阅上海人民出版社编译组编：《德黑兰 雅尔塔 波茨坦会议记录摘编》，上海人民出版社，1978，第160—162、165、236—253页；[苏]萨纳柯耶夫、[苏]崔布列夫斯基编：《德黑兰、雅尔塔、波茨坦会议文件集》，北京外国语学院俄语专业、德语专业1971届工农兵学员译，生活·读书·新知三联书店，1978，第257页；[美]W.艾夫里尔·哈里曼和[美]伊利·艾贝尔著，南京大学历史系英美对外关系研究室译：《特使：与丘吉尔、斯大林周旋记》，生活·读书·新知三联书店，1978，第413—414、424、444—446页。

在战争后期达成的妥协，一旦它们对各自获得的战略利益不满足，或者在战争突然结束的情况下试图获得超越对方界限的战略利益，双方的关系必定会出现动荡，并最终冲击到解决国共争端的进程。

另一个非常重要的因素是美苏都是全球性大国，它们在世界诸多地区存在着重要性不同的战略利益，特别是在有些地区，如欧洲、中东等地区的战略利益，都大大超过在东亚特别是在中国的战略利益。美苏的对华政策变动有时并不是基于对中国政局变动的思考与反应，而是受到它们在其他地区的关系的牵动。进一步说，美苏在其他地区的关系恶化有时会导致它们在中国采取相互敌视甚至对抗性的行动。随着冷战的爆发和各地区局势紧张升级，美苏在考虑各自的对华政策时，对中国内部问题给予相当严重的关注，但是为了避免因国共斗争导致它们之间的关系恶化，并争取在既定的格局中尽可能地限制对方，美苏都会极力避免被深度地卷入中国的内部事务。国共两党谁能够首先认识这个特点，并具有利用这个特点的基本条件和能力，谁就更有可能从中获得实质性的和巨大的战略利益。

目前由于档案公开度的限制，尚不能完全了解中共中央内部的思考和讨论。不过，就在中共中央谋划占领长春和控制东北北部并因此发动四平保卫战的关键时刻，毛泽东起草了《关于目前国际形势的几点估计》，反映出中共领导人这时已经敏感地意识到夺取东北北部所涉及的国际背景，并试图做出合理的战略判断。

毛泽东撰写《关于目前国际形势的几点估计》所针对的具体对象尚不清楚。根据胡乔木的回忆，这篇短文所批评的观点"牵涉到国内一些同志和朋友的担心，也牵涉到我们与苏联的一些不同看法"。[1] 该文间接证明毛泽东对苏共中央对战后国际形势的判断产生了怀疑，以及党内也出现了一种看法，"国际国内"出现了"反动逆流"。[2] 该文指出：首先，全世界范围内的力量对比是"世界人民的民主力量超过世界反动力量"，美国等西方国家同苏联

---

① 胡乔木：《胡乔木回忆毛泽东》，人民出版社，1994，第433页。

② 参阅中共中央文献研究室编：《周恩来年谱：一八九八——一九四九》，人民出版社、中央文献出版社，1989，第655页。

的关系不是破裂或妥协，而是早晚要妥协；其次，美苏的妥协是有范围的，是在重大问题而非一切国际问题上都妥协，而且目前妥协还不会很多；最后，美国等西方国家同苏联妥协是全世界一切民主力量同反动势力斗争的结果，特别重要的是，美苏妥协"并不要求资本主义世界各国人民随之实行国内妥协。各国人民仍将按照不同情况进行不同斗争"。① 按照毛泽东论述的逻辑，中共同美国和国民政府的斗争越坚决，取得的胜利越大，东亚地区发生国际冲突的可能性就越小，因此也就没有理由因为美苏之间达成妥协，限制中共中央根据中国的情况制定自己的战略和政策。

目前尚无从考察毛泽东观察世界政治形势和力量格局的具体内容，不过影响东北战略的一些因素肯定对他是有触动的。例如，中共中央曾敦促东北局与东北苏军交涉，苏联撤军后将长、哈、齐等主要城市移交给中共。根据东北局的汇报，苏军之所以犹豫不决，主要是因为对中共军队"夺取城市的力量不够信任"，并提出中共军队"能在四平以南解决问题，三市自是你们的"。②

上面根据可以获得的文献和当事人的回忆，大致叙述和分析了毛泽东和中共领导人的思考、讨论和分歧等，意在厘清这个时期东北局势的发展所涉及的重大战略背景，试图证明中共中央做出战略决策时，的确在思考和讨论世界政治的关键特点及其与中国革命战略的关系。

毛泽东撰写和在党的高级干部中传阅《关于目前国际形势的几点估计》，固然是为了讨论和征询意见，但从后来的发展来看，该文阐述的重要思想和形成的时间，都预示着在战后世界政治正经历重要转折时刻，中共中央的内外政策将发生深刻的变化，而支配这种变化的核心因素之一就是中共中央不再认为，美苏关系的变化可以决定性地影响中国局势。这个判断的内在逻辑是，中国革命运动的前途终将摆脱大国体系的束缚，而起决定作用的是中共中央自己的决心、实力以及合理的政策。

---

① 毛泽东:《关于目前国际形势的几点估计》，1946 年 4 月，参见中共中央文献研究室编:《毛泽东选集》第四卷，人民出版社，1991，第 1184—1185 页。

② 《彭真传》编写组编:《彭真年谱：一九〇二——一九九七》上，中央文献出版社，2002，第 402 页。

长春是联系东北北部和南部的战略枢纽，其得失直接关系到国民政府在东北的地位，失去长春就意味着国民政府失去了对东北北部的控制。中共军队占领长春后，国民党军队立即加强军事行动，国民政府也声称国民党军队不夺占长春，东北地区就无停战可言。4月至5月，国共军队在四平地区展开了大规模的攻防战，致使东北内战白热化，而且迅速波及关内。

为了配合四平保卫战，中共代表向马歇尔提出，美军应停止帮助国民政府向东北运送军队，并且应修改军队整编协议中规定的国共在东北的军队比例，增加中共军队的数量。① 中共代表采取强硬立场的目的，是迫使马歇尔在两个关键问题上做出让步。一是停止为国民政府向东北运兵；二是马歇尔本人出面压国民政府停战。但是马歇尔坚持认为，中共军队占领长春才是导致东北局势恶化的主要原因，而且他的使命是要保证国民政府在东北获得优势的地位。这就决定了马歇尔不仅不接受中共代表的建议，反而在此关键时刻宣布暂时退出调处。② 这实际上是放手让国民党军队在东北大打，让国共先在战场上打出个结果。

由于四平保卫战失利，中共军队于5月23日主动撤出长春。为了阻止国民党军队借机迅速向北推进，中共军队加强了在东北南部和热河的军事行动。山东的中共军队也向陇海路发动进攻，直接威胁徐州的国民党守军。与此同时，中共代表在谈判中表示，可以考虑在军调小组中的美方代表享有最后决定权，条件是必须对美方代表决定权的范围等，做出明确的规定。③

中共中央的策略对于促使马歇尔下决心压国民党军队在东北停战，显然产生了作用。一方面，中共军队的反击作战使马歇尔担心，东北的内战将蔓延到关内，对爆发全面内战的担心加深了马歇尔与蒋介石的矛盾；另一方面，中共代表在美军代表决定权问题上的重要让步又使马歇尔感到，还是有

---

① 参阅世界知识出版社编：《中美关系资料汇编》第一辑，世界知识出版社，1957，第208页；参阅中共中央文献研究室编：《周恩来年谱：一八九八——一九四九》，人民出版社、中央文献出版社，1989，第658—659页。

② "Minutes of Meeting Between General Marshall and General Chou En-lai at House 28," April 29, 1946, 10:30 a.m. *FRUS*, 1946, *The Far East: China*, Volume IX, p. 803.

③ 参阅中共中央文献研究室编：《周恩来年谱：一八九八——一九四九》，人民出版社、中央文献出版社，1989，第668页。

转圜余地的。马歇尔在调处不断碰壁后报告杜鲁门政府，他决定暂时停止安排向东北运送国民党军队和补给。与此同时，国民党军队正在法库地区遭受中共军队的沉重打击，它在东北的军事攻势已经到了极限。在美方停止协助向东北运送军队和提供物资援助的情况下，蒋介石于 6 月 6 日发布了东北停战令。①

东北内战暂时停止后，中共中央倾向于认为，全面内战已经很难避免了，由于中共的力量还处于弱势，目前的方针应是在不丧失基本利益的前提下"竭力争取和平，哪怕短时间也好"。② 为了推迟全面内战，中共中央十分关注马歇尔在调处中的态度，试图尽可能地利用他与蒋介石的矛盾。中共领导人认为，在目前炙热的局势中，马歇尔能否向国民党方面施加足够的压力，是能否阻止立即爆发全面内战的一个重要因素。在解决东北问题上，美国与国民政府的立场已经一致，但马歇尔并不愿支持蒋介石和国民党发动全面内战。中共中央因此提出，对国民党方面尽可以针锋相对，但对马歇尔则不公开予以批评，毕竟在谈判中仍然需要"经过他来缓和局面"。③

5 月 15 日，中共中央在一项党内指示中专门阐述了对马歇尔调处的政策，指出还是要"改善与美国人的关系，无论美国人如何偏袒国方，我除据理力争外，只要美国未恢复赫尔利政策，策动全国内战，我即应尽可能争取美国人。最近时期，有些地方对美国人关系弄得不好，这当然是由于美国人态度不好所引起，但我们的争取工作亦有不足，今后应当注意研究争取美国人的工作"。④ 在 6 月休战谈判期间，中共中央指示中共谈判代表务必努力争

---

① 世界知识出版社编：《中美关系资料汇编》第一辑，世界知识出版社，1957，第213 页。
② 中共中央文献研究室编：《周恩来年谱：一八九八——一九四九》，人民出版社、中央文献出版社，1989，第 671 页。
③ 中共中央文献研究室编：《周恩来年谱：一八九八——一九四九》，人民出版社、中央文献出版社，1989，第 665、668 页；《中央关于东北局势及作战问题给林彪、彭真同志的指示》，1945 年 5 月 15 日；《中央关于发表纪念"七七"宣言后对美国及国民党斗争问题的指示》，1946年 7 月 6 日，载中央档案馆编：《中共中央文件选集》第 16 册，中共中央党校出版社，1991，第 230—231 页。
④ 《中央关于时局及对策的指示》，1946 年 5 月 15 日，载中央档案馆编：《中共中央文件选集》第 16 册，中共中央党校出版社，1991，第 161—162 页。

取马歇尔能够继续保持他在年初调处时的公允态度。

客观地看，马歇尔这段时期的作为表明，他不仅在调处中逐步失去了控制国民党方面的能力，而且正逐步与蒋介石的步调协调一致。6 月 14 日，美国政府向国会参议院提交了《军事援华法案》。这一事件发生在中国全面内战一触即发的时刻，它表明了马歇尔在调处过程中的态度的变化，是杜鲁门政府决定继续援助国民政府的反映。毛泽东立即亲自发表声明，强烈谴责美国政府的行动。^① 不过，中共中央在 6 月 24 日发布的党内指示中，试图将《军事援华法案》与马歇尔调处加以区隔。该指示说，"美国对华军事干涉已日益露骨"，"蒋介石政府之美国殖民地色彩亦日益显著"，中共必须发动群众与之斗争，不过"须注意不要反对整个美国与整个美国政府，亦不要反对杜鲁门、马歇尔与美国调处中国内战，对美方公正人士与普通人员，仍应争取其同情"，等等。^②

6 月 26 日，国民党军队在华中地区向中共中原部队发动大规模军事进攻，全面内战终于爆发。蒋介石之所以选择这一时机进攻中共中原部队，除了他相信国民党军队已经完成战争准备，以及东北局势相对稳定使国民党军队可集中兵力在关内大打等原因外，他对美苏对华政策的分析和判断也是非常重要的因素。在马歇尔使华之初，国民党方面即认为，马歇尔来中国调处，特别是他提出的设想和方案等固然难以被接受，但这不过是杜鲁门政府的权宜之计，美国在支持国民政府这个问题上最终是没有多少选择余地的。^③ 在蒋介石和国民党看来，杜鲁门政府提出《军事援华法案》不仅证实了他们最初判断的准确性，而且他们已经可以确定，在即将爆发的全面内战中，杜鲁门政府会继续向国民党军队提供支持和援助。

高估计国民政府的国际地位，甚至自以为可以在美苏对峙中游刃有余，是蒋介石分析国际形势的主要特点之一。这也反映在国民政府处理对苏关系

① 《解放日报》，1946 年 6 月 23 日。
② 《中央关于动员各群众团体要求美国改变对华反动政策的指示》，1946 年 6 月 24 日，载中央档案馆编：《中共中央文件选集》第 16 册，中共中央党校出版社，1991，第 216—217 页。
③ 《国民党对杜鲁门对华政策声明之分析》，1945 年 12 月 22 日，存中国人民大学中共党史系资料室，编号：5/6.*0453.2100。此文件为国民党中央执行委员会宣传部的电报。

的过程中。5 月间，苏联分别从伊朗和中国东北撤出全部占领军。苏军撤出
东北后，尽管苏联与国民政府未能就东北的经济问题达成协议，但斯大林仍
向蒋介石发出邀请，试图稳定和改善中苏关系。苏联的这种态度使蒋介石对
发动内战是否会引起苏联干预一事感到放心。他一方面拒绝斯大林的邀请，
以表明在美苏之争中一边倒向美国；另一方面又以存在中苏关系改善的可能
性，要挟美国更坚定地支持国民政府。① 就国民政府的行为逻辑看，如果国
民政府能得到美国越来越明确的支持，苏联就不会甘冒与美国对抗的危险，
在中国的内战中支持中共。反之，由于苏联存在拉拢国民政府的意图，美国
为了更坚定国民政府一边倒向它的决心，势必要给予更多的好处。

　　且不论蒋介石和国民党的主观考虑中有多少一厢情愿的部分，美苏两国
这时的对华政策毕竟对中共有诸多不利之处。一方面是美国向国民政府提供
援助；另一方面是苏联不愿给予中共以明确的支持。显然，美苏仍然在试图
维护东亚已经摇摇欲坠的大国体系。如果从更深层次考察并联系战后美苏在
对华关系上的几次交锋便可发现，它们这时对中国局势的影响既是巨大的，
也是有限的，而且随着国际局势和国共内战的发展，它们的影响也变得越来
越有限。美国和苏联的战略重心均在欧洲，它们在亚洲用于支持其外交政策
的能力和手段都受到这一基本战略的限制。

　　苏联为维护其既得利益，固然希望保持住东亚的既定格局，美国在亚洲
也不能为所欲为。苏联在 5 月从东北撤出全部苏军以后，除了采取措施稳定
住与国民政府的关系外，对中国内部问题上置身事外，同时猛烈抨击美国继
续在中国驻军。杜鲁门政府这一时期的对华政策在某种程度上就是围绕限制
苏联演变的，尽管马歇尔当时仍在国共之间奔走斡旋，但美国干预的程度既
受其全球战略的影响，也受到苏联在东亚的实力地位的制约。美国不可能也
不愿意无节制地卷入中国内战，这一点杜鲁门政府在派遣马歇尔使华时就已
经确定了。苏军全部撤出东北后，马歇尔自认为调处国共的主要目的已经达

① 参阅秦孝仪主编：《"总统"蒋公大事长编初稿》卷六（上），（台北）"中央文物供应
社"，1978，第 134、142 页；王世杰：《王世杰日记（手稿本）》第五册，（台北）"中研院"近
代史研究所，1990，第 317—318 页。

到，故对国共关系如何发展已经兴趣不大了。随着冷战的爆发和欧洲、近东等地区紧张局势的加剧，美苏在中国既相互限制又各自节制的特点表现得越来越明显。

面对急剧变化的国内形势和复杂的美苏关系，中共中央的战略也出现了关键变化，它始于 6 月 28 日。周恩来当天在与马歇尔会谈后电告中共中央，称马歇尔与国民政府之间的"区别日益缩小"，马歇尔和美国的"作用亦值得重新估计"。①周恩来基于第一手观察提出的建议会产生何种影响虽然尚无法被直接证明，但不应该被低估。

6 月 28 日当天，黄克诚和李富春给中共中央发出一封电报，详细阐述了他们一段时间以来多次讨论得出的结论。可以合理地推断，他们之所以多次讨论那些问题，与毛泽东 4 月起草的《关于目前国际形势的几点估计》有直接关系。黄克诚和李富春在电报中指出，国际形势的基本特点是以美国为首的反动势力处于攻势，而苏联"采取防御巩固的状态"，这种局面将持续三年至五年；中国国民党的实力在美国"空前的军事、政治、经济援助"下有所加强，现有的各种矛盾"还不足以致其死命"，等等。基于以上分析，他们提出了三种应对战略，包括（1）让步以达和平；（2）拖延以待时机；（3）坚决打下去，以分胜负。他们认为"还是以让步求和平为宜"，迫不得已则"采取打下去的方针"。②

7 月 6 日，毛泽东复电李富春、黄克诚，阐述了对战略形势的基本判断。他说来电中的很多观点是符合实际的，"但缺点是对美帝国主义和蒋介石的困难条件估计不足，同时对国际国内人民民主力量所具备的顺利条件也估计不足"。毛泽东认为："第二次大战后，各国革命力量所处的地位是比第一次大战后要好得多，而不是要差些。对美蒋的压力与要求，我们应当有所让步，但主要的政策不是让步而是斗争"，采取坚决斗争要比更多的让步的结果"要

---

① 中共中央文献研究室编：《周恩来年谱：一八九八 —— 一九四九》，人民出版社、中央文献出版社，1989，第 674 页。

② 《黄克诚传》编写组：《黄克诚传》，当代中国出版社，2012，第 267—268 页。

好些"，特别是"如无坚决斗争精神，结果将极坏"。① 显然，毛泽东已经有了确定的判断并将做出关键性的决定。

随后出现的最有标志性的事件是 7 月 7 日，中共中央发表公开宣言，指责美国在华推行援蒋内战的政策，目的是企图取代日本，变中国为美国的殖民地。② 这是马歇尔使华以来，中共中央第一次公开批评杜鲁门政府的对华政策就是要在中国挑起内战。这一时期中共军队与驻华美军的摩擦也在升级。7 月 29 日，中共军队与一支美军车队发生军事冲突，造成美军 10 余人伤亡，史称"安平镇事件"。这是马歇尔使华以来，中共军队与美军的首次军事冲突。事件虽然最终不了了之，但对双方关系产生的严重影响是可想而知的。

8 月 12 日，针对两天前马歇尔与司徒雷登发表的声明，中共中央在给周恩来的电报中说，"今后将有一个相当时期是大打大闹时期"，在此形势下应"继续逼美扩大外交活动"，"应指出过去调处的失败是由于美国援蒋错误政策的必然结果，对美错误政策可彻底清算与批评，但对马、司个人仍取某些保留态度"。③ 显然，中共中央对美国的政策从争取合作转向公开的对抗，同毛泽东等对国际形势的上述判断和倾向于采取更坚决对抗的意图是有直接关联的。

在东亚错综复杂的国际环境中，面对国民政府决心发动全面内战，是妥协还是坚决予以反击并夺取胜利，已经成为中共中央在历史转折的时刻必须做出的战略选择。延续了 4 月以来的思考和讨论，使毛泽东形成一套系统的关于战后世界政治与中国革命战略之间关系的论述，其可概述为"中间地带"思想。

8 月 6 日，毛泽东在会见美国记者安娜·路易斯·斯特朗时，首次用"中间地带"概括了他对世界政治的新观察和新判断。毛泽东提出战后世界政治

---

① 毛泽东：《对付美蒋的主要政策不是让步而是斗争》，1946 年 7 月 6 日，参见中共中央文献研究室编：《毛泽东文集》第四卷，人民出版社，1996，第 146 页。

② 《解放日报》，1946 年 7 月 7 日。

③ 《中央关于马歇尔、司徒雷登发表公报后我党对策问题给周恩来的指示》，1946 年 8 月 12 日，载中央档案馆编：《中共中央文件选集》第 16 册，中共中央党校出版社，1991，第 272 页。

已经发生了很大的变化，并大致描绘了一幅世界政治和地缘战略图景："美国和苏联中间隔着极其辽阔的地带"（所谓"中间地带"），"这里有欧、亚、非三洲的许多资本主义国家和殖民地、半殖民地国家。美国反动派在没有压服这些国家之前，是谈不到进攻苏联的"。根据毛泽东的论述，"中间地带"有地缘政治和国际政治两重属性。从地缘政治的角度来看，那片地方处于美苏之间而且"极其辽阔"；从国际政治的角度来看，"中间地带"的国家包括资本主义和殖民地、半殖民地等两类国家，它们中的每一种都力量不足，但加在一起则数量极为庞大。毛泽东认为，3月以来美国进行的反苏宣传是在施放一种烟幕，真正的目的是解决美国在国内和国外面临的困难，是为了"压迫美国人民和向资本主义世界扩张它的侵略势力"，是把"美国向外扩张的一切对象国都变成美国的附属物"。在这种情况下，只有处于"中间地带"的国家和人民联合起来，反对美国的侵略和扩张，才能避免第三次世界战争。① 根据毛泽东的这个逻辑，世界政治中的主要矛盾并不是美苏之争，而是美国到处侵略扩张和"中间地带"的国家和人民反对美国的侵略和扩张。

11月21日，毛泽东、刘少奇、周恩来三人在延安枣园开会，并由陆定一做记录。毛泽东在发言中再次概要地阐述了"中间地带"问题。他说现在世界分成了三块地方，即美国、苏联和美苏之间，其中的主要矛盾是"美国反动派与世界人民的对立，在中国也反映这种对立"。中国的革命运动因为属于重要矛盾中的一个方面（并非因为苏联）而"与世界有紧密的联系"。他还估计，未来的发展很有可能是美国同其他资本主义国家的关系还会"上升为世界的主要矛盾"，就像"二战"爆发以前那样，不可能是美苏矛盾占据世界政治的中心。

毛泽东还进一步提出了建立反美统一战线的主张，呼吁一切受到美国侵略和压迫的国家、民族和人民团结起来，建立一个反美国际统一战线。毛泽东甚至认为，英法等西方国家都是有可能加入这个统一战线中的。英法可以并且必须抵制美国，这些国家在不久的将来都有可能建立起左派政权，实行

---

① 毛泽东：《和美国记者安娜·路易斯·斯特朗的谈话》，1946年8月6日，参见中共中央文献研究室编：《毛泽东选集》第四卷，人民出版社，1991，第1193—1194页。

亲苏反美的政策，"打破了德国，来了英法左倾，打破了日本，来了中国革命"。[①] 毛泽东说，反美国际统一战线虽然不包括苏联在内，但是必定会得到苏联的支持。[②]

随后，毛泽东指示陆定一写一篇文章，专门阐述他对战后国际形势的新见解，以便在全党形成共识。陆定一很快完成了初稿。该稿经毛泽东两次批阅以及刘少奇、周恩来、胡乔木等审阅批准后，于翌年 1 月 4 日在《解放日报》刊发。该文更加系统地阐述了毛泽东的"中间地带"思想，其核心就是"现在世界的主要矛盾是美国人民与美国反动派的矛盾，是英美矛盾和中美矛盾"，世界政治中"美苏矛盾是主要的"的观点等，则是"中外反动派的武断宣传"。中国革命在世界政治中的地位大大上升，属于决定事物发展的主要矛盾的主要方面，中共中央推行更为激进的政策符合世界政治的大潮流。[③]

毛泽东提出"中间地带"思想首先是为了因应中共战略转变的需要，即在国民政府发动全面内战时，中共中央需要做出战略抉择：是妥协还是迎战？中共中央要想选择迎战，就必须回答中共战略选择与世界政治趋势的关系。从历史演进的角度来看，在这个时期必须要回答的是，同战后一个时期以来的情况相比，世界政治的基本特点是什么和发生了什么变化，以及中共的战略转变同世界政治变化的关系，等等。从这个角度说，毛泽东对世界政治的叙述其实是很实用的，尽管他对世界政治的本质的描述远不能说是准确的和完整的，但其把握住了一个实质性的问题，即中国革命运动已经有条件走自己的路，而不必总是顾虑美苏之间是否会妥协。不论美国和苏联在世界其他地方的关系和对抗达到何种程度，它们实际上都既无能力也无意愿无节制地介入国共内战。

---

① 《毛泽东与刘少奇、周恩来的谈话》，1946 年 11 月 21 日，参见中共中央文献研究室编：《毛泽东年谱：一八九三——一九四九》下卷，人民出版社、中央文献出版社，1993，第 150—151 页。

② 毛泽东：《要胜利就要搞好统一战线》，1946 年 11 月 21 日，参见中共中央文献研究室编：《毛泽东文集》第四卷，人民出版社，1996，第 197 页。

③ 陆定一：《对于战后国际形势中几个基本问题的解释》，《解放日报》，1947 年 1 月 2 日。

　　"中间地带"思想是 4 月以来中共领导人认识世界政治与中国革命运动之关系的延续和发展，它系统地廓清了中国革命运动与美苏冷战以及与苏联对外政策的关系，它的产生预示了中国革命运动在战后东亚格局中将独立发展的趋势，中共最终将走上独立自主地争取中国革命彻底胜利的道路。这里需要进一步指出的是"中间地带"思想的另一个重要意义。从后来的发展来看，"中间地带"思想中包含着一种新认同的萌芽，其核心是包括中国革命运动在内的民族解放和革命运动有着比大国政治更为重大的影响和意义，它们才是决定世界前途的主要力量。根据陆定一文章的论述，当时正在形成一个"世界规模的统一战线"，包括"美国的人民，各资本主义国家的人民与殖民地半殖民地国家的人民"等"十几万万人的极其巨大的队伍"，它"标志着世界历史的新的一页"。文章没说苏联是这个"世界统一战线"的一部分，尽管肯定了它会给予"同情和支援"；中国则与苏联不一样，"中国的独立和平民主运动，是这一段世界历史中的重要一部分"，中共应该"为一个新中国与新世界而坚决奋斗"。① 显然，在毛泽东的心目中，中国革命在世界政治中可能更重要一些，如果这时不是最重要的话。他说"打破了德国，来了英法左倾，打破了日本，来了中国革命"。② 这种新认同既然萌发，便不可避免地开始影响中共领导人对中国的世界地位的判断，影响中共的对美对苏政策，而且后来的历史证明这种影响是相当持久的。

---

① 陆定一：《对于战后国际形势中几个基本问题的解释》，《解放日报》，1947 年 1 月 2 日。
② 《毛泽东与刘少奇、周恩来的谈话》，1946 年 11 月 21 日，参见中共中央文献研究室编：《毛泽东年谱：一八九三 —— 一九四九》下卷，人民出版社、中央文献出版社，1993，第 150—151 页。

第十二章　彻底革命与统一战争

　　从 1946 年 6 月全面内战爆发到 1947 年 7 月，中国人民解放军经过一年成功的防御战争，使中国战场形势和国共双方的军事力量对比发生了重大的变化。7 月至 9 月，中共中央做出重大军事决定，命令中共军队由战略防御转入战略进攻。10 月 10 日，中共中央发布了《中国人民解放军宣言》和"解放军口号"，明确提出战略进攻的目标就是"打倒蒋介石，解放全中国"，公布了八项基本政治纲领。以此为标志，中共领导的革命运动进入到一个全新的阶段。

　　1947 年 12 月，中共中央在陕北举行会议。毛泽东在会上系统分析了自 7 月以来中国的政治形势，指出当前中国军事形势的大变化代表着一个革命高潮的到来，也是中国近代历史的一个转折点。用毛泽东的话说就是"蒋介石的 20 年反革命统治由发展到消灭的转折点"，"是一百多年来帝国主义在中国的统治由发展到消灭的转折点"。他断言："这个事件一经发生，它就将必然地走向全国的胜利。"[①] 正如毛泽东预言的那样，此后中共军队以摧枯拉朽之势，开始向国民政府统治地区发动大规模的、持续不断的进攻。从 1948 年 9 月至 1949 年 1 月，中共军队先后发起了辽沈、平津、淮海三大战役，在四个月的时间里，歼灭了国民党军队 173 个师，共 154 万余人；相继

---

① 毛泽东：《目前形势和我们的任务》，1947 年 12 月 25 日，参见中共中央文献研究室编：《毛泽东选集》第四卷，人民出版社，1991，第 1244 页。

解放了东北、华北大部和长江以北的广大地区。

从中国革命运动的历史性转折的出现，到中共军队在战场上取得决定性的胜利，中共中央曾先后面临两个重要的战略性选择。首先是在国共力量对比发生根本性变化的历史时刻，在军事上敢不敢从长期的战略防御转向战略进攻；其次是在取得战略优势和战场主动权的历史时刻，敢不敢义无反顾地用战争手段完成全中国的统一。从更深层次上说，这两个战略选择都与近代以来中国的前途这一贯穿中国革命运动历史之始终的问题紧密地联系在一起。

从全面内战爆发到中共军队转入战略反攻，中共中央一直认为，在中国革命内部存在的最严重的问题，莫过于"对敌人特别是美帝国力量的高估与对人民力量的低估"。1947年10月，中共中央专门就此问题向全党说明："在党内的右倾危险，是对人民的反蒋力量估计不足，而对美帝援蒋内战存在恐惧，因而缺乏充分信心去动员群众，进行彻底的土地改革，反对美帝侵略，将反蒋斗争进行到底。"[①] 中共中央在这里批评的"右倾危险"，部分地来自党内一些干部对国际形势发展趋势的不同看法，包括对美国对华政策、美苏全球斗争的影响等，存在不同程度的疑问。

首先是随着中国革命运动的进一步发展，特别是中共中央明确提出推翻国民政府的统治，会不会导致美国更大规模的援蒋内战，甚至进行直接的军事干涉？其次是在美苏冷战爆发、国际紧张局势加剧的情况下，中国内战的进一步升级会不会在国际上引起美苏的军事冲突，甚至触发新的世界规模的战争？客观地看，这些疑问本来就是中共中央在战后作出任何战略性选择时，都一直予以严重关注的。中共中央内部这类疑问的持续存在，促使中共中央必须做出明确的答复，以便统一全党的思想认识。

中共中央在决定发动全国战略反攻并决定推翻国民政府时，已经在分析和评估美国可能的反应。他们的基本判断是美国既没有意愿也没有能力，在

---

① 《中央关于必须将革命进行到底 坚持我党领导权 反对刘航琛一类反动计划的指示》，1947年10月27日，载中央档案馆编：《中共中央文件选集》第16册，中共中央党校出版社，1991，第578页。

中国进行直接的军事干预，甚至连增加对国民政府的军事援助都是有限度的。

从实际情况看，清除对美国军事干预的担忧甚至恐惧，是中共中央为夺取全国政权在党内和军队内部进行大规模政治动员的重要内容。1947 年 6 月，在刘邓大军进军大别山展开外线作战的前夜，军队干部召开了政治动员会议。邓小平在会议发言中，阐述了对美国军事干预的判断。他说虽然存在美国"出兵援蒋的可能性"，但目前这种可能性很低，"还不是现实问题"，因为"这不是一个国家的问题，而是世界问题"。① 9 月，周恩来在陕北干部会议上做了关于时局问题的报告，为发动战略反攻进行政治动员。他在论述中共中央决心战略反攻的国际条件时，指出在革命队伍内部，"的确要打破以为美国了不起这样一个观念"，美国甚至都没有能力向国民政府提供更多的军事和财政援助，而直接出兵干涉的可能性非常小，更"不可能用原子弹来对付农民战争"。② 中共中央的判断是合理的。美苏对抗的加剧以及由此引起的国际政治格局的大变动——冷战的爆发，的确给中国革命运动的发展造成一种相当有利的外部条件。

1947 年春，美国总统杜鲁门利用英国请求美国出面援助希腊政府的机会，经过一番精心的准备，在国会参众两院联席会议的会议厅宣读了国情咨文。这个国情咨文被称为"冷战宣言"，其内容后来被概括为"杜鲁门主义"。杜鲁门在国情咨文中声称：世界已经分成两个敌对的营垒，一边是"独裁政权"，另一边是"自由国家"；"在目前世界历史中，几乎所有国家必在两种生活方式中挑选一种"；"独裁政权无论其为直接或间接侵略，均足以贻害国际和平与美国之安全"，所以"美外交政策之一大目标为创设若干条件，在此种条件下，吾人及其他各国当能创造一种免受压迫之生活方式"。③ 杜鲁门主义的一个重要特点是试图证明，只要美国认为哪里出现了"共产主义威

---

① 邓小平：《在野战军直属队股长营级以上干部会议上的报告》，1947 年 6 月 21 日，载中国人民大学中共党史系编印：《中共党史教学参考资料（解放战争时期）》上，1980，第 390 页。

② 周恩来：《全国大反攻，打倒蒋介石》，1947 年 9 月 28 日，《周恩来选集》下册，中国人民解放军出版社，1981，第 272—282 页。

③ 《美国总统杜鲁门在美国国会特别联席会上关于援助希腊和土耳其的演说》，1947 年 3 月 12 日，载齐世荣编：《当代世界史资料选辑》第一分册，北京师范大学出版社，1990，第 89 — 94 页。

胁"，它就有责任也有权利进行干预，以反对苏联扩张为理由干涉别国的内部事务是完全合理的。

6月5日，时任美国国务卿马歇尔在哈佛大学的演讲中，提出了酝酿已久的、后来被称为"马歇尔计划"的"复兴欧洲"方案。这个方案的主旨是利用美国的财政经济援助，帮助欧洲战后的经济复兴，以防止苏联利用战后欧洲各国社会的混乱和动荡来扩大其政治影响。1948年4月2日，在一片反对苏联共产主义"扩张"的声浪中，美国国会通过了《1948年对外援助法案》。

美国抛出杜鲁门主义和马歇尔计划，极大地推动和鼓励了欧洲国家的反共势力。在法国和意大利等国家中，共产党的力量在战后一度获得迅速发展，甚至出现共产党人经过选举而入阁取得政府高级职务的浪潮。但随着反共声浪的高涨，欧洲共产党的力量和影响均迅速减弱。一些国家的政府不仅罢免了共产党人担任的重要职务，还镇压了工人的大规模罢工运动。与此同时，中东欧一些国家也受到马歇尔计划的冲击，出现了政局不稳定的征兆。一些中东欧国家恢复与西欧国家的经济贸易关系后，同苏联的经济关系逐渐减弱。例如捷克斯洛伐克，1946年第三季度到1947年第一季度，从苏联的进口降低了一半，对苏联的出口降低了三分之一；而同期从美国的进口增加了两倍，对美国的出口增加了一半。波兰也出现了类似的情况。

面对美国外交攻势的冲击，苏联采取了坚决对抗的措施。从1947年7月开始，苏联要求所有共产党掌权的中东欧国家，拒绝参加讨论马歇尔计划的巴黎会议。与此同时，苏联又与这些国家签订了大量的双边贸易协定，并最终在1949年1月，成立了以苏联为中心的"经济互助委员会"。苏联的目的是通过加强它同东欧国家的经济关系，有力遏制美国和西欧国家在中东欧地区的经济扩展。在政治领域，苏联更是充分利用其在军事占领期间获得的强大影响力，支持中东欧各国共产党巩固政权，清除政府中的资产阶级代表。

经过1947年夏季持续的动荡、对抗和分化之后，在欧洲终于形成了分别以美国和苏联苏为首的两大国际集团。9月22日，英法等16个欧洲国家参加的欧洲经济会议在巴黎签署了经济合作委员会总报告。该报告强调，美国的援助对欧洲的战后复兴极为重要，参加签字的各国必须与美国建立起紧密的关系。①

在此之前，苏联就对 16 个欧洲国家联合宣布接受马歇尔计划的做法表达了强烈的反对。苏联外长莫洛托夫在 6 月 27 日召开的英法苏三国外长会议上发出警告说，英法如果在接受马歇尔计划的问题上一意孤行，就会导致欧洲"分成两个集团"。② 9 月 22 日，苏联、南斯拉夫、波兰、匈牙利、捷克斯洛伐克、罗马尼亚、保加利亚、法国和意大利九国共产党代表，在波兰的西里西亚什克拉尔斯卡—波伦巴召开会议。苏共代表日丹诺夫在会议上做了题为《论国际形势》的报告。大会根据日丹诺夫的报告，起草并通过了《关于国际形势的宣言》。该《宣言》声称："二战"结束以后，世界已经形成了两个阵营，一个是以苏联为首的民主的反帝国主义的阵营，它的目标是摧毁帝国主义制度和巩固人民民主制度；另一个是以美国为首的帝国主义反民主的阵营，它的基本目的是确立美国对世界的统治和摧毁人民民主制度。在这种新的国际局势中，各国共产党在目前的主要任务就是高举起民族独立和维护国家主权的旗帜，保卫本国的主权、自由与独立，反对帝国主义的奴役与侵略。由此提出，国际共产主义运动和革命运动中的主要危险之一，就是过低估计人民的力量，过高估计帝国主义阵营的力量；各国共产党应该加强政治领导力，巩固革命队伍，"团结起来，共同奋斗，并把本国人民中一切民主爱国势力集合到自己的周围"，为了一个光明的世界，要敢于起来同帝国主义势力进行坚决的斗争。③10 月 5 日，苏联《真理报》公布了欧洲工人党和共产党情报局成立的消息。九国共产党情报局成立的消息公布后，引起东西方内容不同但程度一样强烈的反响。欧洲冷战的局势随之愈演愈烈。

不论是美苏两国在欧洲的对抗加剧，还是两大国家集团的形成，苏联终于举起反对美国扩张的领导者之旗，在亚洲所起的作用都是直接或间接地限

---

① 《战后世界历史长编》编委会编：《战后世界历史长编（1947）》第 3 卷，上海人民出版社，1977，第 144 页。

② 参阅王绳祖主编：《国际关系史：1939—1945》第 5 卷，世界知识出版社，1996，第 133—134 页。

③ 人民出版社辑：《共产党情报局会议文件集》，人民出版社，1954，第 5 页。

制了美国干预这一地区事务的能力，最突出的是限制了美国干预中国内部
事务的能力。不论是 1947 年 7 月至 8 月美国魏德迈将军使华的结果，还是
1948 年 4 月美国国会通过《援华法案》等，都证明美国内部围绕对华政策
的矛盾在加深，杜鲁门政府干预中国内部事务的能力和意愿在下降。一方面，
为了扶持国民政府和阻止中共取得胜利，美国必须援助大势已去的蒋介石；
另一方面，美国的战略重心在欧洲，美苏在欧洲的关系急剧恶化，它们的矛
盾和对抗正在进一步激化。这使杜鲁门政府不可能也不愿意花费太多的精力
和物力，照顾它在东亚的蹩脚盟友。"如果我们失去西欧……我们要保住自
己也会日益困难。相反，即使失去了整个亚洲大陆，我们仍能生存，重整旗
鼓，并可能把它夺回来"。① 尽管美国国会中亲国民政府的"中国帮"和院外
援华游说团体一再大声鼓噪，声称美国不能"忽视中国"，美国对不论是欧
洲还是亚洲的反共力量都应"一视同仁"地慷慨解囊等，但是，杜鲁门政府
采取的政策只能是向国民政府提供有条件和有限度的援助。即便是这种有条
件和有限度的援助，在美国国内也是一场政治交易，是杜鲁门政府为换取国
会支持马歇尔"复兴欧洲"的方案而作出的让步。②

　　杜鲁门政府不得不采取有条件和有限度地援助国民政府的政策，固然是
受到力不从心这个根本因素的制约，也是因为美国决策精英们对国民政府能
否在内战中取胜缺乏信心，以及对中国在未来一个时期的影响力评价颇低。
用遏制战略设计者乔治·凯南的话来说，就是"面对一个真正友好的日本和
一个有名无实的中国，我们美国人会感到相当安全"。③

　　从国际权力制衡的角度看，苏联越来越明确地反对美国直接干涉中国内
政，是另一个极为重要的原因。苏军全部撤出东北后，苏联在对华外交方面
立即取得了主动地位。此后，利用外交手段迫使美军撤出中国，排除美国对
中国内部事务的直接干预，成为苏联对华政策的一个主要内容。苏联在这一

---

　　① ［美］威廉·曼彻斯特：《光荣与梦想》第 2 册，广州外国语学院英美问题研究室翻译
组译，商务印书馆，1975，第 219 — 220 页。

　　② 资中筠主编：《战后美国外交史：从杜鲁门到里根》上册，世界知识出版社，1994，
第 128—132 页。

　　③ George Kennan, *Memois , 1925-1950*（Boston: Little, Brown and Company），p.375.

问题上与中共存在着重要的共同利益，实际上也同中共进行了积极的合作。

1946 年 5 月，苏军全部撤出中国东北和伊朗后，苏联舆论就开始持续不断地猛烈抨击杜鲁门政府通过向国民政府提供军事援助来干涉中国内部的国共斗争，特别是指责美军继续驻扎在中国。在 1946 年 9 月下旬召开的联合国安理会上，苏联代表葛罗米柯引证了大量美国干预中国内部事务的材料，并指责杜鲁门政府的政策正在使中国内部问题复杂化，美国的行动会引起非常危险的后果。[①]1947 年 4 月初，参加莫斯科会议的国家相互交换了书面情报。这次会议也包括讨论中国问题。苏联外交部长莫洛托夫在给美国国务卿马歇尔的信中表示，苏联政府仍然坚持 1945 年 12 月莫斯科三国外长会议公报中确认的原则，并强调美国必须履行包括"在最短期内"从中国撤出外国军队等规定，具有很重要的意义。他在信中提醒马歇尔，苏军全部撤出中国已将近一年了，而美国何时履行从中国撤出美军的义务，人们还一无所知。11 月，莫洛托夫在联合国大会上发言时，指责杜鲁门政府仍然在干预中国的内部事务。他说美军继续留在中国使中国内部问题复杂化了，也给中国带来了一种特殊的国际地位，从而使美军驻华问题"愈益带有重大的国际意义"。他说看不出有什么理由使"中国政府就非有外国军队不行"。[②] 面对苏联的强烈反应，杜鲁门政府不敢掉以轻心。杜鲁门政府在中国采取每一项行动时，都不得不考虑如何避免给予苏联以介入的口实。

欧洲九国共产党情报局的成立在中共中央看来，是国际形势更有利于中国革命运动的又一大发展。九国共产党情报局宣布社会主义阵营形成并号召国际共产主义运动和革命运动团结起来反对美国扩张，给予中共中央极大的精神鼓舞。共产党情报局成立伊始，就公开宣布世界已经划分为两大阵营，而共产党情报局的任务就是要团结和领导一切和平和民主的力量，反对帝国主义特别是反对美帝国主义的侵略行动。尤为重要的是，苏联又一次举起支援世界革命的大旗，公开宣布它将担当起世界反美斗争的领导者、组织者和

---

① 参阅 [苏] A.C. 阿尼金等编：《外交史》第五卷（上），大连外国语学院俄语系译，生活·读书·新知三联书店，1993，第 185 页。
② [苏] 莫洛托夫：《对外政策问题》（中译本），外国文书籍出版局，1950，第 253 页。

主力军的角色。这对中国政局会产生何种影响，是不言而喻的。它表明，苏联至少已经开始放弃战后初期主要以谋求大国妥协来维护世界均势和谋求地缘战略利益的政策。这一变化对于中共中央来说，其意义绝不仅仅在于获得了一般的道义支持，而是苏联必将更为明确和坚决地反对美国直接干涉中国的内部事务，而且会向中共提供实质性援助。在诸多主客观条件中，苏联作为限制美国干预国共斗争的关键外部因素，必定更为有力和更为有效。

进一步说，九国共产党情报局会议发表的《宣言》的部分内容，的确十分适合中共中央解决这个时期党内存在的一些问题，与中共中央的战略需要十分契合。如《宣言》认为，当前各国共产党面临的主要错误倾向是过低估计自己的力量，过高估计美国集团的力量。各国共产党只要团结起来进行斗争，不怕美国的战争恫吓和讹诈，就可以挫败美国在欧洲和亚洲国家的任何计划。[1] 这一论述非常有利于中共中央克服党内所谓的"恐美"思想或"软弱"倾向。

由于九国共产党情报局的《宣言》非常有利于中共中央在关键时刻统一全党的思想，因此受到中共中央由衷地赞成。中共中央称赞其"振奋了全世界被压迫人民的精神，指示了他们的斗争方向，巩固了他们的胜利信心"，等等。毛泽东还充分发挥了《宣言》的思想，认为美国由于在国内外面临的各种矛盾不可调和，被迫"建立了奴役世界的计划"；但是全世界反美力量超过了美国及其阵营的力量，"优势是在我们方面，不是在敌人方面"；中共"应当在自己内部肃清一切软弱无能的思想。一切过高估计敌人力量和过低地估计人民力量的观点，都是错误的"。[2]

从中国革命运动与世界政治形势互动的视角考察中共中央的对外政策时，有必要强调中国革命运动也是一场民族解放运动这一本质性的属性，从而揭示中共中央回应世界大变局的最深层动力。如果回溯战后中共中央战略决策的历史，可以看到革命民族主义激扬是中共领导人思考对外政策问题的

[1] 人民出版社辑：《共产党情报局会议文件集》，人民出版社，1954，第5页。
[2] 毛泽东：《目前形势和我们的任务》，1947年12月25日，参见中共中央文献研究室编：《毛泽东选集》第四卷，人民出版社，1991，第1259—1260页。

一股源头活水。同所有的民族解放运动一样，中共领导的革命运动如果没有民族主义的诉求，就不会有任何成功的机会。这反映在中国革命运动中，就是中共对任何来自外国的对中国革命运动的阻挠、干涉都怀有极端憎恶的情绪，并奋起激烈反抗，尽管中共领导人在避免引起美国军事干涉和处理对苏关系等方面都是慎之又慎的。在中共的政治动员中，革命民族主义被证明是行之有效的法宝之一，特别能在革命队伍中激起昂扬的斗志、献身的热情与无所畏惧的勇气。

伴随着中共的战略转折，革命民族主义到 1947 年秋季开始进入全新的高潮，它的标志性表达和进行政治动员与传播的话语系统的关键词就是"不怕"两个字。"不怕"两个字最早出现在毛泽东于日本宣布投降前夕，在延安所做的政治动员报告中。当时毛泽东号召中共军队要全力以赴地展开争夺驻华日军受降权的斗争。毛泽东告诉与会的中共干部说："我们是'无法无天'"，不要怕美国人支持蒋介石，"帝国主义者就会吓人的那一套，殖民地有许多人也就是怕吓"，但是"中国有那么一些人是不怕那一套的"。[①] 毛泽东后来多次提到这个问题，全面内战爆发后，他就用形象的语言提出了"美帝国主义是纸老虎"的观点，并在党内会议上说，"不要来一阵风就被吓到"。[②]从这时起，毛泽东开始有意识地通过谴责美国，在中共内部逐步清除"恐美"思想和心理。反美已经成为中共中央实现战略转变的重要条件。只有从这样的背景来观察，才能理解 1946 年 8 月毛泽东发表同美国记者安娜·路易斯·斯特朗的谈话时，内心深处的关照。毛泽东就在那次谈话中，说美国就是一只"纸老虎"。[③] 反美和清除"恐美"思想这个主题一致持续到新中国成立后不久展开的知识分子思想改造运动，其后续影响则更为久远。

---

① 毛泽东：《抗日战争胜利后的时局和我们的方针》，1945 年 8 月 13 日，参见中共中央文献研究室编：《毛泽东选集》第四卷，人民出版社，1991，第 12、17—18 页。

② 毛泽东：《和美国记者安娜·路易斯·斯特朗的谈话》，1946 年 8 月 6 日，参见中共中央文献研究室编：《毛泽东选集》第四卷，人民出版社，1991，第 1195 页；毛泽东：《在小河中共中央扩大会议上的讲话》，1947 年 7 月 21 日，参见军事科学院、中共中央文献研究室编：《毛泽东军事文集》第 4 卷，军事科学出版社、中央文献出版社，1993，第 268 页。

③ 毛泽东：《和美国记者安娜·路易斯·斯特朗的谈话》，1946 年 8 月 6 日，参见中共中央文献研究室编：《毛泽东选集》第四卷，人民出版社，1991，第 1195 页。

　　1947 年 12 月，中共中央在米脂县杨家沟召开扩大会议（又称"十二月会议"），讨论中共军队转入战略进攻后的国内外形势和中共的战略规划。这次会议决议中的一个重要内容，是宣布接受苏联和欧洲九国共产党情报局会议关于世界划分成两大阵营的宣言。毛泽东在会议上做了《目前形势和我们的任务》的报告，并获得会议通过。不过中共领导人的很多论述内容不仅是在迎合和赞扬苏联和欧洲九国共产党情报局有关世界划分成两大阵营的新政治图景，更重要的是他们在为中共中央的战略决策进行论证。会议期间的讨论反映出，党的领导层存在不同的意见，如与会干部中有人认为，仍然存在爆发大的国际冲突的可能性，"全世界人民的力量尚不足以制止战争"，等等。

　　毛泽东在会议的发言中，重申了他在 1946 年 4 月那个短文件中提出的观点，特别是他批评了一些干部"谈帝国主义就好像谈虎色变"。他一再明确提出，要革命首先需要努力获得精神解放。毛泽东认为，害怕帝国主义是一种精神作用。"中国多年与帝国主义斗争，遭受失败，故精神有些害怕"。他直言不讳地说，害怕美国这种情况在苏联也有，"喜欢美国罐头，喜欢美国纸烟，对伟大的现实看不起，这就是由于战争受了创伤，精神上未获解放，怕纸老虎"，"被帝国主义侵略的国家传统的怕帝国主义"。他在发言中还批评欧洲一些国家的共产党，因为受到雅尔塔会议和波茨坦会议的束缚便做出政治妥协，最终失败。毛泽东直截了当地批评法国共产党和意大利共产党热衷走议会道路，从而导致革命力量遭受挫折。毛泽东还流露出对铁托和南斯拉夫共产党的赞赏，他认为战后只有南斯拉夫对美国没有幻想，继续坚持武装斗争，所以"稳住了"。他以南共领导人在欧洲九国共产党情报局会议上对美国的批判最强硬为例子，暗示日丹诺夫和莫洛托夫的发言实际上对美国还是有些软弱。对南共的赞扬和对苏共的暗指很可能对中共与苏联的关系造成消极影响，不过那些都不是毛泽东的目的，也不是重点。他希望做的，就是要使中共干部和指战员获得一次精神解放。中共要想取得最后的胜利，就必须精神解放，尤其和首先就是不怕美国的武装干涉。[1]

毛泽东的"不怕"也建立在对国际形势的独特分析的基础之上。他在12月会议上对国际形势的分析既是中共领导人下决心夺取全国政权的重要依据，也对他们后来对国际问题的诸多看法产生了长远的影响。毛泽东明确指出，对中共中央来说，国际形势中有三个基本问题是至关重要的。一是世界大战一时是打不起来的，美苏之间不是会不会妥协，而是早晚要妥协。二是美苏之间的妥协是有限度的，是"民主的妥协，而不是机会主义的妥协"。简单地说，就是不会在所有的问题上都妥协。三是苏联对美国的妥协，并不要求各国革命运动"也都要随之实行国内妥协。各国人民的方针应当是按照不同情况进行不同的斗争"。[2] 毛泽东就国际形势的这番讲话具有很强的针对性，他要解决的是在冷战爆发的新局面下，为中共中央的内外政策提供一个有强大说服力并能提供广泛选择余地的论述。实际上，毛泽东正是通过这套论述显示了他的认知和表达的独特性。

1948 年 1 月 15 日，毛泽东在西北野战军前线委员会扩大会议上发表讲话，再次痛快淋漓地阐述了他在 12 月会议上提出的要精神解放的思想。他说中国内战是因为美国"积极支持"国民政府才提早爆发了，但是"我们不怕美国人，轻视美国人，什么帝国主义都不可怕。我们必须轻敌，而且要轻敌，现在轻敌的同志还不多，对黑暗的一堆怕的很，对胡宗南怕的很，对美国、四大家族怕的很，这个不要怕"。[3] 毛泽东在这次讲话中前所未有地表达了对中共内部精神解放的重视和追求。

12 月会议结束后，中共领导人即展开大规模精神动员，其核心内容是通过政治思想教育（包括反美教育），从根本上改变力量对比长期弱势给指战员造成的防御型战略心理，有力地塑造一种无所畏惧的精神面貌，以达成

---

[1] 《毛主席在一九四七年十二月中央会议上的谈话》；《陈毅传达毛主席十二月中央会议谈话》。

[2] 毛泽东：《在杨家沟中共中央扩大会议上的讲话（二）》，1947 年 12 月 28 日，参见中共中央文献研究室编：《毛泽东文集》第四卷，人民出版社，1996，第 333 页。

[3] 毛泽东：《在前委扩大会议上的讲话》，1948 年 1 月 15 日，参见中共中央文献研究室编：《毛泽东年谱：一八九三 —— 一九四九》下卷，人民出版社、中央文献出版社，1993，第 267—268 页。

革命民族主义的精神解放目标。在这次大规模的精神动员中，反对美国干涉、改变畏惧美国的精神状态等，成为主要的内容之一。

中共领导人在各部队的政治动员中，非常强调不怕并反对美国的干涉。他们的演讲通常是义正词严的和充满激情的。例如，美国不大可能进行军事干涉，在中国使用原子弹的可能性微乎其微，美国援助国民政府也是困难重重和摇摆不定的。面对美国的干涉要不怕，要坚决地斗争。因为"世界上的人都要挺起腰来"，"现在苏联硬起来了，各国人民也硬了"，所以如果美国在中国进行军事干涉就坚决反击。只要坚决斗争，就能制止和打败美国的军事干涉。[①]

后来的发展证明，这次精神动员的效果是相当惊人的。其与战场形势结合在一起，极大地改变了中共军队官兵的精神状态，而中共中央就是要通过这种精神解放来消除"那种对美恐惧、不敢进行反美斗争的右倾观点"。[②] 官兵们朴实激昂的勇敢精神，对于发生在半殖民地的中国革命运动要取得最终的胜利是必不可少的。当然，这种精神动员难免会严重地影响到后来一个时期中共领导人制定对外政策的过程，甚至对国内一些重大事件造成极为复杂的影响。

从 1948 年春季开始，随着中共军队相继攻占北方的一些城市，如何处理同这些城市中的外国官方机构的关系，成为中共中央首先要处理的具体外交事务。从有关文件的表述中，可发现革命民族主义的深刻影响。例如，要求有关代表在外交场合要"反对外国干涉"、警惕对方的"挑衅性"、要"当面揭穿""严正拒绝"，等等。[③] 不过在这个阶段，中共领导人总的政策还是

---

① 《朱总司令在晋察冀野战军干部会议上的讲话（记录稿，本人未审）》，1947 年 12 月；《周恩来同志在西北高干扩大会议上关于全国战争形势的报告》，1948 年 1 月 11 日；邓小平：《在野战军直属队股长营级以上干部会议上的报告》，1947 年 6 月 21 日，载中国人民大学中共党史系编印：《中共党史教学参考资料（解放战争时期）》上，1980，第 390 页。

② 《中央关于对美外交斗争策略的指示》，1948 年 3 月 24 日，载中共中央文献研究室编：《周恩来年谱：一八九八——一九四九》，人民出版社、中央文献出版社，1989，第 767 页。

③ 《中央关于在欧洲活动方针给中央工委转东北局、刘宁一同志》，1948 年 3 月 19 日；《中央关于与英商谈贸易问题给方方同志的指示》，1948 年 9 月 25 日，载中共中央文献研究室编：《周恩来年谱：一八九八——一九四九》，人民出版社、中央文献出版社，1989，第 767、789 页。

在观望和摸索。他们一方面试图迫使有关国家的外交机构承认中共地区政权的合法性，要求地区的领导人在与外国政府的外交机构交往时，"一切有关外交及外侨事务的手续，必须以公文公函来往，不容马虎从事。因而也就将从事实上逼使这些资本主义国家的外交机关，不得不承认我解放区地方政府的政府地位和权力"。① 另一方面由于缺少经验，他们在采取行动时相当谨慎，要求各地区"不忙订立具体的协定"。② 到 11 月中旬，中共中央的政策明显开始趋向强硬，甚至规定"在我未派记者驻各外国之前，不应允许各资本主义国家记者留在解放区发新闻"。③

这同东北野战军攻占沈阳以后，沈阳市军管会与美英法领事馆的冲突有直接关系。从这一事件和随后不断发生的涉外事件可以看出，中共中央同地区领导人、军队指战员之间已经形成了一种互动的状态，在党内和指战员中业已形成且正高涨起来的民族主义精神确实在影响、牵引中共中央的对外政策。因为党内和军内的精神状态是符合中共中央的思考趋势的，所以中共中央才会推动这一趋势继续向前发展。

1949 年 1 月 6 日至 8 日，中共中央在西柏坡召开会议，总结三大战役胜利后的形势和未来的任务，其中涉及外交的问题并专门起草了关于外交工作的指示，这在中共的历史上还是第一次。毛泽东在会议发言中再次提出了"不怕"外国军事干涉的问题。他说"害怕"的心理还没有解决，"对看不见的东西，人们就容易怕，国民党即以这些看不见的东西吓人"。他在第一次谈中共在取得全国政权后同美英法等国家的关系时就说，"我们是打倒它，不是承认它"。④ 周恩来的发言强调指出，"要宣传帝国主义不足畏惧"。他说未来新外交的核心是结束百年的屈辱，中国人"百年来受压迫，现在站起来了，要有些气概。要反对恐美媚外，增长自己的志气，去掉国民党的买办

---

① 《中央关于对英、美、法等国领事馆及侨民的态度和方针应按丑虞电处理给东北局的指示》，1948 年 10 月 29 日。
② 《中央关于对法国领事要求与我建立外交关系问题给华北局的指示》，1948 年 7 月 28 日；《中央关于与英商谈贸易问题给方方同志的指示》，1948 年 9 月 25 日。
③ 《对"港外籍记者提出问题七点"的批语》，1948 年 12 月 21 日。
④ 胡乔木：《胡乔木回忆毛泽东》，人民出版社，1994，第 537、546—547 页。

作风"。"我们现在已摆脱了锁链，家务很大"，帝国主义国家"非找我不可，我们不必急"。总之，他认为"整个观念形态要改变，甚至许多习惯作风也要改变，这种气概必须在知识分子中广泛宣传"。①

会议结束后，中共中央正式发出指示，称中共概不承认"许多帝国主义国家"在中国的代表为"正式的外交人员"，这样不仅为"理所当然"，而且可以使中共"在外交上立于主动地位，不受过去任何屈辱外交所束缚"。总之，"中华民族的独立解放必须实现"。②从这时起到3月召开的七届二中全会，中共领导人一再强调，未来取得全国政权后的外交要"另起炉灶"，要"打扫干净屋子再请客"。用毛泽东的话说，就是与帝国主义有几笔大账要算。在七届二中全会期间，毛泽东在阐述未来政权的各项政策时，针对外交问题强调要贯彻"彻底地摧毁帝国主义在中国的控制权的方针"。在阐述国际承认问题时，他说："关于帝国主义对我国的承认问题，不但现在不应急于去解决，而且就是在全国胜利以后的一个相当时期内也不必急于去解决。"在毛泽东看来，更重要的不是要不要获得有关国家的承认，而是中国人是否承认它们，"只要它们一天不改变敌视的态度"，就不给它们"在中国以合法地位"。只有根据这种逻辑思考外交，才能真正体现中华民族的精神解放，才能说中国人站起来了。③

中国革命运动在这个历史阶段上也是一场国家统一战争，这同样支配着中共中央处理对外关系的行动。到1949年初，中共军队已经将战线推进到国民党军队的"内壕"——长江一线。如果说在此之前，毛泽东提出必须在革命阵营内部"肃清一切软弱无能的思想"，主要是为了把握历史转折的时机，敢于从长期的战略防御转入从未有过的战略进攻；那么中共军队取得战略决战的胜利以后，是否敢于"将革命进行到底"，包括完成国家统一，便

① 中共中央文献研究室编：《周恩来年谱：一八九八—一九四九》，人民出版社、中央文献出版社，1989，第805—806页。
② 《中央关于外交工作的指示》，1949年1月19日，载中央档案馆编：《中共中央文件选集》第18册，中共中央党校出版社，1991，第44页。
③ 毛泽东：《在中国共产党第七届中央委员会第二次全体会议上的报告》，1949年3月5日，参见中共中央文献研究室编：《毛泽东选集》第四卷，人民出版社，1991，第1434—1435页。

成为中共中央面临的首要战略问题。其中首先要解决的，就是中共军队是打过长江，用战争手段完成国家统一，还是接受国际调停，与国民政府"隔江而治"？

中共军队转入战略反攻以后，随着国民党军队的节节败退，在中国政治舞台上出现了各种各样的有关中国前途的议论；有关中国未来的各种方案伴随着旧秩序的土崩瓦解，也相继出笼。其中关于"区域自治"、以江淮为界搞"南北朝"的议论纷纷扬扬，一时竟闹到鼎沸汤扬的地步。

最初提出这种主张的，主要是国民党的谋臣策士和少数在国共斗争中持所谓"中立"立场的人士。他们或是为了挽救风雨飘摇的国民政府，或是为在未来的中国政治舞台上能给自己保留一席位置。他们公开提出的理由尽管都是忧国忧民的一类说辞，如"兵连祸结""生灵涂炭""民不聊生"，等等，其实他们真正的看法是，国民党固然已经无力维持其对全中国的统治，共产党也未必就有足够的力量，靠军事手段来完成国家的统一，只有通过政治谈判搞分疆而治，才是合理的出路。

在中国历史发展的进程中，每当由乱到治、由分裂到统一的转变时期，总有这一类的议论出现，这本是题中应有之义，并不足为奇。而且就那些人士而言，他们除了靠舆论和游说外，既没有实力也没有足够的政治资本来推行其主张。但是，当中共军队打到长江边的时刻，国民政府方面先是蒋介石宣布"引退"，由李宗仁接任总统；继而是李宗仁出面发动和谈攻势，并在和谈方案中提出了"隔江而治"的主张。国民政府提出这样的方案是一个战略性的转变，尤为重要的是这个转变有重大的国际背景。李宗仁在国民政府败局已定之际，正式抛出"南北朝"的方案，企图利用国内某些政治势力和某些舆论的支持，造成对中共中央的压力。但这些还只是次要的因素，相比较而言，国际因素是使国民党方面心存幻想的更重要的原因。

"二战"结束到冷战爆发，世界政治中出现分别以美苏为首的两大军事集团，这从某种意义上说，不过是美苏两个大国争雄对峙、展开地缘政治斗争的一种表现形式。冷战从一开始就带有双重性质，它既是两种意识形态和政治制度的冲突的结果，也是美苏的地缘政治斗争的产物。就地缘争夺而言，美苏不论是在东方还是在西方，实际还是以雅尔塔体制作为基础来调整它们之间的关系，双方都想有所突破，也都力图避免引起直接的对抗和冲突，防止酿成新的世界战争。结果是美苏在欧洲处于对峙，在欧洲以外的一些重要地区展开更激烈的争夺，而伴随争夺而来的也往往是寻求双方都能接受的妥协。

1948年至1949年间，美苏关系的上述特点已经基本上表现出来，这些特点也继续影响着它们的对华政策。即使在中国政治形势已经发生根本转折的时刻，仍是如此。1946年5月苏军撤出东北后，美苏双方对华政策的特征之一，仍然是力图维持雅尔塔秘密协议构建的格局。它们在中国问题上的确不断发生龃龉，不过双方主要都是指责对方破坏雅尔塔秘密协议的有关规定，并在这些规定的基础上达成一系列谅解。

中国内战全面爆发后，美国采取支持国民政府在内战中打败中共的政策，不断向国民政府提供军事和财政援助，目的是"尽一切力量阻止"中共"取胜"。在美国决策层看来，中共在国共内战中取胜会"有利于苏联的扩张主义目的和长期目标"，这"显然是不符合美国安全利益的"。[①] 如同对待战后亚洲所有源于各国深刻的内部矛盾和历史进程中的民族独立运动和革命运动一样，美国也认为具有民族独立和社会变革双重意义的中国革命运动，也是苏联世界性"扩张"的一个部分，是苏联向亚洲扩张的工具。根据杜鲁门主义的逻辑，中共的胜利属于苏联在亚洲的"间接侵略"，美国必须帮助国民政府打败中共。美国介入中国内战的公开理由，是在支持一个得到国际社会承认的合法政府，而这个政府正受到共产主义势力"颠覆"的威胁，中共的背后实际上站着苏联。

不过随着中国战局的翻转，到1948年秋季，杜鲁门政府中的决策者得出关键性的结论，即国民政府大势已去，他们不得不开始认真考虑改变美国的对华政策。鉴于国民政府已经注定失败，杜鲁门政府决定放弃用美元和武

---

① "The Acting Secretary of State to the Consul at Shanghai (Cabot)," November 20, 1948, *FRUS*, 1948, *The Far East: China*, Volume VII, Washington D. C.: United States Government Printing Office, 1973, p. 838；The Consul General at Mukden (Ward) to the Secretary of State, Mukden, July 29, 1948, *FRUS*, 1948, *The Far East: China*, Volume VII, p. 387.

器来保住国民政府这种吃力不讨好的政策，并争取使美国逐步从中国的内战中"脱身"。

1948 年 9 月 8 日，美国国务院政策设计司起草了一份政策文件，题为"重审并制定美国对华政策"。这份文件提出的主要论点包括：第一，中国革命和中国目前事态发展的主要根源，在于中国内部的深刻矛盾，国民政府的失败是必然的，美国并无力量左右中国的局势；第二，从军事角度看，中国"与其说是战略跳板，毋宁说是泥沼"，它"最好不过是个弱的盟国，最坏不过是个无足轻重的敌人"，在未来可能发生美苏对抗中，它对哪一方的作用都是有限的；第三，"蒋以后"的中国只要不变成苏联的附庸，就不会对美国构成真正的威胁，而且随着中共与苏联之间新的矛盾发展起来，美国还是会有新的机会的。总而言之，美国既没有能力也没有必要，承担起保卫国民政府不被推翻这种"不健康的义务"。该文件的最后结论是，美国应从中国的内战中"超脱"出来，把政策从防止中共取胜，转移到"尽可能阻止中国成为苏联的政治、军事附庸"。[①]1949 年 2 月初，杜鲁门总统批准执行国务院政策设计司制定这项政策，确定了美国当前对华政策的目标从援助国民政府打败中共转向"阻止中国成苏联的附庸"。为达成此目标，美国开始对东亚战略进行相应的调整，以适应中国即将出现的新局面。

按照杜鲁门政府的新对华政策，美国不准备再积极地反对中共领导的革命运动取得胜利，而是将重点放在尽量利用中共与苏联的矛盾，以待时机卷土重来。但是实际情况正如资中筠的《美国对华政策的缘起和发展（1945 — 1950）》所描述的那样，在美国调整其对华政策期间，"决策者认识落后于现实，决策落后于认识，而行动又落后于决策"。[②] 这主要表现为，杜鲁门政府继续向国民党军队提供军事援助，驻华美军也迟迟不完全撤出中国，以便牵制中共军队的南下作战行动。结果，美国的所谓"脱身"，只不过是"比

---

① "Memorandum by the Chief of the Division of Chinese Affairs (Ringwalt) to the Director of the Office of Far Eastern Affairs (Butterworth)," March 12, 1948, *FRUS, 1948, The Far East: China,* Volume VII, pp. 146-156.

② 资中筠：《美国对华政策的缘起与发展：1945 — 1950》，重庆出版社，1987，第 190 页。

共产党进军所到之处早退出一步"而已。① 直至 1949 年 12 月，杜鲁门政府才真正在军事上彻底从中国"脱身"。

同军事上不甘心"脱身"一样，在政治方面，这一时期在杜鲁门政府内部出现了各种支持国民党或其他政治势力割据的方案，目的是尽可能地阻止中共统一中国。这些方案的炮制者幻想通过支持中国各种力量造成割据局面，使"中国人民的反共本性再次抬头，从而削弱对共产党的同情"。在杜鲁门政府中，最早提出割裂中国方案的，是曾任驻华美军司令的魏德迈。他在 1945 年 11 月，就曾向美国军方领导人建议，对中国的东北地区实行国际托管。②1947 年 7 月和 8 月间，魏德迈奉命再次到中国视察。在给美国政府的报告中，他重提对中国东北实行国际托管的设想，其理由是"中国共产党可能不久获得对于满洲在军事上的控制，宣布成立一个政府"，那里最终"可能发展为一个共产党统治的中国"。③ 割裂中国的方案从产生之日起，就包含着反对中国革命运动进一步发展的意图，也反映了美国对华政策的特点，即不愿全力以赴地为蒋介石和国民政府火中取栗。中共军队取得战略决战的胜利后，杜鲁门政府内部出现的在中国支持割据的方案可谓五花八门。有建议蒋介石保东南和台、澎的；有主张支援马步芳、马鸿逵割据西北搞甘宁新绥自治的。当然也有人支持李宗仁提出的与中共"隔江而治"。④

美国政府人士和美国驻华机构提出的议论或方案，不论是对企图保住半壁江山以便与中共长期抗衡的李宗仁政府，还是对那些企图分疆裂土、割地称王的军阀政客们，都是不小的鼓励。特别是美国政府一直没有停止对国民政府的援助，使李宗仁把美援当作"救命稻草"，幻想依靠美国的支持来加强与中共讨价还价的资本，阻止中共军队打过长江。他甚至一再要求美国发

---

① Tang Tsou, *American's Failure in China, 1941-1950* (Chicago: The University of Chicago Press, 1963), p. 501.

② 《魏德迈将军的报告》，载世界知识出版社编：《中美关系资料汇编》第一辑，世界知识出版社，1957，第 192 页。

③ 《致总统的报告：中国》，载世界知识出版社编：《中美关系资料汇编》第一辑，世界知识出版社，1957，第 773 页。

④ 资中筠主编：《战后美国外交史：从杜鲁门到里根》上册，世界知识出版社，1994，第 133—136 页。

表反对中共军队打过长江的公开声明。事实表明，美国国内对迅速发展的中国革命运动采取敌视和阻挠的气氛和议论，是鼓励中国反共势力提出"南北朝""隔江而治"的重要的国际背景。

不过客观地说，对于李宗仁的"和谈"和他提出的"隔江而治"设想，尽管美国朝野多有议论，而且李宗仁政府也寄希望于得到杜鲁门政府的支持，但杜鲁门政府中的决策者并没有给予积极的支持，他们不愿意做出任何会被视为承诺的表态。杜鲁门政府之所以采取相当冷淡的态度，一方面是因为看到国民政府的垮台已经无可挽回，和谈只有按照中共提出的条件，才有可能达成协议。另一个重要的原因是，杜鲁门政府对李宗仁政府与苏联的关系心怀疑虑，他们担心支持李宗仁的和谈方案，反而会给苏联插手中国事务造成有利的条件。美国方面的这种担心并非空穴来风，苏联确实表现出利用李宗仁政府和谈建议的动向。

九国共产党情报局成立和宣布世界两大阵营形成等事件表明，苏联面对美国的挑战和威胁，决心建立起一个以苏联为中心的世界性阵线。为了达到这一目的，苏联和九国共产党情报局声明，将支持和鼓励"一切愿意保卫民族尊严和独立的力量"，反对和谴责美国和其他西方国家的一切扩张政策。不过，这些变化并不是苏联对外政策的全部内容，而且苏联和九国共产党情报局鼓励各有关国家和各国人民积极开展反美斗争，目的是给美国对外政策造成巨大的困难，以迫使杜鲁门政府放弃针对苏联的强硬政策，重新回到寻求妥协以解决国际纠纷的轨道上来。斯大林始终相信，苏联与美国缓和关系的客观基础是存在的。他不止一次地表示，不相信美苏之间"真有爆发新战争的危险"，并且"深信国际合作远不会减少，而只会增加"，美苏之间的合作"不仅可能，而且这完全是在属于可能范围内唯一明智的道路"。① 所以，支持各国共产党积极进行反美斗争，是对美国对外政策施加压力、制造困难，从而迫使美国领导人变得"清醒"而且"明智"，并最终放弃其"狂妄的扩张计划"。从苏联对外政策的角度确切地说，就是迫使美国对维持雅尔

① ［西］费尔南多·克劳丁:《共产主义运动——从共产国际到共产党情报局》下册，中共中央党校外文组译，求实出版社，1982，第 112—113 页。

塔体制采取认真负责的态度，而非总想突破这个体制。苏联正是从这一目的出发，一面在原则上支持一切反对美国的力量，一面根据苏联利益的具体需要，对不同国家的革命运动或是积极支持，或是消极支持，或是利用自己的影响力，将其限制在一定范围内。在苏联领导人看来，并不是所有革命运动都有利于世界和平，有些甚至会刺激美苏关系。

这一时期苏联对华政策是不可能背离苏联对外政策的全局设想的。一方面，苏联极力反对美国干涉中国内政，谴责美国在中国的内战中支持国民政府并向它提供军事和财政援助，并且特别反对美军无限期地驻在中国。1946年11月，美国与国民政府签订《中美友好通商航海条约》。苏联报刊对这一条约进行了猛烈的抨击，谴责该条约使中国再次处于半殖民地的地位。苏联的这些行动表明，它坚决反对并试图遏制美国在东亚的扩张，特别是反对美国通过介入中国的内部事务来扩大在中国的影响力。

另一方面，苏联并没有在外交场合对中共的胜利表现出特别的热情，在给予舆论同情和支持方面也是有所节制的。苏联领导人最担心的问题是中国革命的迅速发展有可能导致美国的军事干预。而且从苏联的实际利益考虑，不论是美国的军事干预，还是中共取得最后胜利，都会冲击苏联从雅尔塔秘密协议中已经获得的好处。中共的胜利固然会起到阻止美国在东亚扩张的作用，但也会冲击东亚业已形成的基本格局，有可能导致美苏在这一地区的关系紧张。1948年4月，苏联外交部在给苏联驻华大使馆的指示中强调，应"十分认真地研究美中关系"，重点包括美国"准备把中国变成反苏军事基地"，以及"美国和国民党联手限制我们在华的权益、搞反苏运动和采取反苏措施"，等等。[①]

正是苏联的对外政策决定了每当中国革命运动前进到一个新的阶段，苏联除了对中共已经获得的成果表示欢迎外，便是试图影响中国事态的进一步演变。1946年12月，也就是中国全面内战爆发后不久，斯大林告诉罗斯福

---

① 参阅《给苏联驻中华民国大使的政治指示（草稿）》，1948年4月，载沈志华主编：《俄罗斯解密档案选编：中苏关系》第一卷，中国出版集团东方出版中心，2014，第245—246页。

的儿子，苏联"在远东问题上愿意和美国实行共同的政策。①1947 年 4 月，莫洛托夫给马歇尔的信则为斯大林的话做了一个注脚。斯大林所说的苏联准备采取与美国"共同的政策"，就是指 1945 年 12 月三国外长会议关于中国问题的决议。莫洛托夫在信中重申了决议的内容，并表示苏联方面一直在遵守这项政策，而美国却一直没有从中国撤军。②一般地说，苏联这项政策符合苏联对雅尔塔秘密协议的理解，是一项既定方针。这一点很快便得到证实。

1947 年至 1948 年之交，苏联有意调停国共冲突的传言在南京曾一度甚嚣尘上。1947 年 9 月，国民党召开六届四中全会。蒋介石在会议期间表达了改善中苏关系的愿望，他说中国在对日政策问题上应与苏联一致，中国应加强与苏联的关系。与此同时，国民党内部一些高层人士也对美国的援助不力表示不满，并暗示国民政府应该转向寻求苏联的帮助，由苏联出面在国共之间斡旋。③这时，一些中间人士向苏联驻华使馆人员表示，要想停止国共内战，"只有在苏联参与和友好促进之下才有可能"。④

1948 年 1 月 7 日，苏联驻华大使馆武官罗申奉召回国之前，会见了张治中。张治中在谈话中表示，如果苏联能够"帮助中国达到和平的目的"，就会导致中苏关系的改善。罗申表示，张治中的建议会使他给苏联政府的报告"更充实"。⑤这期间，国民政府外交人员告诉美国驻华大使馆，苏联似乎有意在国共之间斡旋。⑥罗申从莫斯科返回中国后，被任命为苏联驻华大使。

① ［苏］斯大林：《和埃利奥特·罗斯福的谈话》，1946 年 12 月 21 日，载中共中央马克思恩格斯列宁斯大林著作编译局编译：《斯大林文集（1934—1952）》，人民出版社，1985，第485 页。

② ［苏］A. C. 阿尼金等编：《外交史》第五卷，大连外国语学院俄语系译，生活·读书·新知三联书店，1993，第 186 页。

③ 世界知识出版社编：《中美关系资料汇编》第一辑，世界知识出版社，1957，第 310 页。

④ 《齐赫文斯基与张东荪、吴晗会谈纪要：中国局势和中苏关系》，1947 年 9 月 26 日，载沈志华主编：《俄罗斯解密档案选编：中苏关系》第一卷，中国出版集团东方出版中心，2014，第 204—206 页；《费德林与邵力子会谈纪要：关于中国的政治局势》，1947 年 12 月 11 日，载沈志华主编：《俄罗斯解密档案选编：中苏关系》第一卷，中国出版集团东方出版中心，2014，第213 页。

⑤ 张治中：《张治中回忆录》下册，文史资料出版社，1985，第 757—762 页。

⑥ 《中国内部的发展》，载世界知识出版社编：《中美关系资料汇编》第一辑，世界知识出版社，1957，第 306—307 页。

这一任命表明，苏联在必要时可以对国共内战施加影响。

在分析苏联这一时期的外交动向时，有必要考虑中国内战的战局发展，特别是东北战场的局势。1947 年 9 月到 1948 年 3 月，中共东北部队在东北战场连续发动了秋季和冬季攻势，歼灭了大批在东北的国民党军队主力，迫使国民党军队收缩在沈阳、长春和锦州等几个孤立的大城市，占领地区仅占东北总面积的 3%。国民政府在东北的统治的彻底崩溃只是时间早晚的问题了。结合国民党高层与苏联的明来暗往和东北战局变化这两个因素，便不难理解国民政府中为何会出现拉苏联介入国共内战的意向。一方面，由于东北大局已定，这时苏联出面调处，可以以东北在国共间的归属为筹码换取国共停战，从而巩固苏联在东北地区的地位，而这符合苏联在中国追求的基本目标。另一方面，苏联在利用中国的局势获得好处时，也有自己的担忧。此前不久发生的魏德迈使华，引起了苏联的严重关注。苏联方面认为，魏德迈此时访华，有可能是"美更深地干涉中国事态的序幕"，所以苏联有必要采取某种预防措施。①

然而，美国政府已于 1948 年 2 月提出了一项援华法案。蒋介石自然不会在大力争取美国援助的紧要关头，做出损害中美关系的举动。况且蒋介石做出缓和与苏联关系的姿态，本来就包含着向美国施加压力以促使其增加援助的用意。杜鲁门政府表示会充实国民政府的金库和军火库后，蒋介石便否定了拉苏调停国共的议论。他还向杜鲁门政府表示，国民政府无意与中共言和，因而也就没必要请求苏联斡旋了。拉苏调停国共的议论，就这样烟消云散了。

几乎与此同时，斯大林做出了加强援助中共的决定。1948 年 2 月 10 日，斯大林在会见南共代表时，第一次公开承认，他在判断中国形势方面犯了错误，中国事态的发展证明，中共中央的战略是对的。② 此后不久，苏共中央决定接受中共中央的请求，向东北派出技术援助小组，帮助东北中共军队修

① 袁明、[美]哈里·哈丁主编：《中美关系史上沉重的一页》，北京大学出版社，1989，第 161 页。
② [南]弗拉迪米尔·德迪耶尔：《苏南冲突的经历》，达州译，生活·读书·新知三联书店，1977，第 98 页。

复那里的铁路交通。铁路交通的恢复，对中共军队发动和打赢辽沈战役起了至关重要的作用。 5 月，斯大林告诉受命前往东北援助中共的科瓦廖夫，苏共中央决定将尽一切力量帮助中共。斯大林将这项援助行动同未来的中苏关系和国际共产主义运动的发展联系在一起，提出只要"两国走上同一条道路，社会主义在全世界的胜利就能得到保证"。[①] 苏共中央的决定和斯大林的谈话是一个重要的信号。如果说此前苏联与东北中共控制地区保持的各种经济关系还是地区性的、策略性的和互利性的行动，那么此后对中共的援助则是带有战略性的考虑了。苏联领导人这时的决定，同美国通过援蒋法案以及蒋介石继续其亲美政策之间的关联性，是值得思考的。

中共军队打到长江边后，苏联又一次表现出试图影响中国局势的意向。1949 年 1 月 8 日，国民政府外交部长致函美英法苏四国政府，请求它们出面调停，促成国民党与中共举行和谈。[②] 1 月 10 日，斯大林将国民政府的有关备忘录转达中共中央，并附上一封他草拟好的给国民政府的答复函。斯大林在复文中说：苏联政府向来主张国共停止内战，但在表明是否同意调解以前，必须了解中共中央是否愿意接受。斯大林同时还附上一份为中共中央起草的答复电文，称中共一贯赞成和平，但主张直接与国民党谈判，不接受任何外国的调停。[③]

斯大林的用意是明显的，即苏联支持国共和谈，但坚决反对美国借机插手。他向中共中央征求意见，除了要说明苏联的态度外，主要是借中共中央之口来反对美国介入。斯大林的答复函也透露出，他真正关心的问题，是防止美国各种形式的介入。根据他在战后的一贯看法，防止美国介入国共斗争的最好办法，就是国共直接谈判。问题是在国民政府已经提出"两分天下""隔江而治"方案的背景下，笼统地提出"停战"和"和平"，其后果很可能是非常严重的。

---

① 　[俄] 科瓦廖夫著，肖莹摘译：《斯大林和毛泽东的对话》，《国外社科信息》1992 年第 21 期，第 29 页。

② 　世界知识出版社编：《中美关系资料汇编》第一辑，世界知识出版社，1957，第 935 页。

③ 　《斯大林致毛泽东电：关于调停国共和谈问题》，1949 年 1 月 10 日，载沈志华主编：《俄罗斯解密档案选编：中苏关系》第一卷，中国出版集团东方出版中心，2014，第 346 页。

苏联表示不做国共之间的调停人，建议中共中央表示反对外国插手国共谈判，其实都是为了反对美国的介入。不过国民政府并没有放弃争取苏联支持和谈的努力。在国民政府向英美法苏四国发出调停请示之前，美国驻华大使馆和国民党方面都倾向于认为，斯大林其实并不赞成中共军队打过长江，而是倾向于国共"隔江而治"，而作为交换的筹码，美国则应承认苏联在东北的特权。①

1月21日，蒋介石宣布引退，李宗仁代理总统职务。李宗仁一上台便宣布准备与中共举行和平谈判，他提出的谈判方案的核心，就是与中共"两分天下""隔江而治"。②为达此目的，李宗仁开展了频繁的外交活动，以争取国际上的支持。他的一位代表告诉美国驻华大使司徒雷登，李宗仁已经与苏联大使馆商定了三点协议草案，其内容包括："1.中国在将来的任何国际冲突中严守中立；2.在最大可能的范围内消除美国在中国的影响；3.建立中国和俄国间真正合作的基础。"这位代表称，李宗仁"已在原则上同意了这几点。"③

作为拉拢苏联的另一个姿态，李宗仁任命国民政府驻苏联大使傅秉常为外交部长。傅秉常出任外交部长得益于与苏联有良好关系的张治中的推荐，李宗仁这项任命的用意不言自明。3月，傅秉常即将卸任驻苏联大使一职时，受到苏联政府的破格礼遇。维辛斯基抱病接见了他，对他任驻苏联大使时的工作表示赞赏。斯大林在接见他时，也表示对国共和谈寄予希望。④苏联的这些行动虽然都可理解为策略性的，但在客观上确实增加了国民政府的幻想，使国民党领导人相信，他们在和谈问题上还有牌可打。

不论是美国步步为营的阻挠，还是苏联方面的种种复杂言行，都会对中国政局产生影响，并在客观上对中共中央造成一定的压力，但是这种压力已

---

① 《美国驻华大使司徒雷登给国务卿的信》，1948年12月1日，载复旦大学历史系中国近代史教研组编：《中国近代对外关系史资料选辑（1840—1949）》下卷第二分册，上海人民出版社，1977，第484页。

② 李宗仁口述，唐德刚撰写：《李宗仁回忆录》，广西人民出版社，1988，第640—650、663页。

③ 世界知识出版社编：《中美关系资料汇编》第一辑，世界知识出版社，1957，第335页。

④ 程思远：《李宗仁先生晚年》，文史资料出版社，1980，第63页。

经不可能动摇中共中央的战略。从根本上说，这一时期国际上已经没有任何力量能够阻止中共夺取最后的胜利了。1948 年 7 月 8 日，中共中央在一项党内指示中说明："所谓和平必定是假的，只是过渡到更残酷的内战的一种手段"，如果给国民政府喘息的时间，"我们就将受程度更大、时间更长的痛苦"。①12 月 30 日，毛泽东发表了元旦献辞《将革命进行到底》。他在文章中说，中国人民绝不会怜惜"像蛇一样的恶人"，"已经有了充分经验的中国人民及其总参谋部中国共产党，一定会像粉碎敌人的军事进攻一样，粉碎敌人的政治阴谋，把伟大的人民解放战争进行到底"。②

在此期间，中共中央认真研究了战争进一步发展有可能引起的东亚国际形势的变动，并做了相应的准备。国民政府向有关国家提出调处的请求后，中共中央立即公开声明，不允许任何国家干预中国的内政，不接受任何国家的调处。中共中央向全党强调，当前外交工作中最重要的，就是"不允许任何外国或联合国干涉中国的内政"，"如有外国人提到外国政府调解中国内战等事，应完全拒绝之"。③2 月 9 日，澳大利亚外交部长在国会发表演说，建议联合国出面调停中国内战。中共中央发言人立即公开声明，任何外国或联合国组织，都无权干涉中国内政。④

这时中共领导人已经断定，美国直接干预的可能性正在减少。他们认为，一方面，美国对华政策正"摇摆不定"，并且已经发生了"某些变化"，中共军队只要坚决和迅速地取得军事斗争的胜利，"美国进行直接的军事干涉的可能性也将愈减少，并且连同财政及武器援助国民党这件事也就可能要减少"，因此应继续在革命队伍中克服"过分估计"美国力量的"错误观点"。⑤

　　①　《中共中央关于揭破敌人和平阴谋的指示》，1948 年 7 月 18 日，载中央档案馆编：《中共中央文件选集》第 17 册，中共中央党校出版社，1991，第 252—254 页。
　　②　毛泽东：《将革命进行到底》，1948 年 12 月 30 日，参见中共中央文献研究室编：《毛泽东选集》第四卷，人民出版社，1991，第 1379 页。
　　③　《中共中央关于外交工作的指示》，1949 年 1 月 19 日，载中央档案馆编：《中共中央文件选集》第 18 册，中共中央党校出版社，1991，第 44—49 页。
　　④　《中共发言人关于反对外国干涉中国内政的谈话》，1949 年 2 月 13 日，载中央档案馆编：《中共中央文件选集》第 18 册，中共中央党校出版社，1991，第 129—130 页。
　　⑤　《目前形势和党在 1949 年的任务》，1949 年 1 月 8 日，载中央档案馆编：《中共中央文件选集》第 18 册，中共中央党校出版社，1991，第 15—22 页。

为了预防美国可能进行的军事干预，中共中央在军事上作了相应的部署，并采取大纵深迂回、抢占沿海地区、封闭主要海口的进军战略。中共中央相信，成功地实施这一战略，将使"美国出兵干涉的可能性"彻底消失。[①]

中共中央一方面继续高度评价苏联反对美国援蒋内战的政策，重申苏联的存在和政策仍然是阻止美国干涉中国内政的最重要的国际因素；另一方面，中共中央在接到斯大林1月10日的电报之前，已经注意到苏联与美国之间很可能还会作出妥协，这很有可能会反映到苏联的对华政策中。在1948年9月的政治局会议上，毛泽东以第一次"柏林危机"为例，指出美苏早晚还是要妥协的。他一方面以此来论证，不会发生新的世界战争，国际环境完全有利于中国革命的发展；另一方面也特别强调，妥协是有范围和有限度的。毛泽东说"我们讲妥协，不是在一切问题上都能妥协"，"是讲国际问题，而不是国内问题"。苏联在国际斗争中与美国作某些妥协，绝不意味着"各国人民都必须向反动派妥协"。[②]毛泽东在这一重要的时刻重申1946年4月提出的观点，并非无的放矢，而是提醒全党，在当下的国际环境中，仍然有必要重视和合理处理中国革命运动与苏联对外政策的关系。美苏之间出现某种妥协，有可能造成有利于中共战略的国际条件，但是如果不能正确理解形势，在国内斗争中妥协，就有可能导致中国革命半途而废。

在接到斯大林1月10日的电报后，毛泽东于12日给斯大林回电，明确表示不希望苏联介入国共谈判，并大幅修改了斯大林给国民政府的复电。他向斯大林说明，中共中央主张要求国民政府无条件投降，并充分揭露其阴谋，不必再用迂回战术，以致推迟胜利的时间。他还指出，苏联的答复会使美国等西方国家认为，参与调处是"适当的事"；国民政府也会以此为借口，指责中共"好战"；此时接受国民政府的和谈建议，还会在革命队伍中引起思想混乱，因此苏联最好明确表示不参与调处。接到毛泽东的复电后，斯大林立即打电报给毛泽东，除详细解释自己的看法外，还表示和谈只是他的建议，

---

① 《军委关于向全国进军的部署》，1949年5月23日，载中央档案馆编：《中共中央文件选集》第18册，中共中央党校出版社，1991，第292—293页。

② 毛泽东：《在中央政治局会议上的报告和结论》，1948年9月8日。

中共中央接受与否，都不会影响双方的关系。①

　　1 月 13 日，驻延安的联共（布）中央联络员捷列宾电告斯大林："毛泽东谈的很尖锐。他反对各种形式的调停，并反对中共参加任何谈判。"②1 月 14 日，斯大林致电毛泽东，详细解释了他的目的不是真的要介入国共斗争和要求中共中央妥协。③ 在澄清了基本分歧以后，特别是斯大林详细解释了同意和谈的有益之处后，中共中央在形式上接受了斯大林的建议。同一天，毛泽东发表关于时局声明，宣布中共可以在八项条件的基础上，与国民政府进行和平谈判。④ 中共中央提出的八项条件的核心，就是根本结束国民政府在中国的统治。中共中央同时致电各中央局说明，同意与国民政府和谈是"为了揭穿和击破南京政府的和谈欺骗"，中共中央有关谈判的决定"与新年献词《将革命进行到底》并没有丝毫矛盾。望向党内加以解释"。⑤

　　1 月 19 日，中共中央在党内发布了关于外交工作的指示。毛泽东在该指示发布之前，亲自增加了一项内容："最后，也是最重要的一项，不允许任何外国及联合国干涉中国内政。因为中国是独立国家，中国境内之事，应由中国人民及人民的政府自己解决。如有外国人提到外国政府调解中国内战等事，应完全拒绝之。"⑥ 基于上述斯大林与中共中央通电的背景可知，毛泽东增加这一段的指向是很清楚的。中共中央当天发布的《关于外交工作的指

---

①　《毛泽东致斯大林电：关于国共和谈问题》，1949 年 1 月 12 日，载沈志华主编：《俄罗斯解密档案选编：中苏关系》第一卷，中国出版集团东方出版中心，2014，第 349—350 页。

②　《捷列宾致库兹涅佐夫电：毛泽东对调停的态度》，1949 年 1 月 13 日，载沈志华主编：《俄罗斯解密档案选编：中苏关系》第一卷，中国出版集团东方出版中心，2014，第 352 页。

③　《斯大林致毛泽东电：调停国共和谈问题》，1949 年 1 月 14 日，载沈志华主编：《俄罗斯解密档案选编：中苏关系》第一卷，中国出版集团东方出版中心，2014，第 352—354 页。

④　毛泽东：《中共中央主席毛泽东关于时局的声明》，1949 年 1 月 14 日，参见中共中央文献研究室编：《毛泽东选集》第四卷，人民出版社，1991，第 1386—1390 页。

⑤　中共中央文献研究室编：《毛泽东年谱：一八九三 — 一九四九》下卷，人民出版社、中央文献出版社，1993，第 435 页；另参阅《中央关于解释八项和平条件的指示》，1949 年 1 月 15 日，载中央档案馆编：《中共中央文件选集》第 18 册，中共中央党校出版社，1991，第 30 页。

⑥　中共中央文献研究室编：《毛泽东年谱：一八九三 — 一九四九》下卷，人民出版社、中央文献出版社，1993，第 440 页。

示》中，并没有这项内容。[①] 这也从另一个方面证明，这项内容的针对性极易引起苏方的误解。即便如此，毛泽东仍然利用苏共政治局委员米高扬访问西柏坡的机会，再次向苏联方面阐述了中共中央将革命进行到底的决心。他告诉米高扬，中共军队可以不费力地打过长江，而且美国很难进行军事干涉。[②]

国共和谈开始后，中共领导人明确地向国民政府的和谈代表指出，长江在历史上从来没有阻止过中国的统一。4 月 5 日，中共代表向国民政府代表团提出了《国内和平协定》。《国内和平协定》共 8 条 24 款，限国民政府于20 日以前答复。19 日，李宗仁召开"和谈指导委员会"会议，与会者最终决定拒绝中共的方案。21 日，中央军委和解放军总部发布《向全国进军的命令》，提出"解放全国人民，保卫中国领土主权的独立和完整"。[③] 同一天，中共军队第二、第三两个野战军的百万大军，在西起九江、东至江阴的长达500 公里的战线上横渡长江，国民政府幻想据以维持半壁江山的长江防线一朝倾覆。23 日，中共军队占领南京，国民党的统治就此崩溃。

---

① 《中央关于外交工作的指示》，1949 年 1 月 19 日，载中央档案馆编：《中共中央文件选集》第 18 册，中共中央党校出版社，1991，第 44—49 页。
② 《米高扬与毛泽东会谈纪要：中国局势与中共历史》，1949 年 1 月 30 日，载沈志华主编：《俄罗斯解密档案选编：中苏关系》第一卷，中国出版集团东方出版中心，2014，第 367 页。
③ 毛泽东：《向全国进军的命令》，1949 年 1 月 21 日，参见中共中央文献研究室编：《毛泽东选集》第四卷，人民出版社，1991，第 1449—1451 页。

第十三章 抉择

　　随着中共军队打过长江和国民政府土崩瓦解，未来将在中国建立一个什么样的国家和将走上何种发展道路，成为中共中央直接面对的首要战略问题。在"中国革命的前途"这个贯穿中共革命战略之始终的问题中，建什么国的问题与用革命战争的手段统一中国相比，显得更为深刻、更为复杂。后来的发展证明，中共中央当时的选择产生了更为久远的影响，其内涵之丰富，几乎囊括了近百年来中国精英在各个阶段上呕心沥血的变革与艰苦卓绝的奋斗的全部历史。就中共对外关系历史演变的重大影响而言，在 1949 年这个转折的时刻，对"建什么国"这个历史性问题的思考与探索，不仅受到中国革命运动与各种国际力量之间关系的长期发展历史的影响，也难免会受到现实的世界政治以及与此密切关联的国际国内政治互动的制约。确切地说，中共领导人对未来中国国家现代化建设发展路径的思考和最终的选择，同它处理与世界两大国家集团，主要是处理同美国和苏联的关系时所作的抉择，是互相影响、互为因果的。

　　1949 年 6 月 30 日，毛泽东为纪念中国共产党成立 28 周年发表《论人民民主专政》，其中特别阐述了他对近半个世纪以来世界政治发展的基本趋势和百年来中国的改革和革命运动的历史，尤其是它们之间的关联和互动。

　　毛泽东认为，世界和中国的两大历史性进程的发生、发展和相互影响，决定了未来中国应该选择的发展方向。首先是从世界历史特别是 20 世纪的历史演变看，世界资本主义经过两次世界战争后，已经走向衰落；苏联建设社会主义的事业取得了成功，包括战胜德国法西斯的侵略以及成为战后的世界级强国。其次是从中国近代的历史看，旧民主主义革命经历了一再的失败，并已经一蹶不振；中共领导的新民主主义革命运动已经取得了不容置疑的最后的胜利。

毛泽东指出，世界的和中国的两个历史性发展，都使得"西方资产阶级的文明，资产阶级民主主义，资产阶级共和国的方案，在中国人民的心目中，一齐破了产"；中国当前所处的国际环境（冷战国际体系）和国内环境（主要是中国革命运动的最后胜利），都决定了未来的新中国"不是倒向帝国主义一边，就是倒向社会主义一边，绝无例外。骑墙是不行的，第三条道路是没有的"。他还进一步说明，世界和中国的上述两大历史趋势也决定了，中共既"反对倒向帝国主义一边的蒋介石反动派"，"也反对第三条道路的幻想"。①

毛泽东的这篇文章相当于一项政治宣言，是中共领导人在新中国诞生的前夕，向全国和世界宣告了他们将遵循的政治原则和政治立场，以及将选择的对外战略和发展对外关系的基本思路。它表明中共在彻底推翻国民政府的统治以后，不仅绝无可能站在美国阵营一边，而且也不可能走所谓"中间道路"，建立一个以资产阶级民主为原则的共和国。在对外政策领域，面对美苏对峙的冷战国际体系，中共领导人将领导新中国站在苏联领导的社会主义阵营一边，实际上他们在新中国诞生之前已经决定了将与苏联结成同盟。

中共领导的革命运动是在近代以来的社会改革和民族民主革命屡遭失败之后，在俄国列宁领导的布尔什维克革命胜利的鼓舞下，新兴起的革命运动。这场革命运动从诞生之日起，就宣布马克思列宁主义是它的指导思想的理论基础，而且在很长一段时间里得到了苏联和共产国际的直接指导、支持和援助。另一方面，中国革命运动又长期处在西方列强和中国反革命力量联合组成的政治军事联盟的包围之中。总而言之，由"一战"结束和俄国布尔什维

① 毛泽东：《论人民民主专政》，1949 年 6 月 30 日，参见中共中央文献研究室编：《毛泽东选集》第四卷，人民出版社，1991，第 1473 页。

克革命胜利造成的世界局势的深刻而持久的大变动，是中共领导的革命运动发生和发展的主要国际环境。列宁关于帝国主义时代的理论，列宁领导的布尔什维克革命的胜利，以及近代以来中国的改革和革命运动的经验和中共长期的严峻处境，从一开始就塑造了中国共产党人对世界政治、中国革命与世界政治的关系等重大问题的基本认识框架。

1922 年 7 月，中共第二次全国代表大会发表了宣言，其中已清楚地阐述了中国共产党人的这个基本的认识框架："最近世界政治发生两个正相反的趋势：（一）是世界资本帝国主义的列强企图协同宰割全世界无产阶级和被压迫民族；（二）是推翻国际资本帝国主义的革命运动，即是全世界无产阶级先锋——国际共产党和苏维埃俄罗斯——领导的世界革命运动和各被压迫民族的民族革命运动"。"中国的反帝国主义的运动也一定要并入全世界被压迫的民族革命潮流中，再与世界无产阶级革命运动联合起来，才能迅速打倒共同的压迫者——国际资本帝国主义。中国劳苦群众要从帝国主义的压迫中把自己解放出来，只有走这条唯一的道路。"[①] 这是中共产党人在党创建时期便已形成的基本看法，它成为具有独创性的新民主主义的一个重要的理论支柱，不仅从一开始就极其深刻地影响着中国革命运动的发展，而且一直极其深刻地影响着中共领导人对中国革命与世界之关系这一生死攸关问题的思考，以及建立在那些思考的基础上的对外政策和对外关系的发展。

经历了十年土地革命战争到抗战爆发和抗日民族统一战线形成，中共中央曾经大幅度调整革命战略和策略，并在总结成功经验和失败教训的基础上，提出并不断地丰富和发展了新民主主义的理论思想。不过，中共中央早期对国际政治力量的基本分野的认识，一直在深层次上支配着他们对世界政治走向和国际力量的基本格局的理解和判断，并决定着他们在每次重大国际形势转变时刻对外部世界所持的根本立场。每当世界政治中出现苏联与西方国家的矛盾激化的情势，中共中央便毫不犹豫地站在苏联一边。

1940 年 1 月，毛泽东在其新民主主义理论奠基之作《新民主主义论》

---

① 《中国共产党第二次全国代表大会宣言》，1922 年 5（7）月，载中央档案馆编：《中共中央文件选集》第 1 册，中共中央党校出版社，1989，第 107—109 页。

中，曾经进一步阐述了中共领导的革命运动与苏联的历史渊源。即发生在
"一战"和列宁领导的布尔什维克革命之后的中共领导的革命运动，是"无
产阶级社会主义革命的一部分"，是"世界社会主义革命战线的同盟军"，这
一革命将在中国创造出"新民主主义的社会"和一个"各个革命阶级联合专
政的国家"，并最终为"社会主义的发展扫清更广大的道路"。处在列宁主义
阐述的时代中，殖民地半殖民地的"英雄好汉们"，要么站在帝国主义战线
方面，要么站在世界革命战线方面，"二者必居其一，其他道路是没有的"。①

　　1941 年末世界反法西斯统一战线形成后，美英等主要西方国家与苏联
一起，在反法西斯主义的旗帜下建立了同盟与战略合作关系。为了反对法西
斯主义的威胁，以及为在战后避免爆发新的战争和维护有关各国的利益，美
英与苏联等国家在许多重大的国际问题上，几乎都采取了相互妥协的解决方
式。一般地说，美英苏的合作在当时符合国际反法西斯战争的需要，也给世
界带来了一种与"一战"后完全不同的期待，人们据此相信，战后世界会出
现和平与民主的发展潮流。受美英苏合作的国际大潮流的影响，中共中央一
度不仅赞成和支持美英苏的合作，在处理对外政策和国内的国共关系时，主
要采取适应美苏合作与妥协局面的方针，并积极争取与美英方面的合作，以
促进中国的政治改革和加强中共的力量。但是，这种情况并没有持续多长
时间。

　　随着反法西斯战争接近胜利，美英与苏联之间的关系波折不断，它们在
各个领域的分歧日趋增加。与此同时，国共关系也是起起伏伏，处于紧张状
态。在中共七大的报告中，毛泽东认识世界政治的结论是，"最近四五年来，
国际局势经常是矛盾的，一会儿是好消息，一会儿是坏消息，好了又坏，坏
了又好"，究其原因就是存在着以苏联为一方和以英美为一方的两种政治势
力，而苏联力量的壮大与胜利"就是全世界人民的胜利，也是中国人民的胜
利"。② 显然，国际和国内形势的发展促使中共中央开始重新思考战后世界

　　① 毛泽东：《新民主主义论》，1940 年 1 月 9 日，参见中共中央文献研究室编：《毛泽东
选集》第二卷，人民出版社，1991，第 666—672 页。
　　② 毛泽东：《在中国共产党第七次全国代表大会上的结论》，参见中共中央文献研究室编：
《毛泽东在七大的报告和讲演集》，中央文献出版社，1995，第 182、184 页。

政治的趋势，并再次向原有的思考框架回归。

抗战结束后，特别是 1945 年 12 月莫斯科会议后，鉴于美苏关系缓和与国共恢复谈判并一度取得重大进展，中共中央认为，世界有可能真的出现长期的缓和稳定局面，美英苏等大国在战时建立起来的合作将长期维持下去，其结果之一将是导致各国内部斗争的缓解。在中国问题上，就是美苏妥协势必要求国共妥协。[①] 然而，美苏冷战和中国内战几乎同时爆发的形势使中共中央得出结论，在世界政治中，只有持续不断、此起彼伏和各种各样的矛盾、危机甚至冲突和战争，才是一种常态，缓和与稳定即使不是虚幻的，也是相当有限的。从这个意义上说，毛泽东在 1946 年夏季提出"中间地带"思想，标志着因美苏妥协而必然导致的国际形势缓和、国共和解的前景，已经从中共领导人心中彻底消失了。

1947 年美苏冷战爆发，以美苏为首的两大国家集团的对抗成为世界政治的中心，苏联明确地宣布，它会担负起领导责任来建立反对美国的扩张和侵略政策的世界统一战线，并支持各国的民族解放运动和革命运动。这对正处于战略抉择时刻的中国共产党人来说，无疑是巨大的鼓舞和支持。不难理解，两大阵营对抗的局面出现使中共领导人极易回归到传统的理论。不过，除了这些一般性的原因外，这时欧洲地区的政治形势和苏联阵营内部发生的一些重大事件，也对中共中央产生了直接的影响，极大地强化了中共领导人关于世界政治的既有的理论认识。

"二战"爆发以前，与苏联接壤的东欧地区是资本主义体系的一部分，也是西方国家遏制苏联的前沿。"二战"结束后，南斯拉夫、波兰、罗马尼亚、保加利亚、捷克斯洛伐克、匈牙利、阿尔巴尼亚这七个中东欧国家，在苏联的支持和帮助下推翻了德意法西斯的统治，建立了以共产党或工人党为领导核心，同时包括一些资产阶级政党和民主党派代表参加的联合政府；在德国的苏军占领区也建立了共产党领导的政权。美苏关系的恶化和冷战爆发，引起了这些中东欧国家政权内部各种政治力量的分化。西方国家在压制本国

---

① 《中央关于对美蒋斗争策略的指示》，1945 年 11 月 28 日，载中央档案馆编：《中共中央文件选集》第 15 册，中共中央党校出版社，1991，第 455—456 页。

的工人运动并排挤政府中的共产党代表的同时，也对中东欧各国施加政治影响，支持这些中东欧国家中的资产阶级势力夺取政府权力。这些中东欧国家政府中的一些资产阶级反对派则与西方国家相互呼应，试图乘机在政府中取得领导地位。综观这一时期，这些中东欧国家几乎都出现了程度不一的政治动荡。

中东欧各国共产党或工人党为了巩固自身在国家中的领导地位，在军队和政府内部展开了肃反行动，并在肃反的基础上进一步向亲西方的资产阶级势力发动进攻。在罗马尼亚，清除了与美间谍机关有联系的农民党领导人；在保加利亚，摧毁了受英美支持的军事组织；在匈牙利，打败了菲伦茨·纳吉集团；在波兰，第二副总理米科拉伊奇克及其少数追随者叛逃国外。1948年2月，爆发了捷克斯洛伐克事件。捷克斯洛伐克共产党挫败了资产阶级的夺权政变，这是中东欧各国共产党或工人党捍卫政权的斗争达到最高潮的标志。这场斗争的结果不仅强化了中东欧各国共产党在国内的领导地位，而且推动这些国家迅速走上建设苏联模式的国家发展道路，并为苏联领导的社会主义阵营的形成提供了必不可少的政治基础。

中东欧各国共产党在国内巩固政权的斗争提供了两个基本的经验。其一是强化国家的专政机器，坚决反对和镇压国内外的一切夺权颠覆活动；其二是坚决站在苏联一边，争取苏联的强有力的支持，从而造成强有力的国际条件。中东欧形势的急剧变动和各国共产党巩固自身领导权的经验，引起了中共中央的重视。中共中央据此提出必须注意学习外国革命的经验，"只有中国革命的经验，而不吸取世界革命的经验"，就无法"指导中国革命取得胜利。"① 毛泽东在新中国成立前夕，特别提出和强调了"人民民主专政"和"一边倒"的原则，既不是偶然的，它们既与中国革命运动的历程和需求有关，也是毛泽东研究社会主义阵营内部各国国内的斗争经验而得出的结论。

欧洲九国共产党情报局成立后不久，苏联共产党与南斯拉夫共产党的分歧便公开化了。到1948年，苏南双方的矛盾愈演愈烈，两党的分歧和矛盾已经大大超出国际共产主义运动内部的争论范围，开始直接影响到两个国家

---

① 刘少奇：《对马列学院第一班学员的讲话》，1948年12月14日。

之间的关系。3 月，苏联政府从南斯拉夫撤走了全部专家和军事顾问。6 月，欧洲九国共产党情报局召开第三次会议，通过了《关于南斯拉夫共产党情况的决议》。该决议严厉谴责南斯拉夫共产党的对内对外政策，声称南共已经脱离和背叛了社会主义道路，其后果终将导致南斯拉夫变成帝国主义的殖民地。决议还宣布，将南共开除出欧洲九国共产党情报局，理由是它已经"处于兄弟的共产党的大家庭之外，处于统一的共产主义阵线之外，从而处于情报局的队伍之外"。[①] 会议结束后，中东欧各国的共产党在内部纷纷展开了反对所谓"铁托分子"的斗争，苏联和中东欧各国也开始对南斯拉夫实行严厉的经济制裁，南斯拉夫与这些国家的关系陷入极度的紧张。

苏共与南共的冲突对中共中央的影响虽然是潜在的，但也是巨大的。1948 年 7 月 10 日，中共中央通过决议，表明中共在苏南冲突中，将坚决站在苏联一边。中共中央在决议中声明，欧洲九国共产党情报局关于南斯拉夫共产党的决议是正确的，是"为保卫马克思列宁主义的原则，保卫世界工人阶级和各国人民的革命事业，所应尽的职责"，而南共领导人的行动则是"背叛性的"，他们"陷入资产阶级民族主义和资产阶级政党的泥坑"，中共中央将从南共领导人的错误中吸取教训，在党内加强阶级教育和国际主义教育。[②] 根据中共中央决议的精神，中国共产党内展开了反对资产阶级民族主义和加强无产阶级国际主义的思想教育。当时反对南共领导人的所谓"资产阶级民族主义"和宣传所谓的无产阶级国际主义，在本质上就是是否支持和遵循苏联政策的态度问题。简言之，就是"以苏划线"。中共中央要求全党应"认清苏联是世界反帝的和平民主阵线的主力军与领导者"，"中国人民必须与苏联结成巩固的兄弟联盟，中国革命才能彻底胜利，任何盲目的反苏思想与情感的残余，必须加以肃清与防止"。[③]

11 月 1 日，刘少奇在中共中央机关报上发表重要文章，题目是《论国际主义与民族主义》，系统阐述了中共中央对冷战爆发后的世界政治的认识，

---

① 世界知识出版社编：《南斯拉夫问题参考资料》，世界知识出版社，1958，第 11 页。
② 《中国共产党中央委员会关于南斯拉夫共产党问题的决议》，1948 年 7 月 1 日。
③ 《中央关于批转东北局关于学习南共问题决议的指示》，1948 年 8 月 11 日。

以及中共必须遵循的基本行为准则。他在文章中从历史和理论两个方面系统
论述了何为无产阶级国际主义、何为资产阶级民族主义，并以苏共取得政权
后"即在人类历史上破天荒第一次地马上宣布取消帝俄时代对于中国和其他
国家的一切不平等条约"为例，证明"资产阶级的民族主义和无产阶级的国
际主义，乃是代表两个不同阶级、互相敌视的两种世界观、思想和口号"。
文章提出了三个至关重要的论断：第一，世界上出现了分别由美苏领导的两
大阵营，所有的国家不是被纳入美国阵营，就是站在苏联阵营，"这就是目
前世界民族问题的基本状况"；第二，当两大阵营"处在这样相互紧张斗争
的时候，人们不是站在这一边，就是站在那一边"，"不站在这一边，又不站
在那一边，而实行中立，是不可能的"；第三，联合苏联还是联合美国，则
是"爱国与卖国的界限"，是"革命与反革命的界限"，是"不论哪个民族是
走向进步或是走向倒退的界限"。[①] 基于这种认知框架，文章指出目前世界民
族的基本状况是与世界政治的基本状况一致的，世界各民族划分为两大阵营，
民族问题的基本问题是美国企图压迫全世界各民族和全世界各民族反对美国
的压迫。脱离阶级分析，把民族斗争从阶级斗争中分离出来是错误的。被压
迫民族要求得解放，就必须站在苏联一边。刘少奇据此提出，共产党人只有
一个判断标准："或者联合苏联，或者联合帝国主义，二者必居其一。"[②] 刘少
奇发表这篇文章，既是为了在党内统一思想，也是在向苏联方面表明中共中
央的立场。至关重要的是，这篇文章中的基本方法和逻辑证明，中共领导人
是用马克思列宁主义的阶级和阶级斗争理论来解读世界政治并做出最基本的
判断和选择的。

中共中央既然提出，应该以对苏联的态度作为判断世界政治问题和民族
主义的阶级属性的重要标准，这必然要影响到中共对外政策的各个方面。这
一时期，中共与苏联在东北地区的合作进一步加强。中共东北局在处理美国
驻沈阳领事馆的问题上，也在一定程度上考虑了苏联方面的建议。当时中
共中央在有关外交问题的指示中规定，"对于苏联及新民主国家的使领馆及

---

① 刘少奇：《论国际主义与民族主义》，《人民日报》，1948 年 11 月 7 日。
② 刘少奇：《论国际主义与民族主义》，《人民日报》，1948 年 11 月 7 日。

其所属的外交机关和人员，因为他们的外交政策是与资本主义国家的外交政策在根本上不同的，故我们对待他们的态度亦应根本上不同于资本主义国家"。①

综观中共中央这个时期的对外政策和行动，最重要的就是主动密切与苏联的关系，以期在未来的国家政权建设方面获得苏联的指导，以及在经济建设中得到苏联的援助。正是在与苏共中央的交往过程中，中共中央逐步形成了与苏联结盟的设想。

在新中国成立之前，中共领导人和苏共领导人已经进行了互访。尽管斯大林对中共领导人是否会走所谓的"铁托道路"心存芥蒂，但这并没有影响中共中央的决心，反而推动中共中央更明确地阐明新中国将站在苏联一边的立场，并在密切双方关系方面，采取更加积极主动的行动。

1948 年 11 月初，辽沈战役结束，中共军队控制了全部东北地区。斯大林已经认识到，苏共中央有必要与中共中央更直接地交往，以便更全面地了解中共中央的各项政策和中国共产党内的情况。在此之前，毛泽东就与斯大林通过电报讨论了访问莫斯科的安排。

1948 年 4 月 20 日，捷列宾向毛泽东转达了斯大林的一封电报。后者针对毛泽东 1947 年 11 月 30 日和 1948 年 3 月 15 日的两封电报，明确地提出两点不同看法。第一是"不同意"毛泽东提出的中国革命胜利后，中共将"仿照苏联和南斯拉夫的模式，除了中国共产党之外的所有政党都应当从政治舞台上消失"；第二点是完全同意中共"建立中国中央政府及吸收自由资产阶级的代表参加政府"。斯大林在电报中强调，他核查了"答复所必要的一些材料"。② 正是斯大林的回电，促使毛泽东做出立即访苏的决定。4 月 22

---

① 《中央关于外交工作的指示》，1949 年 1 月 19 日，载中央档案馆编：《中共中央文件选集》第 18 册，中共中央党校出版社，1991，第 44—49 页。

② 《斯大林致毛泽东电：中国对其他政党的立场》，1948 年 4 月 20 日，载沈志华主编：《俄罗斯解密档案选编：中苏关系》第一卷，中国出版集团东方出版中心，2014，第 251—252 页；《库兹涅佐夫致斯大林报告：毛泽东来电谈中国局势》，1947 年 12 月 10 日，载沈志华主编：《俄罗斯解密档案选编：中苏关系》第一卷，中国出版集团东方出版中心，2014，第 210—212 页；《毛泽东致斯大林电：中国局势和中共任务》，1948 年 3 月 30 日，载沈志华主编：《俄罗斯解密档案选编：中苏关系》第一卷，中国出版集团东方出版中心，2014，第 239—243 页。

日晚上，周恩来和任弼时向苏联代表捷列宾表示，毛泽东本人希望 5 月初访问苏联。[①]26 日，毛泽东亲自致电斯大林，表示他"决定提前去苏联"，而且 5 月初就动身，还打算用一到三个月时间，到东欧和东南欧国家去学习"人民阵线的工作"，等等。[②]他的迫切要求真实地反映了中共中央对如何建设新政权的深刻关切。

29 日，斯大林复电，欣然表示同意所有问题"我们面谈"。[③]不过他在 5 月 10 日又致电毛泽东要求缓行，其理由有二：一是华北战局突变；二是担心无法保证毛泽东本人在行程中的安全。[④]7 月 4 日，毛泽东再度致电斯大林，表达近期访苏的决心。[⑤]7 月 14 日，斯大林复电说，苏共领导人要到各地去收购粮食，毛泽东行程"改到 11 月底"。[⑥]9 月 28 日，毛泽东再次致电斯大林，提出要"尽快"访苏。[⑦]10 月 17 日，斯大林同意在 11 月底接待毛泽东。[⑧]但是毛泽东反而多次以战事紧张和交通不便为理由，推迟访问的行程。总之，或许是由于双方的原因，毛泽东访苏的设想在内战期间始终未能实现。

从某种意义上说，毛泽东提出立即访苏更是一种姿态，其真正价值在于表明中共领导人加强与苏联关系的迫切愿望。不过，毛泽东在这个时期与斯大林交往的电文非常有分析价值，它们部分揭示了中共领导人密切与苏联关

---

① 《捷列宾的密码电报：关于毛泽东访苏事宜》，1948 年 4 月 22 日，载沈志华主编：《俄罗斯解密档案选编：中苏关系》第一卷，中国出版集团东方出版中心，2014，第 252—253 页。

② 《毛泽东致斯大林电：要求提前访苏及其安排》，1948 年 4 月 26 日，载沈志华主编：《俄罗斯解密档案选编：中苏关系》第一卷，中国出版集团东方出版中心，2014，第 253—254 页。

③ 《斯大林致电毛泽东：同意提前访苏及其安排》，1948 年 4 月 29 日，载沈志华主编：《俄罗斯解密档案选编：中苏关系》第一卷，中国出版集团东方出版中心，2014，第 254 页。

④ 《斯大林致毛泽东电：推迟毛泽东访苏时间》，1948 年 5 月 10 日，载沈志华主编：《俄罗斯解密档案选编：中苏关系》第一卷，中国出版集团东方出版中心，2014，第 255 页。

⑤ 《毛泽东致斯大林电：关于访苏的安排》，1948 年 7 月 4 日，沈志华主编：《俄罗斯解密档案选编：中苏关系》第一卷，中国出版集团东方出版中心，2014，第 266—267 页。

⑥ 《斯大林致捷列宾：再次推迟毛泽东访苏日期》，1948 年 7 月 14 日，沈志华主编：《俄罗斯解密档案选编：中苏关系》第一卷，中国出版集团东方出版中心，2014，第 267 页。

⑦ 《斯大林致捷列宾：再次推迟毛泽东访苏日期》，1948 年 9 月 28 日，载沈志华主编：《俄罗斯解密档案选编：中苏关系》第一卷，中国出版集团东方出版中心，2014，第 283 页。

⑧ 《斯大林致捷列宾电：关于毛泽东访苏的时间》，1948 年 10 月 17 日，载沈志华主编：《俄罗斯解密档案选编：中苏关系》第一卷，中国出版集团东方出版中心，2014，第 286—287 页。

系的主要动力。7 月 28 日，毛泽东向奥尔洛夫解释了去苏联打算讨论的七个事项：1. 与各民主党派的关系，这排在第一位是因为之前斯大林并不同意中共中央的设想；2."东方革命力量的联合"与"东方"各党的联系；3. 反对美蒋的"战略计划"；4. 中国的重建和工业化；5.3 亿美元贷款；6. 与英法建交；7."一系列其他重要问题"。同样重要的是，他提出"为了在政治路线上与苏联保持高度一致，需要达成一个协议"。[①] 这可视为后来与苏联缔结同盟条约的最初念头。

1949 年 1 月 14 日，苏共政治局召开会议，讨论苏联的对华政策和是否邀请毛泽东访问莫斯科。这次会议决定，派苏共政治局委员米高扬访问中共中央驻地西柏坡。1 月 30 日，米高扬到达西柏坡。而在随后的一周时间里，毛泽东和其他中共高级领导人与米高扬多次进行了长时间的会谈。米高扬一方面将谈话内容报告给斯大林，另一方面向中共领导人转达斯大林的回应和意见。

中共领导人与米高扬讨论的主要内容包括：1. 中共的战略和各项政策。毛泽东告诉米高扬，中共军队不久将打过长江，中国革命运动必将取得最后的胜利，国民政府将被彻底推翻，中国将完成统一。2. 胜利后将建立与社会主义阵营各国一样的"人民民主专政"的政权，在对外政策上将"一边倒"向苏联阵营，以及在经济建设中希望得到苏联的援助。3. 毛泽东向米高扬介绍了中共中央与王明的矛盾和斗争的情况。米高扬此前已得到指示不会见王明，以表明苏共中央支持毛泽东的领导地位、不介入中国共产党内斗争的立场。4. 中共领导人在东北、新疆和外蒙古等问题上，婉转地转达了希望苏联改变其在国民政府时期奉行的政策。米高扬转告中共领导人，斯大林认为中苏条约"是不平等条约"，中共取得政权后，苏联主张签订对日和约后，就从旅顺撤出苏军；如中共中央不赞成这个时间表，苏联亦可以立即撤军。关于新疆问题，米高扬表明，苏联不支持那里的独立运动。关于外蒙

---

① 《捷列宾致库兹涅佐夫电：毛泽东关于访苏的想法》，1948 年 7 月 28 日，载沈志华主编：《俄罗斯解密档案选编：中苏关系》第一卷，中国出版集团东方出版中心，2014，第 269—270 页。

古问题，米高扬向毛泽东转达了斯大林的回复，苏联主张维持 1945 年 8 月签订的中苏条约中的规定。整体来看，尽管这时双方还不可能解决所有的问题，但在一些关键的内外政策上，苏共中央通过米高扬的访问，已经比较清楚地了解了中共中央的立场，并且双方在基础性问题上取得了基本一致的意见。[①]

米高扬秘密访问西柏坡以及中共与苏联关系的发展，促使中共中央作出了最后的决定。3 月 5 日至 13 日，中共中央召开了七届二中全会。会议期间，毛泽东热情洋溢地称赞了苏联对中共的帮助和支持，称"中国革命胜利以后的巩固也是一样，帝国主义是要消灭我们的，没有各国无产阶级，首先是苏联的援助，巩固是不可能的"。苏共与中共是"密切的兄弟关系"，"我们与苏联应该站在一条战线上，是盟友，只要一有机会就要公开发表文告说明此点"。[②] 他在会议的正式报告中明确宣布新国家的外交将"一边倒"。[③]这次会议标志着中共中央最终确立了建国后将与苏联结成同盟的政策。

解放军打过长江后，中苏结盟只是个时间问题了。5 月中共中央即决定让刘少奇组团访问莫斯科。6 月 30 日，在刘少奇到达莫斯科后不久，毛泽东发表了《论人民民主专政》，公开重申新中国将坚决"一边倒"向苏联阵营。[④] 早在 4 月 8 日，毛泽东在与张治中的一次谈话中就详细地阐述了这篇文章中的主要观点。[⑤] 他选择在刘少奇到达苏联不久公开宣布这一重大主张，同刘少奇与斯大林第一次会谈的结果有关。

中共代表团结束与斯大林的第一次会谈后，鉴于苏联领导人尚难以完全理解中共中央针对复杂的内外形势所采取的各项政策，遂决定起草一份给斯

---

① 米高扬访问西柏坡与中共领导人的历次会谈记录，请参阅师哲：《在历史巨人身边（修订版）》，中央文献出版社，1995，第 375—378 页。
② 胡乔木：《胡乔木回忆毛泽东》，人民出版社，1994，第 547、548 页。
③ 毛泽东：《在中国共产党第七届中央委员会第二次全体会议上的报告》，1949 年 3 月 5 日，参见中共中央文献研究室编：《毛泽东选集》第四卷，人民出版社，1991，第 1434—1435 页。
④ 毛泽东：《论人民民主专政》，1949 年 6 月 30 日，参见中共中央文献研究室编：《毛泽东选集》第四卷，人民出版社，1991，第 1472—1473 页。
⑤ 余湛邦：《毛泽东与张治中的一次重要谈话》，《中共党史资料》第 48 期，第 152—153 页。

大林和苏共中央的书面报告，该报告于 7 月 4 日拟定。从报告的内容看，中共代表团至少希望在七个问题上与苏联达成一致意见：1. 使苏联了解并赞成新中国的政权建设和大政方针；2. 在国际形势和对外政策方面与苏联协调；3. 新中国成立后争取苏联和其他社会主义国家尽快予以承认；4. 在实现中国统一的斗争中得到苏联的帮助，包括解决新疆和台湾问题；5. 争取苏联提供经济和技术援助；6. 废除 1945 年苏联与国民政府间的中苏条约，代之以新的中苏同盟条约；7. 确定处理中苏两党关系的原则。[1]

斯大林在与中共代表团会谈时，对凡是涉及中国国内政策的问题，基本上都表示赞成。在处理中苏两党关系的问题上，斯大林强调要保持平等和互相尊重，并称毛泽东是"马克思主义领袖"，苏共和欧洲的共产党人都应向中共学习。对于中共希望得到经济、技术和军事援助，斯大林也都给予肯定的答复。在未来中国的对外关系问题上，斯大林明确表示，一俟新中国成立，苏联立即予以承认。不过，如何处理 1945 年 8 月与国民政府签订的中苏条约，斯大林有些模棱两可，一方面承认该条约是"不平等的，因那时与国民党打交道，不能不如此"；另一方面对该条约涉及的具体问题，例如苏联在旅顺驻军、中东铁路的管理和权益等，表现出的态度是含糊的。他告诉刘少奇，等新中国成立后，由毛泽东访问莫斯科与他共同解决。[2]

刘少奇对苏联的访问使中共中央在新中国成立前，基本完成了与苏联结盟的准备，剩下的就是如何处理 1945 年 8 月的旧中苏条约和是否签订新的同盟条约。后来的发展证明，这是双方关系中相当棘手的问题。

中国革命的胜利意味着战后东亚国际关系经历了一次革命性的变革，它不仅极大地改变了这一地区以雅尔塔秘密协议和 1945 年 8 月的中苏条约为

① 刘少奇：《代表中共中央给联共（布）中央斯大林的报告》，1949 年 7 月 4 日，载中共中央文献研究室、中央档案馆编：《建国以来刘少奇文稿》第一册，中央文献出版社，2005，第 1—17 页。

② 师哲：《在历史巨人身边（修订版）》，中央文献出版社，1995，第 398—403 页；朱元石：《刘少奇 1949 年秘密访苏》，《党的文献》1991 年第 3 期，第 77—79 页；"Stalin Remark to Liu Shaoqi re Creating a Union of Asian Communist Parties," July, 1949, Sergei Goncharov, John Lewis, and Litai Xue, *Uncertain Partners:Stalin, Mao, and the Korean War* (Stanford University Press, 1993), pp.232-233.

基础的国际秩序，而且迫使有关各国面对一个在战火中崛起的新型的革命国家。苏联要与新中国建立同盟关系，势必要进行两方面的调整。首先，苏联领导人需要理解，中共在中国革命中追求的目标是什么？中国革命的胜利对远东国际格局意味着什么？其次，他们必须重新考虑，如何处理它从以往的国际格局中获得的好处。如果与新中国结盟，苏联将得到的战略利益是显而易见的，问题的关键是苏联是否情愿放弃它在中国东北地区获得的权益。

中共领导人对处理1945年的中苏条约的态度也是相当复杂的。他们在早年都走过一段由爱国而革命、而信奉共产主义的道路。促使他们决心"走俄国人的路"的重要原因之一，就是苏联在1919年和1920年两次宣布，放弃沙皇统治时期在中国侵占的土地和攫取的一切特权。对于中国共产党人来说，"走俄国人的路"不仅意味着消灭人剥削人的社会制度，而且意味着建立一种新型的国际秩序。但是，当中共领导人决心与苏联结盟时，他们对苏联在如何处理1945年8月中苏条约上持何种态度，并无把握。在中共军队打过长江之前，中共领导人就已经在向党外人士打招呼，告诉他们"对外条约有的要废除，有的则要加以修改，有的还可以保持"。[1] 这里"要加以修改"或"可以保持"的条约，主要就是中苏条约了。毕竟他们已经与米高扬有过长时间的秘密会谈，做这种准备和思想动员本身就表明，他们在内心深处对苏联将如何处理中苏条约是没把握的。

刘少奇访苏期间，曾就处理1945年的中苏条约问题向斯大林提出三种解决方案：一、保持该条约，新中国予以承认；二、废除该条约，重订新的中苏条约；三、两国政府换文，说明暂时维持该条约的现状，但准备在适当时机重签新约。[2] 刘少奇同时还提到外蒙古的地位和战后苏联从东北搬走的厂矿设备问题。斯大林除许诺签订新条约外，对签订新条约的原则、时间和有关的具体问题，均未表示明确的态度。这使条约问题成为后来斯大林与毛

---

[1] 周恩来：《关于和平谈判的报告》，1949年4月17日，《周恩来选集》上册，人民出版社，1991，第321页。

[2] 刘少奇：《代表中共中央给联共（布）中央斯大林的报告》，1949年7月4日，载中共中央文献研究室、中央档案馆编：《建国以来刘少奇文稿》第一册，中央文献出版社，2005，第15页。

泽东会谈的焦点。

12 月 16 日，毛泽东在到达莫斯科的当天便与斯大林会谈，讨论了中苏条约的问题。斯大林在会谈中称，目前不宜修改 1945 年条约，避免给美国修改雅尔塔秘密协议的借口，否则就会牵扯到千岛群岛、萨哈林群岛等的协议，这对苏联很不利。他提出，可行的办法是条约的形式不做改变，但苏军实际上不在旅顺驻军，还可对涉及中长路的有分歧部分"做些修改"。毛泽东表示，中共中央当时还没有"考虑到美国和英国在雅尔塔协议中的立场"，"目前不必修改条约，也不必匆忙从旅顺撤军"。不过中国"社会舆论有一种想法"，既然国民政府已经倒了，1945 年条约也就没意义了。面对毛泽东的坚持，斯大林有所让步，提出 1945 年条约是可以修改的，而且要作大的改动，但是要推迟到两年以后再说。毛泽东并不接受这个建议，所以，当斯大林说周恩来不必来莫斯科时，毛泽东坚持说，有些协议还是要签，周恩来还是要来。[①]22 日，毛泽东会见了科瓦廖夫，通过他向斯大林提出两个供选择的方案：一、周恩来到莫斯科根本解决中苏条约问题；二、双方广泛讨论有关问题，不必达成协议。[②] 但是，在 24 日毛泽东与斯大林的会谈中，斯大林避而不谈毛泽东的建议。

直到 1950 年 1 月 2 日，苏联方面的态度出现了关键性的变化。当天，莫洛托夫、米高扬奉命拜访毛泽东。在会谈中，毛泽东就条约问题提供了三个供苏方选择的方案：一、签订新的中苏条约；二、由两国通讯社发表简短的公报，说明双方在重要的问题上取得了一致的意见；三、发表一项共同声明，说明两国关系的要点。莫洛托夫当即表示第一个方案最好，可请周恩来

---

① 《斯大林与毛泽东会谈记录》，1949 年 12 月 16 日，载沈志华主编：《俄罗斯解密档案选编：中苏关系》第二卷，中国出版集团东方出版中心，2014，第 175—178 页；另参阅逄先知、金冲及主编：《毛泽东传：1949—1976》（上），中央文献出版社，2003，第 34—35 页；裴坚章主编：《中华人民共和国外交史（1949—1956）》第一册，世界知识出版社，1994，第 17—18 页。

② ［俄］科瓦廖夫著，肖莹摘译：《斯大林和毛泽东的对话》，《国外社科信息》1992 年第 21 期，第 32 页。

到莫斯科谈判。[①] 毛泽东在会谈后立即电告中共政治局，请周恩来立即准备赴苏谈判。不过，他对新条约的内容持相当保守的估计，认为与旧条约相比，新条约只是"在旅大问题上可能有部分的变更"。所以，他告诉中共政治局，周恩来行前要在内部解释清楚，此次谈判就是要签订"新的中苏友好同盟条约"。这是他首次提出中苏新条约将是一项同盟条约。毛泽东当时的估计是，新的条约"在旅大问题上可能有部分的变更"，而"基本精神"仍然是原条约的反对外来侵略和"承认外蒙独立"。在这种条件下建立中苏同盟的好处是使新中国"处于更有利的地位，使资本主义各国不能不就我范围，有利于迫使各国无条件承认中国，废除旧约，重订新约，使各资本主义国家不敢妄动"。从毛泽东的电报中可以看出，他认为签订新条约有利于处理旧中国与帝国主义订立的条约。[②]

1 月 20 日，周恩来到达莫斯科。两天后，毛泽东、周恩来与斯大林举行会谈，确定了新条约的基本内容。此后谈判进入具体讨论阶段。一些间接的资料表明，双方在新条约的关键问题上，如中东铁路、旅顺、大连等，进行了详细的和长时间的谈判。在谈判的最后阶段，斯大林还以提供军事援助为由，提出就限制其他国家进入东北和新疆达成一项《补充协定》。[③] 最后达成的协议对于双方未必都是令人完全满意的，它是一系列协调和相互让步的结果。2 月 14 日，中苏双方签署《中苏同盟友好条约》。

纵观中共领导中国革命运动的历程，可以说从"一边倒"到中苏结盟，是与中国革命运动的发展方向一致的，并且同指导这场革命运动的理论思想的逻辑是一致的，它是在重要的历史时刻对中共政治立场和政治原则的重申。

① 《毛泽东关于周恩来去苏联参加谈判问题给中共中央的电报》，1950 年 1 月 2 日，载中共中央文献研究室编：《建国以来重要文献选编》第一册，中央文献出版社，1991，第 95—96 页。

② 《关于周恩来去苏联参加谈判问题给中共中央的电报》，1950 年 1 月 2 日、3 日，载中共中央文献研究室编：《建国以来毛泽东文稿》第一册，中央文献出版社，1987，第 211—213 页。

③ 参阅裴坚章主编：《中华人民共和国外交史（1949—1956）》第一册，世界知识出版社，1994，第 21—25 页；《与毛泽东的谈话记录》，1956 年 3 月 31 日，《国外中共党史研究》1995 年第 2 期，第 21—22 页。

不过在当时的国际环境中，的确存在影响中共对外政策和新中国对关系格局的其他因素，其严重程度不应被低估。

从战后东亚国际格局的缘起看，美英苏达成的雅尔塔秘密协议起着至关重要的作用。根据雅尔塔秘密协议的精神，中国应该维持蒋介石和国民政府统治下的统一与和平，而且中国主要应属于美国的势力范围；美国而不是苏联，将在中国政治中起主导作用。雅尔塔秘密协议的架构包含着中国革命运动与战后东亚国际体系之关系的对抗趋势。或者是大国主要是美国不论用何种手段，最终迫使中共接受大国的安排；或者是中国革命运动冲破雅尔塔体系的约束。总之，就当时的情况而言，美国与中共很难长期协调地共存于中国的政治舞台。中共中央对美苏妥协塑造的秩序的适应是有限度的和暂时的，更何况这个秩序本身就有其内在的缺陷，极不稳定。

在中国内战的全过程中，美国不仅由于援助国民政府，以致造成事实上的同中共间接对抗的局面，而且还企图利用政治和外交等各种手段，阻挠中国革命运动的发展。在冷战的背景下发生的中共同美国的对抗，其本质是极其深刻的，它在某种程度上决定着中国革命运动的方向和前途。

抗战结束后，中国向何处去，建立一个什么性质的国家，不仅一直是国共两党斗争的最核心的问题，也是中国各派政治力量争论的焦点。在战后中国，不论是国共的政治和军事斗争，还是其他各派政治力量的分化组合，从根本上说，都是围绕建国问题而展开的。

1945年9月、10月和1946年初，中共曾经两次与国民党谈判，试图用和平方式同国民党共同找到一个双方都能接受的方案，并于1946年1月31日与国民党和民主党派共同达成了有关政治协商会议的协议。但是这项协议很快成为一纸空文，6月全面内战爆发，从此国共内战的胜负成为决定中国前途的关键。

1947年夏季，中共军队转入战略反攻后不久，中共中央便根据形势的发展，坚决否定了1946年1月政协决议中建立民主共和国的方案，并开始重新勾画未来新国家政权建设的蓝图，提出建立一个由中共领导的人民民主专政的国家。1948年1月，毛泽东明确提出："新民主主义政权是工人阶级领导的人民大众的政权"，"人民大众组成自己的国家（中华人民共和国）"；"工人阶级经过自己的先锋队中国共产党实现对于人民大众的国家及其政府的领导"；"中华人民共和国的权力机关是各级人民代表大会及其选出的各级政府"。①

此外，国民政府的军事失败也使中国一些政治势力看到，国民党统治的崩溃只是时间早晚的问题。它们试图利用急转直下的政治形势，影响中国历史的进程。在中国历史发展的一般进程中和社会大动荡时期，出现这类政治力量的活动是必然的。问题的复杂性在于，它们或多或少、或明或暗地寻求外国势力的支持，而美国的确在支持和鼓励它们，企图利用它们的活动来阻止或影响中国革命运动的方向。

早在 1946 年派遣马歇尔调处国共斗争时，杜鲁门政府就在利用介于国共两党之间的一些政治势力，并试图使之成为能够真正左右中国政局的重要力量。调处失败后，马歇尔曾经向国民党高级官员解释说，他"曾经用种种努力来创造机会，使中国正直的人们能上升到最高地位"。② 为组成所谓的"自由主义的党派"，1946 年 7 月，杜鲁门政府任命曾经担任燕京大学校长的司徒雷登为驻华大使。1947 年 1 月，马歇尔发表了离华声明。他说，当前挽救中国局势的唯一办法，就是"使政府中与小党派中之自由主义分子居于领导者的地位"，他们在蒋介石的领导下"推进工作，必可经由良好之政府而达到团结之目标"。③ 这两个事件都表明，杜鲁门政府试图通过扶持中国的所谓"第三种力量"，组织起反对中共的政治联盟。

在国民政府发动全面内战之初，杜鲁门政府扶持中间势力主要是围绕加强蒋介石的统治地位展开的。杜鲁门政府对民主党派反对国民政府的独裁和内战政策的行动，并没有给予支持，反而积极鼓励一切中间势力加入国民政

---

① 毛泽东：《关于目前党的政策中的几个重要问题》，1948 年 1 月 18 日，参见中共中央文献研究室编：《毛泽东选集》第四卷，人民出版社，1991，第 1272 页。

② 世界知识出版社编：《中美关系资料汇编》第一辑，世界知识出版社，1957，第264 页。

③ 《马歇尔离华声明》，1947 年 1 月 7 日，载孟广涵主编：《政治协商会议纪实》下卷，重庆出版社，1989，第 1583 — 1587 页。

府，希望他们"团结在委员长周围"，从而使蒋介石"在他的独裁中恢复足够的仁政，足以再度吸引克服共产主义威胁所必要的群众的拥戴"。①司徒雷登任驻华大使后，在这方面的确做了大量的工作。

1948 年秋季，杜鲁门政府已经断定国民政府大势已去，认为蒋介石领导的政权与其说是"中流砥柱"，不如说是一个不堪忍受的"包袱"，"蒋政府如再继续下去，将使整个国家陷入混乱的深渊"。由于对蒋介石大失所望，美国政府一度有意在国民政府中"换马"。在李宗仁在政坛上呼风唤雨之际，美国政府也多少对他寄予希望。司徒雷登就认为，李宗仁周围聚集了很多"自由主义分子或改良主义者"，他们"已能够表现并施展他们的力量"。②然而，后来的事实表明，美国为扶持国民政府和反对中共而利用"中间势力"的结果，不是进一步削弱这种势力，就是加速其内部的分化。

美国利用"中间势力"组织反革命的政治联盟，不论其客观效果如何，实质上就是干预中国革命进程的一种形式。在中共军队转入全面反攻之后，中共中央在反对美国继续向国民政府提供军事和财政援助的同时，也提出必须在政治上孤立中国的"自由资产阶级"，并将其视为反对美国干涉的斗争。1947 年 10 月 27 日，中共中央就刘航琛组织"和平统一大同盟"问题告诫党内，想要利用这一机会倒蒋，是完全错误的。中共中央分析，蒋介石集团的覆灭可能有三种形式：一是被中共军队完全打垮；二是国民党统治集团内部发生由美国支持的政变；三是在中共军队未攻占的城市发生大规模反蒋运动，一些政治势力利用这种形势，与中共争夺领导权。中共中央指出：党的方针就是争取第一种前途，警惕和揭露后两种形式。为此必须克服革命阵营内部的右倾危险，特别要克服那种"认为美国政府的帝国主义政策可以改变，可以影响蒋介石政府变好，因而和平可以幸致"的错误认识。中共中央称这是"完全错误的，这是投降主义思想"，因为在中国"要么就是大地主大资产阶级领导的半封建半殖民地的独裁政权，要么就是无产阶级领导的新民主

① 世界知识出版社编：《中美关系资料汇编》第一辑，世界知识出版社，1957，第 846 页。
② 世界知识出版社编：《中美关系资料汇编》第一辑，世界知识出版社，1957，第 886 页。

政权"，"自由资产阶级所希望的欧美式的旧民主，在今日世界上已经一去不返"。①

1948 年夏季，针对国民党内部一些人试图在美国支持下发起倒蒋运动，中共中央再次在党内说明：美国正在进行各种阴谋活动，以迫使蒋介石让出更多的权力，以便在国民党军队崩溃时，拉拢反动集团的各派和"一部分中产分子共同反共"。对美国这类阴谋应予以揭穿，并需要与"中间派反蒋分子"密切联系，争取使他们不要陷入美国的圈套。② 显然，在中国革命的转折时期，中共同美国的矛盾不仅范围在改变，而且对于中共当前的任务而言，正变得更加深刻和复杂。

1948 年夏秋之际，随着解放区不断扩大，中共中央在华北地区已经开始面临如何处理与西方国家官方驻华机构的关系，当时确实有些国家的领事馆表示希望与中共地方政权建立关系。中共中央对这类事务的基本政策是观望和摸索性的。7 月下旬，中共华北局报告称，法国领事表示希望与中共当局建立"外交关系"。中共领导人认为法方很可能是受美国之托"试探"，故指示华北局要"表示出华北解放区愿意与各国建立外交关系"。由此推断，中共领导人因为在这方面既不了解多少情况，也很缺乏经验，所以在行动上比较谨慎。例如，规定上述原则应限于华北地区，并且"不忙订立具体的协定"，以便留下调整政策的空间。③

11 月中旬，由于两个方面的原因，中共中央的政策开始出现明显变化。首先是东北野战军于 11 月 2 日攻占沈阳。此前三天，中共中央专门就美英

① 《中央关于必须将革命进行到底 坚持我党领导权 反对刘航琛一类反动计划的指示》，1947 年 10 月 27 日，载中央档案馆编：《中共中央文件选集》第 16 册，中共中央党校出版社，1991，第 572—579 页。
② 《中央关于对李济深、冯玉祥倒蒋活动给沪局、港分局的指示》，1948 年 8 月 2 日，载中央统战部、中央档案馆编：《中共中央解放战争时期统一战线文件选编》，档案出版社，1988，第 204—205 页。
③ 《中央关于对法国领事要求与我建立外交关系问题给华北局的指示》，1948 年 7 月 28 日；《中央关于与英商谈贸易问题给方方同志的指示》，1948 年 9 月 25 日；《中央关于对英、美、法等国领事馆及侨民的态度和方针应按丑虞电处理给东北局的指示》，1948 年 10 月 29 日，载中共中央文献研究室编：《周恩来年谱：一八九八——一九四九》，人民出版社、中央文献出版社，1989，第 789 页。

法等国的领事馆和侨民问题电令东北局，要求其必须建立起专门的外事机构，必须遵守中央的指示，以及在采取任何措施之前必须请示，而"不要草率决定"。从电报的内容看，中共中央这时的意图并不是要断绝同美国的关系，而是要通过各种具体措施"逼使这些资本主义国家的外交机关，不得不承认我解放区地方政府的政府地位和权力"。[①] 这是中共中央首次明确提出迫使美英法等承认中共地方政权合法性的方针。

11 月 15 日，中共沈阳军事管制委员会向美英法领事馆发出通告，除军管会特别批准外，任何中外人士和机构不得擅自设立电台，凡有电台及收发报装置者，应于 36 小时内交军管会保管。第二天，苏联驻哈尔滨总领事马里宁向高岗提出，应该没收沈阳美英法领事馆的电台，"这是关系苏联很大的事情"。高岗当即告诉马里宁，已经向三国领事馆发出了收缴电台的通告，东北局对美国领事馆的方针是将其"挤走"，而收缴电台就是为了"挤走"它。他随后打电报给中共中央，请求考虑苏联提出的"挤走"美国领事馆的建议。[②] 中共领导人立即回电，表示同意"挤走美、英、法领事馆的方针"，而且要高岗转告马里宁，中共的外交政策"一定和苏联协商处理"。不过电文最后强调，还是要保持谨慎，"关于整个外交方针及策略，另电告"。[③]

11 月 17 日，沈阳军管会在通告发出超过 36 小时之后向中共中央报告，美方回函称侨民中无电台，领事馆中是否有电台则未谈，也没有交出电台。他们请示在这种情况下，是否进入美领事馆强取。[④] 中共中央回电要求沈阳军管会应先向美领事馆发出警告，在若干小时后如继续不交出电台，沈阳军管会将进入领事馆查收电台。中共中央认为，应"首先给美国旧领事以限制，使其知难而退"。唯有"如此办理"，才能达到"挤走"美领事馆的目的。[⑤]

在接获中央电报后，沈阳军管会副主任伍修权接见美领事华德（Augus

---

① 《中央关于对英、美、法等国领事馆及侨民的态度和方针应按丑虞电处理给东北局的指示》，1948 年 10 月 29 日。

② 《苏方要求没收美英法在沈电台》，1948 年 11 月 16 日。

③ 《同意挤走沈阳美英法领事馆的方针》，1948 年 11 月 17 日。

④ 《请即示对外领电台处理方法》，1948 年 11 月 17 日。

⑤ 《关于沈阳旧领事馆交出电台问题》，1948 年 11 月 18 日。

I. Ward）。伍修权要求美方交出电台，而后者称电台是美国政府财产，需要得到国务院批准才行。东北局立即请示中共中央如何处理。毛泽东在这个电报上批示："电台所有权可仍属美方，我只是暂时代管，将来两国建立外交关系退还。似较妥当。"① 第二天，周恩来起草了回电，要求沈阳军管会进入美领事馆收缴电台，如对方有违反法令的行为，军管会有权限制其人身自由，直到"驱逐出境"。值得重视的是，电报要求沈阳军管会应向美领馆做如下声明，即收缴的电台是由中共方面保管而非没收，"待将来双方建立外交关系或旧领馆人员自沈阳回国时，当予发还"。② 这是中共中央首次提到，未来存在与美国发展甚至建立外交关系的前景。

中共中央的电报 19 日发出，东北局到第二天下午 6 时才收到。在 5 个小时以前，沈阳军管会已经按照此前的指示进入美领馆，不仅查收了电台及相关设备等，而且对美领馆实行封锁，限制美领馆人员的行动自由，并割断美领事馆电话、电灯等。查收电台之外的措施是按照苏联人的建议实施的，东北局在给中共中央的电报中说，苏联人告诉他们，过去国民政府就是这么对付苏联驻沈阳机构的。③ 获知沈阳军管会封锁美领馆后，毛泽东的反应首先是提出对英法领事馆的态度应该比对美领事馆更缓和一些。同时批评东北局说："沈阳外交行动至今仍是事先不请示（如割断电灯电话），实在太危险了。"④

23 日，中共中央致电东北局领导人，再次向他们强调任何外交行动都必须事前请示。电报批评东北局割断美领事馆电话、电灯等行动，"实属违背中央关于一切外交行动必须事先请示的规定"，东北地区要"照顾全局，急躁鲁莽不得"，任何事情"均必须事先请示中央，否则相当危险"。中共中央在这封电报中强调，东北的外交行动必须考虑外交全局，目前的原则是：1. 要对美国与英法有所区别；2. 东北地区有特殊之处，对沈阳美领馆实行的"挤走"方针不一定在其他地区也实行；3. 不承认国民政府与美国等国的外

① 《林罗陈关于到美领事馆强取电台向中央的请示》，1948 年 11 月 18 日。
② 《中央关于沈阳旧美领事馆拒交电台处理办法给林彪等同志的指示》，1948 年 11 月 19 日。
③ 《东北局常委关于接收旧美国领事馆电台情况的报告》，1948 年 11 月 20 日。
④ 《对英法态度应较对美稍微和缓些》，1948 年 11 月 21 日。

交关系，"并不等于我们永远不与这些帝国主义国家发生外交关系"。① 中共
领导人在处理美国驻沈阳领事馆事件的过程中，如此系统地阐述了未来与美
国关系的设想，表明他们在考虑为未来的政策选择保留一些空间。

　　不久后，东北局报告于 21 日破获一起美国间谍案，被抓获的间谍承认
与沈阳美领馆有联系，东北局据此推断美领事馆中可能还有秘密电台。中共
领导人很快复电，一方面对东北局的果敢行动表示"欣慰"，很担心间谍组
织会危及四野进入华北的军事行动；另一方面指出，在未能证明该间谍组织
确实与美领馆有直接关系以及不能证明美领馆有秘密电台时，不赞成东北局
完全隔绝美领馆人员之间的往来。东北局则坚持认为，要想获得间谍案线索，
仍需禁止领馆人员之间的往来。12 月下旬，中共中央指示东北局在间谍案
没有新发现的情况下，应从圣诞节当日起适当放松对美领馆人员的限制。②
不过由于种种原因，如何处理沈阳美领馆一事在当时实际上被暂时搁置起来。

　　12 月初，中共中央接到一份秘密报告，称一位叫雷文和的美国记者告
诉中共在香港的代表：美国对华政策的核心是，如何在新政权中"造成一有
效的反对派"，美国政府有意承认新中国，条件是政府中要有美国可以接受
的反对派，以及允许美国有在上海和青岛的驻军权。毛泽东对此反应强烈，
认为美国政策已从单纯支持蒋介石，转变为一面支持国民党进行军事顽抗，
一面在革命队伍内部组织反对派，中共必须粉碎美国的"政治计划"。③30
日，毛泽东发表了题为《将革命进行到底》的新年献词。他在这篇文章中将
美国在中国的各种行动视为中共面对的一种主要危险，美国和中国反动派越
来越重视"在革命阵营内部组织反对派，极力使革命就此止步；如果再要前
进，则应带上温和的色彩，务必要不太多地侵犯帝国主义及其走狗的利益"。
其实质是要使中国反动派获得喘息之机，"然后在一个早上猛扑过来，将革

　　① 《中央关于挤走美英法领事馆问题给东北局电》，1948 年 11 月 23 日，载中共中央文献研究室编：《周恩来年谱：一八九八——一九四九》，人民出版社、中央文献出版社，1989，第799—800 页。
　　② 《中央关于对沈阳之美英法旧领事馆人员的对策给东北局的指示》，1948 年 12 月 25 日。
　　③ 毛泽东：《对〈雷文和谈话摘要〉的批语》，1948 年 12 月 4 日。

命扼死"。他声明中国人民决不怜惜"蛇一样恶人"。①

　　1949 年初，中共领导人开始越来越多地考虑未来的外交问题，为新国家设计外交的蓝图。在他们的设想中，未来中国与苏联及其阵营国家将建交和发展友好关系几乎是不言而喻的，这只是个时间问题。何况中共中央与斯大林保持紧密沟通，而苏共政治局代表也将秘密访问西柏坡。对于中共中央来说，不论是固有的理论观念，还是客观的实际状况，都导致他们这时所处理的所谓外交问题，主要是同美国等西方国家的关系。

　　1 月上旬，中共政治局召开会议。毛泽东在会上讨论外交问题时首次明确提出："不必忙于要帝国主义承认，我们是要打倒它，不是承认它"，"忙的是与苏联及新民主主义国家通商建立外交关系"。这次会议通过的决议基本上没有涉及如何处理与美国等西方国家建立外交的问题，而是强调美国对华政策已经转变为"两面性的政策"，这种转变可能导致在战争接近最后胜利时，美国"甚至不惜用承认人民共和国的方法以取得合法地位"，而目的则是实施"内部破坏"。中共中央要求全党，要警惕"这一帝国主义的阴谋计划"，"并坚决将其击破"，特别要警惕美国的两面政策，击破"帝国主义的阴谋"。②19 日，中共中央专门发布了《中央关于外交工作的指示》，其内容主要是针对如何处理西方国家外交机构、在华新闻和文化机构、在中国的外国公司和企业的问题。该指示开篇就阐述了中共中央的基本原则和立场："目前我们与任何外国尚无正式的国家外交关系。许多帝国主义国家的政府，尤其是美帝国主义政府，是帮助国民党反动政府反对中国人民解放事业的。因此，我们不能承认这些国家现在派在中国的代表为正式的外交人员，实为理所当然。我们采取这种态度，可使我们在外交上立于主动地位，不受过去任何屈辱的外交传统所束缚。"指示进一步解释了指导原则："帝国主义在华的特权必须取消，中华民族的独立解放必须实现，这种立场是坚定不移的。但是在执行的步骤上，则应按问题的性质及情况，分别处理。"概言之，就

---

　　① 毛泽东：《将革命进行到底》，1948 年 12 月 30 日，参见中共中央文献研究室编：《毛泽东选集》第四卷，人民出版社，1991，第 375 页。

　　② 《目前形势和党在 1949 年的任务》，1949 年 1 月 8 日，载中央档案馆编：《中共中央文件选集》第 18 册，中共中央党校出版社，1991，第 17—18 页。

是按利弊得失、分轻重缓急地逐步予以解决，"对于原则性与灵活性应掌握得很恰当"。①

李宗仁就任之前，美国便开始考虑如何从中"脱身"，何况李宗仁不仅没有掌握国民政府的实权，而且在对抗苏联方面，显然不如蒋介石来得坚决彻底。美国对外政策性质决定了它不可能给予李宗仁政府实质性的援助。1949 年 3 月国共和谈尚在进行之时，司徒雷登向杜鲁门政府提出一项新的建议，即寻找适当的机会，争取与中共领导人建立联系。司徒雷登认为，这样做可以使美国的影响进入即将建立的新国家，从而使新政权更"宽容"。② 与此同时，其他一些美国驻华外交官也建议杜鲁门政府，应与中共建立联系，争取未来的新政权至少不是反美的。司徒雷登的建议基本符合正在变化中的美国对华政策。

1948 年 10 月中旬，美国家安全委员会将"重审并制定美国对华政策"（编号 NSC34）作为正式文件印发给有关部门讨论。1949 年 2 月 4 日，杜鲁门正式批准执行"重审并制定美国对华政策"。2 月 28 日，美国家安全委员会又提出一份对华政策报告，获美最高当局批准。这些文件的中心内容，就是将美国对华政策的目标确定为"阻止中国成苏联的附庸"；为达此目的，美国应在适当时机与中共建立联系，以便施加影响，"如果可能，就使中共逐步'铁托化'"。③ 显然，杜鲁门政府已经开始考虑，如何逐步争取与未来的新中国政权发展关系。在已经或将要被中共控制的地区，美国外交人员几

---

① 《中央关于外交工作的指示》，1949 年 1 月 19 日，载中央档案馆编：《中共中央文件选集》第 18 册，中共中央党校出版社，1991，第 44 页。

② "Senator H. Alexandaer Smith to the Secretary of State," November 5, 1949, *FRUS*, 1949, *The Far East: China*, Volume IX, pp. 173-177.

③ "Note by the Executive Secretary of the National Security Council (Souers) to the Council, NSC34/1," January 11, 1949; "Note by the Executive Secretary of the National Security Council (Souers) to the Council, NSC 34/2," February 28, 1949, *FRUS*, 1949, The Far East: China , Volume IX, pp. 474—475; "Note by the Executive Secretary of the National Security Council (Souers), on United States Policy Regarding Trade With China, NSC 41," February 28, 1949, FRUS , 1949, The Far East: China, Volume IX, pp. 492-494; "Noteby the Executive Secretary of the National Security Council (Souers), on United States Policy Regarding TradeWith China, NSC 41," February 28, 1949, FRUS , 1949, *The Far East: China*, Volume IX, pp. 827 - 881.

乎是能留即留。北平、天津、上海相继解放后，美国驻这些城市的使领馆均未主动撤离。4月23日，中共军队攻占了国民政府的统治中心南京。这时国民政府已经南逃广州，但是美国和其他一些西方国家的大使馆却留下来了。

七届二中全会期间，中共中央讨论了对外政策和对外关系问题，会议通过的决议中确定了对外政策一般目标是"采取有步骤地彻底地摧毁帝国主义在中国的控制权的方针"和一个时期不急于处理同西方国家建交问题。毛泽东在会议发言中还详细地阐述了针对与西方国家关系的"不承认"原则。他说："关于帝国主义对我国的承认问题，不但现在不应急于去解决，而且就是在全国胜利以后的一个相当时期内也不应急于去解决"，只要帝国主义国家一天不改变敌视中国革命的态度，"就一天不给帝国主义国家在中国以合法的地位"。① 毛泽东的论述一方面反映了中共中央处理以美国为代表的西方国家关系的基本态度，是首先要在原则上解决"谁承认谁"的问题，即谁是中国的主人，谁应该主导中外关系；另一方面，"不承认"原则也是"将革命进行到底"这一总题目的组成部分，即在中共即将取得全国胜利的关键时刻，处理与西方国家的关系必须有利于争取革命彻底胜利这个压倒一切的战略目标，避免任何国家借"承认"问题，干扰中国革命的进程。辛亥革命的基本经验无疑是前车之鉴。

不过即使在这个阶段，中共中央仍然试图保持一定的转圜余地。其中一个重要原因是，当时中共面临的首要任务，仍然是尽快推翻国民政府。在这个过程中，尽可能减少来自国内外的阻力，特别是避免引起美国的军事干涉。另一方面，外交对于中共中央毕竟是一项极为生疏的工作。如果操之过急，是有可能引起消极后果的。因此，中共中央对外交问题，一般都谨慎地"不急于解决"。对于在解放地区和大城市的西方国家（包括美国在内）驻华机构和人员，在"一概不予承认"的同时，中共中央也要求有关部队"予以切实保护"。即使发生了审判美国驻沈阳领事馆领事华德的事件后，中共中央也没有决定驱逐其他城市中的美国官方机构和代表。

---

① 毛泽东：《在中国共产党第七届中央委员会第二次全体会议上的报告》，1949年3月5日，参见中共中央文献研究室编：《毛泽东选集》第四卷，人民出版社，1991，第1435页。

中共军队打过长江并占领南京后，如何处理外国驻华官方代表机构，成为十分突出的问题，因为包括美国在内的许多国家的使领馆均未撤离南京，而是在驻扎观望。4 月 17 日，周恩来在北平召开会议，向即将参加新政协会议的民主人士作《关于和平谈判问题的报告》。周恩来在报告中阐述了中共的对外政策。他指出，一方面在原则问题上"决不让"，特别是对美国"一定要采取严肃的态度，使他了解中国是不可欺侮的。任何国家都不能干涉中国的内政"。另一方面"又要很谨慎，有理有利有节地去处理问题"，"要划清界限，站稳立场，同时采取分析态度"。关于同美国的关系，周恩来专门说明："美国也不是不要和中国交往，司徒雷登一直到处找我们拉关系"，"美国人是两面作法，想用各种办法来试探，要看看中共动向如何"。中共中央的方针则是"既不断绝，也不急于建立外交关系，就要按平等原则进行谈判"。[①]

另一方面，苏联领导人的建议也产生了特殊的影响。如前所述，米高扬访问西柏坡对中共与苏联的关系产生了积极影响。在苏联方面，这种积极的影响突出地表现在斯大林增加了对中共中央的信任。中共中央在处理新中国对外关系时面临的难题之一，就是他们在处理与美苏任何一方的关系时，必定会受到另一方的牵制。一旦中共中央决心密切与苏联的关系，它就必须准备在与西方国家，主要是美国的关系上付出代价。恰恰是在这一敏感的问题上，斯大林比较明确地给了中共中央回旋的余地。

在米高扬秘密访问西柏坡期间，毛泽东和周恩来曾分别向他介绍了中共中央的对外政策，并就建国后"不急于"与美国建立外交关系的决定，询问苏方的看法。[②] 米高扬当时即在给斯大林的电报中汇报了中共领导人谈话的有关内容，斯大林曾在回电中表示，有关是否与美国建立外交关系的问题，

①　《关于和平谈判问题的报告》，1949 年 4 月 17 日，《周恩来选集》上，中国人民解放军出版社，1981，第 321—322 页。

②　《米高扬致斯大林电：关于中共的对外政策等》，1949 年 2 月 1 日；《米高扬与周恩来等人会谈纪要：关于中共的对外政策》，1949 年 2 月 1 日，转引自沈志华主编：《俄罗斯解密档案选编：中苏关系 1945.8—1949.2》第一卷，中国出版集团东方出版中心，2015，第 384、388 页。

要等到米高扬回到莫斯科后再"进行答复"。[①]

如前所述，米高扬访问西柏坡对中共与苏联的关系产生了积极的影响。在苏联方面，这种积极的影响突出地表现在斯大林极大地增加了对中共中央的信任。中共中央在处理新中国对外关系时面临的难题之一，就是他们在处理与美苏任何一方的关系时，必定会受到另一方的牵制。一旦中共中央决心密切与苏联的关系，它就必须准备在与西方国家，主要是与美国的关系上付出代价。恰恰在这一敏感的问题上，斯大林比较主动地给了中共中央回旋的余地。

米高扬回国后，斯大林很快表示了赞成中共与包括美国在内的西方国家发展贸易关系。3 月 15 日，斯大林在给科瓦廖夫的电报中，指示他转告中共领导人，苏联无意干预中共与"其他资本主义国家"之间的贸易。[②]4 月 19 日，斯大林在给科瓦廖夫的电报中，指示他转告中共领导人，在外交问题上，"不必拒绝与某些资本主义国家，包括美国，建立正式关系"，条件是它们必须正式断绝给予国民政府的军事、经济和政治上的援助。[③]此后不久，中共中央决定与美国驻华大使司徒雷登开始秘密接触，斯大林提出上述建议也是一个重要的原因。

4 月 30 日，解放军总部就英国军舰"紫石英"号在长江被击伤一事发表声明。在这项由毛泽东起草的声明中，中共中央首次向所有国家公布了关于建交问题的政策。该声明宣布：新政权愿意考虑同外国政府建立外交关系，这种关系必须建立在平等、互利、互相尊重主权和领土完整的基础之上；建交的条件是外国政府"必须断绝同国民党残余力量的关系，并且把它在中国

[①] 《斯大林致米高扬电：对毛泽东提出的一些问题的答复》，1949 年 2 月 2 日，转引自沈志华主编：《俄罗斯解密档案选编：中苏关系 1945.8—1949.2》第一卷，中国出版集团东方出版中心，2015，第 394 页。

[②] "Stalin Cable to Kovalev re Trade with capitalist Countries1," March 15, 1949. Sergei N.Goncharov, John Lewis and Xue Litai, *Uncertain Partners: Stalin, Mao, and the Korean War* (Stanford University Press, 1993)，pp.230-231.

[③] 《斯大林致科瓦廖夫电：中国民主政府同资本主义国家关系》，1949 年 4 月 19 日，转引自沈志华主编：《俄罗斯解密档案选编：中苏关系 1949.3—1950.7》第二卷，中国出版集团东方出版中心，2015，第 41 页。

的武装力量撤回去"。[①]

与以往相比，周恩来的报告和毛泽东起草的声明在建交问题上明显地采取了更灵活的态度，并提出了具体的主张。例如，声明中共愿意与任何国家讨论建交问题，并提出了建交的具体原则。首先，任何国家如有意与新中国政权谈判建交，必须断绝与国民政府的关系；其次，谈判必须遵循平等的原则。这两项具体原则的提出，反映出中共中央准备在建交问题上实行更为进取一些的策略。正是在此期间，中共代表已经与美国方面有了较低层次的接触。

中共军队占领南京后，司徒雷登与中共南京军管会外事处领导人黄华曾经数次会谈，探讨美国与新中国政权的关系。双方最初的接触是试探性的，目的是阐明各自的立场，了解对方的意图。尽管如此，由于司徒雷登是美国驻华机构的首席代表，而黄华的行动受到毛泽东和中共中央的直接领导，可以说他们的接触表明，双方此时都有建立某种联系以了解对方的愿望。然而，这次秘密接触的结果表明，美国与即将建立的新中国没有建立正常关系的可能性。

首先，美国政府和中共中央的基本原则，都是不急于与对方建立正常的关系。这就决定了双方接触的限度，既是非正式的，而且也只是限于尝试性的，双方都不大可能采取更积极的行动。黄华在会见司徒雷登的秘书傅泾波时提出，应由"美国首先采取行动与人民民主政府建立关系"。司徒雷登声称，美国"只好处于被动地位"，"除了等待中国局势的发展以外，什么事也做不了"。[②] 这种关于行动程序方面的分歧，固然反映了双方的谨慎态度，但是它包含的意义则深刻得多。

中共中央之所以要求美国首先采取行动，是因为美国一直敌视中国革命运动，而且是曾经侵略中国的帝国主义国家，如果它不肯首先表明放弃以往的立场，就意味着中共中央需要妥协，而这根本是不可能的。毕竟就当时双

---

① 毛泽东：《中国人民解放军总部发言人为英国军舰暴行发表的声明》，1949 年 4 月 30 日，参见中共中央文献研究室编：《毛泽东选集》第四卷，人民出版社，1991，第 1461 页。

② Kenneth W.Rea and John C. Brewer edited, *The Forgotten Ambassador: The Reports of John Leighton Stuart, 1946-1949* (NY: Westview Press, Inc, 1981), p.322,p. 325,p. 328.

方所处的地位而言，美国再强大，它在中国也是失败者。

对于美国来说，首先采取行动就意味着它承认以往推行的对华政策彻底失败，而这又是杜鲁门政府无论如何也做不到的。美国领导人显然没有理解，中共的胜利是中华民族的一次觉醒和解放，这一本质突出地反映在中共中央的"不承认"（并不会追求西方国家的承认）这个原则上。对中共领导人来说，在中国不是西方国家是否承认新政权的问题，而是新政权是否给予它们合法地位的问题。美国领导人的经验决定了他们不会放弃世界超一流强国的姿态，反共意识形态又使他们将"承认"问题作为影响中共政策的手段。

其次，双方尽管都试图保持某种程度的联系，但各自所持的立场却是针锋相对的。中共领导人在一系列公开声明和党内指示中反复说明，中国革命的主要目的就是彻底清除帝国主义势力及其影响，这是中共的奋斗纲领。中共对外政策是为这一纲领服务并受这一纲领指导的，不可能脱离这一纲领在另一条轨道上运行。中共领导人提出，可以在"断绝与国民党残余力量的关系"和对新政权采取平等态度这两个条件的基础上，与一切国家谈判建立正常的关系。其中第一条在当时对中共更为重要，它可以说是解决一切问题的先决条件。敌视中国革命和保持与国民政府的关系，都被中共认为是干涉中国内政的不同表现形式。

杜鲁门政府的立场同中共提出的条件截然相反。5月13日，司徒雷登向美国国务卿提交报告，提出有关美国驻华使领馆地位的六点建议。其中第二条声称，只要国民政府"没有明白无误地灭亡"，美国与中共的接触就只能限于"美国人的福利、财产方面的咨询与抗议"。[①] 与此同时，美国国务卿艾奇逊提出了美国承认新政府的三项条件：1.该政权必须事实上控制该国的领土和行政机构；2.有能力并愿意履行国际义务；3.得到该国人民的普遍接受。[②] 司徒雷登的报告和艾奇逊提出的三项条件表明，杜鲁门政府不仅不准

---

① Kenneth W.Rea and John C. Brewer edited, *The Forgotten Ambassador: The Reports of John Leighton Stuart, 1946-1949* (NY: Westview Press, Inc, 1981), p.323.

② "The Secretary of State to Certain Diplomatic and Consular Offices," May 6, *1949, FRUS,* 1949, *The Far East: China* , Volume IX, p. 17；"The Secretary of State to the Ambassador in China (Stuart)," May 13, 1949, *FRUS* , 1949, *The Far East: China* , Volume IX, pp. 22-23.

备断绝与国民政府的关系，而且仍然在按照近代以来美国处理对华关系的政策逻辑，与中共代表会谈。他们对在中国因中国革命运动胜利而迅速高涨的爱国情绪，似乎没什么感觉。

杜鲁门政府与中共中央在处理双方关系时，出发点根本不同。中共中央处理与美国关系的出发点，是确保中国革命彻底胜利，加速清除国民党残余势力，防止美国任何形式的干涉。美国的动机是争取在中国保住"立足点""监听站"，用外交手段离间中共与苏联的关系。从策略的角度看，中共中央对美国一度采取比较缓和的方式，包括与司徒雷登秘密谈判，也是为了了解美国的政策。美国则将国民政府的苟延残喘当作拖延时间的借口，寻找讨价还价的适当时机。

与司徒雷登的接触使中共领导人认为，司徒雷登提出的条件表明，杜鲁门政府尚无意改变已经失败的对华政策。司徒雷登在与黄华会谈中和与其他有关人士的接触中，一面表示美国还不准备断绝与国民政府的关系，一面反复提出应"尽量吸取一切民主开明人士参加"新中国政府，非如此，美国将不会承认新政权的合法性。[①] 此外，在中共领导人看来，美国甚至不愿意改变其一贯的傲慢态度。司徒雷登在与中共方面接触的过程中，在南京外交界宣称自己与中共已经建立联系。特别是在接触的后期，司徒雷登的秘书在司徒雷登访问北平一事上的所作所为，被中共方面认为是有意造成是中共方面邀请后者北上的印象。[②] 随后，杜鲁门政府便决定，不允许司徒雷登访问北平。司徒雷登等人的此类言行加深了中共领导人对美方意图的怀疑和敌意。

中共与美方接触期间，中国的政治形势和中共的对外政策都在迅速地发展。刘少奇于6月秘密访苏标志着中共与苏联的关系进入了新的发展阶段。对苏关系在中共对外政策中居最优先地位，这方面的任何发展必定会牵动对美政策。另一方面，6月14日至19日召开了新政协筹备会。会前及会议期间反映出的问题使中共领导人认为，在《共同纲领》起草的关键时期，仍有必要进一步统一各方面的思想。这是毛泽东于6月30日发表《论人民民主

---

① 《黄华与司徒谈话内容》，1949年6月7日。

② 《司徒谈话经过》，1949年6月28日。

专政》公开宣布"一边倒"的重要原因。同一天，中共中央在给南京市委的一封电报中说："我们对美帝亦决无改变其政策的幻想。"① 毛泽东在公开宣布"一边倒"时，并未知晓杜鲁门政府已经否决了司徒雷登的北平之行。美国决策层在否决司徒雷登访问北平时，也不了解毛泽东将发表《论人民民主专政》。在双方接触过程中发生的这两个并无直接因果关系的事件，恰恰反映了双方对立的深度。

8月5日，杜鲁门政府发表了《美中关系白皮书》及国务卿艾奇逊的一封附信，试图对过去不成功的对华政策辩护，并阐述了杜鲁门政府对即将诞生的中华人民共和国的立场。艾奇逊在他的附信中指责中共"已舍弃他们中国的遗产，公开宣布他们服从于一个强国——俄国"，并说中国革命的胜利造成一个"悲惨的结局"，中共向中国移植了一个"外来制度"。按照《白皮书》和艾奇逊的逻辑，既然中共的胜利是苏联"扩张"的成功，中共是向中国移植"外来制度"的外国附庸，杜鲁门政府就有理由进行干预。艾奇逊还在附信中明确说明，美国将"鼓励"中国内部的反对派，改变或者阻止中国新政权的"一切发展"。②

杜鲁门政府的《白皮书》一公布，立刻受到中共中央的严词批判。毛泽东亲自撰写了五篇评论文章，再次阐述了近百年来中国不断兴起的各种革命运动同东西方各大国的关系。他说"走俄国人的路"，站在苏联一边是中共中央总结先进的中国人近百年来奋斗的经验后，才得出的结论。中共是为中国人民和中华民族的利益，才彻底抛弃民主共和国的方案。毛泽东特别号召那些对美国仍心存幻想的人们必须"丢掉幻想"，准备同美国进行斗争。③中共在解放区广泛开展了批判《白皮书》和反美教育运动，为反对美国干涉作思想准备和动员。

---

① 周恩来：《中央关于司徒雷登欲来北平事给南京市委的电报和批语》，1949年6月30日，载中共中央文献研究室、中央档案馆编：《建国以来周恩来文稿》第一册，中央文献出版社，2008，第20页。

② 《艾奇逊致杜鲁门总统的信》，1949年7月30日，参见世界知识出版社编：《中美关系资料汇编》第一辑，世界知识出版社，1957，第29—41页。

③ 毛泽东：《丢掉幻想，准备斗争》，1949年8月14日，参见中共中央文献研究室编：《毛泽东选集》第四卷，人民出版社，1991，第1483—1489页。

从历史纵深处观察，如果说杜鲁门政府不准司徒雷登访问北平和毛泽东发表《论人民民主专政》是中共与美国方面接触的结束，那么，杜鲁门政府发表《白皮书》和毛泽东对《白皮书》的批判则从一开始就揭示出，围绕新中国的发展道路而展开的干涉和反干涉，将是新中国与美国对抗的一个主要内容。

1949 年 10 月 1 日，中华人民共和国宣告成立。10 月 2 日，苏联政府率先宣布同新中国建立外交关系，同时断绝了同国民党"广州政府"的外交关系。在苏联的率领下，社会主义阵营各国迅速同新中国建交。与苏联相反，美国国务院发言人于 10 月 3 日宣布，美国政府将继续承认败逃台湾的所谓"国民政府"。不仅如此，杜鲁门政府还要求它的盟国和受它影响或控制的国家，与它采取一致的行动。杜鲁门政府利用建交问题施加压力和支持败逃台湾的国民党军队对中国大陆港口实行封锁，使美国同新中国处于实际上的敌对状态。

中国革命运动的性质和它的方向决定了这场革命中孕育和诞生的新中国"一边倒"向苏联阵营；杜鲁门政府对中国革命运动和从中产生的新政权的敌视，更将新中国与苏联的合作关系向前推进一步。1949 年 12 月至 1950 年 2 月，毛泽东访问莫斯科期间，中苏两国签署了《中苏友好同盟条约》。中国从此不仅成为以苏联为首的社会主义阵营的一员，而且成为苏联的盟国。1950 年 1 月 6 日，中华人民共和国政府宣布征用在北京的以美国为首的西方国家的兵营。杜鲁门政府随后宣布从中国撤出外交机构和人员。4 月，美国外交机构和人员撤离中国。

中华人民共和国自诞生之日起便迈向社会主义阵营，这既是中共领导的革命运动发展的结果，也是中共中央面对社会主义和资本主义两大国际体系尖锐对立的选择。这一选择奠定了中华人民共和国成立时的对外关系的基本格局，而且从一个重要的方面决定了其必将走上社会主义道路。

结束语

　　1935 年底，就在中国共产党人决心开始从延安迈上世界政治舞台时，毛泽东说了这样一段话："我们中华民族有同自己的敌人血战到底的气概，有在自力更生的基础上光复旧物的决心，有自立于民族之林的能力。"15 年后，1949 年 10 月 1 日，中华人民共和国成立。毛泽东在此时刻庄严宣告："中国人民站起来了！"从 15 年的历史发展来看，可以说中国共产党人从延安走向世界的历程，是中华民族重新在世界民族之林确立自己的地位和获得尊敬的开始。这一历程蕴含着中华民族摆脱百年来的屈辱的追求，也凝聚着中华民族自尊和自信的奋斗。近百年来的中国外交就是从延安开始，走出了一条新的独特的道路。

　　得出近百年来的中国外交从延安开始走出一条新道路的结论，不仅是因为中国共产党这样一支决定中国未来命运的政治力量，开始独立自主地发展新型的对外关系，并为最终领导中华民族获得独立和解放提供了相对有利的外部条件；而且是因为中国共产党人在这 15 年认识和处理对外关系的过程中，在反对外来侵略与干涉的实践过程中，积累了丰富的经验，他们的诸多认识的确也在不断变化、深化，其内容非常丰富，可以说不是本书可以完全概括和呈现的。不过至关重要的是，他们提出了一套制定对外政策和处理对外关系的指导原则。这些指导原则固然在当时具有重要的意义，即使对后来的中国外交也产生了巨大和深远的影响。这些原则大致包括三个方面的主要内容："独立自主""以自力更生为主，以争取外援为辅""利用矛盾，各个击破"。

在处理对外关系方面能不能提出和坚持独立自主的原则，是关系到中国革命运动成败的至关重要的问题，也是衡量当时中国政治舞台上任何一个政党的水平和能力的本质标准之一。当中共领导人开始发展党的对外关系时，他们面对的历史与现实是中国已经沦为列强共同侵略的半殖民地；中国在政治上四分五裂，不仅国家不统一，而且各种政治力量内部也不统一。这种状况使列强不仅可以用武力镇压中国的民族解放运动，而且可以利用中国内部的分裂，瓦解中国的民族解放运动，或者改变其发展方向。在这方面，中国近代民族革命运动失败的历史提供了足够的经验和教训。例如 20 世纪前 20 年中国革命运动夭折的重要原因之一，就是领导层的分裂使列强有可能利用革命队伍中的矛盾，并最终使革命队伍分裂、瓦解。

从 1935 年到 1949 年 10 月中华人民共和国诞生，中共中央曾经多次面临外来的介入。抗战前期，发生过以中国共产党内斗争的形式表现出来的苏联和共产国际对中共中央统一战线政策的干预；抗战胜利前后，有过以美苏协调对华政策为背景的美国和苏联对中共中央战后的战略与政策的干预；1945 年末到 1946 年春，美国曾经试图通过调处国共矛盾，影响中共中央的政治路线；解放战争后期，苏联曾经试图干预中国革命的进程；美国则在新中国诞生前夕，企图通过接触来影响新中国的内外政策。当然，美国和苏联与中共的关系在本质上是不一样的，它们介入中国政治的方式也不尽相同。但有一点是肯定的，它们之所以要干预，都是为了追求各自的国家利益。如果中共中央不能坚持其原则和立场，中国革命运动取得最后胜利是不可想象的。中国共产党人在历次面对外来干预时，能够始终坚持独立自主的原则，根据中国革命运动的利益和目标来制定对内对外政策，这是中国革命最终取得胜利的一条重要的经验。

中国共产党之所以能够始终坚持独立自主，同他们能越来越深刻地理解在中国这样的大国坚持自力更生原则的重要性，有直接的关系；同他们能合理地处理自力更生与外援的关系也是联系在一起的。在半殖民地的中国，任何依靠外来援助才能生存的政治力量是不可能做到独立自主的，当然也不可能真正代表中华民族的利益，从而在中国政治舞台上失去合法性。战后的国民政府是极为典型的一例。它在战后一度获得了空前广泛的国际承认，但最终因为未能得到中国民众的广泛支持，从而在内战中成为失败者。可以说蒋介石和国民政府失败的根源之一，就是沉溺于国际支持而忽视了中国民众的基本诉求，从而失去了执政合法性的主要基础。

反之，中共在领导中国革命运动的过程中，并没有得到持续和大量的外部援助，他们主要依靠的是动员和组织民众的工作。中共领导人相信，中华民族争取独立和解放的主要力量存在于广大的中国民众之中。由于中国共产党人能够植根于中国民众之中，坚韧不拔地从事组织和动员广大民众的工作，从而获得了民众的广泛支持。有了这样坚固的社会基础，毛泽东才有勇气在中国历史转折的时刻宣布"我们就是无法无天"；中共中央才有勇气有力量抵制来自国际的巨大压力，挑战战后东亚的大国体系。

当中共中央提出应该正确处理自力更生与外援的关系时，他们涉及的并不仅仅是如何认识中国自己的力量，更为深刻和长久的意义是他们触及中国与世界的关系、中国革命运动与世界的关系等更为复杂的问题。实际上，这一时期有一部分中国人强调外援的重要性，并不是因为他们与外国势力有某种联系，或仅仅是因为他们忽视了中国国家的基本特性。他们在认识上的真正失误在于过高地估计了中国民族解放运动在国际政治中的地位与作用。中共领导人在提出正确处理自力更生与外援的关系时，他们在一定程度上认识到，中国与世界已经密不可分，中国的抗日战争固然是世界反法西斯斗争的重要组成部分，但是世界政治的中心在欧洲，"东方问题是围绕欧洲问题的一个部分"。中国抗战在世界中的地位决定了，中国一方面会得到越来越多的外援，但无论如何外援都会是相当有限的，中国必须坚持走自力更生的道路。

20世纪40年代中期，在决定中国命运与前途的决战前夕，毛泽东提出"中间地带"的思想。他在分析了中国革命运动在以美苏矛盾为中心的冷战格局中的地位后，指出了美国干预中国内部事务的能力有限，苏联对中国革命的援助也有限；中国革命运动必须也只能走独立发展的道路；中共必须依靠组织和动员民众的力量，夺取中国革命的胜利。对中国基本国情的这种认识是中共中央始终强调并坚持自力更生原则的重要的思想根源。

如前所述，中国近代以来是同时受到几个大国侵略或干预的半殖民地国家。列强之间不断因利益冲突而发生这样或那样的矛盾，这在客观上为中国各个政治力量提供了纵横捭阖的广阔空间。在此背景下，中共中央在处理对外关系方面面临的突出问题之一，就是如何认识和把握列强在中国的关系的变化，从而能够合理地利用列强之间的矛盾与分歧，为中国革命运动创造尽可能有利的外部环境，或尽可能地减少中共在国内斗争中的困难。从某种意义上说，中共中央能否摆脱教条主义的束缚，善于利用列强在华利益纷争的局面，是他们在处理对外关系方面是否成熟的重要标志之一。1940 年末，毛泽东提出"利用矛盾，各个击破"是中共中央处理对外关系的策略原则。这项原则从提出到逐步贯彻到中共中央处理对外关系的过程中，越来越清楚地显示了它在处理对外关系方面具有普遍的适用性。

中华人民共和国成立后，中国共产党成为全国范围内执政的政党。它所制定的对外政策已经成为中华人民共和国的对外政策；它要处理的对外关系主要是国与国之间的关系。这同它在延安时期面临的问题是有质的区别的。不过，后来的历史证明：中共中央在延安时期形成的处理对外关系的指导原则，一直指导着中华人民共和国对外政策和对外关系的发展，而且这些指导原则的影响必定还会长期持续下去。

主要参考资料

一、中文部分

（一）文集

《陈云文选》，人民出版社，1984。

《刘少奇文选》，人民出版社，1981。

《毛泽东选集》，人民出版社，1991。

中共中央马克思恩格斯列宁斯大林著作编译局编译：《斯大林全集》，人民出版社，1956。

中共中央马克思恩格斯列宁斯大林著作编译局编译：《斯大林文选（1934—1952）》，人民出版社，1962。

中共中央马克思恩格斯列宁斯大林著作编译局编译：《斯大林选集》，人民出版社，1979。

军事科学院、中共中央文献研究室编：《毛泽东军事文集》，军事科学出版社、中央文献出版社，1993。

中共中央文献研究室编：《毛泽东文集》，人民出版社，1993。

中共中央文献研究室编：《毛泽东在七大的报告和讲演集》，中央文献出版社，1995。

中共中央文献研究室编：《建国以来毛泽东文稿》，中央文献出版社，

1987。

《周恩来选集》，中国人民解放军出版社，1981。

（二）文件集

重庆市政协文史资料研究委员会编：《国民参政会纪实》，重庆出版社，1985。

孟广涵主编：《政治协商会议纪实》，重庆出版社，1989。

复旦大学历史系中国近代史教研组编：《中国近代对外关系史资料选辑（1840—1949）》，上海人民出版社，1977。

解放社编：《季米特洛夫文集》，上海解放社，1950。

李巨廉、王斯德主编：《"二战"起源历史文件资料集》，华东师范大学出版社，1985。

秦孝仪主编：《中华民国重要史料初编（对日抗战时期)》，（台北）中国国民党中央委员会党史委员会，1981。

齐世荣编：《当代世界史资料选辑》，北京师范大学出版社，1990。

南方局历史资料征集组编：《南方局党史资料》，重庆出版社，1990。

荣孟源主编：《中国国民党历次代表大会及中央全会资料》，光明日报出版社，1985。

沈志华主编：《俄罗斯解密档案选编：中苏关系》，中国出版集团东方出版中心，2014。

世界知识出版社编：《国际条约集（1934—1944)》，世界知识出版社，1961。

世界知识出版社编：《南斯拉夫问题参考资料》，世界知识出版社，1958。

世界知识出版社编：《中美关系资料汇编》第一辑，世界知识出版社，1957。

苏联外交部编：《苏联伟大卫国战争期间苏联部长会议主席同美国总统和英国首相通信集》，潘益柯译，世界知识出版社，1961。

张其昀编：《"先总统"蒋公全集》，（台北）中国文化大学出版部，1984。

中共中央党校中共党史教研室编：《中国国民党史文献选编》，中共中央党校科研办公室，1985。

中国人民大学中共党史系编印：《中共党史教学参考资料（第二次国内革命战争时期)》，1980。

中国人民大学中共党史系编印：《中共党史教学参考资料（抗日战争时期)》，1980。

中国人民大学中共党史系编印：《中共党史教学参考资料（解放战争时期)》，1980。

中国人民大学中共党史系编印：《中国国民党历史教学参考资料（1937.1—1945.9)》，1987。

中国人民大学中共党史系编印：《共产国际与中国革命教学参考资料》，1986。

中央档案馆编：《皖南事变》，中共中央党校出版社，1981。

中央档案馆编：《中共中央文件选集》，中共中央党校出版社，1989—1991。

中央统战部、中央档案馆编：《中共中央解放战争时期统一战线文件选编》，档案出版社，1988。

中央统战部、中央档案馆编：《中共中央抗日民族统一战线文件选编》，档案出版社，1984。

（三）年谱与年表

刘绍唐编：《民国大事日志》，（台北）传记文学出版社，1973。

张蓬舟编：《中日关系五十年大事记：1932—1982》，文化艺术出版社，2006。

中共中央文献研究室编：《刘少奇年谱：一八九八 — 一九六九》，中央文献出版社，1996。

中共中央文献研究室编：《毛泽东年谱：一八九三 — 一九四九》，人民出版社、中央文献出版社，1993。

中共中央党史研究室编：《中国共产党史大事年表》，人民出版社，1981。

中共中央文献研究室编：《周恩来年谱：一八九八 — 一九四九》，人民出版社、中央文献出版社，1989。

姚崧龄编著：《张公权先生年谱初稿》，社会科学文献出版社，2014。

（四）回忆

[美] 埃德加·斯诺：《西行漫记》，董乐山译，生活·读书·新知三联书店，1979。

[美] 埃德加·斯诺：《斯诺文集》，宋久、柯楠、克雄译，新华出版社，1984。

[英] 安东尼·艾登：《艾登回忆录》，瞿同祖、赵曾玖译，商务印书馆，1976。

[美] 包德瑞：《美军观察组在延安》，解放军出版社，1984。

[苏] 彼得·弗拉基米洛夫：《延安日记》，吕文镜等译，中国现代史料编刊社，1980。

[南] 弗拉迪米尔·德迪耶尔：《苏南冲突的经历》，达州译，生活·读书·新知三联书店，1977。

胡乔木：《胡乔木回忆毛泽东》，人民出版社，1994。

蒋介石：《苏俄在中国》，（台北）黎明文化事业公司，1985。

[保] 季米特洛夫：《季米特洛夫日记选编》，马细谱等译，广西师范大学出版社，2002。

[英] 丘吉尔：《"二战"回忆录》第 2 卷，吴万沈译，商务印书馆，1975。

师哲：《在历史巨人身边（修订版）》，中央文献出版社，1995。

张治中：《张治中回忆录》，文史资料出版社，1985。

吴黎平编译：《毛泽东一九三六年同斯诺的谈话》，人民出版社，1979。

[苏] 瓦·伊·崔可夫：《在华使命：一个军事顾问的笔记》，万成才译，新华出版社，1980。

[美] 魏德迈：《魏德迈报告》，（台北）光复书局，1959。

（五）专著

[苏]阿尼金等编：《外交史》，大连外国语学院俄语系译，生活·读书·新知三联书店，1993。

[西]费尔南多·克劳丁：《共产主义运动——从共产国际到共产党情报局》，中共中央党校外文组译，求实出版社，1982。

[苏]戈尼昂斯基等编：《外交史》，武汉大学外语系、北京大学俄语系、北京外国语学院俄语系译，生活·读书·新知三联书店，1982。

[美]杰克·贝尔登：《中国震撼世界》，邱应觉译，北京出版社，1980。

[美]肯尼斯·休梅克：《美国人与中国共产党人》，郑志宁、黄际英、高二音、简明译，吉林文史出版社，1989。

[苏]列多夫斯基：《斯大林与中国》，陈春华、刘存宽译，新华出版社，2001。

李春放：《伊朗危机与冷战的起源（1941—1947）》，社会科学文献出版社，2001。

逄先知、金冲及主编：《毛泽东传：1949—1976》，中央文献出版社，2003。

裴坚章主编：《中华人民共和国外交史（1949—1956）》，世界知识出版社，1994。

[法]让-巴蒂斯特·迪罗塞尔：《外交史：1919—1978》，李仓人等译，上海译文出版社，1982。

陶文钊、杨奎松、王建朗：《抗日战争时期中国对外关系史》，中共党史出版社，1995。

陶文钊主编：《中美关系史：1911—1949》，上海人民出版社，2016。

王绳祖主编：《国际关系史》，世界知识出版社，1995。

[美]麦克尼尔：《美国、英国和俄国：它们的合作和冲突（1941—1946）》，叶佐译，上海译文出版社，1978。

[美]威廉·曼彻斯特：《光荣与梦想》，广州外国语学院英美问题研究室翻译组译，商务印书馆，1975。

向青、石志夫、刘德喜主编:《苏联与中国革命》,中央编译出版社,1994。

杨云若、杨奎松:《共产国际与中国革命》,上海人民出版社,1988。

袁明、[美]哈里·哈丁主编:《中美关系史上沉重的一页》,北京大学出版社,1989。

资中筠:《美国对华政策的缘起与发展:1945—1950》,重庆出版社,1987。

《战后世界历史长编》编委会编:《战后世界历史长编:1946年》,上海人民出版社,1976。

中共中央党史研究室:《中国共产党历史(1921—1949)》,中共党史出版社,2011。

(六)报刊

《人民日报》

《救国时报》

《新中华报》

《解放日报》

《新华日报》

《解放周刊》

《群众周刊》

《八路军军政杂志》

《中国文化》

二、英文部分

(一)回忆

Elliott Roosevelt, *As He Saw It* (New York:Duell, Sloan and Pearce, 1946).

George F. Kennen, *Memoires, 1935—1950* (Boston: Princiton University Press, 1967).

James F. Byrnes, *Speaking Frankly* (New York, Harper & Brothers Publishers, 1947).

（二）专著

Arthur M. Schleisinger, Jr edited, *Dynamic of World Power: A Document History of United States Foreign Policy* (New York: Chelsea House Publisher, 1973).

Charles F. Romanus and Reley Sunderland, *Stilwell Command Problems* (Washing-ton D.C.: Government Printing Office, 1956).

Herbert Feis, *Japan Subdued: The Atomic Bomb and the End of the War in the Pacific* (Princeton, N.J.: Princeton University Press, 1961).

Herbert Feis, *The China Tangle: The American Effort in China from Pearl Harbor to the Marshall Mission* (Princeton University Press, 1953).

James Reardon - Anderson，*Yenan and the Power: The Origins of Chinese Com- munist Foreign Policy,1944-1946* (Columbia University Press,1980).

Melvyn P. Leffler and Odd Arne Westad edited, *The Cambridge History of The Cold War* (Cambridge：Cambridge University Press, 2010).

Sergei N.Goncharov, John W.Lewis and Xue Litai, *Uncertain Partners: Stalin, Mao and Korean War* (Stanford: Stanford University Press, 1993).

Tang Tsou, *American's Failure in China, 1941-1950* (Chicago: The University of Chicago Press, 1963).

（三）文献

U.S. Department of State, *Foreign relation of the United States*, Vol. 1941 — 1944；1943, China；1944, Vol. 6，China；1945, "Malta and Yalta Cenference"；1945 Vol. 7, China; 1946 Vol. 9, China；1946, Vol.10, China；1948，Vol.7；1949, IX.

Kenneth W. Rea and John C. Brewer edited, *The Forgotten Ambassador: the Report of John Leighton Stuart* (Westview Press, Inc., 1981).

英文人名索引

Atchison,John 艾奇逊

Barrett, David D. 包瑞德

Belunosov,Lieutenant 鲁诺索夫

Beneš,Edvard 贝奈斯

Byrnes,James F. 贝尔纳斯

Chamberlain,Arthur Neville 张伯伦

Churchill,Winston 丘吉尔

Craigie,Robert 克莱琪

Currie,Lauchlin 居里

 Daladier,Edouard 达拉第

Davis,John P.,Jr. 戴维斯

Dimitrov,Georgi Mikhailov 季米特洛夫

Durant 杜兰特

Eden, Robert Anthony 艾登

Gauss, Clarence E. 高思

Glenn, Edgar E. 格伦

Hitler, Adolf 希特勒

Hurley, Patrick Jay 赫尔利

Johnston,N elson T. 詹森

Kennan,George Frost 凯南

Kerr,Archebald Clark 卡尔

Knox,Frank 诺斯克

Lenin,Vladimir Ilyich Ulyanovn 列宁

Marshall,George 马歇尔

Mussolini,Benito Amilcare Andrea 墨索里尼

Nelson, Donald M. 纳尔逊

Petain,Henri Philippe 贝当

Peter Vladimirov 彼得·弗拉基米洛夫

Roosevelt,Franklin Delano 罗斯福

Scobie,Ronald Mackenzie 斯科比

Service,John 谢伟思

Snow,Edgar 斯诺

Stalin,Joseph Vissarionovic 斯大林

Stilwell,Joseph 史迪威

Stimson,Henry Lewis 史汀生

Truman,Harry S. 杜鲁门

Wallace,Henry A. 华莱士

Ward, Augus I. 华德

Wedemeyer, Albert C. 魏德迈